本书系山东省教育科学研究院2023年度基层人才挂职研修项目研究成果
指导专家：韩祥伟　孙月圣

跨学科劳动教育课堂实录与评析

纪海龙　董　芸　牛力军◎著

南海出版公司
2024·海口

图书在版编目（CIP）数据

跨学科劳动教育课堂实录与评析 / 纪海龙, 董芸,
牛力军著. -- 海口 : 南海出版公司, 2024.1
ISBN 978-7-5735-0600-9

Ⅰ. ①跨… Ⅱ. ①纪… ②董… ③牛… Ⅲ. ①劳动课
—中小学—教学参考资料 Ⅳ. ①G634.933

中国国家版本馆CIP数据核字(2023)第169978号

KUA XUEKE LAODONG JIAOYU KETANG SHILU YU PINGXI
跨学科劳动教育课堂实录与评析

作　　者　纪海龙　董　芸　牛力军
责任编辑　李凤君　吴海平
美术设计　清　风
出版发行　南海出版公司　电话：（0898）66568511（出版）
（0898）65350227（发行）
社　　址　海南省海口市海秀中路51号星华大厦5楼　邮编：570206
电子信箱　nhpublishing@163.com
经　　销　新华书店
印　　刷　河北赛文印刷有限公司
开　　本　710 毫米 × 1000 毫米　1/16
印　　张　31
字　　数　502千
版　　次　2024年1月第1版　2024年1月第1次印刷
书　　号　ISBN 978-7-5735-0600-9
定　　价　99.80 元

序 Foreword

近年来，劳动教育广受社会关注。中共中央、国务院高度重视劳动教育工作，出台了《关于全面加强新时代大中小学劳动教育的意见》[1]等一系列文件，在劳动教育实施问题上打出意见指导、《大中小学劳动教育指导纲要（试行）》[2]试行、《中华人民共和国教育法》[3]保障、《义务教育劳动课程标准》[4]落地的政策“组合拳”，着力提升劳动教育水平。伴随各地劳动教育全面推进，劳动教育路径从独立实施向学科渗透延伸，劳动教育场域从传统课堂向社会空间拓展。在探索实施的过程中，“有劳动无教育”“劳动教育与智育区别开”的现象日益凸显。“劳动”要转变为“劳动教育”，关键是要与德、智、体、美等素养的培育建立起自觉、自然、有机的关联，逐步实现劳动教育的全学科、全学段落地。本书立足中小学跨学科劳动教育，全面探索各学科融合劳动教育的路径，完整呈现跨学科劳动教育课例，科学评析各学科融合要点，总结通过德育、智育、体育、美育课程来实施劳动教育的经验，同时创新基于劳动实践强化各学科素养的教学策略。

本书分作四个部分：导论、劳动教育融入文科类课程、劳动教育融入理科类

[1] 中华人民共和国教育部．中共中央 国务院关于全面加强新时代大中小学劳动教育的意见 [EB/OL].（2020-03-20）[2020-03-26]http://www.moe.gov.cn/jyb_xxgk/moe_1777/moe_1778/202003/t20200326_435127.html.

[2] 中华人民共和国教育部．大中小学劳动教育指导纲要（试行）[EB/OL].（2020-07-07）[2021-07-09]http://www.moe.gov.cn/srcsite/A26/jcj_kcjcgh/202007/t20200715_472808.html.

[3] 中华人民共和国教育部．中华人民共和国教育法 [EB/OL].（2021-04-29）[2021-04-29] http://www.moe.gov.cn/jyb_sjzl/sjzl_zcfg/zcfg_jyfl/202107/t20210730_547843.html.

[4] 中华人民共和国教育部．义务教育劳动课程标准（2022 年版）[M]. 北京：北京师范大学出版社，2022.

课程、劳动教育融入艺体综合类课程。导论部分概括本书思想，引导读者系统把握本书内容。后面三章中，以一学科作为一节，每节设有若干课例，按照年级由低到高排列。每节均由小节概述、课堂实录、课堂评析三部分组成。小节概述清晰、简要地阐述各学科融入劳动教育的意义、路径和实践总结。课堂实录分为教材解读、教学目标和教学过程三部分，在设计目标、组织教学、记录过程、解释环节时遵循“能渗则渗、客随主便”原则，坚守学科本质，兼容劳动教育，突出融合细节。课堂评析则基于具体课例，对融合劳动教育的教学实践进行点评、分析与指导建议。课堂实录由执教者提供，由著者审阅、筛选、修改内容，统一形式。小节概述和课堂评析由著者结合前沿理论、学科专家意见和执教者反思，梳理、提炼，逐节、逐课撰述。其中，纪海龙负责撰写导论与第一章，共20万字；董芸负责撰写第二章，共15万字；牛力军负责撰写第三章，共14万字。

导论部分阐述了跨学科劳动教育的概念、内涵、价值意蕴、现实问题、实践框架与先进经验。通过简要分析性质、类型，理解跨学科劳动教育的基本内涵；从落实五育并举、培育劳动素养与消解学科壁障的视角出发，把握跨学科劳动教育的价值意蕴；聚焦学科与劳动的关联、单学科融合、多学科分工，审视跨学科劳动教育的现实问题；探索确立目标、组织内容、融合教学的程序，建构跨学科劳动教育的实践框架；基于课题引领、课堂指导与典型培育，总结跨学科劳动教育的先进经验。

第一章为劳动教育融入文科类课程。我国劳动教育的核心目标是培育马克思主义劳动价值观，使学生养成劳动观念、劳动态度和劳动精神。本章围绕思政（道法）、语文、英语、历史、地理等课程，梳理劳动教育融入主线，挖掘劳动教育融入要点，充分发挥文科类课程以文化人的学科优势，让学生在增强政治认同、学习中外语言、塑造唯物史观的过程中接受潜移默化的劳动教育，领悟劳动创造历史、劳动创造世界和劳动创造人生的真谛。

第二章为劳动教育融入理科类课程。我国劳动教育的基础目标是养成基本劳动能力，提高学生体脑结合完成劳动的效率、习惯和品质，从而解决知识与实践相分离、体力与脑力相分离、教育与社会相分离等紧迫问题。本章围绕数学、物理、化学、科学、生物等课程，创新劳动内容与形式，运用学科知识与方法，关注新科技、新工具、新劳动样态，透视其解决实际问题的学科特质与劳动教育意涵。

第三章为劳动教育融入艺体综合类课程。我国劳动教育的长远目标是在培养劳动价值观和基本劳动能力的基础上，与其他教育协同促进人的全面发展。具体来说，一是发挥劳动教育的中介作用，衔接学校德智体美四育与社会广泛劳动实践。二是完善以劳育人的整体格局，强化美育、体育与劳动教育的相融相生，促进美体与德智的同步发展。本章从综合实践活动、音乐、美术、体育与健康等国家课程与相关的地方、校本课程出发，梳理劳“艺”结合点、劳体互促点，在家庭、学校和社会等真实情境中培育未来劳动者的生命力、审美力与生活力。

跨学科劳动教育不但让诸学科教学获得完整的实践意义，而且把劳动教育从“一课”发展为“一育”，深化了以一育通四育、以四育促一育的发展关系，初步实现五育同频共振，为中小学落实五育并举要求开拓了思路、提供了借鉴，具有较强的学术价值与应用价值。

纪海龙
2023 年 9 月

目录 Content

导　论 / 001

第一章　劳动教育融入文科类课程

第一节　思政教学有机渗透劳动教育

小学道德与法治统编版一年级下册

"让我自己来整理"课堂实录与评析 / 014

小学道德与法治统编版一年级下册

"我们爱整洁"课堂实录与评析 / 025

小学道德与法治统编版二年级上册

"主动学做家务活"课堂实录与评析 / 033

初中道德与法治统编版八年级上册

"天下兴亡，匹夫有责"课堂实录与评析 / 044

高中思想政治统编版必修四

"价值的创造和实现"课堂实录与评析 / 057

第二节　语文教学有机渗透劳动教育

小学语文统编版四年级下册

"我学会了____"课堂实录与评析 / 070

小学语文统编版五年级下册

《四时田园杂兴（其三十一）》课堂实录与评析 / 080

初中语文统编版七年级下册

《老王》课堂实录与评析 / 088

目录 Content

高中语文统编版必修上册
“劳动光荣”主题单元教学课堂实录与评析 / 097

第三节　英语教学有机渗透劳动教育

小学英语鲁科版三年级下册
“It’s seven o’clock.”课堂实录与评析 / 106
初中英语鲁教版八年级上册
“Could you please clean your room? Section B 2a–3b”课堂实录与评析 / 122
中职英语山东画报出版社二年级进阶模块
“Are you interested in being a volunteer?”课堂实录与评析 / 134
中职英语高教版二年级第二册
“What skills do you have?”课堂实录与评析 / 144

第四节　历史教学有机渗透劳动教育

初中历史统编版中国历史第二册
“盛唐气象”课堂实录与评析 / 156
高中历史统编版选择性必修二
“古代的生产工具与劳作”课堂实录与评析 / 166

第五节　地理教学有机渗透劳动教育

高中地理人教版必修一
“植被”课堂实录与评析 / 177
高中地理统编版必修第二册
“农业区位因素”课堂实录与评析 / 187

第二章　劳动教育融入理科类课程

第一节　数学教学有机渗透劳动教育

小学数学青岛版五年级下册

“让校园绿起来”课堂实录与评析 / 200

初中数学鲁教版六年级下册

“数据的表示（1）”课堂实录与评析 / 209

初中数学鲁教版九年级上册

“二次函数的应用（1）”课堂实录与评析 / 220

高中数学人教 B 版（2019 版）必修第三册

“数学建模活动：周期现象的描述”课堂实录与评析 / 228

第二节　物理教学有机渗透劳动教育

初中物理鲁科版八年级上册

“质量及其测量”课堂实录与评析 / 247

初中物理鲁科版八年级下册

“摩擦力”课堂实录与评析 / 256

高中物理鲁科版必修一

“摩擦力的应用——你会拖地吗？”课堂实录与评析 / 266

高中物理鲁科 2019 版必修二

“劳动创造的奇迹——万有引力定律的发现”课堂实录与评析 / 274

第三节　化学教学有机渗透劳动教育

高中化学鲁科版必修一

“科学使用含氯消毒剂”课堂实录与评析 / 287

高中化学鲁科版必修一

“电解质的电离”课堂实录与评析 / 297

第四节 生物教学有机渗透劳动教育

初中生物鲁科版七年级下册

“酵母菌”课堂实录与评析 / 311

高中生物人教版选择性必修二生物与环境

“基于黄河口湿地生态系统的结构和功能研究”课堂实录与评析 / 322

第五节 科学教学有机渗透劳动教育

小学科学教科版五年级下册

“垃圾的分类”课堂实录与评析 / 334

第三章 劳动教育融入艺体综合类课程

第一节 综合实践活动教学有机渗透劳动教育

小学综合实践活动鲁科版三年级上册

“一般衣物的洗涤”课堂实录与评析 / 346

小学综合实践活动鲁科版三年级上册

“种植西红柿”课堂实录与评析 / 356

小学综合实践活动石大版四年级上册

“花样布艺（创意布垫）”课堂实录与评析 / 367

初中综合实践活动鲁科版八年级上册

“发面蒸包”课堂实录与评析 / 379

第二节 艺术教学有机渗透劳动教育

小学音乐鲁教版二年级上册

《劳动最光荣》课堂实录与评析 / 389

小学美术四年级下册

“制作驱蚊香囊”课堂实录与评析 / 397

高中美术山美版必修

目录 Content

"鉴赏美术作品中的劳动之美"课堂实录与评析 / 405

第三节　体育教学有机渗透劳动教育

高中体育与健康人教版全一册

"篮球课程联结劳动教育"课堂实录与评析 / 416

第四节　地方课程教学有机渗透劳动教育

小学中华优秀传统文化齐鲁书社版二年级下册

"晨洒扫保整洁"课堂实录与评析 / 426

第五节　校本课程教学有机渗透劳动教育

小学校本课程"手工社团活动"三年级上册

"扎纸花"课堂实录与评析 / 439

小学校本课程"传统节日里的劳动之旅"高年级阶段上册

"腊八蒜"课堂实录与评析 / 448

小学校本课程"盐文化"第四板块

"茵陈的移栽与田间管理"课堂实录与评析 / 459

小学校本课程"探秘植物工厂"五年级上册

"探秘植物工厂之水培生菜"课堂实录与评析 / 465

初中校本课程"蔬菜种植"六年级上册

"土豆种植"课堂实录与评析 / 473

导 论

《关于全面加强新时代大中小学劳动教育的意见》指出，“除劳动教育必修课程外，其他课程结合学科、专业特点，有机融入劳动教育内容”[1]，即实施跨学科劳动教育。跨学科劳动教育是指一般学科通过与劳动教育建立自然、自觉、有机的关联，达到加强学科教育与劳动教育的双重目标。实施跨学科劳动教育，必须简要分析其性质、类型，理解跨学科劳动教育的基本内涵；从落实五育并举、培育劳动素养与消解学科壁障的视角出发，把握跨学科劳动教育的价值意蕴；聚焦学科与劳动的关联、单学科融合、多学科分工，审视跨学科劳动教育的现实问题；探索确立目标、组织内容、融合教学的程序，建构跨学科劳动教育的实践框架；基于课题引领、课堂指导与典型培育，总结跨学科劳动教育的先进经验。

一、理解跨学科劳动教育的基本内涵

跨学科劳动教育具有学科性和融合性。学科性体现为坚守学科立场，遵循学科特性，学科教育与劳动教育建立主与次、显与隐的关系。融合性表现为劳动作为手段、学科素养作为目的时，手段与目的融合；劳动指向价值观目标、学科指向能力目标时，价值观与能力融合；劳动作为实践、一般学科作为知识时，知识与实践融合。根据融合能力目标的类型分为两类：语文、历史、艺术等文科类课程侧重理解、表达、互动、交往的能力培育，数学、物理、化学等理科类课程侧重科学探索、技术应用的能力培育；两科课程兼顾学习能力、创业能力、自我管理与规划能力的培育，以及劳动创造世界、历史与美好生活的价值观培育。跨学科劳动教育课程是将劳动转化为劳动教育、将体力劳动转化为体脑结合劳动的关

[1] 中华人民共和国教育部．中共中央 国务院关于全面加强新时代大中小学劳动教育的意见 [EB/OL].（2020-03-20）[2020-03-26] http://www.moe.gov.cn/jyb_xxgk/moe_1777/moe_1778/202003/t20200326_435127.html.

键方式，可以称为最具“教育性”[2]的劳动课程。

二、把握跨学科劳动教育的价值意蕴

其一，跨学科劳动教育是落实五育并举的基本路径。“学校的劳动教育与其他教育有着极为密切的联系，如劳动技术教育与智育，劳动思想教育与德育，劳动健康教育与体育，劳动创造教育与美育都有着密切的联系。”[3]把握育人目标的耦合、内容主题的重合、教学方式的和合，深化以一育通四育、以四育促一育的发展关系，实现五育同频共振。其二，跨学科劳动教育是培育劳动素养的关键方式。“一个人的和谐全面发展、富有教养、精神丰富、道德纯洁——所有这一切，只有当他不仅在智育、德育、美育和体育素养上，而且在劳动素养、劳动创造素养上达到较高阶段时，才能做到。”[4]劳动素养是四育素养的凝聚、升华与外显，支持人对真善美的实践追求，从而达到实现自我的境界。其三，跨学科劳动教育是打破学科壁垒的关键行动。跨学科劳动教育以学科协同发展为逻辑起点，基于整体框架进行分科落实，“注意学科之间的相互关联，充分体现在各学科课程中融入劳动教育的整体性、协同性和丰富性”[5]，解决了“劳动技术 = 劳动教育”“劳动课程 = 劳动教育”“科学 + 劳动教育”“数学 + 劳动教育”等狭隘化、碎片化问题。

三、审视跨学科劳动教育的现实问题

其一，学科课程与劳动教育缺乏内在关联。教师没有系统梳理两者的共性目标、内容与环节，在学科教学中生硬拼接劳动教育，致使学科教学与劳动教育“两败俱伤”。其二，单学科融合割裂了劳动教育。“不同学科各自为政、内容脱节或重复实施”，单学科融合劳动教育“割裂了劳动教育思想性、社会性与实践性

[2] 檀传宝.如何让“劳动”成为一种“教育”？——对劳动与劳动教育的概念之思[J].华东师范大学学报（教育科学版），2022（6）：101.

[3] 黄济.关于劳动教育的认识和建议[J].江苏教育学院学报（社会科学版），2004（5）：17-22.

[4] 蔡汀，王义高，祖晶.苏霍姆林斯基选集5卷本 第4卷[M].北京：教育科学出版社，2001：452.

[5] 郝志军.学科课程渗透劳动教育：理据与路径[J].中国教育学刊，2021（5）：77.

的整体诉求，窄化了劳动教育的目标体系”[6]。其三，多学科融合的分工比较片简单。《纲要》从劳动价值观培育立场出发，建议在文史政艺学科纳入劳动观念与精神教育，在理工学科纳入劳动习惯与品质教育，部分研究者据此将两类学科定义为“强关联学科”与“弱关联学科”[7]，主张强则多渗、弱则少渗，忽略了劳动教育与学科教学对发展学生关键能力的基本追求。为解决上述问题，必须把握跨学科劳动教育的价值意蕴，建构跨学科劳动教育的实践框架，根据能融则融、融得其宜、协调融合等原则有序实施。

四、建构跨学科劳动教育的实践框架

在四育课程与劳动教育之间寻求、明确与强化共性目标，梳理、突出与利用相近内容，设计、组织与优化融合教学，进而形成确立教学目标—组织教学内容—实施融合教学的完整系统（见图 1）。其中，确立融合目标与组织融合内容属于系统研究，奠定跨学科劳动教育的整体基础。

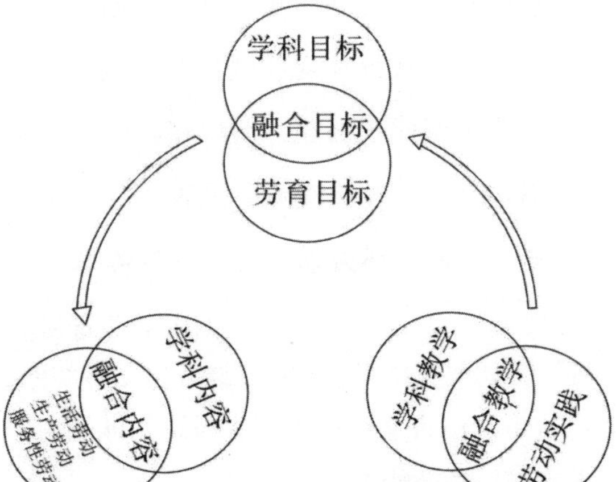

图 1　劳动教育跨学科实施系统

（一）目标融合，为跨学科劳动教育指引方向。

[6] 许锋华，陈俊源 . 多学科渗透：中小学劳动教育新形态 [J]. 广西师范大学学报（哲学社会科学版），2021（2）：102.

[7] 郝志军 . 学科课程渗透劳动教育：理据与路径 [J]. 中国教育学刊，2021（5）：78.

其一，依托《义务教育课程方案（2022年版）》、各学科《课程标准》以及《中小学综合实践活动课程指导纲要（2017年版）》，寻求劳动教育相关目标，通过系统整理，选择与合成具有学科特色的劳动教育目标。其二，精简重合目标，仅作单次呈现。物理、化学、生物、科学、综合实践活动均培育科学观念、科学思维、科学态度和探究考查能力，语文、艺术、道德与法治均树立劳动创造美好生活的信念，体育、生物均培育消除疲劳、预防疾病和保持健康的能力。针对此类多学科共性目标，仅将其列入较为综合的学科中（如科学），或列入该目标较为突出的学科中（如语文）。其三，突出学科属性，彰显独特价值。语文、外语应当凸显文本蕴含的劳动价值观和语言文字的交流协作功能，实现人文性与工具性的统一。体育、艺术应当揭示以劳强体、以体助劳和以劳创美、以美润劳的内在关联。化学、物理、地理、生物应当挖掘学科专业知识在生活、生产与服务性劳动中的实践运用。历史、生物、艺术、道德与法治应当特别强调“劳动创造历史”“劳动创造了人本身”“劳动创造美”“劳动强力改造社会”等马克思理论经典观点，突出中国特色社会主义劳动认知。其四，通用技术、信息技术划入劳动能力教育范畴，不存在与劳动教育并列、融合的逻辑关系。鉴于综合实践活动确有部分内容对劳动教育课程形成了补充，所以将其列入框架。但是两者天然重合因素较多，融合重点不在目标而在课时。（见表1）

表1　跨学科劳动教育的目标体系

学科	具有学科特色的劳动教育目标
语文	培养尊重劳动与劳动者的正确观念；树立劳动创造美好生活的信念；培养通过中国语言文字进行交流与协作的能力；培养通过理解与创造文本完成任务的能力。
数学	以数学的眼光观察劳动，以数学的思维思考劳动，以数学的语言表达劳动，以数学的方法解决劳动问题；培养基于数学的思维品质、科学态度和理性精神。
外语（俄语、日语、英语）	树立国际视野，坚定劳动文化自信；培育文明素养和社会责任感；培养跨文化沟通与交流的能力。

续表

学科	具有学科特色的劳动教育目标
历史	能够在唯物史观的指导下理解劳动创造历史的规律以及劳动人民对历史的推进作用；依靠可信史料了解和认识劳动史。
道德与法治（政治）	培养以实现中华民族伟大复兴为己任的劳动责任感；能通过劳动将个人品德、家庭美德、社会公德、职业道德外化于行；培育法治观念，形成维护劳动公平正义的意识；理解劳动强力改造社会的作用。
地理	树立人地协调、尊重自然的劳动价值观；培育综合思维，树立求真务实、开拓创新的科学精神；培养在地理实验、社会调查、野外考察等方面的劳动实践能力。
生物	学会从生物学视角理解“劳动创造了人本身”的观点和“劳逸结合”的方法；能够基于生物学知识与技能，尝试解决健康与疾病防治、粮食与食品安全、生态环境保护等基础问题。
物理	学会把力学、热学、光学、电磁学知识运用于相关的生产、生活和服务性劳动中，解决实际问题；培育提出创造性见解的品格和能力。
化学	培育运用技术与工程方法设计、制作与使用相关模型和作品的能力；具有运用化学知识对社会实际问题作出判断和决策的意识；认识化学在解决资源、能源、材料、环境等相关问题中的作用，学会以化学知识解决实际问题。
艺术（音乐、美术）	理解“劳动创造美”的观点、“艺术源于劳动”的关系来源以及艺术中的劳动文化，学会基于审美感知与艺术表现，发现与表现劳动之美；培养创作艺术作品与创新艺术成果的劳动能力。
体育与健康（体育）	培养积极进取、勇敢顽强、不怕困难、坚持到底的精神，尊重对手、公平竞争、自尊自信、敢为人先的品质。培养从事劳动所必需的健康身体、运动能力，掌握协调身心、消除疲劳的方法。
科学	初步学会基于科学观念、科学思维从事探索自然世界、应用科学知识、解决实际问题的活动，逐步培养科学的责任态度。
综合实践活动	学会以个人劳动满足社会组织或他人需要，树立履职尽责、敢于担当的意识；通过职业体验形成正确的劳动观念和人生志向，提升生涯规划能力。

（二）内容融合，为跨学科劳动教育提供落脚点。

各学科教材包含劳动人物、劳动事迹、劳动技艺与劳动任务，内容丰富多样，编排零散细碎，有待统整补充。应当根据目标体系，理清跨学科劳动教育的内容清单（见表 2）。其一，围绕具有鲜明劳动元素的教材内容，进行节点式开发。例如道德与法治统编版一年级下册“让我自己来整理”、二年级上册“主动学做家务活”、八年级上册“天下兴亡 匹夫有责”、高中思想政治必修四“价值的创造和实现”，再如英语鲁科版三年级下册“It's seven o'clock.”、鲁教版八年级上册“Could you please clean your room ? Section B 2a–3b”、中职高教版二年级第二册“What skills do you have ?”，把此类与劳动教育具有直接关联、主题契合、活动吻合、易于把握的教材内容作为基本融合点，鼓励学科教师先行先试，积累经验。其二，全面挖掘、梳理学科教材，建构劳动教育融合内容的编排体系及素养发展梯度，理清学科和劳动的关系、教学目标和教学内容的关系、目标与内容的阶段性和连续性的关系。

表 2 跨学科劳动教育的内容清单（部分）

学科	册次	课题名称
文科类		
思政	小学道德与法治统编版一年级下册	让我自己来整理
	小学道德与法治统编版一年级下册	我们爱整洁
	小学道德与法治统编版二年级上册	主动学做家务活
	初中道德与法治统编版八年级上册	天下兴亡，匹夫有责
	高中思想政治统编版必修四	价值的创造和实现
语文	小学语文统编版四年级下册	我学会了______
	小学语文统编版五年级下册	四时田园杂兴（其三十一）
	初中语文统编版七年级下册	老王
	高中语文统编版必修上册	劳动光荣
英语	小学英语鲁科版三年级下册	“It's seven o'clock.”
	初中英语鲁教版八年级上册	“Could you please clean your room? Section B 2a–3b”
	中职英语山画版二年级进阶模块	“Are you interested in being a volunteer?”
	中职英语高教版二年级第二册	“What skills do you have ?”
历史	初中历史统编版中国历史第二册	盛唐气象
	高中历史统编版选择性必修二	古代的生产工具与劳作

续表

学科	册次	课题名称
地理	高中地理人教版必修一	植被
	高中地理统编版必修第二册	农业区位因素
理科类		
数学	小学数学青岛版五年级下册	让校园绿起来
	初中数学鲁教版六年级下册	数据的表示（1）
	初中数学鲁教版九年级上册	二次函数的应用（1）
	高中数学人教 B 版必修第三册	数学建模活动：周期现象的描述
物理	初中物理鲁科版八年级上册	质量及其测量
	初中物理鲁科版八年级下册	摩擦力
	高中物理鲁科版必修一	摩擦力的应用——你会拖地吗？
	高中物理鲁科必修二	劳动创造的奇迹——万有引力定律的发现
化学	高中化学鲁科版必修一	科学使用含氯消毒剂
	高中化学鲁科版必修一	电解质的电离
生物	初中生物鲁科版七年级下册	酵母菌
	高中生物人教版选择性必修二	基于黄河口湿地生态系统的结构和功能研究
科学	小学科学教科版五年级下册	垃圾的分类
艺体综合类		
综合实践活动	小学综合实践活动鲁科版三年级上册	一般衣物的洗涤
	小学综合实践活动鲁科版三年级上册	种植西红柿
	小学综合实践活动石大版四年级上册	花样布艺（创意布垫）
	初中综合实践活动鲁科版八年级上册	发面蒸包
艺术	小学音乐鲁教版二年级上册	劳动最光荣
	小学美术山美版四年级下册	制作驱蚊香囊
	高中美术山美版必修	鉴赏美术作品中的劳动之美
体育	高中体育与健康人教版全一册	篮球课程联结劳动教育

五、实施跨学科劳动教育的经验举隅

由于细化分析教材内容与实施融合教学属于具体实践、落地环节，一般表现为方法、策略等经验，所以单做一节，以便举隅。下面以小学语文为例，基于跨学科劳动教育的目标体系与内容清单，深入语文教材内容，总结融合教学经验。[8]

（一）细化分析教材内容。

其一，梳理有关内容。小学一至五年级语文统编版十册教材有劳动教育相关课文共127处，一到五年级分别为33处、33处、18处、25处、18处。部分课文具有显性劳动主题，如锄禾、剪窗花；部分课文具有隐性劳动元素，如女娲补天、后羿射日。其二，划分劳动类型。内容维度的生活、生产、服务性劳动，方式维度的传统、新型劳动，德性维度的诚实、辛勤、创造性劳动。依据课文主旨，灵活贴切地划入劳动分类，无须拘泥形式。其三，搭建素养发展阶梯。依据《纲要》学段设计，纵向分成低年级与中高年级两个层次。由低年级到中高年级，劳动素养自浅及深。以“采莲”为例，一年级上学期通过诵读，领略“鱼戏莲叶间”的劳动美景；四年级通过解析，理解“闻歌始觉有人来”的劳动形象；五年级通过拓展，体会“采莲小舫夜深还”的劳动况味。由低年级到中高年级，劳动项目自简至繁。以“创造性劳动”为例，一年级“乌鸦喝水”“小兔运南瓜”，指向生存层级劳动素养；二年级“大禹治水”“鲁班造锯”指向尊重层级劳动素养；四年级“千年梦圆在今朝”“习作·我的奇思妙想”指向自我实现层级劳动素养。在此呈现二年级下册内容清单作为参考。（见表3）

表3　小学语文融合劳动教育的内容清单（二年级下册）

课题名称	劳动项目	类型归属	教学要素
邓小平爷爷植树	种植	辛勤劳动	了解植树过程和技巧，感受邓小平认真、专注的劳动态度。
雷锋叔叔，你在哪里		服务性劳动	了解公益劳动，学习雷锋无私奉献的劳动精神。
千人糕	烹饪	生产劳动	感受劳动成果来之不易，懂得珍惜劳动成果的道理。

[8]　纪海龙，刘知晓.劳动教育在小学语文教学中的有机渗透[J].语文建设，2021（10）：69-72.

续表

课题名称	劳动项目	类型归属	教学要素
中国美食	烹饪	生活劳动	初步了解丰富的中国美食及其制作方法，并对烹饪制作等劳动产生兴趣。
寓言二则之揠苗助长	种植	生产劳动	懂得劳动要踏踏实实、循序渐进的道理，避免急于求成、弄巧成拙的后果。
语文园地五之“弟子规”四句	收纳	生活劳动	学会穿戴和整理个人衣物，初步培养家居清洁、收纳整理的习惯。
要是你在野外迷了路		生活劳动	初步掌握在野外辨别方向的技能。
太空生活趣事多		生活劳动 新型劳动	感受新型劳动蕴含先进科学知识的特点，了解太空生活的基本常识和注意事项。
悯农	种植	生产劳动 传统劳动 辛勤劳动	体会农民吃苦耐劳的劳动品质，树立尊重普通劳动者的劳动观念。
最大的“书”	地质勘探	新型劳动	感受新型劳动蕴含丰富科学知识的特点，学习勤学好问的劳动品质。
语文园地七之“二十四节气歌”	种植	传统劳动	详细了解二十四节气的具体内容和指导农业劳动的作用，感受中国古代劳动人民的智慧。
羿射九日		服务性劳动	感受后羿不惧艰险、无私奉献的劳动精神，理解劳动创造美好生活的道理，树立尊重劳动者、劳动最崇高的观念。
语文园地八之“李时珍”	行医	服务性劳动传统劳动	学习李时珍坚持不懈、认真负责的劳动品质和实事求是、攻坚克难的劳动精神。

（二）有效实现融合教学。

融合目标，调顺方向；融合内容，统一载体；融合教学，二元归一。劳动教育融入学科教学，必须放弃讲解说明、淬炼操作、项目实践的劳动教学程式，尊重学科教学的立场、程式与方法。促进劳动实践性与学科知识性融合，运知于行；促进劳动思想性与学科知识性融合，化知为情。在语文教学中采取渗透策略，强化劳动观念、精神与习惯教育。一是随堂渗透。教学二年级下册“千人糕”，反复朗读人物对话，感受孩子“好奇”—“不以为然”—“心服口服、恍然大悟”的态度变化，直至学生与文中人物生发同感：“这糕的确应该叫‘千人糕’啊！”继而引导学生复述米糕制作与运输的劳动过程（语文要素），生发对劳动成果的珍惜情怀（劳育要素），学生在语文课堂中自然习得劳动素养。二是组文教学。打破册次与单元限制，通过调集文本建构劳动主题。如“习作·漫画的启示”“寒号鸟”“守株待兔”组成“好逸恶劳”主题学习，在扩写训练中感受贪图享乐、希图侥幸的后果；“文言文二则”“蜂”“乡村四月”组成“辛勤劳动”主题学习，在理解文言中把握光荣美丽的劳动者形象。基于相悖主题开展对比教学，还能形成矛盾张力，提升思辨能力，坚定劳动态度。三是凝合教学。在完成一册语文教学后，将劳动主题课文集中、分类，形成劳动视角下的专题赏析。如回顾三年级下册的11处相关内容，“池子与河流”“守株待兔”为辛勤劳动，“赵州桥”“纸的发明”等为创造性劳动，“剃头大师”“小虾”“蜜蜂”等为探索性劳动，教师指导学生自主梳理、自由分类，合作探究劳动意涵，既能温习语文课业，又可收获劳动新知。总之，跨学科劳动教育要先融合目标，再融合内容，最终优选课堂融合策略。以学科素养为显性目标，以劳动素养为隐性目标，纳劳动教育于学科，容课外资源于课内。

基于跨学科劳动教育的概念界定、内涵理解、价值追问、问题分析与框架建构等研究，通过课题引领、课堂指导与典型培育，课题组在市域内82所市设劳动教育专项课题承担学校推广与检验研究成果，深度开发了一批优质的跨学科劳动教育课程资源，锻造了一支优秀的跨学科劳动教育教师队伍，将劳动教育从虚化、弱化、边缘化的境地发展到实化、强化与主体化的地位，普遍提升了学科教学效率与劳动教育实施水平。

Chapter 1

第一章

劳动教育融入文科类课程

第一节　思政教学有机渗透劳动教育

在当前的教育大背景下，劳动教育越来越成为中小学关注的热点话题。《关于全面加强新时代大中小学劳动教育的意见》指出：“长期以来，各地区和学校坚持教育与生产劳动相结合，在实践育人方面取得了一定成效。同时也要看到，近年来一些青少年中出现了不珍惜劳动成果、不想劳动、不会劳动的现象，劳动的独特育人价值在一定程度上被忽视，劳动教育正被淡化、弱化。”因此，思政课作为立德树人的主阵地和关键课程，通过融合劳动教育，既能发挥思政课的育人作用，又能推动劳动教育落地生根，真正践行劳动教育。

弘扬劳动精神，融合学科教学，助推立德树人。习近平总书记曾经说过：“劳动是财富的源泉，也是幸福的源泉。幸福都是奋斗出来的。”在新时代，弘扬劳动精神，能够在全社会形成崇尚劳动、尊重劳动的良好风气；而思政课渗透劳动教育，将会对广大青少年产生积极的影响，发挥其立德树人的作用，真正实现“为党育人，为国育才”。初中《道德与法治》与高中《思想政治》相互衔接，将劳动教育贯穿思政课教学，在思想政治课融合劳动教育的过程中，能够推动思政课教育教学的创新，同时让青少年学生明白劳动的重要性，内化于心、外化于行，树立正确的劳动观念，热爱劳动、尊重劳动，系好人生第一粒扣子，为学生的发展指明方向。

深入研究教学活动，以“活动”促“劳动”。初高中思政课强调活动的重要性，高中思想政治新课标更是提到“活动型学科课程”“序列化的活动设计”，因此通过活动的设计能够促进学科教学与劳动教育的深度融合。教师可以通过布置课前任务，让学生课前搜集、整理材料用于课堂教学研究，这其实也是劳动的过程，课堂学习也能够让学生感受到劳动的快乐。在《道德与法治》课中，教师可以以活动为载体，激发学生的探索兴趣，在探索的过程中体会到劳动的重要性。

注重学科评价，渗透劳动教育。课堂评价对于促进课程资源开发、调动学生的积极性、提高学生核心素养发挥着重要作用。课例中关注学生日常行为表现，完善学生劳动素养评价标准，力求客观地对学生进行评价。而高中政治教学中，教师关注学生的劳动思想与行为表现，重视评价语言的启发性和导向性，提高学生对劳动价值的认识。

外化于行，以实践促融合。为促进劳动教育与学科教学的深度融合，教师可以利用课后作业这一环节，作业是课堂教学的延伸。课程标准中也提到，“丰富学生实践体验，促进知行合一”，理论的学习更要通过实践活动来强化，做到内化于心、外化于行。因此，教师要给学生提供实践活动的机会，让学生在实践中体验劳动收获。

思政课教学有机渗透劳动教育，能够充分发挥思政课的育人作用，同时让劳动教育贯彻落实到日常中小学教育教学中，“遍地开花”，让二者的作用达到最大化，真正做到为党育人、为国育才。

|小学道德与法治统编版一年级下册|

“让我自己来整理”课堂实录与评析

一、课堂实录

（一）教材解读

“让我自己来整理”是一年级下册第三单元“我爱我家”第三课的内容。第三单元主题在于重点引导学生学会主动表达自己对家人的爱，学着自己的事情自己做，主动承担力所能及的事情。对于一年级的学生来说，已经开始自己使用部分生活用品以及各种玩具，但是物品使用后，进行有序归类、整理的习惯仍在养成当中。

本课展示了劳动带给生活的改变和美好，帮助学生形成良好品德。教材以“整理”为抓手，尝试自主整理与自己生活密切相关的物品，通过劳动帮助学生学会动手动脑，逐渐做到分类整理、物归原位和定时整理，同时培养学生良好的日常生活习惯和生活能力，树立自己的事情自己做的主人翁意识，增强责任感。

（二）教学目标

根据《义务教育道德与法治课程标准（2022 年版）》“健康、安全地生活”中的第 4 条“爱护家庭和公共环境卫生”，“负责任、有爱心地生活”中的第 2 条“爱父母长辈，体贴家人，主动分担力所能及的事情”以及《义务教育劳动课程标准（2022 年版）》中“喜欢劳动，具有主动劳动、积极参加劳动的愿望”“完成比较简单的个人物品整理与清洗，居室、教室等卫生保洁、整理与收纳”“形成‘自己的事情自己做’的意识”确定以下教学目标：

1. 懂得自己的事情自己做，不会做的事情学着做。学会动手动脑，尝试自主整理与自己生活密切相关的物品。

2. 学习整理的三种方法：分类整理、物归原位和定时整理。

3. 落实对家庭的爱与责任，能通过学习主动承担力所能及的家务，表达对家人的爱与责任。

4. 完成比较简单的个人物品整理与清洗，体验整理与收纳劳动带给生活的改变和美好，培养学生良好的生活习惯和生活能力。

（三）教学过程

环节一：情境导入——开启魔法之旅

师：小朋友们，你们好啊！今天这一堂课非常特别，因为我们会使用到魔法，我还给大家带来了一本魔法秘籍，它放在宝箱里，只要你们完成今天的闯关游戏获得三把通关钥匙就能打开宝箱，获得魔法秘籍。同学们，做好准备了吗？就让我们开始今天的魔法之旅吧！

【设计意图】魔法是一年级学生比较感兴趣的话题，此环节可以调动学生的积极性，在导入设置悬念，通过闯过一个个关卡就可以收获魔法秘籍，从而让学生用最大的热情投入到活动中。

环节二：小雨的烦恼

师：今天，我们的课堂来了一位新朋友——小雨，他遇到了一件麻烦事，请你仔细观察图片。

1. 观看图片，启发思考

（选用图片“我的橡皮哪儿去了？”作为趣味导入，图片内容主要呈现小雨在乱成一团麻的房间里着急地向妈妈询问橡皮哪儿去了，杂乱的房间给小雨及其家人造成了很大的麻烦。）

师：小雨同学遇到什么麻烦事呢？

生：他的橡皮找不到了 / 他把橡皮弄丢了。（你是一个善于倾听的孩子。）

师：没有橡皮会怎样呢？

生 1：没有橡皮，写错字的时候，就不能擦了。（有错误，不能及时改正，可真急人。）

生 2：画画的时候，画错了也不能擦掉重画。（这会影响整幅画的美观。）

生 3：做试卷的时候，做错了也不能改正。（瞧，还会影响你得高分呢！）

师：大家看，橡皮是我们亲密的小伙伴，它在我们的学习生活中有着重要的作用，如果把小伙伴弄丢了，会给我们带来很大的麻烦，我想小雨也特别希望得到大家的帮助。让我们一起来帮帮他，好不好？现在让我们开始第一关的闯关游戏——小小橡皮在哪里。同学们，你们准备好了吗？

2. 闯关游戏

（1）小小橡皮在哪里

师：小雨的课桌就在这里，现在请一名同学上来找一找这块橡皮。在开始寻找之前，我们先来看看闯关规则。

闯关规则（屏显）：

①音乐响，开始找，音乐停，你就停。

②其他同学做好小小观察员，给他打个分。

师：时间到，我来采访他一下，找到了吗？

生：没找到。

师：为什么找不到呢？

生：因为桌子上太乱了。

师：那么，我们想快速地找到橡皮，应该先干什么呢？

生：整理好书桌，保持干净。

（2）整理书桌学方法

①方法一：分类整理

师：对，整理是个好办法，那谁能来整理整理这个小课桌呢？请一名同学上台整理，其他学生要保持安静，认真观察，他是怎么整理的。（一名学生整理桌面物品。）

师：这位同学真的拥有一双充满“魔力”的小手，在他的整理下，小课桌变干净了。你能说一说，你用了什么魔法整理？

生 1：语文课本、数学课本放一起；铅笔、橡皮、尺子这些文具放一起；田格本、图画作业本放一起。

师：像这位同学说的，把课本归为一类，作业本归为一类，这种整理魔法就是“分类整理”（张贴板书），而且老师发现这位同学在整理课本时，不仅分了类，还按照从小到大的顺序摆放，这样可以让物品更整齐。

师：物品整理完毕了，橡皮藏在哪里了？（教师指定学生回答。）

生 1：橡皮在书本里。

师：应该把它放在什么地方？

生 2：应该把它放在文具盒里。

师：（你观察得真仔细）文具盒是橡皮的家，我们要把橡皮送回家。

②方法二：物归原位

师：小书桌变得整洁了，现在谁还想试着找一找橡皮呢？（你找的真快啊！）

师：原来啊，用过的物品放回原处，能帮我们节约更多的时间，这也是一种很好的整理魔法（张贴板书“物归原位”），我们在帮助小雨寻找橡皮的过程中，还收获了整理物品的魔法，这正是帮助别人、快乐自己，恭喜大家成功闯过第一关，拿到第一把通关钥匙。

【设计意图】借小雨这位课堂上的新朋友遇到麻烦事，体会“小伙伴”不见了所带来的生活小麻烦。借助帮小雨寻找橡皮的场景再现让学生在“眼见为实”中习得整理物品的必要性和有效方法——分类整理和物归原位。从而初步解析出本课所要达成的知识与能力目标——了解物品整理的方法，落实教学目标 2。

环节三：整理我的小书包

1. 联系生活思考

师：在刚才的活动中，我们知道了分类整理和物归原位的整理魔法，大家想不想自己试一试？我们从什么地方开始呢？书包是我们最亲密的“小伙伴”了，和我们形影不离，那我们就从整理书包开始吧！

师：平时你们是怎么整理小书包的？

生 1：我把课本和课本归于一类，作业和作业放在一起，按从小到大的顺序放好。（你使用了分类魔法，相信书包一定会整理得很整齐！）

生 2：语文课本、语文同步练习册和语文作业本放在一起，数学的本子另外放在一起。（你使用了另一种分类魔法，就是按学科来分类。）

生 3：书包有不同的口袋，可以放置不同的物品。（你使用了物归原位的整理魔法。）

2. 总结方法实践

师：总结整理书包的方法，可以按开本大小分，按书本类型分，按学科分，现在用你们的方法来整理小书包吧！哦，开始之前，我们先看闯关规则。

闯关规则（屏显）：

（1）音乐响起，开始整理，音乐结束，停止整理；

（2）整理书包时，注意小组活动安全；

（3）整理结束，请用端正的坐姿和大家打招呼。

3. 对比变化发现

师：小书包整理好了，我看到大家的书包在你们灵巧的双手下都变了模样，谁来说一说，整理后的书包有了什么变化？（两名学生回答，并把书包展示给大家看。）

生 1：这是我的书包，比以前整齐了，我想回家把它洗干净。

（孩子，你不仅能整理书包还能清洗书包，你是爱干净的好孩子！）

生 2：我的书包整理后比以前装得更多了。水杯、跳绳放在书包的两边也很方便。

师：小书包在我们的手中变得干净、整齐了，恭喜大家闯过第二关，获得第二把通关钥匙。同学们，胜利就在眼前了，我看好你们哟！

【设计意图】游戏是低年级儿童的有效学习方法。在学生初步了解整理方法的基础上，进一步落实教学目标，鼓励学生从生活出发，发挥动手整理的主动性，整理最亲密的“小伙伴”——书包，在实践中掌握本节课的重点内容——分类整理和物归原位的整理方法，提升整理物品的能力。进一步落实教学目标 2 的同时，达成教学目标 1。

环节四：整理房间我能行（小组活动）

1. 分小组模拟情景

师：我们用整理的魔法不仅可以整理我们的书桌、书包，还可以用它来整理我们生活中的其他地方。（屏显房间凌乱的图片。）

师：地上乱糟糟的玩具，床上随意堆放的衣服，书架上杂乱不齐的书籍，厨房里凌乱的物品，一切都乱糟糟的，如果让你在这样的环境里生活，你觉得怎样？

师和生：不舒服。（齐声回答。）

师：同学们，乱七八糟的房间不仅我们住着不舒服，找东西也不方便，甚至可能会带给我们危险，那我们能不能来整理整理呢？所有闯关必有规则，我们首先要看闯关规则。

闯关规则（屏显）：

（1）音乐响起，开始整理，音乐结束，停止整理；

（2）推荐一名同学来汇报你们是怎么整理的；

（3）整理完毕，请用你们端正的坐姿告诉大家。

师：请组长到老师这里随机抽取一组物品进行整理。（老师最喜欢一组，因为他们领完物品后，并没有急于开始动手，而是端正地坐好。）现在开始行动吧。（四个小组开始整理物品。）

2. 小组展示整理成果

师：老师看到四个小组都已经做好了，现在我们请各个小组来分享自己的整理成果吧。其他小组要认真听，看看他们整理的好不好，你还有什么好的建议。

小组 1：我们小组整理的是衣服，我们把袜子放在袜子的收纳盒里，把内衣叠好放在内衣的收纳盒里，我们的校服叠好后放在外衣的收纳箱里。

师：他们小组不仅把衣服送回他们各自的家，而且衣服也叠得非常整齐呢，下次再穿就非常方便了。他们整理的好不好？（学生齐声回答：好！）老师也认为你们整理得很棒哟！为你们点个大大的赞。

小组 2：我们小组整理的是厨房，我们把酱油、醋这些大的瓶子放在下面，把这些小的胡椒、花椒等调味品放在上面，筷子放在这里（指着某处）。

师：把不同的调味品放在不同的位置上，厨房就显得整齐干净了。你们认为他们整理的好吗？如果你们认为他们整理的好，就送给他们肯定的掌声。

小组 3：我们小组整理的是玩具，我们把玩偶放在最上面，把恐龙的小玩具放在下面。

师：他们小组整理得好不好？谁来夸夸他们？

生：我觉得他们组玩具摆放得很好。（你真会评价，如果你也把玩过的玩具送回原处，你的这些玩具“小伙伴”肯定也会很高兴的！把掌声送给这个小组。）

小组 4：我们小组整理的是书架，我们把书按照从大到小的顺序来摆放。

生：他们的书架很整齐，我们想看什么书，找起来非常方便。

师：每个小组的物品都整理得非常好，得到了其他小组的认可。你们都把物品送回他们各自的家，把乱七八糟的地方收拾得干干净净、整整齐齐，你们可真是了不起的魔法师呢！

3. 总结出第三种整理方法：定时整理

师：第一天过去了，房间保持的比较好；第三天过去了，椅子、书包就离开了自己的“家”；第五天过去了，房间就又乱了。这该怎么办呢？

生：平时注意保持整洁，不乱摆放。（保持是个好习惯，用过的物品要及时归位。）

师：大家认为，书包几天一整理？房间呢？

生：书包每天整理，放学的时候整理。房间也是每天都整理，不乱丢乱扔。

师：对，定时整理也是一种好办法（张贴板书“定时整理”），可以保持书包和房间的整洁。恭喜大家，闯过第三关。我们得到最后一把通关钥匙，现在让我们一起打开宝箱，看看宝箱里藏的是什么？

【设计意图】本环节在了解方法、使用方法的基础上，将整理活动的空间由课堂扩展到学生生活的方方面面，借助小组活动，模拟情景让学生学会整理生活中的物品，并进一步习得整理物品的方法——定时整理。通过第三种方法的学习培养学生良好的生活习惯，也是对前面两种方法的巩固。完成教学目标 2 的同时渗透劳动教学目标 4。

师：闯过三关，恭喜大家获得整理小达人的称号，同时获得了我们的魔法秘

籍 —— 一本整理秘籍：分类整理、物归原位、定时整理。不仅如此，还送有一首整理魔法小儿歌，让我们一起拍手读一读吧！

儿歌：

我的伙伴真不少，他们都是我的宝。

各就各位不乱跑，每到用时才好找。

用完他们送回家，有空也给洗个澡。

师：同学们，有了这本整理的秘籍，我们就可以在生活中运用它了。我们自己的物品要自己整理，你再用的时候才方便，而且还可以减轻爸爸妈妈的负担，不给他们添麻烦，这也是你们爱爸爸妈妈的一种表现，有了爱，我们的家才会更温馨（张贴小房子图片）。但是如果你的爸爸妈妈还要帮你整理书包和衣物，你会对他们说什么呢？让我们一起告诉爸爸妈妈——让我自己来整理。

板书：让我自己来整理

课后实践——

师：说得好不如做得好，老师最后送大家一份小礼物，就是整理小达人践行表。我们先来看看怎么用：左侧是时间，上方是你要完成的事情，每完成一项，就奖励自己一个笑脸，一周下来，我们看看谁的笑脸最多，好不好？希望大家在整理小达人践行表的帮助下，养成整理的好习惯，期待同学们更精彩的表现。这节课上到这里，下课！

自己的事情自己做

——整理小达人践行表

时间	整理书桌	整理书包	整理床铺	整理房间
星期一				
星期二				
星期三				
星期四				

续表

时间	整理书桌	整理书包	整理床铺	整理房间
星期五				
星期六				
星期日				

【设计意图】设计此践行表的目的在于让学生践行自己的事情自己做，同时通过表格记录的方式培养学生形成良好的日常生活习惯和生活能力，真实感受到劳动带给生活的改变和美好，落实学生对家庭的责任以达成教学目标3。

板书设计：

【设计意图】板书采用主板书和副板书相结合的方式，主板书为课题和本课教学重点——整理方法，采用不同的板贴增加趣味性和区分度；副板书为一所简单的小房子，象征着我们的家庭，通过教学最后环节的总结升华，将本课的情感目标——爱与责任与劳动教育初衷相融合，最终回归到对学生发展的素养提升上。

课例提供：金帅　张艳玲

二、课堂评析

小学道德与法治和劳动教育的互补性渗透

2020年3月发布的《关于全面加强新时代大中小学劳动教育的意见》强调："除劳动教育必修课程外，其他课程结合学科、专业特点，有机融入劳动教育内容。"提高小学生劳动教育一定要找准新的"结合点"，融合多个领域，还要把劳动教育真正纳入学校的课程体系中。小学阶段，道德与法治作为学生的必修课，融生活性、活动性、综合性、开放性为一体，以培养学生喜欢动手、乐于参加劳动、初步掌握劳动技能为目标。因此，结合当前劳动教育的现状，在小学道德与法治课堂中深挖劳动教育，加强融合。

（一）在道德与法治课堂中渗透劳动教育的必要性

道德与法治课程和劳动发展紧密相连，同构共生。《小学道德与法治课程标准》提出在道德修养和责任意识上提出“爱护家庭，学会自己的事情自己做，减轻父母的负担”。《大中小学劳动教育指导纲要（试行）》指出，小学低年级应当“完成个人物品整理、清洗……，树立自己的事情自己做的意识，提高生活自理能力”，中高年级应当“增强生活自理能力和勤俭节约意识，培养家庭责任感”。不难发现，道德和法治课程和劳动教育联系密切，两者相互促进，互为补充，因此，在道德与法治课程中渗透劳动教育，将对小学阶段劳动教育和道德法治课程产生巨大推力。

（二）深入挖掘教材，寻找两科渗透点

新课改视域下，想要让劳动教育能够完美渗透于小学道德与法治教学之中，教师应当首先立足于教材内容，进而深入挖掘和探索优质的劳动教育元素，并结合单元或课时中与“劳动”息息相关的教学主题展开创新化劳动教育。

《道德与法治》一年级下册第三单元“让我自己来整理”这一课，是关于整理的习惯养成教育，围绕单元要素“体贴家人，主动分担力所能及的家务劳动”设计教学目标，与劳动教育目标相一致。教学过程中不仅通过“小小橡皮在哪里”的活动习得整理方法，还通过整理书包、情景模拟以及打卡任务加强孩子的动手能力，再按照“实践总结整理方法、自主探索整理秘籍、合作加强整理能力”的教学步骤，使教学活动的开展从认知层面加深到劳动技能的学习，逐步将劳动教育做到在课堂中扎根，落实道德与法治课堂教学目标的基础上，兼顾劳动教育。

（三）以活动作为载体，激发探索兴趣

本课例的教学环节以寻宝游戏为线索，将每一个活动用一把把钥匙相连接。同时每寻找一把钥匙就能解锁一层新的教学目标，教学目标设计通过活动层层递进，实现了学生由“整理意识—知晓方法—启发爱与责任”的不断转变。课中将“整理的方法”分化为三部分，难度按梯度推进，先学习最简单的“分类”，初步认识“劳动之法”，其次发现“分类后物归原位同样重要”，最后再根据时间推移最终实现“定期整理”。三个环节各有各的铺垫，各有各的衔接，从“寻找一块橡皮”实现环节的自然过渡，环环相扣。

（四）“家校社”形成三方联动，拓展劳动教育空间

毋庸置疑，家庭、学校与社会是学生最为主要的三大活动区域。因此，在道德与法治的教学实践过程中渗透劳动教育元素，不仅要做好课堂教学，还应当形成“家校社”的三方联动，全面拓展学生劳动教育空间，进而为每一名学生构建一个完整、立体、优质的成长环境。本课例从解决一张陌生又熟悉的课桌到学会运用方法整理自己的书包，再到小组合作探寻家庭中每一处空间的整理秘籍，尝试将学校劳动与家庭劳动相结合。设计课后作业，帮助完成家庭劳动素养培育。本课例将“自己的事情自己做”贯穿教学过程，把自己的物品拟人化为“小伙伴”，用照顾小伙伴的理念，让学生明白自己的事情需要自己承担，同时通过“烦恼”的讨论，明白自己的“不作为”将给自己及家庭带来的“困惑”。本课例设计课后实践环节，将道德与法治的单元主题“爱与责任”与劳动教育的“在劳动中实现德育”相结合，通过家务劳动实现对家庭的爱与责任，学会自己的事情自己做，在做中践行德育养成。

|小学道德与法治统编版一年级下册|

“我们爱整洁”课堂实录与评析

一、课堂实录

（一）教材解读

“我们爱整洁”是统编版教材“道德与法治”一年级下册第一单元的教学内容。本单元的单元主题是“我的好习惯”，由“我们爱整洁”“我们有精神”“我不拖拉”“不做‘小马虎’”四课组成。四节课程之间是并列关系，都是针对学生日常生活中的基本习惯设计的。

“我们爱整洁”是第一课，侧重外在文明形象的塑造，培养学生爱整洁、讲卫生的良好习惯。课程以“镜子里的我”导入，引导学生初步了解什么是整洁、自己是否整洁；引导学生注重自己的仪表。在此基础上，“保持整洁有办法”由仪表整洁扩展到良好卫生习惯的养成，让学生在讨论交流中学会一些保持整洁的好方法；同时让学生尝试整理自身衣物，整理自己的课桌，引导学生体会劳动带来的快乐，初步明白劳动的重要性。课后回家观察妈妈一天做了哪些家务来维持家里的整洁，自己动手去收拾下自己的书桌、床铺、衣柜，让课堂的学习得到延伸，劳动技能得到实践，在具体劳动情境中体验劳动的快乐，以此培养学生良好的劳动习惯，从而实现学科融合教学中劳动素养的培育目标。

（二）教学目标

1. 能够自我审查，保持整洁，认识保持整洁在人际交往中的重要性，重视自己的仪表。

2. 掌握保持整洁的办法，养成整洁、文明的良好卫生习惯。

3. 完成简单的个人物品整理，具有初步的个人生活自理能力，初步感知劳动的辛苦和乐趣，树立劳动最光荣的观念，热爱劳动。

（三）教学过程

1. 视频导入

播放视频：《皮皮的故事》

师：同学们，上课之前，我们先来认识一位小朋友——皮皮，仔细观看视频并认真思考为什么大家都不愿意和皮皮玩儿呢？（观看视频。）

生 1：皮皮太脏乱了，不洗脸也不换衣服，满身是泥土。

生 2：我也不愿意跟皮皮玩儿，我喜欢跟干净的小朋友玩儿。

师：原来是皮皮太脏了，不够整洁，所以大家不愿意跟皮皮做朋友。

【设计意图】通过观看《皮皮的故事》，让学生感受到保持个人整洁卫生的重要性，为接下来的交流分享做好铺垫。

2. 图片导入，观察交流

师：你们能在下面的照片中，找出和皮皮一样不够整洁的同学吗？（PPT 展示图片。）

生 1：红衣服男生衣服扣子没有系好，脸上也脏脏的。

生 2：小女孩头发乱乱的。

生 3：蓝衣服男生鞋子太脏了。

师：如果这些同学想要抱抱你，你愿意吗？

生：不愿意！

师：如果我们是干净整洁的小朋友，会交到更多的朋友；如果我们不能保持整洁，就可能会失去朋友哦！

【设计意图】通过在图中寻找和皮皮一样不够整洁的同学，同时引导学生从自身感受出发，体会不整洁可能会失去很多朋友，让学生意识到整洁的重要性。

3. 探究活动一：镜子里的我

师：同学们，老师让大家准备小镜子，你们都准备好了吗？请大家拿出来。（PPT 出示镜子。）

出示任务——

（1）看看镜子里的自己是什么样的？是不是整洁的？哪里不够整洁？自己进行整理。

（2）同桌两人为一组看看仪表是不是整洁，帮助同桌整理下不整洁的地方。

（学生照镜子整理自己的头发和衣服后，同桌两人互相帮助进行整理，有几个长头发的女孩子不会梳头发，老师帮助整理；经过整理学生们头发以及衣物都变得整洁很多。）

交流分享——

师：请大家说一说整洁会给人带来什么感受，不整洁又给人带来什么感受，小组内先进行讨论。

四人一组，进行交流。

师：哪个小组愿意跟大家分享下你们的感受？

生 1：整洁会让人很开心，我们愿意跟整洁的人做朋友。

生 2：不整洁给人感觉很不好，我们不想跟脏脏的人做朋友。

生 3：经过刚刚的整理，我的头发变得整洁很多，我会努力保持整洁，我想交到更多的朋友。

师：大家说的太棒了。当我们自己能够保持仪表整洁，会得到更多人的肯定和喜欢，所以我们要努力做一个爱整洁的好孩子！通过刚才的活动，我们每位同学的仪容仪表都非常整洁了，大家都是有礼貌的好孩子。

【设计意图】引导学生初步了解整洁是什么，能够判断自己是否整洁，同时动手整理自己的仪表，同桌之间互相帮忙整理更利于学生对整洁的认识，交流分享环节引导学生认识整洁在人际交往中的重要性。

4. 探究活动二：保持整洁有办法

师：整洁这么重要，保持整洁有哪些好方法呢？把你们的想法说给自己的同桌听听，小组内讨论下。

交流分享保持整洁的好方法。

师：哪一组愿意跟大家分享你们保持整洁的好办法？

生 1：我会及时洗手，手脏了不到处乱摸。

生 2：早上起床我会先整理好自己的头发和衣服，乱了我就及时整理。

生 3：用完的东西我会及时收拾，不乱扔。

师：大家的办法可真多，我们要想保持整洁，养成良好的卫生习惯，除了有一颗爱整洁的心，还要有一双勤收拾的手。当然，需要保持整洁的不仅是我们的头发和衣服，还有我们的学习生活环境，大家现在学习的教室、书桌以及桌洞都需要保持整洁，它们的整洁会让我们心情舒畅。大家要不要整理看看？

（学生都积极响应，表示愿意整理。）

师：保持整洁有方法哦，老师先来讲解示范下整理步骤哦。

（老师进行示范整理，边整理边讲解：将桌洞里面的学习用品拿到桌面上，将大小相同的书放到一起，整理整齐，小的在上，大的在下，整理好后放回到桌洞里面，其他的用品按照用途分好类，放到角落里，最后擦拭桌面，捡起脚底垃圾，将桌子摆整齐。）

师：接下来我们举行“我是整理小达人”评选活动，大家快速整理自己的书桌及桌洞，并捡起脚底下的垃圾，将桌子摆整齐，一竖排为一组，十分钟后我们来进行评比，看哪一组做得最整洁，哪一组学生便可以获得“我是整理小达人”称号。

学生积极参与到劳动中来，先整理好自己的桌洞，擦干净桌子，捡起脚底垃圾后，摆正桌子，每一排都收拾得很整齐。

老师针对四项内容进行评比，评选过程不断鼓励，引导学生感受劳动前后变化，选出最整洁的一组进行表扬。

【设计意图】让学生动手整理自己的书桌及桌洞，捡起脚底下的垃圾。“我是整理小达人”评选活动的开展吸引学生积极参与到劳动中来，小组评比环节，引导学生感受劳动前后教室变化，体会劳动带来的快乐，初步体会劳动的重要性。

5. 探究活动三：我为家的整洁作贡献

师：不仅在学校里需要保持整洁，我们生活的环境也需要保持整洁，大家在家有没有参与劳动？

生 1：我在家帮助妈妈扫过地。

生 2：我在家自己洗过衣服。

生 3：我在家帮妈妈叠过被子。

（学生积极回答在家参与过哪些劳动。）

师：孩子们，我们作为家庭的一分子，应该为家的整洁作出贡献，做一些力所能及的事情，不是帮助妈妈做事情，而是承担我们本应该承担的责任。劳动是有技巧的，掌握了方法才能提高效率。老师给大家搜集了几个家庭整理小技巧，我们先一起学习下。

（播放如何整理床铺以及衣柜的视频，带领学生学习整理技巧。）

师：大家学会了吗？

生 1：整理衣物时可以按照颜色分类，这样找起来方便。

生 2：有些衣服需要挂起来，有些叠起来。叠起来的衣服可以竖着放，这样找的时候好找，而且不容易弄乱了。

生 3：叠好被子后，要把床单铺平整，这样才整齐。

师：孩子们观察可真仔细，光看可不行，咱们得动手做起来。大家课下观察妈妈一天做了哪些家务来维持家里的整洁，并且自己动手去收拾下书桌、床铺、衣柜等，从劳动中寻找快乐并跟大家分享你的感悟。

【设计意图】自己动手去收拾下自己的书桌、床铺、衣柜，体会劳动的快乐，劳动后交流分享感悟，让学生能够热爱劳动，帮助学生养成良好的劳动习惯。

6. 板书设计

我们爱整洁

镜子里的我

保持整洁有办法

我为家的整洁作贡献

课例提供：王珣　张金净

二、课堂评析

小学道德与法治与劳动教育的融合实施

当前教育背景下，劳动教育需要与学科教育相融合；教师选择了这一课与劳动教育相结合，将劳动教育与学科教育的教学内容及教学目标进行融合，通过优化课堂，提升劳动教育成果；同时结合家庭教育，发挥家校共育作用，让学生把爱整洁付诸到实践中，培养学生良好的卫生习惯，提高生活自理能力。

（一）劳动教育内容与学科教学内容融合的现实必要性

地处城市的学校，学生来源于相对比较富足的家庭，大多数家长很注意自己孩子的形象，所以学生的自我认同感较好。只是很多学生还不能很好地理解“为什么要保持整洁”“保持整洁有什么好处”，同时学生的整洁与卫生由家长包办代替的情况比较严重，学生还没有养成保持个人卫生的习惯。因此，教学重点是让学生知道该如何保持整洁以及如何养成保持整洁的习惯。教师选择了这一课与劳动教育相结合，让学生的爱整洁不仅停留在认知层面，更重要的是实践爱整洁，在生活中利用德育课上的如何保持整洁联系自身实际，把怎样整洁放到行动中去，做到长期坚持整洁，培养学生良好的卫生习惯和提高生活自理能力。

（二）实现劳动教育目标与学科教学目标的融合

这节课预设的学科教学目标是让学生养成文明、整洁的好习惯，使学生关注自己的仪表，从而产生良好的自我认同感。这一目标与2022年4月颁布的《课程标准》中的低年级（一、二年级）学生的劳动素养要求一致：在完成清洁与卫生、整理与收纳、烹饪与营养等劳动任务的过程中，初步掌握基础知识、基本步骤与基本方法，初步形成个人生活自理能力。

（三）劳动课程教育内容与学科教学内容的融合

2022年最新版劳动教育课程标准中指出第一学段的目标要“完成比较简单的个人物品整理与清洗，居室、教室等卫生保洁、整理与收纳以及垃圾分类等劳动任务，具有初步的个人生活自理能力”。

《劳动课程标准》明确将“清洁与卫生”作为低年级第一个梯度任务的内容。

《道德与法治》第一单元第一课“我们爱整洁”的教学内容是培养学生爱整洁、讲卫生的良好习惯。结合学生年龄特点，采用小组合作的方式，在教师的引导下，以学生为主体，通过讨论交流认识到整洁的重要性，习得具体的整洁劳动技能，并在家庭生活的劳动实践中巩固提高。在具体教学中，“我们要整洁”不只是停留在认知层面，而是体现在从认识到行动的展开，从静态整洁到动态整洁的深化。课程结束后，教师让学生在家也动手收拾下自己的书桌、床铺、衣柜，体会劳动的快乐，养成劳动的习惯。这一环节真正体现了德育与劳动教育的结合，在小学道德与法治课的课堂中，教师有必要向学生贯彻劳动教育，培养学生在劳动、生产、技术和劳动素养方面的内涵，培养学生勤劳勇敢、热爱劳动、尊重劳动成果的正确的劳动观。

（四）通过优化课堂教学提高劳动教育成效

课堂是实现教学目标的载体。教学中灵活采用多种教学策略：采用播放视频《皮皮的故事》导入课堂。教师创设情境，唤醒学生已有的生活经验，学生沉浸于其中，激起学生参与的热情，并思考为什么大家都不愿意和皮皮玩儿，让学生感受到保持个人整洁卫生的重要性。接着创设具体问题情境，引导学生思考：出示几张小朋友不整洁的卡通图片，让学生找出和皮皮一样脏兮兮的同学，全班观察交流。这一环节的目的是让学生进行观察对比，让学生体会到整洁与不整洁给人们带来的不同感受。接下来是探究活动，教师让同学们拿出提前准备好的小镜子，看看镜子里的自己是什么样子，自己的仪表是否整洁，哪里不整洁，然后自己进行整理；有效使用小组合作，实践劳动技能。同桌两人为一组，互相观察，评价对方的仪表是否整洁，并互相帮助整理不整洁的地方。在认识到什么是整洁后，让学生探究该怎样保持整洁，小组交流分享保持整洁的好办法，这一环节从现象到策略，学生在讨论分享中学会保持整洁的办法，理论联系实际，结合劳动教育，利用这些办法快速整理自己的书桌及抽屉等，从整理仪表拓展到整理个人物品及周围环境等良好卫生习惯的养成。

（五）家校共育是巩固劳动教育成果的基础

学生在课堂中虽然能认识到要保持整洁，但如果要想把保持整洁形成习惯，并不是一朝一夕的事情，只依靠课堂教学是远远不够的，课下教师还要和家长多沟通交流，加强家校合一，引导家长督促、鼓励学生在家中不断练习整理与收纳，并长期坚持实践，养成习惯。后期可以通过展示、交流、汇报等形式，激发学生的参与热情，让学生真正将爱整洁内化成终身受益的良好行为习惯。

| 小学道德与法治统编版二年级上册 |

“主动学做家务活”课堂实录与评析

一、课堂实录

（一）教材解读

本课选自统编教材《道德与法治》二年级上册“主动学做家务活”这一主题，教学中在落实道德培养的同时，潜移默化地渗透劳动教育。本节课教学旨在达成《义务教育道德与法治课程标准（2022 年版）》对第一学段所要求的学业质量标准：“在日常生活中，能够自己的事情自己做，承担力所能及的家务劳动，具有健康、安全的生活习惯，具备勤俭节约的意识，爱护大自然（责任意识）。”课上通过剖析学生不做家务的内因和外因，通过发现生活中家务劳动的小妙招，激发学生参与家务劳动的兴趣，并且能自觉、主动地进行家务劳动，使其体验到学做家务的快乐与成就感，从而能最直接地帮助学生树立家务劳动的观念，提升学生家务劳动的技能。

道德与法治课是对小学生进行劳动教育的重要阵地之一，在培养学生劳动态度、劳动技能、劳动智慧与实践能力等方面具有重要作用。其课堂的学习和学生具体的实践活动，是学生知与行相统一的最好阵地，教学中注重联系学生的生活实际，引导学生在实践活动中发现和提出问题，并且在自身参与丰富多样的社会劳动实践活动中，逐步形成探究意识和创新精神。

利用道德与法治的课程标准和教材中所提供的教学框架，进一步整合学生、学校和家庭甚至社会生活中的劳动教育，实现课堂教学与劳动教育的良性互动。首先，让学生平时生活中经常用到的劳动技能进入道德与法治的课堂，为课堂教学提供丰富的生活经验积累。其次，学生日常的劳动活动成效可以延续到道德与法治课堂中，并在课堂教学中得到反思与检验。再次，道德与法治课堂教学的成效可以再延续到平时学生的劳动生活中，在日常劳动活动中得到滋养与加固。最后，学生的日常劳动活动可借助《道德与法治》教材与教学实现系统化，整体提升学生的劳动水平。

（二）教学目标

1. 知识目标：了解做家务的意义，能主动承担家务劳动。

2. 能力目标：

（1）掌握一些做日常家务劳动的技能，学会自己的事情自己做。

（2）培养自我服务和家务劳动的意识及能力。

（3）培养学会请教、合作交往、收集处理信息、语言表达、发现问题与解决问题的能力。

3. 情感目标：

（1）体会大人劳动的辛苦，学会积极承担家庭责任。

（2）正确认识家长的溺爱行为，学会用恰当的方式与大人沟通，主动争取参与家务劳动的机会。

（三）教学过程

1. 故事导入

朱先生有两个儿子，西蒙和帕克。他们住在一栋很好的房子里，有很好的花园，有一辆很好的车子在很好的车库里，房子里还有他的妻子。每天早晨，朱先生去上很重要的班之前，总是大声喊：“亲爱的，早餐呢？快点儿！”每天早晨，西蒙和帕克去上很重要的课之前，总是大声喊：“妈，早餐呢？快点儿！”

他们出门以后，朱太太洗净所有的碗盘，整理所有的床铺，用吸尘器清洁所有的地毯……，然后去工作。

师：朱太太做的这些事情，他们都有一个共同的名字，你知道是什么吗？

生：家务。

师：你们还知道哪些家务？

生：扫地、拖地、擦玻璃……

师：大家对家务活都很了解，咱们继续听故事。

每天傍晚，孩子们上完很重要的课回到家，总是大声喊：“妈，晚餐呢？快点儿！”每天傍晚，朱先生做完很重要的工作回到家，总是大声喊：“老太婆，晚餐呢？快点儿！”他们一吃完，朱太太就洗碗—洗衣服—熨衣服……再做些吃的东西。朱先生和他们的两个儿子吃完饭之后，歪着头坐在沙发上看电视。

师：故事听到这你有什么感受？

生：朱先生把所有事情都让朱太太做。

师：那你觉得他们应该怎么做？

生：自己做。

师：你能感受到朱太太平时的生活怎样？

生：朱太太每天很忙，很辛苦。

师：在你们家里，谁做的家务活最多？

生：妈妈、奶奶、爸爸……

师：大人们这么辛苦，谁可以帮助他们？

生：我们。

师：我们已经长大了，作为家庭中的一员，我们有责任也有义务去帮着大人学做一点家务活。（板书课题：主动学做家务活。）

【设计意图】通过绘本故事导入，激发学生学习兴趣，并让学生知道大人每天都在做家务很辛苦。

2. 主动学做家务活

活动一：小小交流会

（1）小组讨论：你最擅长做什么家务活儿？你是怎么做的？说说具体过程。

师：谁来说说你拿手的家务活儿？

生：我会洗碗，我先用水清洗一下碗，然后打上洗洁精，去除上面的油污，最后用水清洗干净。

师：说得真详细啊，我这里也收到爸爸妈妈发来的同学们参与劳动的视频，请同学们来观看一下，看看你们做得怎样。

（2）播放学生劳动视频。

师：大家觉得自己做得怎么样？

生：很认真。

师：谁还想来夸夸视频中的你们？

生：我们动作都很熟练，在家一定经常干活。

师：我们把掌声送给自己吧。

【设计意图】二年级的学生，或多或少都参与过家务劳动，在课堂上让学生交流他们做家务的生活经验，一开始可以营造一种“人人都是家里的一分子，人人都来做家务”的氛围，为接下来各环节的学习打下一定的基础。

师：看到你们能主动做家务，爸爸妈妈也有话要说，我们一起来听听吧！

（3）播放家长夸孩子劳动的视频。

师：听了爸爸妈妈的话你们有什么感觉？

生：高兴，很有成就感。

师总结：对于家长来说，看到你们能主动分担家务，变得更加懂事，心里比抹了蜜还要甜。看到爸爸妈妈这么开心，作为家中的小主人，家务劳动我们更应该——主动做。（板书：主动做。）

活动二：大家一起学

师：有一个叫东东的小朋友也很喜欢做家务，上个星期天，他把心爱的球鞋洗干净并且晒干了，可是当他要穿鞋带的时候，却把他给难住了，他要不就是没按顺序穿，要不就是鞋带一长一短，而且他还不会系鞋带呢！老师看过大家的课前调查表，我发现很多小朋友也和东东一样不太会系鞋带。请你们说说，在生活中要是遇到不会做的家务活该怎么办？

生：可以找人请教一下，还可以找父母帮忙。

师：咱们可以通过各种途径来学着做。

师：不会的学着做。（板书：学着做。）

师：接下来老师想教给你们最简单的穿系鞋带的方法，不过这里面藏着许多学问，你们学的时候，得好好地动动脑筋，要不然，可能学不会哦。（师边说儿歌边演示。）

师：请你们看好怎样系鞋带！小鞋带手中拿，从前往后钻洞忙，长短一致放两旁，一左一右先交叉，两根弯腰钻过洞，重复刚才的动作，一左一右先交叉，两根弯腰钻过洞，接下来继续重复刚才的小动作，一左一右先交叉，两根弯腰钻过洞，鞋带就顺利地穿好了。那怎样系鞋带呢？我们一起来看视频。（看视频学系鞋带。）

师：大家学会了吗？敢不敢来挑战？

生：敢。

师：我们先来一场达人争霸赛——我会穿鞋带、系鞋带。

比赛规则：

（1）照样子，穿一穿，系一系，比比谁完成得又快又好。

（2）音乐一停，放下鞋板，安静坐好。

师：现在比赛开始吧。（生练习操作。）

师：已经完成的小朋友可以拿着你的作品光荣地站到前面去了。（做完的学生站到讲台上。）

师：请大家放下手里的鞋，看看前面小朋友的作品。讲台上的小朋友，举起你们的鞋板，大家看这几位小朋友都能够按顺序把鞋带穿好了，并且系好了，他们特别能干。完成穿鞋带、系鞋带的小朋友，恭喜你们通过这一关了，我们一起把掌声送给他们吧。

师：同学们个个都是穿鞋带、系鞋带的小达人，没完成的小朋友回家可以拿着自己的鞋带试一试。

师：现在把你们的穿鞋板放回工具箱中，安静、坐端正。

师：比赛还有第二轮等着你们呢！

【设计意图】通过儿歌让学生学会系鞋带，并让学会的同学上台展示。可以增加学生学会做事情后的快乐，小小的热身赛可以激发他们做家务活的热情和兴趣。

活动三：家务擂台赛

师：孩子们，光说不练假把式，这两种家务你们做过吗？剥大蒜和叠衣服。你们敢不敢接受挑战。

师：让我们一起来看比拼的规则。

（1）出示比拼规则：

①按照平时的做法，做一做小组里的家务。

②在小组内聊一聊做本项家务的技巧和心得。

③活动时长三分钟。

师：请小组长把你的任务端到桌子上来，音乐响起，活动开始，音乐停止，活动就停止。

（2）各小组进行活动：有的小组剥大蒜，有的小组叠衣服。教师巡视全场，了解大家劳动的情况。

（3）各小组汇报叠衣服、包大蒜的方法。

①叠衣服的小组汇报——

师：你们小组是怎么整理这些衣物的，用到了哪些整理的方法？

生：我们组是按照裤子一类，衣服一类分的。

师：孩子们，你们看他们整理得怎么样？

生：很好！

师：我们一起夸夸他们吧。

师：有一个小朋友带来一个叠衣服的方法，让我们一起来学一学。

播放视频：叠衣服的小妙招。

学生上讲台练习学到的叠衣服的方法。

师：看视频简单、容易，可是自己做起来的时候并不像视频展示的那样快速，这说明什么问题？

生：学会了还得多练习。

师：对，做任何事情，不能光看，还要多实践，通过反复练习才能掌握方法。

师：你们看刚刚还很凌乱的衣服，现在整齐不整齐？给他们一点掌声。

②剥大蒜的小组汇报——

师：我们再来看看剥大蒜的小组，你们是怎样剥大蒜的？

生 1：剥大蒜的时候先从头上往下剥。

生 2：也可以从底部剥起。

师：你们有没有什么好办法？能把每一颗大蒜都剥得特别干净？（让学生上台剥泡过的大蒜并谈感受。）

师总结：有了好的方法，家务做起来就容易多了。

师：你们还有没有做家务的小妙招？

生 1：有些细小的角落灰尘不好擦拭，可以在抹布里放一块硬币，就很方便。

生 2：洗西兰花的时候放点淀粉。

生 3：生锈的水龙头可以用牙膏进行擦拭……

师小结：好的方法让我们做起家务来轻松多了，所以我们在做家务的时候要——动脑做。（板书：动脑做。）

师：通过刚才的活动，我发现咱们班还真藏着不少家务小能手呢。小能手们把掌声送给自己。

【设计意图】开放的小组讨论和班级讨论活动，能让学生把自己感性的劳动经验和书本中归纳的知识有机地融合在一起，让学生对“为什么做家务”产生更深刻的领悟。

活动四：生活哈哈镜

（1）谈话——

师：既然大家都做过家务，而且做的确实都不错，有方法、有思想，老师对咱们班的家务情况进行了一个调查，请大家来看一下这份调查表，说说你们发现了什么？

生：偶尔做的特别多，每天坚持做的只有一小部分。

师：到底是什么原因让咱们不能坚持做家务？咱们先到哈哈镜里去找一找他们的原因是什么？然后再想一想自己的原因。

（2）播放不做家务劳动的视频。

师：你发现哈哈镜里面的小朋友不能坚持做家务的原因有哪些？

生 1：因为太懒了。

生 2：太依赖父母。

师：咱们有没有像这些小朋友这样的情况啊？

生：有时候作业没写完就让家长帮忙洗袜子。

师：用学习找借口。

生：我有时候扫地的时候，妈妈说我扫得不干净就不让我扫了。

师：因为干得不好不让做。

师小结：感谢大家的真诚分享，面对这么多的诱惑和原因，我们要不要做家务？

生：要。

【设计意图】通过学生的自我反思，深度剖析孩子们不做家务的思想根源，实际上就是要引导学生学会反思自己的日常行为表现，这样可以更好地对学生进行自我教育，从而让学生知错、明理，实现学生主动做家务的意识。

师：做家务对咱们有许多好处，我们来听听专家是怎么说的。

（3）出示视频：专家的话。

师：研究证明，做家务和不做家务的孩子差距非常大，甚至会影响我们的一生。

师：平时交流的时候，我听到很多孩子说“我帮妈妈扫过地”“我帮爸爸洗过碗”，大家想一想这只是在帮家长吗？其实也是在帮自己，因为咱们是家庭的一员，做家务也是我们应尽的责任。（板书：尽责任。）

（4）规范引领行动。

师：大家知道吗，做家务也是国家规定的小学生应尽的义务。

①出示小学生守则条例：勤劳笃行乐奉献；自己事自己做，主动分担家务，参与劳动实践，热心志愿服务。

②国家教育部也越来越重视劳动教育，我们来看看相关的新闻。（播新闻。）

师：劳动教育成了社会的热点话题，参与家务劳动也是劳动教育的一种形式。

小家务蕴含着大责任，我们要不要坚持做家务？（板书：坚持做。）

【设计意图】对于小学生而言，做一天的家务小能手很容易，但是要每天坚持做家务则绝非一件容易的事，劳动后的效果同样也会存在差距，所以通过劳动展示能很快让学生发现自己在劳动中存在的问题，真切地认识到自己存在的不足。

活动五：榜样的力量

师：作为家中的小成员我们不能仅仅满足于做过家务，还要坚持做好自己力所能及的家务，有所担当。有这么一个有担当的男孩，让我们一起走进他的暑假生活。（播放视频。）看完视频大家有什么想说的？

生 1：我以后也要抽出时间去做家务。

生 2：他才 11 岁就能帮大人做这么多活，我很佩服他。

生 3：他没有把做家务当成负担，而是一种乐趣，我平时也要在家里多做家务活儿……

师：相信这个小朋友的故事一定深深地触动了你们，他用稚嫩的肩膀勇敢地担当起了对家的爱与责任。（板书：勇担当。）

3. 明理导行

（1）播放学生劳动的照片。

师：咱们做家务的样子就是最美的。同学们，有了我们的付出，我们的家庭会更加幸福。所以说同学们，家务这些事儿谁来做？（板书：我来做。）

【设计意图】万事从来就是贵在持之以恒。然而，做任何事都应该做到有始有终，坚持做家务可以培养学生的自理能力和相对的独立精神，更可以帮助孩子收获成功的快乐。课堂上通过展示学生劳动时的照片，能激发学生坚持做家务的意愿，并体验劳动所带来的幸福与快乐，真正让学生做到自觉劳动，并爱上劳动。

（2）师总结提升。

只要我们主动做、动脑做、尽责任、坚持做、勇担当，小小的家务，会让我们收获大大的成长，咱们的生活也会像这朵花一样美好。同学们，让我们一起为自己加油吧！

课例提供：籍永凤　韩美芳

二、课堂评析

主动学做家务活，道法劳育融生活

本课例选自统编教材《道德与法治》二年级上册“主动学做家务活”这一主题，这一单元的教学贴合学生的实际生活，能很好地在道德与法治课上落实劳动教育，通过教学可以让学生从思想上重视劳动教育，并能更好地掌握一些做家务的方法，感受到劳动的快乐，从而主动做家务，担当家庭的责任，把家务劳动作为分内的事情。

（一）以生为本，调动学生内驱力

道德与法治的课堂与劳动教育相结合的教学必须以深入了解学生为基础。教学的每一个环节都要在了解、掌握学生的实际劳动状况的基础上进行。教学时通过课前调查，了解到学生们不是没做过家务，绝大多数学生都愿意做家务，会做一些家务，但是却很少坚持做和主动做。他们很大程度上把做家务与孝敬长辈联系起来，仿佛家务就是家长的事情，孩子做家务是在帮家长。同时，由于有些家长的过度呵护和更多的关心孩子的学习成绩，不让孩子做家务。针对以上情况，教育就不能仅仅停留在实践层面，既要有关于做家务的知识、经验的教育，也要有内心层面的情感激发。

（二）点燃热情，体验劳动的快乐

依据学情设计了以下教学脉络：主动做—学着做—动脑做—尽责任—坚持做—勇担当。首先，从绘本故事入手，通过故事让学生产生共情，明白家里的家务活要主动做。然后再让学生实际操作穿鞋带和系鞋带，调动学生热爱劳动的热情。接下来展示同学做家务的视频，提升孩子们劳动最光荣的思想，然后让同学们畅所欲言，都来说说自己做过的家务，并谈一谈自己在劳动过程中的收获，让学生充分回忆自己做过的家务劳动，并且在交流后及时播放家长称赞自己孩子视频，让孩子从内心深处唤醒自己的劳动热情。紧接着就是劳动擂台赛，强调这次比赛比的不是速度，而是看哪个小组做得好，培养学生做家务动脑筋的好习惯。通过亲自动手、交流方法、教师采访等方式，让学生在活动中能感受到做家务的快乐和自豪感，感受到家长做家务所付出的辛劳。

（三）追根究底，刺激学生责任心

本课例先从情感层面培养学生主动做家务的意识，使学生学到了一些劳动的技能，树立起他们能做好家务的自信。在学生活动完后，引发他们的思考：都会做家务，为什么不能坚持做？考虑到孩子们遮丑的心理，所以先播放视频，引导学生先从视频中找原因，然后再结合自己的生活实际进行反思，从而达到教育的目的。交流后接着追问："同学们是在'帮'家长做这些事吗？""家务应该谁来承担？"借由问题引发学生反思，明确做家务是自己应尽的责任。然后通过专家的话和教育部的要求，使学生自己感受到做家务的好处和必要性，从而达到让学生坚持做家务的目的。最后通过同龄人的事迹，打动学生，懂得做家务也是一种担当。教学中各个活动环环相扣，目的就是使学生对"做家务"产生新的认知，懂得做家务是自己的责任，应该每天坚持做一些力所能及的家务活。

（四）身临其境，促进实践中学习

只有了解学生真实的生活，了解学生生活中存在的问题、需要解决的问题，并以此为抓手，撷取真实的生活资源，才能在课堂中更好地与学生的现实生活相融合，使劳动教育与品德教育更有针对性，使劳动学习能更好地指导学生生活，养成良好的劳动习惯，为学生的终身发展奠定基础。

劳动教育是面向学生真实存在问题的探索活动和实践过程，而在劳动中产生的智慧和技巧，也是学生成为新时代劳动教育的目标之一。道德与法治课与劳动教育相结合的教学，一定要坚持"在实践中学习"，通过实践落实学生劳动技能的培养和提高，同时通过各种实践活动让学生体会劳动过程中解决生活问题的快乐，学会克服困难，树立做好家务的信心和坚持做的思想。

这节课有一些不足之处，如果能把劳动教育再延伸到学生生活中，安排适量的劳动家庭作业，可以让学生的劳动意识和劳动能力得以更好地巩固和发展。课堂上对学生情感的激发还比较生硬，同时执教者对课堂的生成，包括学生回答问题的闪光点捕捉、点评的还不够准确，在今后的教学中应不断改进、完善。提升驾驭课堂的能力。如何在道德与法治课程中渗透劳动教育，用心探索在路上。

｜初中道德与法治统编版八年级上册｜

“天下兴亡，匹夫有责”课堂实录与评析

一、课堂实录

（一）教材解读

“天下兴亡，匹夫有责”是八年级上册第四单元第十课“建设美好祖国”第二框的内容，本单元引导学生对社会的认识进一步扩展到国家层面，从国家利益、国家安全与国家发展等方面形成对国家的深刻认识，进而为培养学生关心国家发展、投身国家建设的情感态度价值观奠定基础，也为八年级下册和九年级教材的展开奠定认识基础。学生认清自己与国家发展的关系，树立“国家兴亡，匹夫有责”的信念，激发学生建设伟大的社会主义现代化国家和实现中华民族伟大复兴中国梦的强烈愿望，是这节课非常重要的一个任务。综合教材内容，建设美好祖国、关注国家发展是主题，最终的落脚点在引导学生认清责任，承担重任。

勤劳是中华民族的传统美德。《教育部关于全面深化课程改革落实立德树人根本任务的意见》中指出：“要将‘爱学习、爱劳动、爱祖国’教育要求融入到相关学科日常教学活动中，培养学生学习兴趣、养成劳动习惯、坚定爱国信念，将个人成长成才与投身实现中华民族伟大复兴中国梦的实践紧密相连。”习近平总书记强调：“劳动是推动人类社会进步的根本力量。幸福不会从天而降，梦想不会自动成真。”不热爱劳动，任何蓝图都不过是纸上谈兵；不努力工作，一切梦想都只能是一枕黄粱。伟大成就，靠劳动实现；未来辉煌，靠实干创造。中国梦变为现实需要包括青少年学生在内的全体中国人的接续努力，需要靠每一个劳动者通过踏踏实实的劳动来实现。

不可否认的是，现实中，学生很少参加劳动或是从不劳动的现象非常普遍，不能正确认识劳动的重要性，对劳动认识不足，漠视劳动、抵触劳动的现象比比皆是。也有学生得过且过、坐享其成的思想盛行，缺乏实干和肯干的精神，脚踏实地、埋头苦干被忽略和轻视。还有学生缺乏责任意识，社会责任感缺失，认为国家的发展、社会的进步与己无关。帮助青年学生树立正确的劳动观非常必要，引导学生树立劳动意识和实干意识、尊重、热爱劳动、崇尚劳动，自觉承担责任，积极承担社会责任非常必要也尤为重要。

劳动观教育是道德与法治教育的重要组成部分，即通过参与力所能及的劳动和社会实践，让初中学生热爱劳动，感受、热爱劳动，感受劳动的快乐，体会劳动的价值和意义；要对学生加强劳动教育，引导学生树立正确的劳动观念，增强劳动意识和责任担当意识，用行动为建设美好祖国出力。

《义务教育道德与法治课程标准（2022年版）》在“第四学段核心素养——道德修养”中指出：“感知劳动创造的成就感、幸福感，领会劳动对个人和社会的价值，形成诚实劳动、劳动创造美好生活的意识；初步了解职业道德规范，立志做未来的好建设者。”道德与法治课程目标之一是要培养学生热爱劳动、注重实践的个性品质。这节课通过道德与法治融合劳动教育的课程教学，学生感受国家的发展离不开劳动者的创造，引导学生认识劳动的作用和发扬实干精神的重要性，理解今天的美好生活都是劳动人民通过劳动创造的；通过全面认识各行各业劳动者对国家的贡献以及社会对普通劳动者的肯定和重视，理解正是他们的辛勤劳动造就了祖国的今天，充分认识到我们不仅要尊重劳动，更要尊重劳动者，从而形成热爱劳动、崇尚劳动、尊重劳动的品质，在参与学习过程中，培养爱国之情，增强公民意识和责任感、使命感也会油然而生，并能主动承担历史重任；懂得我们只有以主人翁的姿态、以只争朝夕的精神，共同投身于中华民族伟大复兴的事业，才能抵达发展的新境界、梦想的新高度。

这节课基于此设计内容。学生通过学习，明白劳动的意义，理解是劳动创造了美好的今天。成就的取得离不开每位建设者的奋斗、离不开劳动者的辛勤付出，要学习劳动者、尊重劳动者。

本框题安排两个板块的内容：

第一个板块：劳动成就今天。社会发展、国家建设、民族振兴，离不开各行各业的劳动者，每个人的岗位不同，担任的职位不同，从事的劳动则不同，但是每个人都在为国家建设和发展作着或大或小的贡献。正是因为有着无数勤奋劳作的建设者，发扬着艰苦奋斗精神和实干精神，敬业奉献、兢兢业业，最终成就我们今天幸福安宁的生活。只要是靠着自己勤劳的双手，诚实地劳动，体力劳动者和脑力劳动者，都是国家需要的建设者，理应该得到全社会的尊重和认可，本板块内容以此来阐述劳动的重要性和价值意义。本板块内容是本课时的教学重点，重点在于让学生充分理解只有劳动才能成就国家的未来，成就自身美好的未来。

第二个板块：实干创造未来。今天，国家的建设和发展为我们展现出辉煌灿烂的美好图景，我们从没有像今天这样如此的接近美好的梦想。中国梦变为现实，美好生活的实现，需要一代又一代中国人脚踏实地、接力拼搏和奋斗，需要每个人爱岗敬业，承担责任，发扬艰苦奋斗精神和实干精神，才能用劳动走出一条实现中国梦的康庄大道。所以青少年学生要树立远大理想，脚踏实地、刻苦学习，勇担历史重任。本板块是本框题的教学难点，不在于知识的学习，而在于如何内化于心，重点落于行动中。

本框题以学生逐步扩展的社会生活为基础，以关注国情、热爱祖国、热爱劳动为导向，以“天下兴亡，匹夫有责”蕴含的勇担责任为突破口，用多样的活动，引导学生“参与劳动、展示成果”、谈收获；“欣赏歌曲”，谈对劳动的认识；“品照片看视频”，感受劳动者的贡献；“了解感动中国人物事迹”，感受实干精神的必要性；“现场小辩论”，澄清思想，认识实践活动的重要性。在多样的活动中，提升思想，拓宽知识视野，提高是非判断能力和分析问题、解决问题的能力，引导学生过积极健康的生活，做负责任的公民。

本框题旨在帮助学生在了解劳动的重要意义、地位的基础之上，进一步认识到今天的成就及辉煌是靠劳动创造的，今天取得的成绩和收获均是每个人奋斗所得，劳动者理应受到我们的尊敬、认可和学习。处在向第二个一百年目标前进的青少年要勇担社会责任和历史重任，更应该发扬艰苦奋斗精神和实干精神。从引领学生爱劳动的基本态度到行动上热爱劳动，这是本框题的思路，更是本框题教育教学的意图。

（二）教学目标

1. 情感、态度、价值观方面：认识劳动的重要性，要尊敬建设者，树立为实现中国梦自觉学习、努力奋斗的意识。

2. 能力方面：感知社会进步、国家成就，知道劳动的重要意义和价值，懂得实干才能成功，实干才能兴国。

3. 知识方面：知道我国建设所取得的辉煌成就离不开广大劳动人民的劳动付出；懂得实现伟大中国梦，创造美好未来，需要每个劳动者在平凡的工作岗位上辛勤劳动和付出。

（三）教学过程

1. 导入新课

学生用PPT展示课前的劳动成果（做家务的照片、视频：洗衣、做饭、打扫卫生、整理衣物等），谈自己的收获。

师播放视频歌曲《我们是最美劳动家》。

问题：为什么老师和爸爸妈妈都来夸，为什么我们心里乐开了花？

预设学生回答：自己劳动的果实最香，所以心里乐开了花；因为通过劳动我获得了收获，所以大人们都来夸。

导入语：幸福之花不会自己开，需要劳动来浇灌，劳动是最幸福的、是最光荣的，劳动是幸福的源泉、劳动是财富的源泉；国家的建设、发展更要靠每个劳动者的努力，靠每个中国人以国家建设和发展为己任，国家兴亡，匹夫有责。

【设计意图】课前学生完成家务劳动，课上展示、分享劳动成果，体验劳动的辛苦及劳动的快乐，通过播放学生们喜欢的轻快明亮的视频，延续学生的劳动体验，唤起学生心中最真挚的劳动热情，承载着学校和社会对学子们的教诲与期许——劳动最光荣、劳动最伟大，起到渲染氛围的作用。

2. 新课学习

目标导学一：劳动成就今天

活动一：感受劳动成果（展示图片：神舟十三号飞船宇航员在太空工作、返回场景图片，我国攻克“冬奥会竞赛场馆”关键核心技术设计图片、北京大兴国际机场等图片。）

思考一：这些图片展示了我国在哪些方面取得了伟大成就？

思考二：这些成就是谁通过什么方式创造出来的？

师引导生归纳总结社会的进步、国家建设和发展成就的取得，离不开每一位基层劳动者的辛勤汗水和付出，他们的诚实、勤劳和创造性值得我们学习和尊敬。

活动二：观看视频《劳动者的背影》。

问题：视频中有一句话说“向努力前行中的自己致敬”，你有什么感想？

追问：他们为什么令我们感动？

活动三：“论平凡与伟大”，说出自己心目中的“劳动之星”，分享课前书写的致敬辞。

（学生拿出课前调查或查找的资料：抗疫医护人员、清洁工人等各行各业劳动者的事例，进行班内典型事例、致敬辞的分享。）

以下是摘录学生书写的致敬辞：

你是园丁，我是花朵，你用心血和汗水培育我，你总是默默工作，培养祖国花朵，不辞辛苦！——致敬老师！

你们24小时连轴转，与时间赛跑，用生命读秒；你们顽强拼搏，日夜奋战；你们与死神较量。——致敬医护工作者！

披星戴月归晴天，一身灰，雨天一身泥。你们用勤劳的双手，为人们的工作和学习增添了舒适和愉悦，恪守“脏了我一人，洁净千万家”的信念，在平淡的工作中，以实实在在的行动担当起一份令人尊敬的责任。——致敬环卫工人！

你们的杰作令世人赞叹不已，这城市里一砖一瓦，这城市里一草一木，承载着你们烈日下的每一滴汗水。——致敬城市建设者！

（1）师引导生归纳总结：当今社会，每一位社会成员所处地位是不同的、所处的岗位也是不同的，从事不同职业和劳动，但每人都在为国家建设和社会的进步做着自己能做的事，作出自己能做的贡献。正是因为有无数基层劳动者们脚踏实地、艰苦前行、无私付出，才有我们今天美好幸福的生活和安宁有序的环境。

（2）师总结：不论是体力劳动者还是脑力劳动者，都在不同程度地为国家作贡献，都值得我们尊敬、佩服和学习。

【设计意图】突出劳动的意义和作用，尊重每一位劳动者。通过观看劳动者的视频和分享课前搜集的资料、分享致敬辞，对劳动者的典型事例进行分析，引导学生深入理解劳动的意义，感悟劳模精神，增强使命感。通过问题的设问，引导学生认识到劳动没有高低贵贱之分，每一个劳动者都值得尊敬，培养学生养成正确的劳动观念和价值观念，树立“劳动光荣”的意识。活动的设计引发学生内心共鸣：要尊敬劳动者、要向他们学习。创设情境，感染、激发学生情感，激发学生励精图治、为振兴中华而读书的斗志，为学习“实干创造未来”打下基础。在教学时强调每一个劳动者都值得尊敬。

目标导学二：实干创造未来

活动一：观看感动中国人物系列视频。——张顺东、李国秀事迹，志愿者汪勇，北斗三号总设计师谢军，脱贫攻坚致富带头人毛相林。

设问：作为普通中国人中的一员，他们是怎样奋斗的?

“用辛勤的劳作，把儿女养大成人；他们用坚强的意志，甩掉了贫困帽子，创造了来之不易的幸福生活。”“健全人可以活出精彩的人生，残疾人也一样可以活出精彩的人生。”颁奖典礼上的读白让人感动。每天早上 7 点，张顺东、李国秀夫妻俩就起床骑上三轮车，去地里干活。一天下来，他们要整地、喂牲畜、干其他农活，还要洗衣做饭、打扫卫生等，这些在常人看来非常普通的活儿，对他们夫妻两人来说，却要共同合作才能完成，很多人都自愧不如。夫妻二人加起来只有“一只手，两条腿”，但他们用残缺的身体，书写了世间最美家庭的模样。他们用辛勤的劳作，把儿女养大成人，他们用坚强的意志，甩掉了贫困帽子，创造了来之不易的幸福生活。

“滴答，滴答，中国在等待你的回答。你的夜晚更长，你的星星更多，你把时间无限细分，你让速度不断压缩。三年一腾飞，十年一跨越。当第五十五颗吉星升上太空，北斗，照亮中国人的梦。”北斗导航卫星总设计师谢军，一生致力于航天事业，他先后参与了东方红二号等重大工程。在研制北斗卫星过程中，谢军及其团队实现了创造性的记录——批量化生产卫星，在很短的时间内，他们就将多颗导航卫星送上太空，这是我国航天史上伟大的奇迹。

重庆巫山县下庄村委会主任毛相林，几十年如一日坚守偏远的小山村，他带领村民坚持实干、苦干，带领着村民们以愚公移山的气魄，用手拉、肩抗等最原始的方式在峭壁、悬崖上修道路、凿巨石，前后历经 7 年的时间硬是凿出了一条 16 里的“悬路”。他们天堑凿路的事迹传遍了大街小巷，人们纷纷赞颂、惊叹他们的壮举。

讨论：他们身上有哪些优秀品质感动着你我？你有怎样的感动和启示？

预设生回答：吃苦耐劳、实干肯干、团结合作、勤奋努力、大国工匠精神、创新意识和能力等。

师追问：什么是实干？

师引导生回答：实干的核心在于“干”。不是语言的巨人，行动的矮子。不是说多做少、做表面文章。

师进一步引申：实干不是瞎干，也不是蛮干，更不是胡干，要讲求正确的方法，脚踏实地地干。

师生共同归纳总结：实干是通向成功的必要途径，只有实干才能创造未来。

【设计意图】择取感动人物事例，让学生在感受祖国建设需要各行各业的劳动者，体会劳动最光荣、普通劳动者值得尊敬的同时，体会劳动者为国家的发展、社会的进步、家庭的幸福所付出的努力，说明每一个岗位的劳动者都很重要，实现国富民强，实现个人梦想、国家梦想，需要脚踏实地的实干精神和务实作风，需要齐心协力、团结协作，更需要一代代人奋力接续。本设计不是空谈实干精神的意义，而是以榜样示范引领作用，引导学生感受劳动者为国家的发展所付出的现实努力，感受实干的重要性及实干精神的现实价值。强调实干精神的核心在“干”，不是蛮干，更不是胡干、瞎干，实干离不开科学、智慧与创造。

活动二：现场小辩论，辩论题目为“书本知识和实践哪个更重要？”。

正方：书本知识的学习更重要。只有通过书本学习，获得更多的知识，这样才能为社会作出更大的贡献。（书本知识的学习更重要。）

反方：实践中学习更重要，没有在实践中学习获得经验，书本知识的学习就没有用。（实践中学习更重要。）

活动：全班同学根据小组排位组合成正方、反方，进行限时辩论。正反方针对各自的观点进行充分讨论，正反方各选出四位辩手组成本方辩论组。时间限定10分钟。

师课前进行辩论指导，正方辩手和反方辩手进行课堂小辩论，要求用所学知识解决疑难，突出知识和实践的重要。其他学生可以进行助攻。程序为：各方先选出四位辩手，双方先阐述本方的观点，然后进行自由辩论；全班分为两个阵营，可以为自己支持的辩方出谋划策、出主意；最后由其中一位辩手归纳总结本方的观点。

辩论中，教师发挥主导作用，适时引导学生，使学生的辩论不偏离辩题及辩论的轨道。

师归纳提升：课上学习知识要与课下学习知识相结合，两者相辅相成、相得益彰，重点强调知识的学习和实践的重要性。作为未来的建设者，青少年学生目前这个时候我们主要是学习课本知识，但是我们也要积极参加社会实践，要在实践中学习，在实践与创新中不断提高提升自己的综合素质，用丰富的知识、过硬的本领担当起历史赋予我们的重任。

【设计意图】通过学生喜欢的课堂小辩论，帮助学生梳理学习知识与课下实践的关系，让学生明白：学生阶段的学习很有必要，今天要脚踏实地的学习，为将来打下基础；也要积极参与校内外的社会实践活动，把知识的学习落到实处，做到知行意的统一。教师引导学生学会辩证分析问题，达到理论学习与生活实践相统一，培养学生科学思维的能力。

3. 收获平台

视频：东营市新时代好少年事例。

结合谈感悟：

结合感动人物张顺东、李国秀事迹，北斗三号总设计师谢军、脱贫攻坚致富带头人毛相林的事例谈东营市新时代好少年对你的启示和感悟。

生预设感悟：好好学习，考上高中，或是关爱他人、志愿社会等。

师启发引申：梁启超说："故今日之责任，不在他人，而全在我少年。少年强则国家强；少年雄于地球，则国雄于地球。"要实现中华民族的伟大复兴的中国梦，青年学生应该踏实学习，积极进取，勇于探索和实践，勇做时代的排头兵。作为国家未来的建设者和栋梁之材，我们没有理由在该奋斗的年龄选择安逸和懒惰，我们要从现在"系好人生的第一粒扣子"，勇担历史使命，让我们美丽的青春绽放出最绚丽、最灿烂的光芒。

【设计意图】此环节的设计是整个课堂教学的落脚点，也是学生由知情意高度统一的节点。基于部分学生不能认识自身勇担的责任，认为国家的发展是长大后的事，是他人的事，与自己无关，很难从自身做起，从现在、点滴小事做起。所以，培养学生树立国家小主人意识，激发学生热爱劳动的情感，树立劳动的意识，发扬肯干、实干的精神，明确小事也可以锻炼自己劳动习惯，帮助父母做家务劳动就是对家庭作贡献，在校做好值日卫生、大扫除，就是为学校、为社会作贡献，以此激励学生从小事做起，自觉树立为国家贡献力量的意识。

4. 教师寄予，总结升华

师出示 PPT：

劳动是推动人类社会进步的根本力量。幸福不会从天降，梦想不会自动成真。

——习总书记

师总结升华：正是劳动成就了幸福的人生，正是劳动给我们前进力量，用劳动托起我们未来的梦想，让劳动托起个人梦，让劳动托起中国梦，从梦想到现实，需要踏踏实实地付出，从而转化为每个劳动者实际的劳动，为明天我们的梦想，我们必须脚踏实地的努力，相信大家，一定能够成为最美的劳动家！

课外拓展作业：

（1）课本拓展空间的习总书记给小卫星研究团队的同学的一封信。

与父母同读习总书记的一封信，谈谈自己如何在初中阶段为实现自己的梦想去努力，形成文字资料在课上与同学和老师分享。

（2）争做家庭的小主人：利用周末时间做力所能及的家务或是与父母一起做顿饭，体会劳动的快乐。

【设计意图】用习总书记的勉励及同龄人的故事，通过与父母一起学习、谈感受，能引起学生对自己思想、学习、生活等的思考，加深学生对自身责任的理解和认识，更加坚定自己的理想信念，明确自己今后努力的方向，自觉把个人梦想与中国梦结合起来，从而为实现个人梦想和中华民族伟大复兴的中国梦而努力。通过在家里做家务或是与父母一起做顿饭，促使学生动手，让学生感受、体会劳动的快乐，加深亲子关系，提高学生的责任意识。

课例提供：胡静

二、课堂评析

提升初中道德与法治的劳动教育实效

《大中小学劳动教育指导纲要（试行）》对初中学段提出的要求是："兼顾家政学习、校内外生产劳动、服务性劳动，安排劳动教育内容，开展职业启蒙教育，体会劳动创造美好生活，养成认真负责、吃苦耐劳的劳动品质和安全意识，增强公共服务意识和担当精神。"为落实这一要求，教师有必要以劳动素养为统领，以劳动育人为导向，在日常教学中渗透劳动教育，从而提升劳动教育的育人实效。《义务教育道德与法治课程标准（2022年版）》指出"以社会发展和学生生活为基础，构建综合性课程"，"道德与法治课立足于发展学生核心素养，有机整合社会主义先进文化教育、革命文化教育、劳动教育等相关主题"。道德与法治课程要发挥在落实立德树人根本任务中的关键作用，要采取有效教学策略融合学科教学，有机渗透劳动教育，能够促使学生的"劳动意识、劳动观念、劳动态度、劳动习惯"相互渗透，有机融合，努力构建全过程、全方位劳动教育的新时空。

（一）创设课堂情境，弘扬劳动精神

《义务教育道德与法治课程标准（2022年版）》指出："突出学生主体地位，充分考虑学生的生活经验，通过创设多样化的学习情境，帮助学生形成正确的价值观，涵养必备品格。"这节课通过设置观看《感动中国人物》《劳动者的背影》

《东营新时代好少年》等视频故事，贴近学生认知，用榜样的力量触学生内心；用习近平总书记的寄语，拓宽学生的视野，增进政治认同，在促使树立劳动观念、增强劳动意识、弘扬劳动精神等方面起到了强有力的价值引领作用，为学生科学看待劳动生活提供了广阔的思考空间。这节课创设贴近学生实际的丰富的教育情境，引导学生通过亲身经历感受劳动的重要性，在获得丰富情感体验的同时，深化学生的思想认识，引导学生积极、主动地参与到教学中。创设的情境有利于调动学生的兴趣，触发学生在活动中深度思考，这对凸显劳动品质的可贵、激发创造的热情、帮助学生形成正确的劳动价值观具有重要意义。这节课还设置能激发学生学习动机、富有情境的作业，注重学生的情感体验和道德实践，善于利用并创设丰富的教育情境，引导和帮助学生通过亲身经历与感悟，在获得情感体验的同时，深化思想认识，为学生提供直接参与实践的机会，提高他们践行的能力。

（二）精设课堂活动，彰显劳动价值

《大中小学劳动教育指导纲要（试行）》指出“要指导学生从榜样的具体事迹中领悟他们的高尚精神和优良品质”，这节课以立德树人为根本任务，精设丰富多彩的课堂活动，发挥课程思想引领作用，融合劳动教育，彰显劳动价值。这节课中，教师通过遴选多类型榜样，充分发挥课堂活动的渗透作用，指导学生向榜样看齐，树立正确的劳动意识和职业观念。此外，这节课突出学生是学习的主体，把问题尽量抛给学生解决。教师除了做必要的引导和示范外，问题的发现、解决，重难点问题等均通过小组探究让学生自己完成，教师只做引导。导入环节学生展示自己的劳动成果，谈收获；选用学生们喜欢的视频歌曲，贴近学生的心理特点和爱好。学生根据视频内容，积极大胆说出自己的想法，提高学习的兴趣和积极主动性；通过分享课前调查或搜集的普通劳动者的事例，为“心目中的劳动之星”写致敬辞，引发学生内心共鸣，感染、激发学生情感，激发学生励精图治、为振兴中华而读书的斗志。课堂小辩论环节，通过几个来回的辩论，既学到了知识，又澄清了思想，大大推动课堂学习气氛，起到了非常好的课堂教育教学效果。

（三）拓展课后实践，体验劳动收获

《义务教育道德与法治课程标准（2022 年版）》指出，“丰富学生实践体验，促进知行合一”，核心素养要求从以“知识中心”转向“能力（素养）中心”，培养学生形成高于学科知识的学科素养。这节课从课后实践作业设计和应用出发，让学生在充分享受课堂教学快乐之后，回归到现实生活，通过实践活动，探索发现、学以致用、践行感知，从而彰显道德与法治学科学习的特色与魅力，切实有效培养学生的核心素养。这节课从学生实际出发，课前让学生主动参与到家庭劳动中去，通过参与力所能及家务劳动，体验劳动的辛苦及快乐，在课上分享自己的劳动成果和劳动体验，在初步参与及体验的基础上，趁热打铁把学生喜欢的劳动视频歌曲导入课堂教学，课堂教学中教师激情的语言、亲和的教态成功地带动了课堂气氛，感染在座的学生。创新实践作业设计，通过布置与父母同读习总书记的一封信，谈谈自己如何在初中阶段为实现自己的梦想去努力；利用周末时间做家务或是与父母一起做顿饭，体会劳动的快乐，通过活动培养学生日常生活中爱劳动、勤劳动的好习惯。这节课很好地将道德与法治课程与劳动教育相结合，做好劳动教育的拓展工作，教师善于为学生创造劳动实践的机会，让他们在活动中学习新技艺、探索新方法、尝试新技术。更重要的是，通过系列活动，学生们提升了劳动观念、学习了与劳动相关的知识、掌握了基本劳动技能、养成了良好的劳动习惯等，这些内容正是进行劳动教育的目标和落脚点。

（四）运用评价机制，参与劳动实践

作为课程元素之一，课堂评价对于促进课程资源开发，调动学生的积极性，提高学生核心素养发挥着重要作用。《大中小学劳动教育指导纲要（试行）》指出：“要将劳动素养纳入学生综合素质评价体系，以劳动教育目标、内容要求为依据，将过程性评价和结果性评价结合起来。”这节课通过课下做家务，课上展示劳动成果谈收获；通过课后拓展作业写感受、做家务谈体会等设置，关注学生日常品行的表现，关注学生课堂学习、小组合作、劳动和社会实践中的表现等，创新评价方法，多视角、全面地观察、获取学生劳动的真实信息，完善学生劳动素养评价标准，为客观地对学生进行评价提供参考。学生根据评价反馈，对自己的学习及时进行反思。当学生在经历了完整的劳动过程之后，他们的劳动体验变得更加丰富，更加能够从亲身参与中深刻把握劳动观念，从而实现理论学习与实践锻炼的高度统一。

在道德与法治学科教学中有机渗透劳动教育，是深化课程改革，凸显立德树人理念，提升育人实效，提高学生劳动素养的有效途径。劳动教育在道德与法治教学中的有机渗透，可以使学生在多样化的学习方式中爱上学习，爱上劳动，从而得到可持续的发展能力，促进劳动教育的育人功能真正落地。

| 高中思想政治统编版必修四 |

“价值的创造和实现”课堂实录与评析

一、课堂实录

（一）教材解读

“价值的创造和实现”是高中思想政治必修四《哲学与文化》第六课“实现人生的价值”第三框的内容，是本教材“哲学内容”的“收尾部分”，在理解了何为价值与价值观、如何做出正确的价值判断与价值选择的基础上，主要围绕“创造和实现人生价值”展开探讨，起着承上启下的作用。

本框内容主要通过三个角度描述如何创造和实现人生价值，并列展开、相辅相成。首先通过“阅读与思考”板块描述当前我国劳动教育存在的问题，同时提出疑问“为什么有人享受优裕的物质生活条件仍然不开心、不幸福”，能够带动学生反思自身，发人深省，引出该部分主题——劳动创造价值，既让学生明白劳动是价值的唯一源泉，又能启发学生“劳动是创造美好生活的手段”“努力奉献的人是幸福的”，既能享受优裕的物质生活条件，也能开心地、幸福地生活，将“劳动”视为实现人生价值的必由之路。然后以雷锋和郭明义典型人物事迹再一次印证“劳动不仅是财富的源泉，也是幸福的源泉”，这也是本节课教学的重点与难点。其次，在劳动创造价值的基础上，从个人与社会的角度探讨人生价值的实现。阐述马祖光的事迹，让学生明白社会、集体的重要性，人的价值只能在社会中实现，社会提供的客观条件是创造和实现人生价值的前提。但是这部分内容还特别强调“需要在个人与社会的统一中创造和实现人生价值，但是不否认追求人的个性发展”，告诉学生“个性≠求异”，应该是对他人和社会独特的贡献方式。最后，以大家都耳熟能详的中国女排事迹为导引，从“砥砺自我”的角度探讨创造和实现人生价值。教师引导学生从中国女排身上看到了不畏强敌、顽强拼搏的韧劲；通过拓展延伸对“个人素质”予以解释，启发学生通过增长才干提升素质来创造和实现人生价值；通过艾青的诗，让学生从中思考理想信念的重要性；而习总书记讲话中提到的“拔节孕穗期”、时代楷模等则告诫学生实现人生价值还需要有良好的品德修为，只有这样才能实现人生价值。

本节内容在前面章节“是什么”“为什么”等内容的基础上，从方法论的角度明确告知学生创造和实现人生价值的途径和方法，通过本节课的学习，学生将会更加明确、更有方向地努力奋斗，从而创造和实现人生价值。

（二）教学目标

1. 通过对夏荔及其团队挖掘胡麻岭隧道这一事例的了解，知道劳动是创造价值的源泉，以及实现人生价值离不开社会的支持和自身理想信念的指引。

2. 通过课前搜集资料以及课上共同交流讨论，能够认同我国“崇尚劳动、尊重劳动、劳动最光荣”的这一理念，树立劳动观念，弘扬劳动精神。

3. 通过分析劳动创造的中国奇迹等相关事例，能够对自己的人生价值有合理的认识，自觉把个人理想与国家的前途命运相结合，树立崇高的理想信念，艰苦奋斗、自强不息，积极参加社会实践，在实践中增强劳动能力，用劳动创造美好的生活。

（三）教学过程

1. 导入新课

师：上课，同学们好，请坐！（教师呈现一组图片——孙中山的《建国方略》。）

师：同学们，百年前，孙中山先生怀揣梦想写出《建国方略》，系统规划了中国经济建设的宏伟蓝图——修建约 16 万公里的铁路、160 万公里的公路，建设 3 个世界级大港……当时的外国记者认为这是空想。百年过去，现在的中国发生了翻天覆地的变化。大家来说一说这些是什么？（呈现另一组图片——大兴机场、港珠澳大桥等。）

生：（纷纷抢答）复兴号、高速公路、港口、港珠澳大桥、大兴机场……

师：如今，铁路进青藏，公路密成网；高峡出平湖，港口连五洋；神舟邀太空，国防更坚强……中国现代化建设取得的成就，远超孙中山先生的设想。像图中所示，一个个的圆梦工程，编织起人民走向幸福美好的希望版图，而一个个圆梦工程背后，有这么一群人在默默付出。这节课我们将以“如何创造和实现人生价值”为议题，回忆新时代的中国故事，让我们一起走进胡麻岭，感受中国力量。

【设计意图】通过图片给予学生视觉的冲击和震撼，让学生从古今对比中感受中国日新月异的变化；引导学生透过现象看本质，从美好蓝图的拓展背后看到劳动人民的付出，从一个个圆梦工程背后感悟人生价值的实现。通过这个板块的设计，直接将学生带入本节课的情境，也为序列化活动的开展奠定了基础。

2. 讲授新课

（教师播放《我是演说家》夏荔的演讲视频，让学生带着问题看视频，要求：视频中让你印象深刻的地方是什么？从中感受胡麻岭的中国力量。）

（学生认真观看视频，记录重点信息。）

师：第一排的这位同学，你来说一下你印象最深刻的地方是哪里？

生：我记住了几组数字——“九年完工的铁路”“一条隧道修了八年”“两年多完成了十几公里”“最后几百米却修了六年”。

师：这位同学看视频非常认真，能够把握住重点。不仅如此，在隧道挖掘后期，以每个月 5 米的速度向前推进，最终，兰渝铁路胜利贯通。在困难面前，没有一个人轻言放弃，到底是什么推动工程建设团队取得成功呢？下面我们通过三个活动一探究竟。

【设计意图】首先，视频的效果比较直观，可以让学生清楚地了解胡麻岭隧道挖掘的难度之大；其次，播放视频，让学生更容易身临其境感受胡麻岭的中国力量；最后，让学生带着问题看视频，能够更加有针对性，让学生观看视频的过程中不至于漫无目的“看热闹”，能够更好地把握重点。

活动一——

师：面对胡麻岭隧道的难题，德国专家说不可能，而中国人用自己的力量把这道难题解开了，大家一起来想一想：在世界难关面前，夏荔及其团队是如何创造中国奇迹，实现人生价值的？你知道的“夏荔们”还有谁？你还能说出哪些劳动创造的中国奇迹？

师：下面请大家以小组为单位，对课前搜集的资料和案例进行整合与分析，限时3分钟，然后派小组代表分享组内的讨论结果，计时开始。

（学生讨论。）

师：好，时间到，2组代表，分享一下你们的成果。

生：隧道里满地泥浆，空气混浊，在这种条件下工人们仍然不辞辛苦，想尽办法解决德国专家声称不可能解决的难题，这是通过辛勤劳动来实现自己的人生价值。

师：2组同学看到了实现人生价值的关键——劳动。大家同意2组同学的观点吗？

（学生纷纷点头。）

师：视频中提到，在这种特殊的地质中打隧道难度非常大，而夏荔带领的团队想尽一切办法，“注入化学浆液”“吸水排水”，甚至从人们吃的九宫格火锅得到启发，应用在解决隧道问题上，通过辛勤劳动和辛苦付出，最终解决公认的世界难题。

师：“功崇惟志，业广惟勤”，我们之前也学习过，“劳动是人的存在方式，是人类最基本的实践活动”，我们要像夏荔和他的团队那样，弘扬劳动精神，创造和实现自己的价值。

师：你知道的“夏荔们”还有谁呢？1组代表，你来说一下你们组讨论的结果。

生：我们组主要搜集的感动中国人物相关资料，比如张顺东、李国秀夫妇，他们身残志坚、自立自强，照顾年迈老人的同时还抚养年幼的孩子和两个侄女，用奋斗创造美好生活，书写了“踏出脱贫路，撑起半边天”的感人故事。还有毛相林，40多年坚守偏远山村，坚持苦干实干，带领村民在悬崖峭壁上凿石修道，历时7年铺就一条绝壁天路，获得“最美奋斗者”荣誉称号。

师：你们组选的事例非常典型，都是通过辛勤劳动创造幸福美好的生活，实现自己的人生价值。

师：刚刚在同学们讨论的过程中，老师看大家搜集的材料，能够看出同学们课前也是付出了辛苦的劳动，非常用心，分享的成果也非常具有代表性，比较不错，再接再厉。老师也搜集了一些事例，来跟大家分享一下。

师：王树军，虽然是一个普通的维修工，但是却凭借自己的辛勤劳动，闯进国外高精尖设备维修的禁区，让中国在重型柴油机领域进入了世界一流水平；基层扶贫干部，始终牢记自己的使命，用青春和汗水带领贫困地区脱贫；人民警察和消防战士，任何危急关头，冲在前面的总是他们，时时刻刻护人民周全……正是他们的劳动和奉献，浇灌着一个民族的成就感和获得感，也定义着他们自身的价值和成就。我们在“经济与社会”中也学习过：“劳动是财富的源泉，我们获得的任何收入归根结底都来自于劳动创造……”劳动对于社会发展具有重要意义，要弘扬劳动精神，树立劳动观念。

（学生点头，表示回忆起以前所学。）

师：劳动是财富的源泉，也是幸福的源泉，而劳动创造的中国奇迹也着实让世界为之震撼。刚刚有同学提到过港珠澳大桥，它被誉为桥梁界的“珠穆朗玛峰”，西方有媒体称之为新的世界七大奇迹之一，数以万计的建设者“伶仃洋上作画，大海深处穿针”，用心血和汗水浇筑成横跨三地的海上长城。

师：还有一个群体，他们的周围总是漫漫黄沙、寂寂戈壁，同学们知道他们是谁吗？他们就是默默守护莫高窟的敦煌研究院文物保护利用的工作人员，他们不惧风沙、甘于奉献，在他们手里，濒危的“千年宝藏”“起死回生”，疮痍之地逐步成为世界文化遗产保护的典范。

师：说到大漠戈壁，还有一群人也让人肃然起敬，那就是中国航天人。中国探月工程“三战三捷”，天问一号探测器成功着陆火星，实现我国首次地外行星着陆，现在，中国载人航天工程已经进入空间站时代……这都离不开中国航天人夜以继日的拼搏奉献，特别能吃苦、特别能战斗、特别能攻关、特别能奉献的载人航天精神值得我们每个人学习和体会。如此种种都体现着每一个奇迹都是由劳动创造的。

师：有一位女孩，她曾说“宁愿坐在宝马车里哭，也不愿意坐在自行车上笑”。

她的这种拜金主义的价值观当然是错误的，大家暂且抛开她这种错误的价值观，思考一下：为什么有些人享有优裕的物质生活条件还是觉得不开心、不幸福呢？

（学生交流讨论。）

师：老师听到有同学说是因为没有付出劳动，看来同学们能够学有所用，密切联系本节课所学内容。用习近平总书记的一句话可以给大家解释这个问题："劳动是财富的源泉，也是幸福的源泉。"美好生活需要劳动来创造。

（学生纷纷点头。）

师：下面请大家看大屏幕，来齐声朗读一下习总书记有关劳动和幸福的论述。

（学生齐读。）

师：到这里，相信同学们都已经深深地体会到劳动对于创造美好生活、实现人生价值的重要作用了，希望大家要弘扬劳动精神，实现人生价值。

【设计意图】本活动的设计是以学生课前的准备为前提和基础的，布置课前任务让学生利用网络、书本等途径搜集新时代的劳动者们、劳动创造的中国奇迹、平凡劳动者的家国情怀等资料，整理成文字，以供课堂学习使用。让学生付出劳动的同时也能够学习一些东西，一举两得。课堂上通过学生交流讨论，能够为学生提供分享自己劳动成果的机会，达到"1+1 ＞ 2"的效果。不仅如此，课堂上的讨论和发言，也是对学生课前作业完成效果和程度的检验环节，通过开展活动，能够了解学生的学习情况，有利于对学生做出更客观和全面的评价。

活动二——

师：同学们，换个角度想一想，夏荔和他的团队，能够创造奇迹，只是因为他们很勤奋吗？给大家 1 分钟的时间自主思考一下，然后老师请同学起来分享一下自己的观点。

生：他们的辛勤劳动是起关键作用的，但是也离不开他们背后有强大祖国的支持，修建成兰渝铁路，解决胡麻岭隧道的难题，需要大量的资金和各种技术的支持，所以单纯地靠勤奋是不够的。

师：这位同学说得非常准确，解释的非常到位。像这样的例子还有很多，平均年龄 30 多岁的航天团队肩负起星辰大海、运动健儿勇夺金牌、政府出台各项政策扶持大学生创新创业……从补齐民生短板到改善法治环境，从支持创新创业到提升公共服务，新时代为我们的奋斗和人生价值的实现提供了最有力的支撑。

师：都说“海阔凭鱼跃，天高任鸟飞”，海洋的广阔、天空的高远，才能让鱼儿和鸟儿有恣意飞翔和遨游的机会。这也从侧面反映出个人与集体和社会的关系，要实现人生价值，不能仅凭自己的辛勤努力，社会的力量也是不可或缺的，社会提供的客观条件是创造和实现人生价值的前提，人的价值只能在社会中实现。因此，我们要处理好个人与社会的关系，在个人与社会的统一中实现人生价值。

【设计意图】启发学生多角度考虑问题，通过对比学习，让学生认识到劳动是重要的，但是同样需要社会提供的条件。选择学生熟悉的事例，也更有发言权，让学生在学习的过程中与自身相结合，能够密切联系到自己价值的实现。

活动三——

师：回忆一下夏荔的演讲，想一想实现人生价值还需要靠什么，对我们有什么启示。给大家 2 分钟的时间，先自主思考，然后同桌交流讨论，最后请同学分享结果。

师：好，时间到。甲同学（生 1），你举手最快，你来回答一下。

生 1：在德国专家明确表示不可能打通胡麻岭隧道的情况下，夏荔和他的团队没有放弃，而是带着“逢山开路”的气势开动脑筋想尽一切办法解决问题，坚信“世上无难事，只要肯登攀”，最终问题解决，隧道打通，铁路通车。这说明要实现人生价值，必须有顽强拼搏、自强不息的精神和坚定的理想信念。

师：哪位同学来评价一下甲同学的回答？好，乙同学（生 2）。

生 2：甲同学说得不错，对夏荔的演讲印象比较深刻，总结得比较准确。

师：甲同学把握了视频中的关键部分，能够抓住重点；乙同学的评价也比较具有针对性，我们要实现人生价值确实需要这几个条件。除此之外，还需要什么呢？

生 3：还要好好学习，不断提高自己的科学文化素质和思想道德素质。

师：非常恰当，要实现人生价值，一定要不断提高个人素质，既要提高科学文化素质，增长才干，又要锤炼品德修为，总之就是在砥砺自我中创造和实现人生价值。

（学生频频点头。）

师：看到同学们的表现，老师就知道大家已经收获满满了。

【设计意图】让学生重新回顾视频内容，锻炼学生提取信息和把握重点地能力；同时也让学生参与到评价的过程中来，能够发挥学生的主体性，在此过程中增强学生的信心，提高学生学习的积极性。

3. 课堂小结

师：下面，给大家 2 分钟的时间，回顾本节课所学，自主在笔记本上构建知识体系。

（学生认真构建知识体系，教师走动观察学生的情况。）

师：大家的知识体系各具特色，但是都能看出本节课的学习成果，这节课我们通过三个活动从三个角度探讨了“如何创造和实现人生价值”，希望同学们课后能温故知新。

【设计意图】让学生养成学习之余及时回顾总结的习惯，能够对所学内容进行梳理，通过构建知识体系提高学生的逻辑思维能力。

4. 布置作业

师：下面布置一下课后作业，请大家利用周末回家仔细留意父母在家的行为，哪些劳动时刻令你感动？请大家拍照记录，并结合本节课所学，说说你的感受和启发，形成书面文字，大约 350 字左右，下次上课请同学们分享。

【设计意图】课后作业是课堂教学活动的补充，不是简单地设计书面作业回顾课上所学，而是让学生通过实践活动，真正将课堂学习内容内化于心、外化于行，不只是将劳动二字挂在嘴边。通过此次作业设计，让学生体会到父母的不易，增强劳动观念，崇尚劳动，真正理解“劳动创造价值”。

5. 情感升华

师：下面请大家齐声朗读屏幕上的这段话。

（学生齐声朗读。）

师：同学们，如同习近平总书记所说“新时代是奋斗者的时代，幸福都是奋斗出来的”，希望大家在今后努力学习的同时，不要忘了自己的梦想，仰望星空、脚踏实地，在实现中国梦的生动实践中放飞青春梦想，在为人民谋利益的不懈奋斗中书写人生华章！

【设计意图】作为一节课的升华，将学生的情感带到最高点，调动氛围，让学生在课堂气氛中充满热情，在本节课学习的基础上上升到精神层面，在学习之余具备家国情怀，努力实现自己的人生价值。

师：本节课的教学就到这里，下课！

课例提供：刘梦婷

二、课堂评析

高中思想政治如何融合劳动教育

党的十八大以来，劳动教育曾不止一次的被提及，充分体现了新时代党和国家对劳动教育的重视，而高中思想政治是立德树人的关键课程，将劳动教育与高中思想政治教学的融合显得尤为重要。这样不仅能够在彰显课程特色的同时促进思政课教学的创新，而且能够充分发挥思想政治课程的育人作用，培养学生崇尚劳动、尊重劳动、热爱劳动的优良品质，从实践中让“劳动教育”这朵花真正地盛开。

（一）劳动教育风向标，学科教学要融合

2020 年 3 月，中共中央国务院印发了《关于全面加强新时代大中小学劳动教育的意见》，同年 7 月教育部印发了《大中小学劳动教育指导纲要（试行）》文件，由此可见国家对劳动教育的重视程度，这也成为高中教学的风向标。作为高中阶段落实德育教育的关键课程，思想政治课承担着立德树人和培养学生热爱劳动、尊重劳动优良品质的重要责任，因此高中思想政治课融合劳动教育是必然也是必要的。

《关于全面加强新时代大中小学劳动教育的意见》指出：“长期以来，各地区和学校坚持教育与生产劳动相结合，在实践育人方面取得了一定成效。同时也要看到，近年来一些青少年中出现了不珍惜劳动成果、不想劳动、不会劳动的现象，劳动的独特育人价值在一定程度上被忽视，劳动教育正被淡化、弱化。”因此，作为教师，更应该承担起这份责任，把握风向标，高度重视，在课堂教学中渗透劳动教育。

（二）劳动教育融入学科教学，助推立德树人

在高中政治课教学中，曾不止一次提到，“劳动是财富的源泉，也是幸福的源泉”“劳动是人的存在方式，劳动创造了人和人类社会”……因此，在新时代的高中教学渗透劳动教育具有重要的意义。

1. 有利于落实立德树人的根本任务，系好青少年人生“第一粒扣子”。高中思想政治教学融入劳动教育，能够达到“1+1 ＞ 2”的效果，本课例中将劳动教育与实现人生价值相结合，强调“劳动是创造美好生活、促进人的自由全面发展的重要手段”。通过“大国工匠”们的亲身经历和实践证明了劳动是财富的源泉，也是幸福的源泉。通过二者的融合与渗透，不仅能够让学生明白劳动的重要性，同时也能够为学生创造和实现人生价值指明方向，系好学生第一粒扣子。

2. 有利于提升青少年的劳动素养，培养良好品质。马克思和恩格斯提出了教劳结合思想，列宁在此基础上进一步指出：“没有年轻一代的教育和生产劳动的结合，未来社会的理想是不能想象的”。而劳动教育和思想政治教育是相互独立又相互补充的，在思想政治课程中渗透劳动教育能够充分发挥思想政治学科的价值导向作用，帮助学生树立科学的世界观、人生观和价值观，提升学生的劳动素养，强化劳动观念，为青少年的全面发展奠定思想基础。

（三）思想政治渗透劳动教育，多管齐下、遍地开花

1. 通过开发时政资源丰富劳动教育案例。时政资源是对教材内容的扩展和延伸，教师可以将时政资源融入课堂，向学生传递党和国家最新提出的政策方针，对劳动教育实时关注，了解劳动者的最新事迹，在校园内形成热爱劳动的风貌。本课例中，教师充分利用互联网搜集时政资源，寻找时政资源和教材内的契合点，将素材带入教学中，强化对学生的劳动教育成果。如教师引用习近平总书记关于劳动的论述，“新时代是奋斗者的时代，幸福都是奋斗出来的”“劳动是财富的源泉，也是幸福的源泉”“人世间的一切幸福都需要靠辛勤的劳动来创造”“只有奋斗的人生才称得上幸福的人生”等；同时为了突出劳动教育的时代性特征，选择了大国工匠王树军、港珠澳大桥工程师团队、敦煌研究院文物保护团队、载人航天团队等，向学生阐述由劳动创造的奇迹，让学生发现这些平凡的岗位中也能诞生英雄，他们身上散发着劳动的光辉，值得人们尊敬。

2. 在活动设计中融入劳动教育。新课标倡导“序列化的活动设计”，教师可以利用教学活动进行劳动教育的渗透。本课例中教师设计了三个序列化的活动，其中布置课前任务，让学生课前搜集材料进行整理用于课堂教学研究，本身就是劳动的过程，课堂上学习的收获能够让学生感受到劳动的快乐；另外通过为学生提供“温故知新”的机会，在回忆中加深对劳动的印象。同时，教师也可以通过解析教材文本，通过活动设计将劳动教育体现出来。高中思想政治课是培养学生全面发展和劳动教育的主阵地，它作为一门培养什么人、怎样培养人的学科，更加注重学生思想道德的培养和世界观、人生观、价值观的养成。在思政课程中，教师要充分解读教材，利用好活动设计，渗透劳动教育，培养学生正确的劳动观念。

3. 于评价中渗透劳动教育。高中思想政治课程核心素养强调，要在真实情境下培养学生解决问题的能力，要求学生通过自主学习、研究性学习进行意义建构。例如本课例中，强调“弘扬劳动精神，实现人生价值”，在教学中教师介绍大国工匠王树军、敦煌文物保护群体、港珠澳大桥建设团队等，学生也自行搜集材料，讲述了张顺东、李国秀夫妇以及毛相林等人的感人事迹，学生在思考中感悟“劳动创造的中国奇迹”和“平凡中的伟大”，教师关注学生的劳动思想与行为表现，重视用评价语言的启发性和导向性，提高学生对劳动价值的认识，并依据学生个体差异进行综合性评价。因此，为促进思想政治课与劳动教育的融合，教师可以充分发挥教学评价的作用，利用评价做好对学生的劳动教育。

第二节　语文教学有机渗透劳动教育

《关于全面加强新时代大中小学劳动教育的意见》强调了劳动教育对于青少年身心发展的重要意义，要求其他课程结合学科、专业特点，有机融入劳动教育内容。为此语文教师要充分挖掘教材，创设恰当的教学情境，适时融入劳动教育内容，引导学生在语文学习过程中去体悟劳动之美，树立正确的劳动观。同时这也丰富了语文课堂教学内容，有助于提高学生的语文学科素养，可谓是互相促进、相得益彰。

挖掘教材，寻找劳动教育切入点。中小学语文教材中有不少蕴含劳动精神的课文，这是语文教师渗透劳动教育的有效载体。要想实现语文与劳动教育的有机融合，教师必须在进行教学设计时深入研究教材，寻找劳动教育与学科教育的对接点。例如课文《老王》，教师牢牢抓住了学科教育和劳动教育这两个主要教学点，在分析“老王”形象的同时，有机渗透“老王”作为普通劳动者身上具有的优秀品质，激发学生热爱劳动、热爱劳动人民。

优化阅读，在阅读中体现劳动价值。教师要充分利用教材，以读促教，引领学生在阅读文本、品味语言文字的同时，循序渐进、潜移默化地体悟劳动之美，理解劳动精神。例如《四时田园杂兴（其三十一）》，教师引导学生反复地“想象—朗读—感受—朗读”中，将劳动场面与朗读融合起来，在读中想象，在想象中感受。课例“劳动光荣”更是打破了传统的单篇教学藩篱，进行单元整体教学。

创新写作，在写作中体悟劳动精神。《义务教育课程标准》反复强调让学生“懂得写作是为了自我表达和与人交流”。课例“我学会了——”“老王”“劳动光荣”都安排了写作环节，教师给出与劳动相关的话题，让学生自由写作，由课内到课外，由关注文本人物到关注生活和他人。实践证明，这种写作不单纯是写作训练，而是学生对劳动认识的深化过程，能起到比灌输式教学更好的效果，带给学生更深刻的劳动反思与体悟。

组织实践活动，在实践中提升劳动能力。劳动教育与其他学科有着很大区别，不仅体现在文字上，更要与实际生活相结合。语文教师不妨设计些实践性学习任务，让学生获得更真切的劳动体验。例如课例“我学会了——”，教师安排学生亲手制作水煎包，体验劳动技能，分享劳动体验。学生在亲历“劳心”“劳力”的劳动实践中感受创造美好生活的欢乐感、自豪感。借助生活这一载体，劳动与语文能够达成较好的融合。

中小学语文教师要重视劳动教育的渗透，创造劳动教育渗透的机会，通过高效的教学融合方法促进学生在多重训练中建立劳动意识，提升语文素养和劳动素养，发展综合能力。

| 小学语文统编版四年级下册 |

“我学会了____”课堂实录与评析

一、课堂实录

（一）教材解读

统编教材总主编温儒敏说：“有什么样的教材，就有什么样的国民。”基于这样的理念，教科书以传承、弘扬中华民族优秀文化、塑造民族精神品格为己任，通过统筹安排能促进学生成长与发展的综合性学习内容，为学生潜移默化地注入精神营养。统编版语文四年级下册教材第六单元围绕“成长”这个主题编排了4篇课文，展示了不同时代少年儿童成长的故事，让学生在故事的浸润中感受勤劳淳朴、努力学会独立、敢于挑战等精神营养。教材内容的学习，有利于小学生丰富生活，增加语言文化积淀，为健康成长打好生命底色。

这一单元习作话题是“我学会了____”，契合成长这一单元主题，通过引导学生对某项劳动技能的学习，唤起他们对劳动和生活的真实体验，感受通过自己的亲身劳动获得某项技能解决生活问题的过程，让生活因为自己的劳动变得更加美好，获得劳动的成就感和自足感。习作重点围绕是否按学做顺序把学会某项生活技能写清楚、写具体，还要写出自己学做时的真实感受。

（二）教学目标

1. 能积极参与一次劳动实践，感受学习劳动技能的过程，并按顺序把自己学做某项劳动技能的过程写清楚。

2. 能将学习过程中遇到的困难或有趣的经历真实地描写出来，把心情变化和对自己学会这项劳动技能的感受写清楚，表达出真情实感。

（三）教学过程

1. 情境创设，引入生活本领话题

师：同学们，我们依靠父母的劳动奉养过着衣食无忧的生活。父母也很辛苦，大家有没有想过当妈妈身体不舒服的时候，或者爸爸工作特别劳累的时候，又或者在一个特别的节日里，受他们呵护、照顾的你贴心地为他们做上一顿可口的饭菜，用实际行动去表达你对他们的爱。生活中，为父母做过饭的同学请说说你做饭的经历吧！

生：上次，我学着做了一次西红柿炒鸡蛋，妈妈在一旁教着，我好不容易炒熟了，真是一通忙活。

师：嗯，看来，要做一顿美味的饭菜，也不是一件容易的事。可见父母每日厨房里的操劳也是挺辛苦的。世上无难事只怕有心人，我们来看咱们班佳艺同学做饭的小视频。（播放视频。）看了这段视频，你对佳艺同学有什么想说的？

生 1：她太厉害了，竟然做了四个菜，一看都很好吃的样子。

生 2：真是色香味俱全呢！吃到孩子做的饭，她爸爸妈妈一定感到很幸福。

师：是啊！这是一顿暖心的饭菜，真心替佳艺和她的爸爸妈妈高兴，孩子的成长是大人最大的期望。家庭是爱的港湾，我们小孩子享受了父母无微不至的照顾和呵护，我们也需要为父母做些什么，让他们能感受到来自孩子的温暖。我们看到佳艺同学厨艺很棒，让家人吃到了她亲手做的拿手菜，在这段时间里，我听说不少同学也学会了做菜。你们学会了做什么呢？请同学们一一汇报自己的拿手厨艺。（播放汇报学生在家参加厨艺学习时的照片或视频。）

生 1：过年时，我让妈妈教我包饺子了，一开始包得不好，我连着练了好几次，终于包出了皮薄馅多、煮了不破皮的饺子。

生 2：我学会做西红柿炒鸡蛋了。从切西红柿，到烧油煎鸡蛋，我一点一点地学会了。

师：太为同学们高兴了，真是不可小瞧啊！祝贺你们学会了一些生活的本领。

【设计意图】真实的生活情境会促进学生认识自我、感受成长。本环节以一位同学分享厨艺为例勾连起学生的生活体验，激发他们主动为家人去付出，回馈亲情的意识,引导学生在真实的劳动技能学习任务中对“成长”有真实的劳动体验。

2. 练手制作“水煎包”，体验劳动技能

（1）厨艺展示，见习传统美食制作。

师：今天，老师为大家准备好了食材，我们来学习做水煎包吧。（出示图文资料。）水煎包是我们东营常见的传统特色美食，是从利津发展起来的地道的家乡小吃，至今已有100多年的历史。水煎包将劳动人民的勤劳和智慧传承了下来。现在，我们来请美食达人浩宇妈妈为我们介绍水煎包的制作方法。（现场请展示厨艺的家长为大家播放自己录制的美食制作教程，现场讲解、演示制作水煎包的方法。）

师：制作一锅香喷喷的水煎包需要哪些步骤？我请同学依次把水煎包制作过程介绍清楚。

生1：先要发好面团，调好馅儿，包出包子。

生2：再在平底锅里刷油，等到油热了，把包子一个个口朝下放在平底锅了，煎至微黄。

生3：调出面浆水浇到锅里，盖上锅盖，用大火烧到将近10分钟，听到嗞嗞声，面浆水煮得快没了，就用长柄铲子把包子翻过来，盖上锅盖用小火再烧另一面。

生4：看看面浆水收尽了，用豆油壶沿着包子间的缝隙慢慢倒入豆油，用小火烧，随时观察，当发现包子底煎到发黄快要焦了时就出锅。水煎包做好了，可以吃啦！

师：刚才几位同学按照浩宇妈妈教的说清楚了制作水煎包过程。要是真去尝试做水煎包，你能成功吗？

生：能！

（2）亲自实践，知行合一。

师：请同学们六人一组，我们从包包子开始来学习。（请浩宇妈妈再次现场示范包包子的方法，教授此项劳动技能。）

师：请大家按照浩宇妈妈教给的方法，自己动手包一个包子。一会儿，请小组同学来说说包包子的感受。

（学生分组动手实践。）

生 1：真是看着容易做起来难啊，阿姨包得那么漂亮，我包得瘪瘪的，馅儿填多了吧，就包不上。

生 2：我们组张忆馨包得最好看，我们问她了，她之前学过，做得就比我强。

生 3：我第一个包得挺难看，我又改进了一下，第二个包子就包得好看多了。

师：同学们既能看到别人的优点，也能反省自己平时做得太少，知不足然后能自反也，相信同学们能自觉加强生活技能的学习。今天我们不论美丑，大家努力的结果就是最香甜的美食。下面我们上锅煎制了。请浩宇妈妈操作电饭锅，等油热了，请同学们依次把自己包的包子放进锅中，注意轻拿轻放，小心溅起油花或触到锅子烫着手。

（学生依次操作，指导学生注意观察，随时操作，根据美食制作教程依次调面浆水、翻包子、浇豆油等。）

（约 15 分钟后。）

师：好吃的水煎包出锅了，大家分享了第一锅亲手制作的美食，品尝之后感觉怎么样？

生 1：味道太好了！

生 2：皮焦黄很香，韭菜肉味道太鲜美了。

师：看同学们吃得很高兴，亲自做的似乎比买来的水煎包更好吃了！

【设计意图】每一项本领背后都需要一定的劳作，要给学生劳动实践的机会，只有亲身去实践了，才会有获得成就感的机会，才会有真实的劳动感受。此环节，由家长亲自教，学生亲自做，通过表扬学生在劳动素养方面的进步让学生感悟人生之道，获得积极地劳动体验和美好的情绪感染，促进学生精神风貌的提升。

3. 分享劳动体验，尝试语言表达

（1）借助思维导图，理清步骤。

师：同学们，我们刚才亲自动手完成了传统美食水煎包的制作，你们能用图文的方式把刚学会的做水煎包的整个过程写下来吗？请同学们自己用图示、表格或分条整理的方法把做水煎包的过程记录下来。

（学生自由整理思维导图，约 5 分钟后请学生汇报。）

生：制作水煎包，需要先发面团、调馅儿，等食材准备好了再包包子，然后烧油热锅煎包子，等一面煎好了再倒入面浆水，把面浆水烧到快没有时再把包子翻过来，最后倒入适量的豆油直到把包子底下那面煎到焦黄，就可以出锅了。

师：这位同学用上了一系列表示顺序的词语，比如，先做什么，再做什么，接着、然后、最后怎么做，用上这些词语介绍就非常有条理地把水煎包的制作过程说清楚了。真是步骤清楚、过程清晰啊！

（2）结合劳动亲历，分享困难和克服困难的体验。

师：水煎包制作过程也不是那么简单吧！你在制作过程中遇到什么了哪些困难？你又是怎么克服的呢？请同学们分享你真实的体验，说不定你的分享能帮助到同学。

生 1：我觉得包包子太难了，我填好馅儿以后想扯着面皮把它包起来，发现一扯把包子皮给扯烂了，原因就是用力太大，用力不均匀，我费了好大劲，把馅儿又拨出来，重新换的面皮再做的。

生 2：我觉得锅子热了，放上油，滋啦啦的声音太吓人了，一放包子，听到滋啦一声，一滴油溅起来落我手背上，火辣辣的疼，我马上冲凉水，真吓我一跳。看来，做美食得小心热油啊！

生 3：我在翻包子的时候出了点问题，包子皮粘连在了一起，翻包子时把另一个包子皮给扯破了，露馅了，一下子散在了锅子里。

师：看来，任何技能都不是那么简单就学会的，同学们的分享一定会提醒同学们下次再做水煎包时要注意的事项，避免发生类似的问题。

（3）实践出真知，分享劳动感受。

师：这次学作水煎包的过程中，你的心情一定有些变化吧？你也会有一些感想吧？请大家分享一下你的真实感受。

生 1：其实做水煎包挺难的，花费时间也挺长的。你看，光和面就需要好长时间，还得学会用发酵粉发面团，择韭菜啊，洗韭菜、切韭菜，切肉，放调味品，做饭的学问太多了，好像比我们学习还复杂。

生2: 我第一次做水煎包，包包子没包好挺懊恼的，有些事看着容易做起来难，再包第二个，就觉得稍微好了点，挺满意的。后面又是煎，又是煮，一通忙活，手忙脚乱，真怕自己做不好。

生3：想想我妈妈天天一日三餐做饭太辛苦了，以后可不能抱怨饭菜不好吃了，让我做会更难吃。

师：通过学做水煎包，大家亲自动手，有了这么多的感受，在你分享你的感受时，老师感觉你们很了不起，能反思自己了，能懂得父母每天做饭的辛苦了，能想到不挑食去尊重父母的劳动成果了。

【设计意图】语文和生活密不可分。学生已经亲历了劳动的整个过程，把做了的事情再说出来，就会有话可说。因此，我们需要设计“说一说”的环节，引导学生梳理做水煎包的步骤、遇到的困难以及解决困难的体验，因为有亲身经历，学生怎么做的就可以怎么说，完全是水到渠成的事情。

4. 阅读范例，学习写法

（1）读范文，发现写作有顺序的写法。

师：同学们，我认识一个小朋友，她学会了做一道菜——西红柿炒鸡蛋，我们来看看她是怎么学会的。（出示例文。）读完了这个小朋友的作文。你发现她在作文中有没有写清楚她学会炒菜的过程？

生：写得很清楚。这个小朋友是上网看菜谱自学的，第一步是查菜谱，第二步是准备食材，第三步是按照菜谱一步一步操作，直到炒熟。

师：是的。这位同学分步骤写清楚了炒菜的过程。（出示阶梯图，板书：按步骤）

（2）聚焦困难，丰富过程。

师：请同学们再读读这一段，你知道这段话是在写什么吗？（出示例文。）

生：是写她炒菜时被热油烫伤的事，写出了她当时受惊、狼狈的感受。

师：“我被油锅炸开的情景吓到，像兔子一样跳开的样子十分有趣”。这就像一个小插曲。学习做一件事，不可能一蹴而就，过程中会遇到一些困难，有的同学是在开始的时候就遇到了困难，有的同学是在中途遇到了困难，我们要像她一样把自己遇到的困难写出来，这样就更加真实了。

师：遇到困难之后，她是怎么做的？她为什么要这么做？

生：不行，再这样下去鸡蛋就要糊了。“我”鼓起勇气，一咬牙，跨出了第一步，终于赶在鸡蛋焦煳之前，给鸡蛋翻了个身。

师：是的，遇到困难怎么解决的困难，写清楚了这一点很重要，能看出一个孩子在学习过程中的心态变化和不放弃、不言败的精神。按照“遇到困难—克服困难”这样的框架，可以让写作过程更丰富。（板书：用框架。）除了我们刚才说到的之外，之前我们还学习过在事情过程中写出当时的心情，所以写的时候也要注意写出心情的变化。（板书：写心情。）

（3）拓展阅读，领悟写法。

师：我们再来阅读毕淑敏的作品《学会看病》和一位小学生写的《我学会了捣大蒜》，请同学们自己阅读，说说读后的收获，受到了什么写法启示？

生：他们的文章里都写出了人物神态、动作、语言、心理描写。（板书：写具体神态、动作、语言、心理描写。）

师：是的，我们要把事情写清楚，离不开具体的人物描写，围绕这件事，把人物做事过程中神态、动作、语言、心理的变化写清楚，那文章就像演电影一样展现在读者面前了。

【设计意图】要把学会做一件事的过程写清楚，首先要将过程的所有步骤想清楚。例文将隐性的知识——“一步一步地写”显性化，为学生习作提供参考和借鉴的模板。阶梯形思维导图形象地展示了学习的过程，帮助学生把整个学习过程梳理了一遍。为了充分表达出真实的劳动体验，帮助学生将“遇到困难—克服困难”的模式纳入已有的认知结构，丰富了学习过程，为帮助学生写具体当时情形，又拓展阅读引导学生学习运用人物的动作、神态、语言、心理描写把人物表现写具体的方法。

5. 列出提纲，多元评价，鼓励写作

师：现在，请同学们根据我们总结的写作方法，把你学会某项劳动技能的一件事先简单列出写作的提纲。

（学生自主列写作提纲。）

师：现在请小组内互相交流自己的写作提纲，按评价量表自评，然后同桌交换进行评价。

（学生小组内交流自己的写作提纲，展开自评、互评。）

师：通过小组互评，你发现哪一位同学向你展示的写作提纲值得学习？我们在全班展示交流。

生：我发现我同桌的写作提纲特别有条理，他把自己学会刷鞋的过程分步骤列出来，还加入了晒干后发现鞋子表面发黄的部分，向妈妈“取经”重新刷了一次，问题得以解决的情况，刷鞋的心情变化也很清晰。

师：学会做事是一个人成长的表现。请同学们挑战自我，积极行动，把你最有成就感的一件事写下来吧！（出示本次习作要求和评价标准。）

【设计意图】评价标准既是本次习作教学的内容，也是学生自评和互评的依据。本环节积极引导学生和同学交流分享，从而互相启发，互相提议，分享习作的快乐，增强学生自信心。在评价和修改的过程中，学生依据习作标准和范例及时修正自己的习作，既训练了学生的思维能力，又提升了学生的习作水平。

课例提供：张卫艳

二、课堂评析

劳动实践获体验，活水源头促写作

写作本应是学生自我建构语言、表达思想情感的一种重要方式，但当前，小学生的许多作文已不同程度上偏离他们的生活轨迹，很多情况下以假话、空话、套话及大人腔、“成熟调”呈现。作文作为生活中情意流淌、思想生发的重要途径，已经影响了小学生正确的人格形成，许多学生受作文教学的错误价值导向影响，在作文里迷失了方向，误入歧途。教师应努力通过劳动与学科融合教育，引导学生从现实生活的真实需求出发，通过亲身实践学习一些必要的生活技能，增加劳动体验和生活感悟，体认劳动价值，同时通过日常生活劳动的实践注重引导学生积累相关的习作素材，学习用写作的形式表达自己的劳动获得感和对生活的领悟，提升自身综合素养。

（一）写作“有真料”，重视实践出真知

《义务教育语文课程标准》提出：“写作教学应贴近学生实际，让学生易于动笔，乐于表达，并引导学生关注现实，热爱生活，积极向上，表达真情实感。”这些观点鲜明地指出了作文教学的内容和作文评价的标准，就是要求学生写生活、写现实、写实际、说真话、说实话、说心里话。课程标准明确指出了作文教学的目标，语文教师不能脱离标准任学生在作文世界里盲目游走，需要对照“标准”，将课程标准里的内容目标转为评价目标来评判学生作文的质量和价值。

实践证明，只有通过大量不间断的劳动实践，学生才会逐渐建立起劳动与劳动成果间的联系，能发现劳动过程的美丽和劳动果实的芳香，产生悦纳的心情，感受到劳动正在时时刻刻地改变着自己，改善着环境，改善着生活，劳动成为生活中自己切实的需要。学生能在随时随地“真抓实干”进行劳动，克服懒惰与消极逃避，始终坚持用自己的双手劳动去创造美好生活，在亲历所有“劳心”“劳力”的劳动实践中感受创造美好生活的欢乐感、自豪感，并在人生道路中始终坚信并奉行“劳动创造美好生活”的理念。

以本教学设计为例，为了让学生写作“有真料”，在作文教学中根据“我学会了——”这一主题，积极融合劳动教育内容，设计了让学生学做水煎包这一劳动技能。学生亲自参与劳动技能的学习和实践，经历了由“不会”到“会”的过程，让学生作文“写之有物”。学生只有在亲历“劳心”“劳力”的劳动实践中才会有真实的获得感，才会渐渐形成“劳动创造美好生活”及尊重他人劳动成果的意识，才能真心表达出劳动对自己的价值。

（二）写作有真情，关注劳动中的自我教育

对于四年级学生来说，如何把克服困难和学习过程中的有趣经历写出来，是抒写真情实感的关键部分。为了让学生写出真情实感，教学中需要特别重视劳动在自我教育方面起到的作用。学生在分享学做水煎包时遇到的困难和解决困难的感受时，是带着劳动体验分享的，尤其是劳动实践中感受到的挫败感和自我反省，这是自我教育的关键，学生表达出自己真实的感想，表达出自己对于成长的认识，教师要珍视学生表达真情的发言，及时给予学生正面的评价，鼓励学生敢于写“真性情”，敢于剖析自己，认识到自己的道德问题，发挥劳动在育人方面的独特价值。

（三）写作有个性，珍视劳动的独特体验

作文评价不应局限于例文的规范表达，应鼓励学生“有个性”的表达。学生家庭环境和所接触的社会环境不同，会影响学生的劳动表现和自我认知。长期以来，学生劳动精神和劳动技能的培养存在教育的短板，所以学生是有差异的个体。针对学生差异，需要遵循学生认知规律和心理特征，让学生能够在劳动教育过程中完成自我确证，让每个孩子的优势得到发展，短板得到补足。在语言表达方面，鼓励学生“我写我心”，不要人云亦云。

为促进个性化表达，教师要善于用比较阅读的方式引领学生发现各篇文章表达上的共性特点和独到之处，让学生在写文章时根据自己想要表达的内容去选择得心应手的写作方法，鼓励学生敢于突破、创新，有自己的视角，用自己的方式写自己的文章。在评价学生作文时，要“珍视”那些个性化表达出来的文章，让那些视角新颖、突破套路的作文在班里展示交流，以启迪学生积极寻找适合自己的言语形式与表达样态。

无论如何，小学生作文评判的尺度都应建立儿童真实的生活上。生活有多丰富，作文才有可能多丰富，学生对生活内涵的体验有多深刻，作文的内涵才有可能显现出意思和意义来。语文教师要在正确的评价标准下发现学生作文缺失的一角，努力为学生创造亲自去参加劳动实践的机会，搭建一个处处体现童心与童真的语文生活世界，让劳动实践成为学生写作的活水源头，学生能借助多样化的语言文字表达出自己不同阶段对生活的认识和不断发展的审美情趣，引领学生形成健全的人格。

|小学语文统编版五年级下册|

《四时田园杂兴（其三十一）》课堂实录与评析

一、课堂实录

（一）教材解读

“古诗三首”是小学语文统编版教材五年级下册第一单元的一篇课文，本单元的主题是“童年往事”，三首古诗的作者分别是宋代诗人范成大、杨万里、雷震。

课本选入的是《四时田园杂兴（其三十一）》，与之前学过的四年级下册的《四时田园杂兴（其二十五 ）》属于同一组诗，作者是宋代诗人范成大，诗人用清新的笔调，对农村初夏时的紧张劳动气氛作了较为细腻的描写，读来意趣横生：初夏，农人白天到田里锄草，晚上回来搓麻线，农家男女都各自挑起家庭的重担。孩子们不会耕地，不会织布，却在茂盛的桑树下学着大人的样子种瓜，乡村儿童在劳作中的天真可爱溢出画面。

全诗语言浅近、质朴、自然，生活气息浓厚，劳动之趣与诗意浑然天成。五年级的学生在古诗文学习中已经积累了一定的经验，对文本也有自己独特的阅读体验。课文所描写的情景又都与儿童有关，反映儿童劳动生活，学生也可能有着相似的劳动经历，符合学生的心理，容易引起学生情感上的共鸣。在具体的教学过程中，可结合学校校园采摘的经历让学生展开想象，体会田园生活带来的情趣，培养学生热爱劳动的思想感情。

（二）教学目标

1. 学习生字词，能正确、流利、有感情地朗读古诗，背诵古诗。

2. 联系注释，结合相关资料及学校菜园采摘的体会，想象劳动的画面，在反复诵读的基础上理解诗句的意思。

3. 想象诗中的劳动场景，感受田园生活带来的乐趣，培养学生热爱劳动的情感。

（三）教学过程

1. 图片导入，劳动激趣

（1）师：同学们，今天，老师给大家带来了一组照片，你们猜猜这是在哪里？（出示学校菜园的学生劳动图片。）

生（惊喜）：我知道，我知道，这是我们学校的菜园。

师：你们在干什么？

生：在采摘豆角，在收割白菜……

师：是的，你们干得真是热火朝天啊！劳动真美，今天老师给大家带来了一首田园劳作诗，看老师板书课题。请同学们带着在菜园里收获的喜悦，读一读课题吧！（板书：四时田园杂兴（其三十一）。）

（2）师：同学们，谁能猜出诗题的意思？读了诗题，你会产生什么疑问呢？（相机点拨：兴，在这里读四声。杂兴，指诗人看到一年四季不同的田园景色，会有很多的感想。同学们可以尝试抓住重点词突破，然后将重点词的意思串联起来，用自己的话猜出古诗题目的意思，或者用这种方法来理解诗句的意思。《四时田园杂兴》是组诗，共六十首，我们今天学的是其中的第三十一首。）

（3）了解作者。（课件出示作者的资料，生读。）

【设计意图】通过一组劳动图片展示导入，唤起学生对菜园劳动的回忆，激发学生的学习兴趣，为理解诗句打下良好的基础。猜诗题意，指导学习方法，了解诗人，使学生养成搜集资料的好习惯，为体会诗人抒发的情感做好准备。

2. 字词学习，整体感知

（1）课件出示诗歌的节奏划分。

师：下面让我们一起走进乡村田园，感受那份质朴的劳动之美吧！请同学自由朗读古诗，注意读准字音，读出节奏。（相机正音："供"读一声"gōng"时，表示供给；读四声"gòng"时，表示从事，在本诗中应该读四声。）同学们自由朗读，读出诗歌节奏。

（2）师：同学们想想这首诗描写的是什么季节的田园风光。

生：夏季。

师：从哪个词看出来的？（理解“桑阴”。“桑”就是桑树，“桑阴”就是桑树成荫了，当桑树成荫时，就是夏季。）

师：你们真棒！下面就让老师检查下你们预习生字词的情况，准备好了吗？

（课件出示词语和图片：昼、夜、耘田、绩麻、供、耕、织；图片出示，联系学校拔草的经历理解词语意思。）

师：诗中三个字是需要我们会写的，同学们先观察下这三个字，然后伸出手指和老师一起书空。

（生书空。）

师：很好，理清了笔顺，在你的书上描红然后再写一个“昼、耘、桑”（学生观察—老师范写—学生练写。）

（3）师：同学们都写得很认真，那下面我们来走进这首诗。老师想问，平时遇到新的古诗，你们有什么好的学习方法吗？

生1：借助诗句旁边的注释。

生2：联系生活经验。

生3：联系上下文来读懂重点字词的意思，把这些词的意思串起来就是每行诗句的大意，再把每行诗句的大意连起来用自己的话来说，就是整首诗的意思。

（4）师：根据课前发的预习单，四人一组自学古诗，完成表格（多媒体出师表格），交流古诗大意并汇报。

（5）师小结：借助注释，联系上下文，联系生活经验等都可以让我们把诗句的意思大致弄懂，但在说的时候我们还要有自己的想法。把整首诗的意思连起来说，并不是简单地把诗句的意思串起来，可以通过一些想象，把时间、地点、人物等加入到句子中，这样说起来就更流畅、更生动。（再指名学生说诗意。）

【设计意图】初读古诗，初步感知古诗的大意，重点讲解生字词“耘田”和

“绩麻”，联系自己的劳动经历和图片来想象画面，引导学生学习古诗的方法，出示自学小贴士，让学生自学古诗。

3. 描绘画面，体会劳动美

（1）读出感情，想象画面。

师：谁来读下前两句？（指名生读。）读完说一说，你仿佛看到了什么画面？（学生交流眼前浮现的画面。）

（2）联系生活，感悟诗境。

师：联系生活实际能帮助我们感受诗情。请同学们仔细回想下我们在校园中的劳作，结合你的体会，说说村庄儿女一天中做了什么？心情是怎么样的？

生：白天耘田，晚上纺纱织布。他们肯定是很辛苦的，我在学校里拔草时就感觉小草怎么拔也拔不完，累得手特别疼，更何况他们日复一日不间断地劳动！

师：他说得很有自己的体会！是啊，这样的劳动在我们眼里是辛苦的、忙碌的，但在当时，这种男耕女织的生活却是人人向往的。（板书：农事繁忙。）一天的辛苦劳动后，回家看到妻儿各做各的事情，这样温馨的画面，使劳动的疲倦、劳累一扫而光，这种快乐与满足就是从劳动中得到的。难怪诗人看到村子里那繁忙而井然有序的劳动场面时，不禁感叹“昼出耘田夜绩麻，村庄儿女各当家”。（学生接读。）

师：不只是村子里的男男女女各尽所能，干着分内的事情，就连小孩子们也“童孙未解供耕织，也傍桑阴学种瓜”。下面就请同学们说说，你眼前仿佛出现了一个怎样的孩子的画面？（学生接读。）

①懂事：父母勤劳的品质感染了村庄的孙童，小孩也喜欢上劳动了——（读）童孙未解供耕织，也傍桑阴学种瓜。

②快乐：是呀，他们学种瓜，心里想的也是收瓜时丰收的场面呀，劳动使人快乐——（读）童孙未解供耕织，也傍桑阴学种瓜。

③可爱：瞧，他的神情、动作，充满了童真童趣，多么俏皮的孩子呀——（读）童孙未解供耕织，也傍桑阴学种瓜。

（3）教师小结：能帮家里做力所能及的事，劳动也是快乐的。（板书：勤劳。）平时你在家里，有帮你的父母做了哪些力所能及的事情呢？（学生交流分享。）是啊，老师仿佛看见了你们快乐劳动的身影，让我们带着这份快乐再读最后两句——（学生接读。）“童孙未解供耕织，也傍桑阴学种瓜”。

【设计意图】通过联系自身的实际，将劳动的乐趣贯穿整个诗歌的朗读中。同时，引导学生品读古诗，想象古诗描写的情景，在反复地“想象—朗读—感受—朗读”中，将劳动场面与朗读融合起来，在读中想象，在想象中感受，在感受中诵读，将田园生活男耕女织，自给自足，恬静安详的生活画面呈现出来，为学生感悟诗人表达的思想感情做好铺垫。

4. 感悟诗情，拓展劳动美

（1）读出诗味，体会诗情。

师：请同学们再一次有感情地朗读古诗，思考一下，这首诗表达了诗人怎样的思想感情？

生：表达了诗人对儿童的喜爱和对田园生活的向往之情。

师：是的，村庄儿女日夜劳作，虽然繁忙、辛劳，但十分快乐，孩子虽然不懂耕织，却爱学做农活，也是快乐的。（板书：劳动童趣。）这样和谐、温馨的劳动场面感染了诗人，让他深深地爱上了这片土地，爱上了这里勤劳朴实的人们，更爱上了这温馨美好的田园生活。请大家闭上双眼听老师在配乐中朗诵古诗，结合你的劳动实际，说说你眼前浮现出了怎样的情景。（全班自由交流。）

（2）拓展延伸，落实劳动。

师：劳动真美啊！你们劳动起来也很美！瞧，这是咱们班的种植一角，是所有同学的劳动成果！（出示班级种植一角的图片。）静等收获也是一种乐趣，课下请同学们观察你们种植的植物，创造出一首属于你们的小诗吧，下节课我们一起分享！这节课就上到这里，同学们，再见！

生：老师，再见！

【设计意图】引导学生赏读古诗，感悟诗人表达的思想感情。将古诗与实践作业相结合，寓劳于诗，寓劳于趣，让学生在劳动和想象中体味其中带来的无限乐趣。

课例提供：时雪玉

二、课堂评析

小学语文中劳动教育的诗意渗透

《义务教育语文课程标准(2022年版)》指出:“坚持德育为先,提升智育水平,加强体育美育，落实劳动教育。”因此，在小学语文教学中，劳动教育的渗透是必不可少的。而中小学生作为社会未来的建设者和生力军，良好的劳动品质不仅决定着他们对社会、对国家进步与发展的积极作用，也是他们创造自我幸福生活的关键能力和必备素养。为此，探究劳动教育在小学语文教学中渗透，有其十分重要的现实意义和社会价值，也成为小学语文教师必须担负的一项时代性教育任务。为了让学生更好地将课堂与劳动实践相结合，在这节以朗读明劳动乐趣、以诗意促劳动兴趣的古诗课堂中,教师致力于深挖小学语文中劳动教育的诗意浸润,寻找小学语文教学与劳动教育的最佳结合点，让两者有机地融合在一起。

（一）深挖教材，探寻诗意中的劳动美

现行的小学语文教材中，能够实施渗透劳动教育的文章有不少，但是如何巧妙地把劳动教育渗透到语文学科教学中来，用生动、形象的内容激发学生劳动的兴趣，成了语文老师们着力挖掘的要点。

语文教材中有关劳动教育的内容活跃在各年级之间，显性的、隐性的、传授技能的、陶冶情操的……都有涉及。儿歌类课文《田家四季歌》，在了解田家四时农事的同时，感受劳动带来的快乐；叙事散文类课文《落花生》虽然意在借物喻人，但对“种花生”“收花生”部分的描写，可借助高年级学生的劳动经历，帮助他们了解花生成长的过程，寓劳动教育于具体的教学片段中，提高学生们的劳动素养；文言类课文《守株待兔》则是借助寓言小故事，让学生立足课文，由文及生活，由课内及课外，由浅入深地感悟到美好的生活要靠勤劳的双手去创造;古诗词类课文《悯农》《四时田园杂兴（其三十一）》《江南》《清平乐·村居》等，大都以劳动人民勤劳勇敢、无私奉献的劳动品质为主题，在朗读中强化学生热爱劳动、劳动光荣、劳动伟大的劳动情怀。虽然在这些内容中，劳动教育不是

文章所要重点表达的主旨，但却为教师的语文课堂提供了极好的劳育契机，由浅入深，逐级深入。

以《四时田园杂兴（其三十一）》为例，这首诗是南宋诗人范成大所作的一首田园诗，是其所创组诗《四时田园杂兴》六十首中的一首，诗人抓住村庄男女的劳动的场面进行描写，男的外出劳作，女的在家忙碌，就连那小孩也深受家长勤劳品质的影响，学着做一些力所能及的事，真实地再现了夏日乡村农忙时的质朴生活，那生活充溢辛劳，也充溢恬适，表达了诗人对农村生活的热爱和对劳动人民的赞美。全诗语言平白、质朴、自然，具有浓厚的乡村生活气息，在教学中可以渲染全诗的劳动氛围，让学生联系自己在校园中的劳动经历，渗透到劳动教学中，学生在诗意的想象与感悟中既体会到了农家的勤劳，又培养了做自己力所能及事情的劳动情感，一举多得。

（二）多层次设计，落实诗意中的劳动美

劳动教育的地位在《关于全面加强新时代大中小学劳动教育的意见》中被明确指出："劳动教育是国民教育体系的重要内容，是学生成长的必要途径，具有树德、增智、强体、育美的综合育人价值。"中国教育学会家庭教育专业委员会常务副理事长孙云晓表示："爱劳动、会劳动不仅不会耽误学习，恰恰相反，生活能力强能够促进学习，有助于人的全面协调发展。"劳动教育与其他文字学科有着很大的区别，主要是让学生动起来，落实到现实生活中去，与实际生活相结合。切忌重书本轻实践，把握劳动与语文学科中古诗词类课文的平衡点，使劳动教育与知识教育齐头并进，实现双向发展，使学生综合素质和各项能力都得到全面提升，真正把劳动之美落实到孩子们的心中。

小学语文统编版教材中古诗词类的课文不少，但在具体的课堂实践中，如何多层次地设计、真正把挖掘古诗的诗意与落实劳动要素相结合便成了教师要思考的重要问题。

以《清平乐·村居》为例，首先，用生字词的学习为学生搭建劳动意识的支架，通过对"锄豆""织鸡笼""剥莲蓬"词语的学习，联系学生生活经历与劳动所见畅谈自己的认识，唤醒学生的劳动意识，并在此基础上继续追问学生平时劳动的成果，将劳动的喜悦与生字词相融合，在朗读中学生自然而然就在脑海中勾勒出一个吴地村落清新自然的劳动画面。其次，引导学生品读本词，想象画面，安宁的乡村中一家五口在劳动中自得其乐，无忧无虑的画面感扑面而来，借此将劳动带来的愉悦感在学生们心中升华，为学生感悟诗人表达的思想感情做好铺垫。在古诗词的拓展环节，为实现诗意的劳动之美与劳动之趣相结合，顺势将以前所学的有关劳动的古诗词进行横向对比整理，加深学生对古诗词中劳动美的认识。如《小儿垂钓》中儿童垂钓之乐，《村居》中儿童放纸鸢之趣，对比中在潜移默化中实现了诗意与劳动的融合。最后，情感铺垫之下，可设计实践与诗歌融合的作业，让学生结合自己的劳动体验，设计一首劳动小诗，让学生在体会劳动带来的无限乐趣的同时，学会将对劳动的热爱表达出来，真正在实践中实现诗意中的劳动美。

（三）归纳总结，展望融合之美

语文古诗词教学中有意识地渗透劳动教育，不仅可以增强学生的劳动技能意识，而且也增加了语文教学的内涵，两者互相促进、相得益彰。只要拥有一双善于发现的眼睛，劳动教育可以为语文课堂增光添彩。以后的教学中，教师应多探索，注重借鉴语文阅读教学的“1+X”模式，增加包含多种劳动形式的课外文本，以读写素养为显性目标，以劳动素养为隐性目标，纳劳动教育于语文，寓课外资源于课内，真正实现小学语文劳动教育的诗意渗透。

|初中语文统编版七年级下册|

《老王》课堂实录与评析

一、课堂实录

（一）教材解读

《义务教育语文课程标准（2022年版）》指出，学生应能“结合关键词句解释作品中人物的行为，从某个角度分析和评价人物”。《老王》是初中语文统编版七年级下册第三单元的第二篇课文。本单元的课文都是关于“小人物”的故事，这些小人物都是生活在社会底层的普通劳动者，他们虽然平凡，且有弱点，但在他们身上又常常闪现优秀品格的光辉，引导人们向善、务实、求美。

老王身体残疾，靠着蹬三轮车拉客维持生活。尽管生活艰难，但老王坚持做人的道德与良心，始终依靠自己诚实的劳动生活着，在他的身上有着普通劳动者最朴实、最善良、最耀眼的人性光辉。特别是现在的学生劳动意识淡薄，对普通劳动者缺乏尊重，所以在学习《老王》这篇散文时，语文教师要引导学生反复朗读描写老王的具体事例，抓住关键语句体会他心地善良、老实厚道、知恩图报等优秀品质，并通过回想之前所学的类似《老王》这样的描写普通劳动者的文章，进一步激发学生热爱、尊重劳动人民，向劳动人民学习的热情，培养热爱劳动的意识，养成正确的劳动价值观。

（二）教学目标

1. 感知文章内容，把握老王这一人物形象，理解他的“苦”和“善”。

2. 品味文章平淡简洁而富有表现力的语言。

3. 学习劳动人民身上的优秀品质，懂得尊重、关爱他们，树立正确的劳动价值观。

（三）教学过程

1. 创设情境，导入新课

师：平凡人物，有时候也会带来大感动，就像《阿长与〈山海经〉》一文中，阿长不过是一个喜欢“切切察察”甚至名字都不为人知的小保姆，但是，她却带给鲁迅最真挚的怀念与感动。其实，平凡人物往往也最容易带来感动，因为他们平凡而真实，朴素而高贵，善良而坚强。今天我们来学的这篇写人记事的散文《老王》就讲述了这样一位平凡的人物——老王。（PPT 出示本节课的课题、作者。）

（教师板书课题、作者。）

【设计意图】由刚学过去的《阿长与〈山海经〉》一课导入，引起学生的共鸣，激发学生的学习兴趣。

2. 出示教学目标

师: 这是这节课的学习目标，我们一起读一下。（PPT 出示本节课的教学目标。）

（生齐读。）

【设计意图】明确学习目标，使学生能明白这节课的学习内容，做到心中有方向，有的放矢。

3. 整体感知，初识老王

师：通过课前朗读课文，大家知道老王是干什么的吗？

生：是个蹬三轮的，是一名三轮车车夫。

师：作者写作此文时对老王怀着怎样的情感呢？

生：“几年过去了，我渐渐明白：那是一个幸运的人对一个不幸者的愧怍”。（教师出示 PPT。）

师：那这句话中幸运的人指谁？不幸者又指谁呢？

生：幸运的人指作者，不幸的者指老王。

【设计意图】整体感知课文内容，提取概括主要信息，初步了解老王及作者对他的情感。

4. 细读课文，走进老王

师：文中哪些地方表明老王是不幸的？请同学们走进文本，找一找文章中的相关信息。（出示 PPT。）（学生思考后主动举手。）李同学，你来给大家说说。

生：老王靠着蹬三轮车拉客维持生活；老王打了一辈子光棍，孤苦伶仃，没有什么亲人；老王身体残疾，有一只眼睛是瞎的；老王住在荒僻的小胡同，塌败的小屋；“文革”开始后，载客三轮都取缔了，老王的生活更艰难了。从这些地方我读出了老王的不幸，他生活很艰难很苦。

师：不错，找得又快又准，请坐。从这些语句中我们可以看出老王穷苦卑微、凄凉艰难。（出示 PPT。）（教师板书：穷苦卑微。）

师：老王孤苦无依，贫病交加，渺小得如沙漠里的微尘，卑微得似荒野中的小草！从文中我们还可以读出老王是一个怎样的人呢？（出示 PPT。）（学生思考后主动举手。）来，你和大家分享一下你的答案。

生：老王愿意给我们家代送冰块，他送的冰比他上一任送的大一倍，冰价相等；这说明老王很善良，忠厚老实。老王送钱先生看病，坚决不肯要钱，拿了钱还不大放心，担心人家看病钱不够；这说明老王很善良很朴实，善于为他人着想。

师：秦同学，你还找到了什么地方？

生：老王经常受到作者一家的照顾，总觉得欠了人情，总也忘不掉，都病得那么厉害了还硬撑着拿香油和鸡蛋去感谢作者。这说明老王一直记着作者一家对他的照顾，知道自己将不命不久矣，来感谢作者，他很有良心，懂得知恩图报。

师：通过以上语句的分析，我们可以看出老王是一个老实厚道、心地善良、知恩必报的好人。（出示 PPT。）（教师板书：老实厚道、淳朴善良、知恩图报。）

师：作者杨绛对老王临终前给她送香油和鸡蛋这件事描写得非常详细，可见这件事给作者的印象之深、感触之深。请同学们再次细细品读这一部分，在组内互相交流下你的理解。（出示 PPT。）（学生进行小组讨论，讨论完后举手示意。）郝同学，你说说你的理解。

生：“有一天，我在家听到打门，开门看见老王直僵僵地镶嵌在门框里”，这是对老王的动作描写。“直僵僵”和“镶嵌”这两个词表明当时老王已经病得很严重了，身体僵直虚弱，行动不便，但他仍然拖着病体来给作者送香油和鸡蛋。

师：哪个组还赏析了别的句子？（学生主动举手。）来，陈同学。

生：“他简直像棺材里倒出来的，就像我想象里的僵尸，骷髅上绷着一层枯黄的干皮，打上一棍就会散成一堆白骨”，这是对老王的肖像描写，运用比喻手法，生动形象地写出了老王因生病变得非常枯瘦的特点。老王自己是穷人，是病人，可有香油和鸡蛋自己不吃，却送给作者一家吃，想着报恩，真的令人感动。

师：这让我们感受到来自心灵深处的温暖，我们可以看到老王有着一颗金子般的心。此时再看到“老王”的称呼，我们不由得对他心生敬意。老王命运悲惨，是不幸的，但他能始终坚持做人的道德与良心，依靠自己的劳动顽强地生活着，在他的身上有着生活在社会底层劳动者最坚强、最朴实、最善良、最耀眼的人性光辉，这让我们看来更加的难能可贵。

【设计意图】学生细读文本，通过自主学习和合作探究的学习方式分析老王这一人物形象，理解老王虽然贫苦卑微，生活不幸，但他身上却有着普通劳动者那淳朴善良、老实厚道、知恩图报等优秀品质，从而激发了学生热爱劳动人民、向劳动人民学习的热情，培养了热爱劳动的意识。

5. 联系所学，回忆“老王”

师：同学们，在我们初中语文课本上，还有很多类似《老王》这样的描写普通劳动者的文章，大家回想一下。（学生回想之前学过的这方面的文章。）李同学，你想起了哪篇文章，能和大家说说吗？

生：我想起了七年级上册语文课本中《植树的牧羊人》这一篇文章，牧羊人靠着一己之力，将一片荒漠变成了绿洲，表现了这位普通劳动者吃苦耐劳、坚持不懈、无私奉献的高尚精神，这是值得我们每个人敬佩和学习的，而且通过这篇文章，我也懂得劳动可以改变和创造我们的美好生活。

师：阿同学，你想到了哪篇文章？

生：我想到了《台阶》这篇文章，这篇小说通过“我”的视角写父亲一辈子想通过修台阶来改变自己在村里的地位这一件事，塑造了父亲吃苦耐劳、坚韧不拔、自尊自信的劳动者形象，这充分表现了劳动者的美。

师：他们是千千万万普通劳动者中的代表，他们用勤劳的双手在创造着美好的生活，这都值得我们去尊敬和学习。

【设计意图】联系之前所学的课文，让学生进一步发现并学习普通劳动者身上具备的优良品德，明白劳动是光荣的，从而能热爱劳动，养成良好的劳动习惯。这将对学生形成正确的劳动价值观，促进自我未来的成长起到极大作用。

6. 感悟作者，怀念老王

师：我们再回到《老王》这篇文章，作者杨绛竭尽全力帮助老王，当老王去世后为什么还会如此愧疚呢？该如何理解“那是一个幸运的人对一个不幸者的愧怍”这句话？（PPT 出示。）（学生思考后主动举手。）来，陈同学。

生：我认为是这样的，老王拿鸡蛋和香油来感谢作者，不是为了钱，但作者不想白白接受老王的东西，最后还是给了他钱。后来回想起来，作者觉得自己没能真正理解老王的心意，没有真正把老王当作朋友，感觉对老王的关爱还很不够，所以感到愧怍。

师：别的同学呢？张同学，你是怎么想的？

生：我认为作者是觉得对老王在物质方面的帮助比较多，比如经常照顾他的生意，给他送鱼肝油等，但是在精神方面对他关心很少，没有真正把老王当作朋友，当作亲人，所以感到愧怍。

师：大家说得都很有道理，作者具有自省精神，能以平等观念、人道主义精神去对待老王。（板书：平等、人道主义精神。）那我们以后该如何对待身边的普通劳动者呢？

生：劳动不分贵贱，不能以一个人的职业去给别人划分等级。对于每一位劳动者，我们都不能歧视他们，而应像作者那样以平等之心对待，真正地尊重、关心他们，特别是精神方面。

师：说得真好！（全班鼓掌。）

【设计意图】理解文章结尾句“那是一个幸运的人对一个不幸者的愧怍”的深刻含义，明白作者的写作意图，并学会尊重、关爱生活在社会上的普通劳动者。

7. 拓展迁移，关注“老王”

师：在我们身边，有着许许多多像“老王”这样的普通劳动者，他们在平凡的岗位上默默奉献，虽为凡人，但我们要发现这些凡人身上的微光，这些微光聚集在一起就会照亮整个世界。请同学们选择一位身边的普通劳动者，以“凡人微光”为话题写一段文字。（出示 PPT。）

（学生进行写作。）

师：哪位同学愿意分享一下你的习作？（学生主动举手。）徐同学，你来给大家读一读你写的片段。

生：分享习作。（教师适时点评。）

师：滕同学，你再来给大家读一读你写的片段。

生：分享习作。（教师适时点评。）

师：劳动者是社会的推动者，是最值得我们尊敬的人。劳动本身没有高低贵贱之分，只是社会分工不同而已，我们应理性平等地看待每一位劳动者，发自内心地尊重他们，感谢他们对我们这个社会的辛苦付出，学习他们的优秀劳动品质，从他们身上汲取前进的力量。

【设计意图】写作训练是对文章情感的进一步升华，更能增强学生对文本内容的理解，也训练了学生的写作能力及语言表达能力，有助于提升学生的语文学科素养。同时使学生在感情上同劳动者产生共鸣，学会理性地平等地看待社会上的每一位劳动者，发现并学习他们身上的优秀劳动品质，从而使学生树立起正确的劳动价值观。

8. 课堂小结

师：读完《老王》这篇散文，我们被老王深深地感动了，他身上闪现着普通劳动者最美的人性光辉，值得我们每个人敬重，值得我们永远怀念。我们也被作者流淌在字里行间的真情深深地打动了，她同情、尊重、关爱社会上的普通劳动者，这种平等观念、人道主义精神值得我们每个人学习。希望同学们能以善良体察善良，让这个社会多一分温暖，少一分冷漠。

下课，同学们再见！

【设计意图】对本课所学知识进行总结，呼吁同学们学习老王身上的劳动精神，并向作者学习，能以善良体察善良，尊重、关爱社会上的普通劳动者，从而树立起正确的劳动态度和观念，为国家的长远建设贡献自己的力量。

课例提供：王振振

二、课堂评析

在初中语文写人叙事散文类课文中渗透劳动教育

《关于全面加强新时代大中小学劳动教育的意见》强调了劳动教育对于青少年身心发展的重要意义，要求其他课程结合学科、专业特点，有机融入劳动教育内容。初中是学生重要成长阶段，统编版初中语文教材是劳动教育的重要载体，里面蕴含着丰富的劳动教育内容，将劳动教育融入初中语文教学既有可行性，又有必要性。为此语文教师要充分挖掘教材，创设恰当的教学情境，适时融入劳动教育内容，引导学生在语文学习过程中去体悟劳动之美，培养劳动习惯，树立起新时代背景下正确的劳动观。

（一）把握文本内容，挖掘“劳育”元素

语文之于劳动是两个不同的学科，却有着内在的逻辑联系。语文的外延与生活的外延相等，劳动则是人类生活的一部分，语文学科强化劳动教育也就是应有之义。初中语文教材内容十分丰富，有的课文蕴含着浓厚的劳动教育的思想，成为教师开展劳动教育的最佳资源。

《老王》是初中语文统编版七年级下册第三单元的第二篇课文。授课者对此篇课文的解读非常到位，牢牢抓住了学科教育和劳动教育这两个主要教学点：一是这是篇写人记事的散文，教师要引导学生通过品读作者与老王交往的几个片段把握“老王”这一人物形象，品味文章富有表现力的语言，理解作者对他的情感态度，促进学生自身语文学科素养的提高；二是老王虽然身体残疾，生活艰难，但他坚持做人的道德与良心，始终依靠自己诚实的劳动生活着，他心地善良、老实厚道、知恩图报，在他的身上有着普通劳动者最朴实、最善良、最耀眼的人性光辉，同时作者对老王持关心、同情的态度，这都能激发学生热爱劳动人民，向劳动人民学习的热情，培养热爱劳动的意识，养成正确的劳动价值观。

通过深入解读文本，教师挖掘出了本文中蕴含的劳动教育元素，这节课三个教学目标的提出也就水到渠成。所以，要想实现语文与劳动教育的有机融合，教师必须在进行教学设计时深入研究教材，寻找劳动教育与学科教育的对接点。

（二）充分阅读文本，营造“劳育”氛围

劳动教育有机融入语文教学，符合时代发展的需要。教师要充分利用教材，以读促教，引领学生在阅读文本、品味语言文字的同时，潜移默化地体悟劳动之美，形成劳动意识，理解劳动精神。

“细读课文，走进‘老王’”这一环节，是这节课渗透劳动教育的第一个层次。教师抛出“从文中我们可以读出老王是一个怎样的人”这一主问题，引导学生反复阅读文本，通过自主学习和合作探究的学习方式分析老王这一人物形象，并抓住关键词句细细品读老王临终前给作者送香油和鸡蛋这件事，理解老王虽然贫苦卑微，但他却淳朴善良、老实厚道、知恩图报。这在提高学生语文学习能力的同时，能激发他们热爱劳动、热爱劳动人民的热情，对劳动人民心生敬佩。

“联系所学，回忆‘老王’”这一环节，是这节课渗透劳动教育的第二个层次。初中语文课本上有许多描写普通劳动者的文章，学生通过回忆之前所学的课文，除了能起到复习旧知的作用外，还会进一步加深对劳动者的认识，进而达到感悟劳动美、创造劳动美的效果，落实了文本所承载的语文素养和人文精神。

“感悟作者，‘怀念老王’”这一环节，是这节课渗透劳动教育的第三个层次。教师引导学生理解文章结尾句——“那是一个幸运的人对一个不幸者的愧怍”，并顺势由课内延伸到课外，抛出“那我们以后该如何对待身边的普通劳动者呢”这一问题。经过前几步的铺垫，劳动不分贵贱，对于每一位劳动者，都应以平等之心对待，真正地尊重、关心他们的观念已经深入学生内心，此时无声胜有声，真正达到了劳动育人的目的。

语文教学需要把握其人文性的特点，教师需把握文本内容，挖掘“劳育”元素，引领学生在阅读文本的同时，潜移默化地形成劳动意识。当然除了课内文本的阅读，教师也应当鼓励学生进行课外阅读，阅读与劳动相关话题的名著。比如

在学习《老王》之后，可以引导学生阅读冯骥才的《俗世奇人》，让学生体悟在文学作品中渗透的劳动精神。在拓展阅读中，可以弥补教材内容的不足，让学生博采众长，促进个性化劳动观念的形成。

（三）组织写作训练，强化“劳育”体验

阅读与写作是初中语文教学的两大支柱，阅读指向信息的吸收，表达指向信息的传播。根据语文学科的特点，在“拓展迁移，关注‘老王’”这一环节中，教师让学生选择一位身边的普通劳动者，以“凡人微光”为话题写一段文字，学生完成习作后班内分享交流，师生共同点评，这是这节课渗透劳动教育的第四个层次。这不仅有利于加强对文章内容的理解，训练学生的写作能力及语言表达能力，同时使学生在感情上同劳动者产生共鸣，进一步发现并学习他们身上的优秀品质，在潜移默化中得到劳动者美好品质的熏陶，发自内心地热爱劳动、尊重劳动，从而树立起正确的劳动价值观。这样的自觉思考，能够起到比灌输式教学更好的效果，带给学生更深刻的劳动反思与体悟。

由课内到课外，由关注文本人物到关注生活和他人，提升了学生的人文素养，教师以不同层次的解读逐步剖析老王，突破了这节课的重难点。实践证明，这种写作不单纯是写作训练，而是学生对劳动者认识的深化过程，是一种劳动教育的精神洗礼。

总之，立德树人是教育之本，统编版初中语文教材是对学生进行劳动教育的重要载体。语文教师要运用语文学科自身的优势和特点，深入挖掘教材中的劳动教育资源。当然，劳动教育的渗透要注意适时、适量，毕竟语文教学的主要任务还是把语文的基础知识和基本技能传授给学生，提高学生的语文素养。语文教师要在带领学生在学习语文学科知识的过程中去体悟劳动之美，理解劳动精神。这样不仅可以引导学生去热爱劳动，尊敬劳动者，形成正确的劳动价值观，也丰富了语文课堂教学内容，有助于提高学生的语文学科素养，可谓是互相促进、相得益彰，真正实现五育并举。

| 高中语文统编版必修上册 |

“劳动光荣”主题单元教学课堂实录与评析

一、课堂实录

（一）教材解读

本单元人文主题为“劳动光荣”，选入了三篇人物通讯《喜看稻菽千里浪》《心有一团火，温暖众人心》《探界者钟扬》，分别叙写袁隆平、张秉贵、钟扬事迹；一篇新闻评论《用工匠精神雕琢时代品质》；两首古诗《芣苢》《插秧歌》，体现古代劳动的场景。本单元的素养目标为“认识劳动的伟大意义，形成正确的劳动观念，传承与发展劳动精神”，深入体会“劳动最光荣、劳动最崇高、劳动最伟大、劳动最美丽”的思想。

从任务群来说，本单元属于“实用性阅读与交流”任务群，课程标准指出：“本任务群旨在引导学生学习当代社会生活中的实用性语文，包括实用性文本的独立阅读与理解，日常社会生活需要的口头与书面的表达交流。通过本任务群的学习，丰富学生的生活经历和情感体验，提高阅读与表达交流的水平，增强适应社会、服务社会的能力。”本单元多是新闻类文本，主要提升学生的思维发展和思维品质。学生要能够从文体的角度把握新闻的特点，理解事实与观点的关系，通过对典型事件的分析，辨析和把握新闻的报道立场，提升媒介素养和日常社会生活需要的口头表达交流能力。

（二）教学目标

1. 通过概括人物事迹，理解劳动的价值和意义。

2. 通过比较阅读，了解人物通讯、新闻评论的特点。

3. 通过语言交流活动，逐步树立正确的劳动观念。

（三）教学过程

1. 导入新课

师：给大家三分钟的时间，思考下列几个问题——平时你会参加劳动吗？你觉得有意义吗？

如果评选全国劳模，你的第一反应是谁呢？为什么？

在人工智能如此发达的今天，我们提倡劳动还有意义吗？为什么？（学生思考。）

师：好了，时间到。下面请同学们在小组内进行思考交流。（学生以小组为单位进行讨论。）

【设计意图】通过让学生思考这几个问题，引发学生对劳动的价值意义的思考，激发学生的学习兴趣，初步形成正确的劳动观念。

2. 阅读作品，整体感知

师：今天我们要学习的这个单元由六篇文章组成，请同学们快速浏览这六篇文章，找一找它们之间的内在联系。

生 1：这六篇文章都与劳动有关系。

生 2：有四篇文章文体差不多，都属于新闻类的。

师：那么为什么要在四篇新闻后边安排两首古诗呢？

生：能够体现出劳动在时间上的延续性，说明从古到今劳动都是崇高的。

师：那为什么不是先安排古诗，再安排现当代的新闻作品呢？

生：编者是按照从感性到理性的认知顺序编排的。

师：这位同学能够发现本单元课文编排的内在逻辑，非常好。

【设计意图】设计本活动旨在让学生从整体上把握本单元课文之间的内在联系，形成对劳动从感性到理性的认知以及传承与发展劳动精神的意识。

3. 学生思考

师：这个单元选取了三篇宣传劳动模范的优秀事迹的人物通讯，作者为什么这么安排呢？下面请同学们阅读这三篇人物通讯，从选材的角度思考这个问题。

生 1：《喜看稻菽千里浪——记首届国家最高科技奖获得者袁隆平》从袁隆平研究水稻的过程入手，选取了他领奖前都在田里工作、发现并培育杂交水稻、发表文章驳斥错误观点等事件，表现出他热爱事业、不惧权威、勇于挑战、坚持真理的优秀品质。

生 2：《心有一团火，温暖众人心》记述了售货员张秉贵以全心全意为人民服务的“一团火”精神，在平凡的劳动岗位上拥有不平凡的事迹，他热情周到的服务温暖了几代顾客的心，体现出他热情、敬业、体贴的美好品质。

生 3：《探界者钟扬》从科学家钟扬小时候的经历写起，选取他生活工作的典型事件，讲述了钟扬献身于种子事业、普及科学知识、悉心培养学生的故事，从不同侧面体现出他忘我工作的精神、崇高的责任感和伟大的理想等。

师：这三篇人物通讯都很注意通过具有典型意义的事件来表现人物的优秀品质，比如?

生：袁隆平头顶烈日脚踩淤泥，终于找到水稻雄性不育植株；张秉贵“以热对冷，变冷为热”，感动了不讲理的顾客。

师：与此同时，三篇人物通讯还着力刻画了什么细节呢?

生：张秉贵在柜台里“三步并作两步走，一点儿不知累”，下班后累得“有时连上楼还要扶着墙”。

师：还有吗?

生：钟杨背包里的一张又一张小纸条……

师：这些细节让人物形象更加丰满，内容更加真切感人。

【设计意图】设计本活动旨在引导学生了解新闻报道的角度对于塑造人物的作用，了解人物通讯、新闻评论的一般特点，关注作者如何通过不同的渠道采集材料，又是怎样多角度、分层次进行报道的。通讯作者在记述新闻事实时，常常表达自己的观点，阅读时要注意理解事实与观点的关系，把握作者表达观点的方法。

4. 小组展示

师：如果你是微纪录片《工匠精神之人物选播》摄制组的成员，要为这三位人物作专题报道，你会分别选择哪个片段？请写一段 100 字左右的画外音。

生 1：我选择一个镜头——（袁隆平）从贴着对联的门口走出来，袁隆平在小雨中走向麦田，并蹲下身子翻看着土壤。旁白是：对袁隆平，我听到最多的词汇就是“杂交水稻之父”，但是农民们给他另外一个称谓“泥腿子专家”，这正是源于他对土壤对水稻的热爱、源于他时刻不忘自己的工作、扎根田间。

生 2：我选择一组镜头。——

镜头一：顾客悄悄议论“他就是劳动模范张秉贵”“你瞧他拿糖，一抓就准”。镜头二：厨房里大师傅边说边把凳子给他，说“您是百货大楼卖糖的那个老同志吧，我在您那儿买过糖，快坐下来吃！您这么大岁数了，站一天柜台，够呛啊，该歇歇了”。旁白是：他是一个人，也是一道风景，他就是被称为燕京第九景的张秉贵！陈云同志曾为之题词——“一团火”精神光耀神州。全心全意为人民服务。“一团火”精神也感染了各行各业的人。你瞧！大伙儿对他可是尊敬不已、关怀不止啊。

生 3：我选择一组镜头。——

镜头一：他给哭闹的孩子兜里放糖果。镜头二：他对排在后面急着赶火车的人首先服务。镜头三：他对怒气冲冲的顾客满面笑容。旁白是：张秉贵 22 年来，没有对顾客发过一次火。红过一次脸，态度总是和蔼可亲，他说：“我为人民服务，就是要完全彻底，遇到个别顾客冷，绝不能以冷对冷，而要以热对冷，变冷为热。”

【设计意图】设计本活动旨在让学生通过口语交际活动深入挖掘榜样人物的精神品质，从而深化对劳动内涵的理解和认识。

5. 拓展提升

师：请同学们仔细观察新闻图片。（多媒体出示医护人员做核酸的照片。）请结合自己做核酸检测的经历，写一篇不少于 300 字的新闻简讯，展现医护人员劳动的场景。（学生开始描写。）

师：大家都写完了吧？哪位同学展示一下自己的“劳动”成果？好，这位同学。

生：我走上前去向可爱的“大白”阿姨鞠了一躬，说：“阿姨好，您辛苦了！”

阿姨没有说话，用消毒液擦擦手冲我点了点头。这时我看到阿姨的眉毛上挂着几滴晶莹的小汗珠。“阿姨真辛苦呀！”我心里想。“请说——啊！”阿姨打断了我的沉思。我按阿姨的要求，张大嘴巴说了一声：“啊——”。阿姨拿着一根棉签，在我喉咙里搅了几下，对我竖起了大拇指说：“可以了，同学，谢谢你的配合。”

师：这位同学描述了自己做核酸检测的过程，一举一动、一言一行都体现出了他对医护人员的配合和尊重。我们身边还有各行各业的劳动者，我们要尊重他们，尊重他们的劳动成果。

【设计意图】设计本活动旨在引导学生关注并尊重身边的劳动者，体会劳动的光荣与伟大。

6. 课堂小结

师：通过本节课的学习，我们在整体把握本单元内容的基础上，通过比较阅读三篇通讯的内容，了解了新闻通讯的选材特点，通过梳理榜样人物的事迹，深化了对劳动的认识。

师：同学们，《左传》有言曰：“民生在勤，勤则不匮。”让我们从自己做起，从身边的小事做起，热爱劳动，也尊重别人的劳动，做一个德、智、体、美、劳全面发展的新时期好少年。

下课，同学们再见！

【设计意图】通过总结本课所学的知识，引导学生在比较阅读的基础上，理解劳动的价值和意义，向各行各业的劳动模范们学习，用自己的实际行动践行正确的劳动观。

课例提供：蒋海港

二、课堂评析

让高中语文课闪耀劳动的光辉

劳动对于大家来说并不陌生，从小到大，学习成长离不开劳动。劳动改造世界，劳动创造文明。崇尚劳动，尊重劳动，热爱劳动，是中华民族世代相传的美德；无私奉献，锐意进取，勇于创造，是新时代青年应该树立的劳动观念。劳动推动着社会的发展、时代的进步，也塑造着人的思想品格。袁隆平等杰出劳动者的模范事迹，古代人民劳动的热烈场面，彰显了劳动的崇高与美丽。普通劳动者的辛勤汗水，手工匠人的高超技艺，体现出劳动的价值与意义。

统编版高中语文教材必修上册第二单元从课文的编选到单元的人文主题——“劳动之光”，都是语文学科与劳动教育相融合的典范。2019 年全国卷一的高考作文话题“热爱劳动，从我做起”，既着眼于劳动思想的历史溯源，也关注问题的现实呈现。以中国传统文化中关于劳动的箴言、警句和新时代劳动精神的深刻内涵作为总领，将中华民族热爱劳动的优秀传统与当下社会一些对劳动的认识偏差、错误态度进行对比，引导青少年对这一现象及劳动本身进行深入思考，自觉弘扬劳动精神，以期在全社会中形成热爱劳动、崇尚劳动、尊重劳动、参与劳动的良好风气，充分发挥了高考作文在推动劳动教育方面的导向功能。这一导向更是要求语文教师在日常教学中注重学科融合。本课例以学科融合作为出发点，紧紧抓住提升学生综合素养这个核心进行设计，有以下三个方面的亮点。

（一）打破了传统的单篇教学藩篱，进行单元整体教学

单元整体教学设计更有助于提升学生综合素养，实现“立德树人”的育人目标。大单元整体式教学呈现出明显的系统性，去除了传统语文教学的碎片化“小单元”教学模式弊端，将语文教学融入学生的日常学习、生活中去，构建个性化语文知识体系，从语言建构与运用、思维发展与提升、审美鉴赏与创造，以及文化传承与理解等方面全面提升学生语文素养。本课例通过对该单元六篇文章的比较阅读，梳理出编者在编排课文时的匠心，让学生在时间上、逻辑上理解劳动的价值和意义，体会劳动的艰辛与收获的喜悦；通过对三篇通讯的比较阅读，让学生充分发掘袁隆平、张秉贵、钟扬等榜样人物身上闪耀着的劳动的光辉。

（二）在进行语文教学的同时，由浅入深地渗透劳动教育

通过导入新课的三个问题，教师在调动学生学习积极性的同时，引发学生结合自身对劳动的认识以及自己在生活中的表现，反思自己对劳动的态度；通过设计撰写旁白等语言交流活动，在培养学生表达能力的同时，引发学生对劳动的价值和意义的深入思考，特别是“拓展提升”中设计的让学生描写生活中日常体验的核酸检测中医护人员的劳动场面，引导学生观察自己身边的劳动，尊重他人的劳动成果，最终实现让学生认识劳动的伟大意义，形成正确的劳动观念，传承与发展劳动精神的素养目标。

（三）注重教学情境的创设，充分尊重学生的主体地位

本课例以教师设计的三个主要学习任务为主线，引导学生在合作探究中完成学习任务，体现出“学生为主体，教师为主导”的新课程理念；在设计任务时，用生活中的情境作为切入点，激发学生的学习兴趣，培养学生解决实际问题的能力。在处理文本内容时，注重结合课文的文体特点，引导学生通过思考作者的写作意图领会文本选材与主题表达的内在联系；在教学过程中，注重启发和追问，深入挖掘学生的思维过程，这些都有助于提升学生的思维水平和逻辑能力。

本课例力图以“任务”带动整个单元的教学，注重学生的思维过程，但从具体的教学实践来看，也存在不少不足之处。作为一个课堂实录，具体的教学过程，特别是教学细节撰写不够详细，教师具体引导学生发现问题、解决问题的具体方法和教学策略表现不够明显，又因为本课例呈现的是整个单元教学设计中的一个课时，从而不能非常好地通过本课例将教学理念和教学水平完全呈现出来。

第三节　英语教学有机渗透劳动教育

劳动教育是素质教育的重要组成部分，英语教学是实施素质教育的途径之一。英语学科实践性强，与学生的生活密切相关，教师要着眼于学生的长远发展，重视劳动教育，培养学生热爱劳动的意识和品质。在英语教学中有效地实施劳动教育需做到：强化教师意识，重视劳动教育；挖掘课程资源，开启劳动思维；开展趣味活动，培养劳动品德；布置实践任务，锻炼劳动技能；借鉴情感陶冶，培养劳动情怀；合理评价总结，在学生成长的各个阶段树立劳动观念，增强劳动意识。

英语学习可以与日常生活劳动有机结合。小学阶段劳动教育以生活起居为主要内容，例如种植花草、家务劳动、个人时间管理等。英语课堂上，在教师利用英语语言的引导下，学生学习如何去叠好一床被子，如何计划帮妈妈过母亲节，甚至是为妈妈做一顿早餐，这些都可以是在语言学习中形成的良好劳动素养。学生深刻体会到父母生活的不易，既学习了语言知识，也提升了劳动技能，培养了良好的核心素养，加强了学生在日常生活中的劳动意识。

英语学习可以与创作实践相结合。初中学段的学生思想更趋于成熟，在积累了一定的生活和学习经验之后，更乐于动手操作，亲身实践。因此，在初中阶段的英语教学中，教师需要结合教学内容，深入钻研教材，抓住劳动教育的有利契机，适时鼓励学生进行深入思考并动手创新实践，组织学生实地观察，并在课堂上对相关词汇和语句进行关联和掌握，在劳动实践中夯实英语语言基础知识，不仅可以激发学生学习英语的兴趣，培养学生劳动积极性，还可以更好地促进学生全面健康发展。

英语学习可以与职业教育实践有机结合。劳动教育的形式多种多样，可以渗透到各个学科的教学之中。如何在教学实践中，帮助学生在进入工作状态后谋求与自我价值感相匹配的工作资源，如何助力学生在未来不断增强自身综合素质，实现终身学习，是中职教师的努力方向。英语语言的实践性特点，对当下职业教育执教者提出了新的要求，即教师不仅要加强语言教育，更应把它作为社会教育的有机部分，将文化教育与素质教育相结合，培养高素质的劳动者。

新时代劳动教育的回归，标志着我国现代教育体系的综合性和全面性不断增强，赋予了当代劳动教育新的特色和要求。在各位执教者的努力下，英语学科与劳动教育深度融合，劳动教育背景下的跨学科教学模式将越来越发挥着学科育人的重要作用。

| 小学英语鲁科版三年级下册 |

"It's seven o'clock." 课堂实录与评析

一、课堂实录

（一）教材解读

本课教材选自山东科学技术出版社小学英语三年级下册第六单元，本单元以时间为主题，共四课，第一课为"It's seven o'clock."，第二课为"It's time for class."，第三课为"I get up at seven."，第四课为"Again, please!"。根据本单元前三课要求学生掌握新的句型、新词汇等学习目标可以看出，前三课为新授课，而第四课的主要内容是滚动复习旧知。本篇教学设计将以"Lesson 1 It's seven o'clock."为设计对象进行论述，是新授课，共分为两个课时。

本单元内容主要以家校生活相结合的形式来呈现 Li Ming 和 Danny 一天的作息活动，在这一单元中语言知识的叠加循序渐进，重难点的展开环环相扣，教师将运用教材设计教学以达到学生对于时间主题下的语言知识与技能的提升，情感价值的实现，学习策略的运用，文化意识的感悟，以及学生家务劳动素养的培育和良好时间管理习惯的形成。

时间这一主题作为整书教材的最后一个主题，是低年级学段英语语言学习的尾声，同时也是高阶段语言学习的开始，起着概括承接的作用，为学生过渡到下一阶段更为丰富的语言学习奠定基础。而这一学段的学生身心发展又有了更多的变化与成长，学生们开始熟悉并初步感受跨文化语言交流意识，不再满足于初识英语学习 26 个字母时对英语语言学习形成的简单概念印象，而是慢慢适应并接受更为复杂的学习语料，在更多样的语言情境中学习运用语言知识和技能。与此同时，学生在生活中有了更多独立处理问题的能力，对于时间的认识和运用更为娴熟，自我管理时间的能力也渐渐提升；有了初步的时间管理概念，通过时间主题在英语课堂上的学习和交流，对做事拖延、自我时间规划感较差的同学提供了学习改进的机会；在课堂上通过竞速活动（如叠被子、洗碗、整理书包等）去亲身感受家务劳动，也能够激发大部分同学认识时间管理对于自我价值实现、提高做事效率的重要性。在当下新课改和劳动教育的背景下，英语学科增添了许多与现实生活的有机融合的机会。

（二）教学目标

1．学生能够在情境中准确运用词汇、短语 time、now、day、get up 以及使用句型“What time is it ?” “It’s seven o’clock.”询问及回答时间点。

2. 学生能在实际生活中灵活运用句型“What time is it ?” “It’s seven o’clock.”主动询问并关心他人的作息时间。

3. 运用本单元情境，培养学生时间观念和时间管理意识，养成良好的作息习惯。设置母亲节的故事背景，通过亲身劳动提高独立处理生活事物的能力，在时间管理意识下为妈妈布置节日气氛，以此逐步养成完整的独立人格，提高做事情的效率，学会主动帮父母做事情。

4. 通过小组合作探究，养成互助、合作意识，通过多种教学方式激发学生对外国文化学习的兴趣，培养跨文化学习交流意识；通过？母亲节主动学习生活技能，减轻父母负担，让学生自我觉醒，成为一个有感恩意识的人。

（三）教学过程

第一课时 It’s seven o’clock. Listen and say.

1. 课前热身（3 分钟）

师生互相问候并自我介绍，介绍本课活动规则和奖励方式并分组，五人一组共分为六组。齐唱韵律诗 Are you ready ?

Are you ready ?

Yes, I’m ready.

Now, everybody.

Listen to me carefully.

【设计意图】师生通过互相问候、介绍课堂规则和评价机制，让学生明确课堂学习纪律，通过分组比较从而使学生具有小组合作意识、竞争意识，通过齐唱韵律诗将所有学生注意力集中到课堂上来，为接下来正式开始课堂学习做好铺垫。

2. 新课导入（3 分钟）

师：What's this？（指向韵律诗中出现的钟表。）由“a clock”的发音引出“o'clock”整点的表达方式，领读单词，练习整点，纠正发音。（放置时间轴。）

生：It's a clock.

It's nine o'clock. 跟读单词，注意发音正确，了解整点的表达方式。

【设计意图】语言知识的学习层层递进且环环相扣，由钟表英文单词的发音引导学生认识整点的表达方式“o'clock”，由于 clock 这个单词学生比较熟悉，从而引出相同发音的 o'clock 时学生接受度较高，为下一步学习 It's seven o'clock. 这个重点句型打好基础。

3. 新课呈现（18 分钟）

（1）Watch and answer：

It's seven o'clock, what happened to Li Ming？（根据学生特点给予一定汉语提示。）

师：上周 Li Ming 带 Lucy 参观了学校，新的一周又开始了，我们一起看看周一的早上 Li Ming 都发生了什么呢?

教授短语 get up，引导学生完成对话——

Danny：Get up, Li Ming! It's seven o'clock.

Li Ming：Yes, Danny！

（准备一床未叠好的被子，学生通过叠被子感受 get up 的含义，并对如何叠好一床被子给予指导。）

学生观看教材文本的视频动画，回答问题。学习短语“get up”并同桌练习对话文本，分角色表演出来。

生 1：Get up, Li Ming! It's seven o'clock.

生 2：Yes, Danny！

（2）Look and guess：

Where's mum？ She's in the kitchen.

What time is it？ It's seven twenty.

师：Danny 起床了，Li Ming 起床了，妈妈去哪了？（展示妈妈在做饭的场景图片，准备做三明治面包的材料，视频展示如何做好一个三明治。）

学生回答问题后及时反馈答案，并纠正 o'clock 的用法。

教师利用 PPT 上钟表的不同时间练习时间的询问与回答。

师：What time is it？

生：It's …

学生根据图片内容猜问题"Where's mum？"并积极回答：She's in the kitchen. 观看做三明治的视频，小组合作尝试并学会做好一个三明治。通过观察图片中的钟表不同的时间回答问题：What time is it？It's….

同桌对话练习并利用做好的三明治表演展示。

【设计意图】语言的学习需要情境，词不离句、句不离篇、篇不离景说的就是通过情景设置让学生能够以比较真实的语境来学习用英语表达自己的需求。叠被子的活动可以让学生体会 get up 这个短语的含义，同时通过学习如何叠被子提高自我独立性，养成主动劳动的习惯。通过练习文本对话、角色表演的方式熟悉了文本内容。为接下来学习时间的询问与回答做好语言的输入。

学生学会了描述整点时间后，观察李明妈妈的图片，猜测妈妈在厨房给家人做饭的情景，引出怎样准备一顿美味的早饭，观看视频动手去做一个三明治，做好后引出问题 What time is it？然后观察图片中的钟表回答问题 It's seven twenty. 在这一过程中学生不仅真切的在实景中练习并表演对话从而学会询问并回答准确时间，还学会了如何做三明治这一技能。

（3）Listen and choose：

What time is it？

A：It's eight, now.

B：It’s eight o’clock.

情景设置：They have a nice breakfast. 接下来他们享用了一顿美味的早餐。播放对话音频并引导学生回答问题：

What time is it？ It’s eight, now.

（时间轴显示八点、九点、十点，分别练习，学生认识“now”表示现在、此刻的含义。引导学生了解整点可以用 o’clock，也可以不用。）

认读单词“now”“day”。

学生听对话回答问题，跟读对话，同桌练习，角色表演。

Mum：It’s eight now, Li Ming.

Li Ming：I’m ready, mum. Goodbye,mum.

Mum: Bye! Have a nice day!

【设计意图】通过情景设置“They have a nice breakfast.”学生可以熟悉“have a nice…”的用法，从而见到“Have a nice day.”时可以衔接学习，根据学生对已知信息“It’s seven o’clock.”的经验，很多同学可能想当然选择 B 选项，所以听对话并回答问题的方式可以训练学生听的能力，快速抓取有效信息并做出正确判断，排除错误选项，掌握正确的学习策略。足够的语言输入可以为最终的语言输出打下扎实的基础，用选择的方式缩小了答案范围，学生自然开始关注这两个相似选项的不同，通过认真听大部分学生能够注意到细节内容，o’clock 成为学生听力重点，借此机会引导学生学会整点的时间表达。

4. 巩固练习（7 分钟）

教师再次播放课文录音，整体感知语篇，引导学生小组合作复述对话，分为少部分遮挡文本内容、大部分遮挡文本内容和全部遮挡文本内容三个梯度，根据学生的选择来进行小组评价。

（1）Read fluently. ♡

（2）Can imitate intonation and pronunciation. ♡♡

（3）Can imitate well without tips. ♡♡♡

学生自读整篇文本，注意模仿语音语调。

Pair work（分角色朗读并尝试复述对话。）

Group work（小组合作练习并表演对话，根据难度奖励来尝试挑战复述整篇文本对话。）

【设计意图】学生通过原声模仿形成正确的语音语调，小组分角色朗读课文加深了对文本的理解，分梯度设置复述对话难度激发学生的兴趣和挑战欲，在不断冲刺高难度的过程中也巩固了所学知识，为下一步的表达输出做好准备。

5. 语言运用（8 分钟）

Production（Group work）视频示范——

Mum：Get up, xxx. It’s …（叠被子。）

Xxx: Yes, mum.

Mum: What time is it ?

Xxx: It’s ….This is for you.（做三明治。）

Mum: Thank you . It’s… now.

Xxx: I’m ready, mum. Goodbye,mum!

Mum: Bye! Have a nice day.

（1）小组讨论：Today is Mothers’ day,how do you spend this morning ?（今天是母亲节，你会如何度过一个母亲节的早晨呢？）引导学生利用所学知识和技能完成个人时间作息表。

（2）小组评价。

My Time table	
6:00 7:00	
7:20 ……	

Make up new dialogues, to celebrate Mothers’ Day. 学生根据自己的作息时间创编对话，并为妈妈准备礼物。

【设计意图】通过母亲节的背景，引导学生联想到自己的父母，在母亲节的背景下，进行情感渗透，同时学生用所学知识完成自己的时间表，既复习旧知又巩固新知。引导学生从个人实际出发模仿文本内容创编对话，调动了学生运用英语语言表达的积极性，将所学知识运用到实际生活中。两个拓展活动层层递进，情感上步步升华，在真实任务的驱动下，给学生提供了充分的发散思维空间，提升了学生语言运用能力。两个活动的情感主线步步推进，先是关注到自己的作息时间，然后联系个人实际，努力实现学生学会动手帮助家人，提升劳动技能，实现做事提高效率的劳动教育目标。

第二课时 Lesson 1 I get up at seven. Let’s talk.

1. 热身

师：Good morning, boys and girls. What time is it now ?

生：Good morning, teacher. It’s eight o’clock.

师：Look at the clock, let’s chant together.

Chant：The clock on the wall, Tick tock, tick tock.

One o’clock, two o’clock, Three o’clock and four.

Tick tock, tick tock, The clock on the wall.

【设计意图】师生对话开启课堂轻松愉快的氛围，通过有节奏感的 chant 激发学生继续学习时间表达方式的兴趣和动力，为接下来语言的综合运用提供了一个良好的开端。

2. 导入

（1）情景设置：今天是母亲节，Li Ming、Wang Hong、Guo Yang 都准备好了，但是 Li Ming 发现……（图片展示 Li Ming 的朋友圈：Jenny 正在和妈妈准备晚餐。）通过不同地方同一时刻时间不同，引出时差的概念，引导学生理解同一个世界，不同的时间的原因。

（2）学生联系情景，动脑思考，为什么时间会不一样，尝试理解时差的概念。

【设计意图】此处情景的设置是为了引导学生理解时差，三年级的学生认知水平和能力有限，可以简单介绍时差的概念以及形成原因，可以丰富学生的知识同时复习本节课的所学知识。

3. 复习（17 分钟）

教师展示如何叠被子以及制作三明治，在制作过程中复习时间的询问和回答。

What time is it?

It’s seven o’clock.

教师展示 Li Ming、Wang hong、Guo Yang、Jenny 的网上聊天对话，发现 Jenny 那边还在为第二天的母亲节做准备，而 Li Ming 已经为妈妈在准备母亲节早餐。

教师展示教材 Let’s talk 图片，并播放录音，引导学生听读。

复习如何叠被子以及制作三明治，在制作过程中复习时间的询问和回答。

What time is it?

It’s seven o’clock.

（1）Listen and Imitate.（跟读模仿对话并展示。）

（2）Pair work.（学生对话联系并展示。）

生 1：What time is it？

生 2：It’s…

生 3：What time is it？

生 4：It’s…

【设计意图】通过复习叠被子、制作三明治来感受动手实践的快乐，由于上节课刚学习过，所以复习时学生比较熟练，激发学生的动手兴趣。根据三年级学生年龄阶段和记忆特点，及时复习时间的对话，让学生再次对在劳动中学习英语，在学英语中劳动加深印象，学生逐步适应学科融合的体验，并找到两者结合的乐趣。

4. 运用（3 分钟）

创设情境，引导学生与来自伦敦的 Jenny、来自北京的 Li Ming、来自悉尼的 Lucy 以及来自渥太华的 Tom 一起讨论如何度过母亲节。为学生提供所需母亲节道具，以及对话涉及的词句。

如：Would you like some…?　Yes,please. / No,thanks.

What time is it？ It's…

What are these / those？

They are…How many…?

学生根据教师提供的道具和提示，创编对话，与来自世界各国的小伙伴们一起讨论母亲节如何帮助妈妈减轻负担，如何给妈妈准备礼物。通过小组合作制作礼物，或者帮妈妈做家务，利用所学过的英语句型和词汇重组、创编练习后，上台展示。

【设计意图】这一部分的意义在于，经过一整册课本知识的学习后，由本单元主题辐射整册课本句型、词汇的运用，同时由时间主题结合母亲节、劳动节这种特殊的、时效性的学习机会，完成对学生五育并举的劳动教育目标，尝试利用翻转课堂的方式授课，无论是做还是说，或者是表演，放手把课堂交给学生，学生利用所学进行所用，去创编，去改造，去展示。

5. 课堂总结与评价（3 分钟）

首先进行小组评价，选取优胜组进行奖励。

师：What we learned today？

（教师利用钟表拨动时钟，边拨边问“what time is it？”引导学生回答。）

播放《中国速度》视频。

【设计意图】课堂总结与评价是一节课完整构成的重要部分。先评价，是对学生这节课上付出努力的认可与鼓励，而后进行本堂课的总结，利用钟表进行问答式总结，学生回顾本课新知，加深印象。

6. 课后作业

You can do：小组合作利用课下时间进行采访活动，采访主题为他人的作息时间（以表格形式呈现），利用所学知识帮助父母实际完成一件事情，或解决一个问题，如一件家务劳动，或父母一直未得空处理的事情，并记录开始以及结束的时间。

Timetable			
Name	6:30	7:00	8:00
Li Ming			
…			

You can try：和朋友用英语讨论并制作自己未来的作息计划，并在下节课展示出来。

【设计意图】第一个作业的设置基于英语学科最终应用于现实交际的目的，英语作为一门学科工具，课堂知识要显现于实际的交流活动中，让学生“走出去”运用所学知识主动完成任务，提高学生的交际能力。第二个作业的设置基于本课劳动目标的实现，学生经过两节课的“耳濡目染”应具备主动的劳动意识，激发学生养成良好的长期劳动习惯。

课例提供：姚玲玉

二、课堂评析

小学英语教学渗透劳动时间管理

（一）英语学科性质

由英语学科的课程标准可见，英语作为一门工具性质的学科，主要作用在于培养学生的语言习惯和跨文化的交际能力，是一门应用性和目标性比较强的学科。我国基础教育阶段最大的教育诉求在于“使儿童、少年在品德、智力、体质等方面全面发展”，所以在英语学科的目标定位上最根本的立脚点应是为学生的终身发展打基础，同时强调语言目标与人文目标的整合，强调发展学生的自主学习能力、合作能力、探究能力和交际能力。英语学习可养成学生开放的观念与批判性学习文化的意识。通过英语语言的学习，学生可以接触到英语国家的文化、历史、地理、科技、政治、文化礼仪、习俗风貌等方面的知识，同时在中国优秀传统文化的影响下，不断唤醒学生养成独立判断和自主选择的辩证意识。

在此设计中，频繁利用Pair work、Group work等合作方式完成课堂任务，如：小组合作讨论如何计划母亲节，以及如何制作一张作息时间表并交流信息，最后展示出来。通过多次创设情景，学生产生联想结合生活经验将教材知识应用于生活，通过动手实践提高个人做事效率，这也是劳动教育目标中实现五育并举的重要途径。

（二）课程基本理念

1. 注重素质教育，将语言学习与劳动素养相结合，实现学中做，做中用

本教学设计对象为三年级下册第六单元时间主题下的第一课，其中第一课时以个人作息时间为主要内容，第二课时学生已经了解时差的概念，引发了学生的好奇心，同时执教者还创设了母亲节这一时效性的学习背景，目的在于促进语言学习、劳动教育能够贴近学生生活，让学生了解世界共同拥有的节日，以及作为人应该有的基本劳动素质，唤起学生对于家人的深厚情感，以及劳动带来的实际意义。

2. 面向全体学生，关注学生语言学习和劳动能力的特点以及差异

由于学生在年龄、性格、认知方式、生活环境等方面存在差异，因此不同学生具有不同的学习需求和学习特点。只有最大限度地满足个体需求，才有可能获得最大化的整体教学效益。三年级学生年龄较小，性格比较活泼好动，对大部分事物充满好奇和探索欲，在语言的学习上正是打造基础，形成良好语言习惯，培养良好劳动素养的有利阶段，所以教师要充分观察每一位学生的特点，利用差异性进行教育教学，不仅让学生学习运用语言，更要学会利用所学动手实践，外显所学知识也有利于学生增强自信，激发常在性思维，提升思维品质。

小学英语课程是为每一位在校学生开设的，教学目标也应面向绝大多数学生而实现。这就要求起点不宜太高，培养学生在学习语言时做事情，在做事情时运用语言。在此设计中，通过分小组的形式将学生分为几个小组，每一位学生在小组单位中都有存在的价值和意义，这也赋予每一位学生在课堂的学习过程中充分发挥自我潜能，激发学习兴趣，学生应是课堂的主人，在学习中认识自我，提升自信，并在不断完善的练习中形成适合自己的学习策略。

3. 整体设计目标，充分考虑语言学习的渐进性和持续性

英语学习具有明显的渐进性和持续性特点。语言学习持续时间长，而且需要逐渐积累。课程的设计应按照学生的语言水平及相应的能力要求组织教学和评价活动。

结合学生虽然性格上偏活泼好动，但是记忆力较强的发育特点，在第一课时的教学设计中，导入环节由钟表的发音帮助学生认识整点的表达方式“o’clock”，由于 clock 这个单词学生比较熟悉，从而引出相同发音的 o’clock 时学生接受度较高，为下一步学习 It’s seven o’clock 这个重点句型打好基础。在问题的设置上，由开始难度较低的选择性题目到难度较高的问答型题目逐步过渡，由 Look and choose（看一看，选一选）到 Listen and answer（听一听，并回答）。然而每一节课上都不乏基础稍差一些的学生，因此每一节课的开始环节都尽量保证不让每一位同学掉队，保持授课群体的完整性，有利于丰富整个课堂良好竞争的形式，这也更有利于形成和谐有序的课堂氛围，良好的课堂氛围又有利于学生学习积极性的提高。

4. 强调学习过程，重视语言知识和劳动技能学习的实践性和应用性

英语课程提倡采用既强调语言学习过程又有利于提高学生学习成效的语言教学途径和方法，尽可能多地为学生创造在真实语境中运用语言的机会。鼓励学生在教师的指导下，通过体验、实践、参与、探究和合作等方式，发现语言规律，逐步掌握语言知识和技能，不断调整情感态度，形成有效的学习策略，发展自主学习能力，并在这一过程中收获劳动技能，形成良好的劳动意识和习惯。

在第一课时的设计中，利用学习 Li Ming 的时间作息来认识时间管理，形成时间管理的意识，有些学生有做事拖延的习惯，但在课堂引导下，在小组竞争机制的推动下，大部分同学都愿意努力学习如何去叠好一床被子；以及在第二课时中如何计划帮妈妈度过母亲节，甚至是设计为妈妈做一顿早餐。这些都是在语言学习中形成的良好劳动素养，学生深刻体会到父母生活的不易，既学习了语言知识，也提升了劳动技能，培养了良好的核心素养，加强了学生在日常生活中的劳动意识。

5. 优化评价方式，学生综合语言运用能力和劳动时间能力相结合

英语课程评价体系要有利于促进学生综合语言运用能力的发展，又要通过采用多元优化的评价方式，评价学生综合语言运用能力的发展水平，并通过评价激发学生的学习兴趣，促进学生的自主学习能力、思维能力、跨文化意识和健康人格的发展。

此设计中每一位学生的积极回答都将伴随老师的口语评价，要以鼓励性的评价为主，小组合作竞争机制的形成要尽量体现公平性，学生回答问题要兼顾全体学生，机会相对均衡，才有助于学生积极性的发挥。每节课的语言输出都是对学生这一整节课所学知识的全面的综合运用，如在第一课时的综合运用环节的任务是Make up new dialogues to celebrate Mothers' Day. 由于是本册书的最后一个单元，学生能够利用的语言素材有很多，可以是前面所有学过内容的知识串联，也可以是本节课中重难点的突破，所利用的素材越多，小组得到的评价越高，所获奖励也就越多。而本课执教者设计的奖励机制为是学生在形成性评价的过程中获得越多的奖励，便有利于完成最后综合运用环节的任务。

6. 丰富课程资源，拓展英语学习渠道

语言学习需要大量的输入。丰富多样的课程资源对英语学习尤其重要。英语课程应根据教和学的需求，提供贴近学生、贴近生活、贴近时代的英语学习资源。创造性地开发和利用现实生活中鲜活的英语学习资料。

本课课堂利用当下比较受大家欢迎的希沃软件完成课件制作，课堂功能实现更加直观，如蒙层擦除、动画转换等，结合小学三年级学生思维偏形象化，拟人化的特征，课堂活动活动设计多以情景设置和游戏活动为主。

（三）教学设计特点

贴近学生生活，倡导体验、实践、参与、合作与交流的学习方式，鼓励每个学生参与到教学活动实践中，学生在语言知识的学习中还需动手实践学会一项或者两项生活技能，如叠被子，做早餐等。

1.Chant 引入，营造欢快的课堂氛围

师生对话开启课堂轻松愉快的氛围，通过有节奏感的 chant 激发学生继续学

习时间表达方式的兴趣和动力，为接下来语言的综合运用形成一个良好的开端。

2. 多样化归纳总结旧知，引导学生积极参与课堂任务

本单元话题 time 贴近学生生活，所以学生很乐于跟同学讨论这一话题。而本课是这个单元的第一课，却是本册教材最后一个单元，因此教师采用多种形式将旧知进行归纳总结，帮助学生能够更加顺畅的学习本单元内容。其中热身环节，教师采取 free talk 和 chant 的形式复习该单元相关重点语句。课堂上，采取板书形式，加深学生对重点语句的印象等。给学生提供一些图片或者视频素材，然后将学习素材以任务线索方式进行串联，发散学生思维，让学生有更多自主创作、自由表达的机会。

3. 创设情景，贴近生活

三年级小学生的学习策略比较欠缺，对语言的整体把握能力不够强，因此情景的创设很重要。如在新授环节，由“上周 Li Ming 带 Lucy 参观了学校，新的一周又开始了，我们一起看看周一的早上 Li Ming 发生了什么呢”引出短语 get up，引导学生完成对话“Danny: Get up, Li Ming! It’s seven o’clock.”“Li Ming: Yes，Danny！”。

通过设计叠被子、做早餐的活动，鼓励学生亲身实践并掌握一两项技能，掌握得好的同学起到榜样示范作用，带动后进同学也去努力尝试参与。

4. 情感提升，热爱劳动

在第一课时综合运用部分，通过母亲节的背景，引导学生联想到自己的爸爸妈妈，在无形中进行情感渗透。学生用所学知识完成自己的时间表，既复习旧知又巩固新知。学生在该环节先是关注到自己的作息时间，然后联系个人实际，努力实现学会动手帮助家人干家务，提升劳动技能，从而实现提高做事效率的劳动教育目标。

通过观看《中国速度》，体会时间对于个人、对于国家的深远意义；体会亲身实践、亲自劳动的成就感；同时作为一名中国人，感受日益发展、不断强大的祖国带给我们的民族自信心和自豪感。启发学生珍惜时间，未来立志成事。

（四）教学预设效果

精彩的课堂需要预设有效的教学活动，凡事预则立不预则废，预设是课堂教学的基本特性，是保证教学质量的基本要求。

1. 对课堂目标达成的预设

通过本节课的学习，学生能够听懂、会说并认读词汇及短语：time、now、day、get up。学生能够灵活运用句型："What time is it ?" "It's seven o'clock." 对时间点进行问答，实现本节课的语言交际作用。能够掌握一定的劳动技能，并运用于日常生活中，如学会在一定时间内叠起被子，整理书包等生活技能，培养良好的时间管理意识和独自处理事务的能力，如计划自己假期一天的作息，帮助父母减轻家务负担等。通过小组合作、团体探究等方式，学生能够具有合作精神，领略不同国家地域文化差异，拓展国际视野以及爱国意识，运用动手竞赛的方式培养自强意志，通过感恩教育培养学生的感恩之心。

2. 教学过程的预设

根据学生年龄性格特点，英语学科适合直观化形象化课堂教学的特点，本教学设计多采用设置情景，游戏活动的方式来进行教学。另根据英语的交际目的，内容主要以引导学生根据所学新词汇新句型来练习对话，同时也是在对话中巩固复习。通过小组讨论、自主创编对话等问答式思维活动，拓展学生知识范围，提高学生运用语言的能力。在整个学习过程中以学生为主导自主学习，教师起引导性作用，大胆将课堂交给学生，到最后学生能否利用新知进行对话交流，也是基于教师对教材的把握、学生的了解、活动的设计。本篇教学设计虽大胆构思但预设结果不一定十分理想，但教学本身就是一项遗憾的艺术，不断完善与改进是教学的常态，不断学习，精益求精也是一名当代教师的基本素养。

3. 课堂生成的预设

虽不能对课堂的所有生成全部预设，但周密有效的主观预设也对教学具有重要作用。在本教学设计中，尤其是第一课时，针对引导学生学会用几点几分来表达时间的这一目标，设置 Look and guess 环节，通过询问李明妈妈在哪里，以及用问题 What time is it ? 引出学生的回答，由于刚刚学过整点时间的回答，所以很多学生对于这个问题已经胸有成竹，但是这是本次问题设计的一个“坑”，一不注意就会犯错，o’clock 只能用于整点的时间表达，具体时间如几点几分不可以用 o’clock。这是本次课堂的一个主观预设，像这样的预设在本次设计中还有很多。对于学生在课堂上的生成不可能全部预设，但是越周密的预设就越会促使课堂教学具有方向性，毕竟有明确的目的才能更好地出发。

此设计也存在着许多需要讨论和改进的地方。教师往往设计教案时预设满满，一到课堂上的生成又是千变万化，如何设计可塑性的方案来巧妙应对课堂上的即时生成，是在未来的教学设计中需要思考和改进的地方。如何在英语课堂教学中不动声色地将劳动教育目标完美融合并实现也是此设计的思考之处，执教者还需要在“劳动教育 + 学科融合”的探索之路上不断吸收与学习，不断创新与实践。

根据本次学科融合教学设计的初步探索，教师可以设想未来的超学科整合的教育形态已经正在形成，在跨学科整合融通的形式下，学科界限在不远的将来也许并不清晰。随着学科探究的不断深入，学生多元化学习方式不断地延伸，未来的学生在合作、探究、实践体验中将全面提升综合素养。同时在新时代新思想的带领下，以劳动教育为背景，也是学科融合的根基，是各学科整合的肥沃土壤，只有作为教育者的不断革新和努力创新，学生才能真正实现在实践中获取真知，教师才能真正成为富有生命力的教育践行者。

| 初中英语鲁教版八年级上册 |

"Could you please clean your room? Section B 2a–3b" 课堂实录与评析

一、课堂实录

（一）教材解读

本课是鲁教版八年级上册 Unit1 Section B 2a–3b，本单元是以家庭生活为中心话题，用礼貌的方式提出请求并谈论家庭琐事。本课时是 B 部分阅读与写作课，主要话题是父母是否同意孩子做家务劳动的问题展开讨论。课堂学习内容与学生的实际生活非常贴近，可以让学生通过学习课文，结合自身的具体情况就是否应该做家务这一话题展开讨论并给出原因。学生在学习与小组活动中更深刻的感知目前自己存在的问题，从而对做家务持有正确的认识，进而学会理解父母和关爱父母，加强责任意识，并能从实际行动上有所改变，帮助父母做一些力所能及的家务，引导学生在家爱劳动，帮父母分担家务，让尊重劳动、崇尚劳动的观念在学生心中深深扎根。

（二）教学目标

新时代特别强调培养德智体美劳全面发展的人才，绝不能脱离劳动教育。根据《义务教育英语课程标准（2022 年版）》的教学理念，在认真分析总结教材的基础上，把劳动教育与本节课进行有机融合，并设置教学目标。

1. 语言能力：掌握并熟悉运用本课时词汇 chores、waste、independence、fairness、duty、provide……；运用句型 The earlier…，the better…。

2. 思维品质：通过学习课文，学会用思维导图提炼出课文的框架；通过小组合作的方式，学会积极与他人合作、取长补短。

3. 学习能力：运用多种感官，锻炼观察、推理和记忆能力；学会提炼关键词和句型，能够进行仿写。

4. 文化意识：了解其他国家对孩子参加家务劳动的法规，形成学生正确的劳动观和价值观。

（三）教学过程

Step1.Warming–up

Show some pictures to the students and ask questions to lead in the topic.

T: Do you often do these chores at home ?

What other chores do you usually do ?

S1: Yes. I often do the dishes and sweep the floor.

S2: No，I have too much homework to do. I have no time to do chores.

S3: …

【设计意图】从做家务的图片入手，让学生复习各种家务活的短语，简单、轻松、愉快的对话氛围和形式最大程度地调动了学生的学习兴趣。

Step2.Lead in

Play a short video. Watch it carefully and answer the question.

What are they talking about?

T: Watch the video carefully,then answer: What are they talking about?

S: They are arguing about if the school kids should do housework.

T: Do you think kids should help their parents to do chores at home?

S1: I often help my mother to do some housework at home. I think it’s our duty to clean the house.

S2: I think we should study hard, we shouldn’t waste our time to do housework.

【设计意图】让学生观看孩子与父母关于做家务的争论视频，并就孩子是否应该做家务的话题展开讨论，以此唤醒学生对于通过劳动才能创造美好生活的理解与认识。

Step3.Pre–reading

Ask the students to find out the type of the passage and predict what the passage is about according to the picture and the introduction above the passage.

T: What's the type ? Predict where they are,what they are doing and what their relationship is.

Teach the students how to scan the passage and give the students three minutes to find the answers.

T: Look at the passage, what's the type ?

S: This is a letter.

T: Yes,here are two letters . The letter has three parts. It includes salutation,body and signature .

T: Look at the picture, where are they ?

S: They are in the kitchen.

T: What are they doing ?

S: They are doing the dishes.

T: What is their relationship ?

S: They are a father and a daughter.

【设计意图】引导学生运用预测和扫读策略，让学生了解语篇体裁，帮助学生预先感知文本内容，提升学生预测能力。

Step4.While–reading

（1）Fast–reading

Ask the students to skim the passage and answer who agrees and who disagrees with kids do chores ?

T：Do you think who agrees and who disagrees with kids do chores ?

S1：Ms.Miller thinks kids shouldn't do chores at home.

S2：Mr.Smith thinks kids should do chores at home.

T：Well done, topic sentences are usually the first sentence of each paragraph. We don’t need to read it one by one.

【设计意图】引导学生运用扫读策略，了解 Ms.Miller 和 Mr.Smith 对待孩子做家务的不同观点，为下一步的 careful–reading 奠定基础。

（2）Careful–reading

Ask the students to read Ms. Miller’s letter and answer the following questions.

· What’s the kids’ job?

· What does she think of housework?

· What’s parents’ job at home for their children?

Give 5 minutes to the students, then check their answers.

T：What’s the kids’ job?

S：Their job is to study.

T：In Ms. Miller’s opinion, schoolwork is most important for the kids.

T：What does Ms. Miller think of housework?

S1：It’s a waste of kids’ time.

S2：There’s no need to do it now.

S3：It’s not so difficult.

T：What’s parents’ job at home for their children?

S：The parents’ job is to provide a clean and comfortable environment at home for their children.

Pair–work discussion:

Ask the students to think further and talk about them in pairs,then share their ideas.

Q1：What stress do kids face these days?

Q2：What is kids’main job according to Ms. Miller?

Q3：Do you think study is the whole part of children’s life? Why? Why not?

T：What stress do kids face these days?

S：They have too much homework to do.

T：What is kids’ main job according to Ms. Miller?

S：Their job is to study.

T：Do you think study is the whole part of children’s life? Why? Why not?

S1：Yes, I think study is the whole part of our life. Because only we go to university, can we get a good life.

S2：No, I don’t think study is the whole part of our life. We should have other kinds of abilities.

T：I think your life should be colorful and full of energy. Besides study, you have lots of things to do to develop all kinds of your abilities.

【设计意图】引导学生阅读文章第一部分，获取 Ms.Miller 的观点，并让学生深度思考现在孩子面临的压力是什么？学习是否是孩子的全部？引导学生要对做家务持有积极的态度，消除学生对于劳动的不正确认识，帮助学生树立正确的劳动观。

Read Mr. Smith’s letter and answer the questions.

· For kids, what are the benefits of doing chores?

· Who, when and what are mentioned in the example?

After 10 minutes, check the students’ answers.

T：For kids, what are the benefits of doing chores?

S1：It helps to develop independence.

S2：It teaches children how to look after themselves.

S3：It helps children to understand the idea of fairness.

T：Who is mentioned in the example?

S：his neighbors’ son.

T：When did it happen?

S：The first year after getting into a college.

T：What happened?

S：He fell ill and his grades dropped.

T：So we know he was not independent.

【设计意图】引导学习文章第二部分，获取 Mr. Smith 的观点以及论据等细节信息，训练学生“找出细节信息”这一阅读微技能，并为学生深入阅读文本做铺垫。

Group–work discussion:

Ask the students to think further and talk about them in groups,then share their ideas.

T：How does Mr. Smith understand “fairness”？

S：Everyone should do their part in keeping the house clean and tidy because they live in it with their parents.

【设计意图】引导学生深入阅读，并让学生进一步思考怎样理解家庭中的公平，怎样看待例子中孩子的结局，感悟文章内涵深意，激发学生通过劳动实现其人生价值。

Retell：Get the students to finish the mind–map,then retell the article according to it.

T：Based on the information you got, finish the mind–map. Then retell Ms. Miller's and Mr. Smith's ideas.

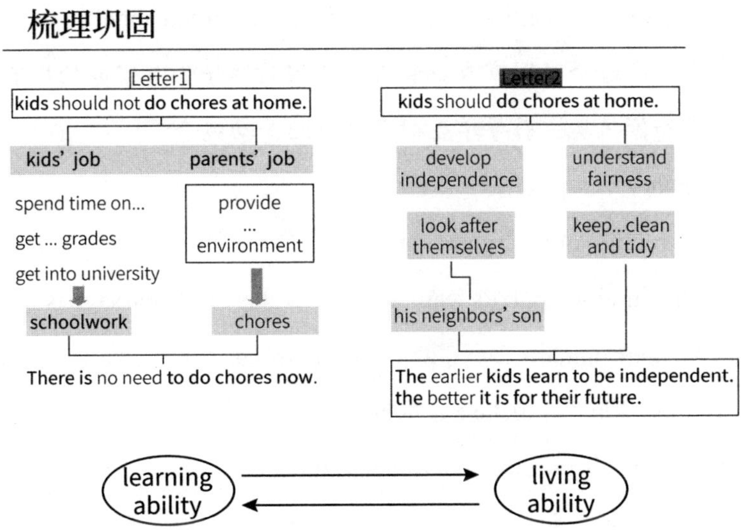

【设计意图】基于文章的细节信息，引导学生借助思维导图，对 Ms. Miller 和 Mr.Smith 的观点进行对比，为后续的情感升华做铺垫。

Emotional education

T: Parents go to work every day,when your parents go back home,they are tired,but they still have to do so much housework. You go to school every day,when you go back home,you should also do your part in keeping the house clean. You should learn to be independent and look after yourself.

Remember! Learn to be independent!

Share housework! Share love!

【设计意图】对学生进行情感教育，引导学生形成正确的责任意识，学会体贴父母，一起分担家务劳动，营造一个温馨的家园。

Step5.After-reading

（1）Tell the students some national policies of labor education.

T: In Ningbo, kids are asked to do chores at least one hour per day. The time will be counted into final examination results .

（2）Play a short video.

T: It’s one of the hot topics in education that whether children should help parents do chores at home, and all countries in the world are concerned about it.

【设计意图】通过分享国家政策和世界各国对孩子们做家务的规定，培养学生正确的劳动观和价值观，引导学生树立积极的劳动观念。

Step 6. Summary

Sum up the structure of an argumentation.

T: Look at the mind-map, let’s learn about how the whole passage is organized.

S: First, give their opinion. Next, give their reasons. Then, give some examples to support their opinion. Finally, make a conclusion.

T: Well done，this is the structure of an argumentation.

【设计意图】引导学生利用思维导图，归纳文章结构，为写作提供铺垫。

Step7.Writing

（1）Present the writing task: Show the photos of the volunteers to create a context for writing.

（2）Discussion:

· Work in groups of 4 students.

· Talk about something about the photos.

（3）Writing task: Write a proposal to call all the students to do chores.

· Introduce some chores that can be done.

· Give your opinion.

· Support your opinion with 2—3 arguments.

· Conclude the passage properly.

T: Guangrao is building the National Civilized City. Everyone should do some simple things to make contributions to the society. Look at the pictures and talk about your opinions in groups,then share in class.

S1: They clean up the roads and the park.

S2: They help the people in trouble.

S3: …

T: Our school is going to hold an activity about "Be a civilized citizen,start with doing chores",Please write a proposal to call all the students to do chores.

【设计意图】学以致用，设计写作任务，引导学生通过结合实际明确自己现在应该做好的事，让学生树立通过自己平凡的劳动给社会创造美好生活的劳动观。

Step8. Evaluation

Using the evaluating list to evaluate your own performance.

The Things I Can Do	Evaluation				
I have mastered the phrases and sentences learned in class.	5	4	3	2	1
I am active and intelligent in class performance.	5	4	3	2	1
I work with my group members well to solve problems.	5	4	3	2	1
I can give my fellow students some useful help and tips.	5	4	3	2	1
I have made progress and experienced success	5	4	3	2	1

【设计意图】利用课堂评价表，让学生反思本节课学习内容，反思自己的学

习行为与学习效果，通过反思性学习，使学生不断改进自己的学习方法与策略。

Step9. Homework

You must:

（1）Polish your writing and share your work with your classmates.

（2）Do simple chores every day.

You may: Make a housework plan.

【设计意图】让学生制定一个家务劳动计划，从课本走向现实生活，在制定计划的过程中，发展语用能力，形成对家务劳动意义和价值的认识与理解。

板书设计：

Unit1 Could you please clean your room?

SectionB2a-3b

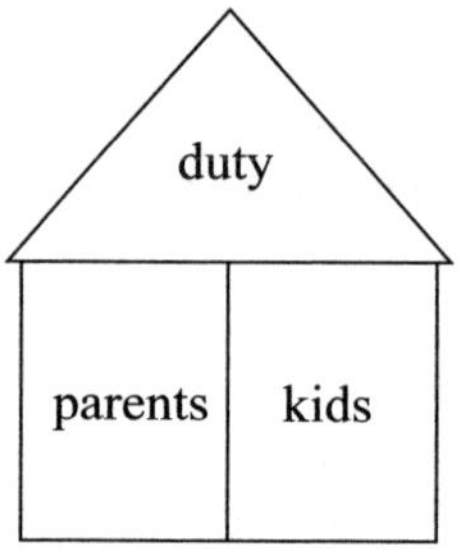

课例提供：张秀红　于海云

二、课堂评析

在初中英语阅读教学中渗透劳动教育

习近平总书记强调："要在学生中弘扬劳动精神，教育引导学生崇尚劳动、尊重劳动，懂得劳动最光荣、劳动最崇高、劳动最伟大、劳动最美丽的道理，长大后能够辛勤劳动、诚实劳动、创造性劳动。"这一重要论述，突出了劳动教育对于新时代立德树人的重要意义，是我们开展劳动教育工作的重要遵循。

这节课是一个将教、学、评融为一体的课堂。在本课例里，教师在授课过程中充分发挥核心素养的统领作用。根据 2022 年版《义务教育英语课程标准》的教学理念，在认真分析总结教材的基础上，把劳动教育与本节课进行有机融合，并且从学生的语言能力、思维品质、学习能力和文化意识等方面确定本节课的教学目标。

本课时为单元学习的第三个课时，语篇素材为围绕学生是否应该做家务展开。在教学设计中，教师充分挖掘语篇蕴含的教育学生体谅父母，能够换位思考，积极进行家务劳动的育人价值，在英语学习劳动观的指导下，引导学生在阅读过程中，通过逻辑关联、层层递进的学习任务，体验有意义的英语阅读和学习过程，实现语言学习与课程育人的融合统一。

（一）劳动教育在英语教学中的重要性

《关于全面加强新时代大中小学劳动教育的意见》强调劳动教育是中国特色社会主义教育制度的重要内容，要全面贯彻党的教育方针，坚持立德树人，把劳动教育纳入人才培养全过程，贯通大中小学各学段，贯穿家庭、学校、社会各方面，把握育人导向，遵循教育规律，创新体制机制，注重教育实效，实现知行合促进学生形成正确的世界观、人生观、价值观。

初中英语鲁科版（五四学制）为我们提供了丰富的教学素材，特别是课文，涵盖了家务劳动、社会实践服务和关爱残疾人等丰富多彩的主题，有利于对学生进行劳动教育。

（二）新英语课程标准对英语教学的要求

2022 年版《义务教育英语课程标准》倡导：发挥核心素养的统领作用、践行学思结合，以创为本的英语学习活动观以及注重“教—学—评”一体化设计，坚持以评价促进学生学习、以评价促进教师教学，将对学生的评价贯穿于英语教与学的全过程中。在教学过程中注重发挥学生的主观能动性，引导学生成为各类评价活动的设计者、参与者和合作者，自觉运用评价结果改进学习。

（三）在阅读教学课堂实践中渗透劳动教育的方式

课堂教学是劳动意识教育的主要场所，教材是劳动教育渗透的载体，依据教材挖掘劳动教育因素是英语学科育人的基础。在英语阅读课上，教师逐步给学生渗透劳动创造美好生活的观念，激励学生从身边力所能及的家务做起，然后参加志愿服务和公益劳动等社会实践活动，以不同的形式体会劳动带来的快乐和成就感，培养学生热爱劳动的意识和习惯。

在英语教学中，根据初中生活泼好动、乐于参与、接受新鲜事物能力强的特点，把劳动教育渗透到英语阅读教学中。以英语阅读课为媒介，结合与劳动相关的文章，激发他们参与劳动的兴趣；以参与劳动为契机，带动他们在劳动环境中运用所学的英语语言。

本课例中教师从培养学生的核心素养出发，围绕 Do Chores 这一主题，对单元内 SectionB 课文深入研读与分析，挖掘出语篇蕴含的育人价值，在主题意义和语篇内容之间建立关联，整合这一部分的学习内容，明确预期的核心素养综合表现，搭建课文内容框架，形成单元育人蓝图。

学生在这节课经历了三个学习阶段。

1. 师生问答。观看视频，学生回答老师提出的问题："Do you often do these chores at home? " "What are they talking about? Do you think kids should help with chores at home? "教师通过连续性的问题，引导学生观看完整视频，理解主旨大意，并就孩子是否应该做家务的话题展开讨论，来唤醒学生对于通过劳动才能创造美好生活，能够与父母和谐相处的理解与认识。单元设计遵循初中八年级学生的认知规律和思维特点，从学生日常生活经验出发，由浅入深、由具体的家务劳动到培养学生的责任意识，不断引导学生将这节课所学语篇的理解和思考与生活中的实例相结合，做到知行合一，实现课程育人。学生既锻炼了英语目标语言，又提高了英语运用能力，又体会到劳动带来的乐趣；同时培养了他们的劳动意识，提高了他们的劳动素养，可谓一举多得。

2. 阅读思考。第二阶段，教师通过让学生速读和仔细阅读，了解两个人对于是否应该做家务的观点，并积极引导学生完成阅读任务。在深度思考环节，教师提出"Do you think study is the whole part of children's life? Why? Why not?"并且提出"Children's life should be colorful and full of energy. Besides study,they have lots of things to do to develop all kinds of their abilities"的观点，创造一种民主以及和谐的教学氛围，满足学生自尊自傲的心理需求，有助于调动学生的学习积极性。促进师生间、同学间的多方面信息交流，鼓励学生用所学知识对身边所发生的事情表明自己的看法，使他们在讨论中彼此激励。

3. 写作提升。第三阶段是写作环节，教师通过和学生一起分析课文，引导学生形成了对这篇课文的思维导图，进而形成了议论文的写作框架。

（四）对在教学实践中渗透劳动教育的思考

这节课上，学生给出的对不同问题的回答反映了他们积极思考、大胆尝试使用英语进行表达的学习态度。教师充分发挥教学机智，一方面对学生答题内容作出反馈，促进学生思维的发展；另一方面针对学生的语法错误，通过调整语调和重点重复，引导学生能够立刻做出自我纠正。教师及时发现学生想法中的负面因素，用追问和给建议的方式引导学生认识到自己想法中的消极因素。

从本课例可以看出，学生经过“学习理解—应用实践—迁移创新”等体现阅读能力螺旋上升的学习过程，逐渐从基于语篇的学习走向真实的生活世界；从理解、内化语言到运用所学语言，表达自己的思考与发现，认识做家务的意义与价值，规划自己的课余生活，意识到自己的事情自己做，并主动帮助家长做一些力所能及的家务。学生在深化对单元主题理解的过程中获得知识、提升能力、发展思维、塑造品格。在教学中，教师始终关注学生的学习表现和学习成效，根据需要给予必要的指导和帮助，推动“教—学—评”一体化的实施。

但是，为促进核心素养的进一步落实，这节课仍有提升空间。此课程不仅受八年级学生年龄及基础所限，学生上课讨论和思考的问题大多停留在表面，未能做到深入拓展；还在小组合作环节中，有个别学生过度依赖小组内其他同学输出的现象，阻碍自己思维的发展。

本课例可看作指导英语阅读教学的一次成功尝试，推动了学生语言能力、文化意识、思维品质和学习能力的融合发展，培养了八年级学生的英语学科核心素养。

|中职英语山东画报出版社二年级进阶模块|

“Are you interested in being a volunteer?”课堂实录与评析

一、课堂实录

（一）教材解读

本课选自山东画报出版社2020年版《英语》中职二年级进阶模块Unit4“Good manners can help you get along well with others”，本单元主题是社会交往和社会服务，共四部分：“Section 1 Everyone Should Follow the Rules.”“Section 2 Good Behavior Makes You a Popular Person!”“Section 3 How Good Are Your Social Skills?”“Section 4 Are You Interested in Being a Volunteer?”所在单元以培养学生遵守社会规则的意识，提高社会交往能力以及提升社会责任感为目标。所选文章为该单元“Section4 Are You Interested in Being a Volunteer?”是实现本单元育人目标的重要一课。这节课是针对中职二年级学生设计的一节阅读新授课。文章以“Each small contribution can make a difference”开头，同时也标记了文章的主旨——小贡献汇聚大能量。随后，文本介绍了Lily、Wang Ping、Liu Mei和Sam四位同龄人作为志愿者的经历和收获。最后，学生根据思维导图结合本专业设计一份志愿者服务的项目计划。此文本材料贴合学生生活实际，真实地反映了学生课余生活的一个侧面，将学生的劳动领域从家庭和学校延伸到社会生活，是培养学生劳动意识和社会责任的重要一课。本节课的重点是通过读前读中和读后的阅读任务训练学生速读和精读的阅读技能以及运用所学知识分析和解决问题的能力。难点是劳动意识及社会责任意识的激发。鉴于重难点的分析，教师在课堂上利用图片、视频、小组讨论等多种教学手段将劳动教育融入英语教学，激发了学生的阅读兴趣，提高了学生的劳动观和社会主人翁意识。

（二）教材目标

依据与教材配套的英语教学大纲，结合学生现状以及教育部《大中小学劳动教育指导纲要》，这节课的教学目标是：

1. 在知识能力方面，学生能够利用文本信息谈论文章中心。

2. 在学习能力方面，学生进一步掌握速读和精读的阅读技能。

3. 在思维品质方面，学生通过反思总结以及思维导图等方式，制定自己具有可行性的志愿工作项目。

4. 在文化意识方面，小组合作制定志愿服务项目计划以及通过图片、视频、阅读文本以及合作制定志愿服务计划等一系列的教学手段培养学生的劳动光荣的意识和勇于承担的精神。

（三）教学过程

1. 图片激趣，导入主题（5 分钟）

T: Look at the pictures. What do they do?

Ss: Volunteers.

T: Very good. How do you like them?

S1: They are helpful.

S2: They are great.

T: Have you ever been a volunteer?

S3: I once worked as a volunteer. I think it’s a tiring but very meaningful activity…

S4: …

T: In fact, volunteering is a meaningful work.As saying goes, “Helping others make me happy.” This class, let’s know four volunteers and know about their view’s about being volunteers.

【设计意图】教师利用武汉疫情和北京冬奥会志愿者的图片和视频导入新课，

激发学生对志愿者工作的崇敬之情，体会劳动的价值。简单轻松的问答拉近学生与文本的距离，提高了学生的学习积极性。

2. 快速阅读，聚焦主题（5 分钟）

T:Our text tells us four volunteers'work.Read the text quickly and answer the question: " What do the four volunteers think of their work?"

（2 minutes later）

S1: Lily thinks it was a great experience!

S2: Wang Ping felt great to help other people.

S3: Liu Mei felt meaningful to help other people.

S4: Sam thinks it was actually pretty cool.

T: All of you did a good job. As we all know，four volunteers think their work is meaningful. Let us read the text again and see what they did.

【设计意图】教师通过设置阅读任务，培养学生运用寻读策略获取 Lily、Wang Ping、Liu Mei 和 Sam 四人对于志愿者工作的观点，初步了解文章大意。

3. 仔细阅读，梳理主题（10 分钟）

学生进行 pair work，细读课文，填写四位志愿者的 Volunteer Certificate。（以 Liu Mei 为例。）

<table>
<tr><td colspan="3">VOLUNTEER CERTIFICATE</td></tr>
<tr><td colspan="3">This is to certify that_________ has taken part in the following Volunteer work, serving as an outstanding member of the volunteer group.
Volunteer work:</td></tr>
<tr><td>Place</td><td>Activity</td><td>Time</td></tr>
<tr><td>hospital</td><td>_________________, play with cats</td><td>/</td></tr>
<tr><td></td><td>Answer phone calls. ______</td><td>More than ______ years</td></tr>
<tr><td colspan="3">We sincerely appreciate the hard work and contribution of the volunteer. Volunteer Association</td></tr>
</table>

【设计意图】教师设置表格，学生两两合作完成表格填写任务。本环节旨在引导学生聚焦文本信息，通过精读获取文本具体信息，进一步熟悉文本内容。通

过填写表格，学生能够快速梳理文章内容，明确志愿者活动的三要素——时间、地点和活动内容，为接下来的成立志愿者项目做铺垫。

4. 复述课文，知识内化（8 分钟）

T: Now, class, we have known what they did. I hope you can retell the stories according to the forms.I give you 3 minutes to prepare. You can choose one from four volunteers.

S1: Lily has been a volunteer as an English teacher for three months in a small village school...

S2: Wang Ping joined a volunteer group. They provided children and elderly people with food...

S3: Liu Mei is volunteering at an animal center...

S4: Sam joined a volunteer group called "Blue Fairy" .He volunteered at a school for disabled kids...

T: You did a good job. Lily, Wang Ping, Liu Mei and Sam are willing to help others. They are teenagers who we should learn from.

【设计意图】教师引导学生通过表格关键词复述课文内容，帮助学生内化重点句型，深化对文本的理解，为 Task5 语言输出做准备。

5. 读后思考，深化主题（8 分钟）

问题一

T: After reading the passage, I believe you must have your deep idea about volunteer work.Think over and speak out your view about the sentence "Every contribution–no matter how small– can make a difference."

（2 minutes later）

S1: We should do something that we can to help others, no matter how small it is.

S2: We should try our best to make contributions to our society.

S3: We should do something good to people around us.

T: I believe what you say is positive. I am proud of you. Thank you. In fact,as you say, we can do something small to make our society beautiful.（show some pictures of volunteer work that the our school'students did.）

问题二

T: Nowadays, Covid–19 is still spreading, many cities and communities are in danger of the epidemic. Suppose your community is lock–downed because of the epidemic, are you willing to be a volunteer to help community distribute food or other materials.

S1: I want to be a volunteer, because only if we everyone make efforts can our life can recover as soon as possible.

S2: I agree with S1. So I will apply to be a volunteer.

S3: ...

T: I'm so glad to hear what you said and I am moved by what you said.I believe our country will be more beautiful because of your contributions. I believe as long as everyone gives a little love,our world will become a beautiful world.

【设计意图】教师设置读后问题：一是让学生结合文本学习谈谈对文章中心句“Every contribution–no matter how small– can make a difference”的理解；二是如果你的社区因疫情原因被封，你是否愿意做志愿者，为社区人们提供服务。这两个问题的设置一方面检测学生对课文主题的理解；另一方面倡导学生积极参加社区志愿者工作，提升学生的劳动意识和社会责任意识。

6. 创设情境迁移应用（7 分钟）

T: Your major is nursing. Do you want to apply your knowledge to help the people around you? Now, you need to make a plan for a volunteer project to apply your knowledge to serving the community. Use the chart below to help you with your plan.

S: Group in four and get ready.

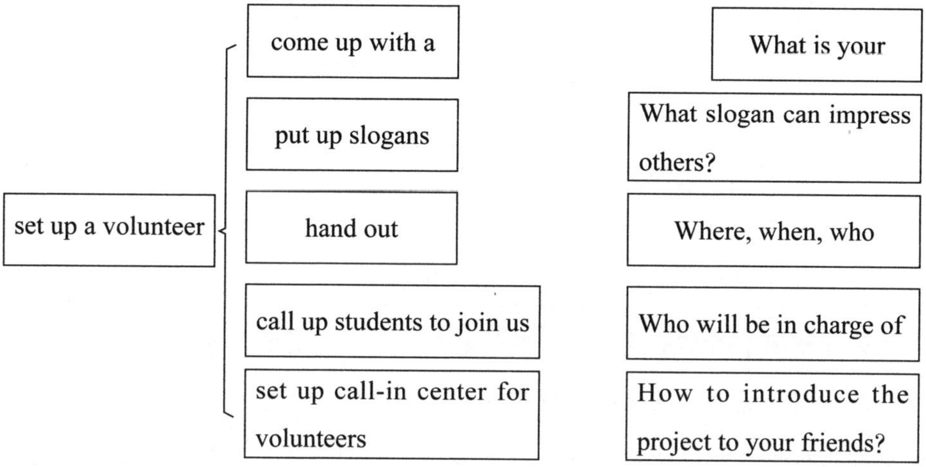

【设计意图】本环节让学生结合自己的专业，制定适合自己的志愿者工作项目。学生通过小组合作，结合所学完成项目制定，职业素养和责任意识得到体现。该教学活动将劳动教育融入英语课堂教学中，这种寓教于实践的教学方式既使英语课堂变得丰富多彩"活"了起来，又真正让学生在英语学习中体会到合作学习带来的快乐和价值。

7. 成果展示、课堂点评（2 分钟）

T: Time is up. Which group would like to show your works?

T: Ok, Group2. Welcome to the blackboard and show your works to the whole class.

S: This is our works. Our team are recruiting 10 volunteers for old people Health Check. Will you have a try? If you are interested, sign up!

T: Thank you for your sharing. Clap for your group.

I think Group2 gives us a good model,especially their slogan "Helping others makes me happy!" But there is one point which need improving. You should add the time of the activity into your project to let others know when to do the activity, understand?

Group2: Yes, we do.

VOLUNTEERS IN NEED

Do you major in nursing?

Do you love to apply your knowledge to helping others?

Our team are recruiting 10 volunteers for old people Health Check. Will you have a try?

【设计意图】本环节是上一环节的总结和评价，旨在检测学生运用所学知识解决实际问题的能力。志愿服务项目的制定增强了学生的小组合作学习能力，学生通过师生评价也能够反思自身学习方面的优点和不足，有利于学生的可持续性发展。

课例提供：韩晓燕　彭贞

二、课堂评析

在中职英语教学中渗透劳动教育

《中等职业教育英语课程标准（2020版）》明确指出教师在教学中应根据英语课程目标与技术技能人才培养的需要，有意识地加强课程内容与专业教育、职业生活的联系，加强学生职业道德与职业精神教育。这就要求中职学校英语教师应探索中等职业学校英语教育与劳动教育相结合的方法和途径，将劳动观念和劳动精神教育贯穿人才培养全过程，贯穿家庭、学校、社会各方面。注重让学生在学习和掌握基本劳动知识技能的过程中，领悟劳动的意义价值，形成勤俭、奋斗、创新、奉献的劳动精神。志愿服务具有育人功能，是落实立德树人根本任务、践行社会主义核心价值观、培养社会主义建设者和接班人的重要途径，因此志愿服务是中学生劳动精神培育的有效载体，志愿服务能深化中学生对劳动精神的理解认识，可增进中学生对劳动精神的价值认同。

（一）教学思路分析

执教者在认真分析教材的基础上，把劳动教育融入课堂教学，符合新课标对人才培养的要求。课堂讲授思路清晰，各环节层层递进。整堂课采取“读前—读中—读后”的三段式阅读法。读前让学生观看武汉疫情和北京冬奥会志愿者图片并围绕话题“Have you been a volunteer before?”和“What do you think of being a volunteer?”自由发言，导入新课。读中引导学生通过自读，共读完成志愿者证书填写等阅读任务。学生通过快速阅读获取了 Lily、WangPing、LiuMei 和 Sam 四人对于志愿者工作的观点，并通过同桌共读获取四人志愿者工作的具体信息。读后活动老师组织学生小组讨论然后说出对文章中心句“Each small contribution can make a difference”的理解等。最后学生结合所学专业小组合作根据提示设计社区服务招募项目并进行当堂展示。这些活动的实施不仅提高了学生的学习积极性，训练了学生的阅读技能，同时还引发学生对于自身的劳动知识和技能与志愿劳动要求匹配度的思考，引导学生重视劳动素养的形成，促进学生将在校的综合素养转化为进入社会的劳动素养。从课堂学生表现来看该课是渗透劳动教育的一次有效尝试。

（二）课堂实践分析

在执教者的精心准备下，本课取得了一定的课堂效果，但由于课堂时间有限，加之课堂中首次加入劳动教育元素，实施中仍有诸多需要改进的地方。为进一步推动英语课堂中渗透劳动教育这一课堂模式，从教学效果、教学策略和教学评价三方面进行了反思和分析。

1. 教学效果分析。通过这节课学习，学生掌握了速读和精读的阅读技巧，并在完成阅读任务的过程中培养学生提取和梳理关键信息的能力。通过 Pair work 和小组合作制作志愿者招募项目，学生的合作学习能力有所提高。最后，通过这节课学习，学生们了解到志愿者服务在学习和生活中的作用，劳动意识和社会责任心也有所提升。以上是期望达到的良好效果。基于学生的现状，课堂上也出现一些困难，比如部分同学文本理解不够深入，难以用学到的句型表达自己的观点；还有的小组分工不明确，制定志愿者计划时效率不高等。鉴于此，教师对文章的理解要逐步分层进行，设置由易到难的任务引导学生由输入转化为输出；引导学生总结出志愿者精神及其在工作生活中所起的作用，使学生在重视劳动、尊重劳动者、养成劳动习惯等方面产生共鸣。所谓教书育人相辅相成，这也是本节课设计的价值意义所在。

2. 教学策略分析。教学目标的达成离不开有效的教学策略。本课中，授课教师结合学情和本课教学目标应用了情感策略、认知策略和元认知策略，小组合作学习等多种策略。经分析，授课班级学生英语基础尚可，但两极分化严重。他们长于理论学习，但动手能力不强，依赖心理较强，社会责任意识薄弱。这就要求老师在授课过程中不仅仅要传授知识，更要给学生渗透勤奋劳动的思想教育。所以如何让学生愿意用英语表达和如何激发学生的劳动意识和社会责任意识是本课的难点。为突破难点，执教者为学生播放北京冬奥会和武汉疫情志愿者工作的图片和视频对学生进行情感激发，通过询问学生对志愿者工作的看法顺利导入新课。为照顾基础较差的学生，教师引导学生采取两两合作的方式阅读文本填写表格，来获取文章主要信息。为深化学生对文本的理解，读后环节执教者引导学生四人一组合作的方式讨论对文章中心句“Each small contribution can make a difference”的认识。最后，让学生小组合作根据思维导图完成志愿者项目计划的制定和展示。总体来看，多模态的教学资源，两两合作和小组合作的组织方式有效提高了学生学习的积极性，学生的阅读技能和劳动意识均有所提高。但是，小组合作过程也出现了一些问题，比如两两合作和小组合作中，有的同学不够积极，依赖心理较强，使个别小组学习效果低于预期。所以，在课堂实施前，教师要合理分配小组。课堂实施过程中，要密切关注小组的学习过程，对学习困难的学生给予及时的帮助。

3. 教学评价分析。《中等职业学校英语课程标准（2020 年）》指出：“评价是英语课程的重要组成部分，是引导、监控、促成和诊断教学目标达成的保障，教师应采用科学的评价方式和方法，对学习过程和效果进行适时检测，不断完善教学，保证课程目标的达成。”这节课充分践行该指导思想，在课前、课中和课后进行了有效评价，如课前教师通过让学生观看图片和视频发表自己对志愿者工作的看法，是对学生的“听和看”的能力的评价。课中让学生通过阅读填写志愿者证明表格，是教师对学生“读”的能力的评价。课后小组讨论发表对文章中心句的观点，是教师对学生“读和说”的评价。最后，让学生运用本堂课知识做志愿者服务计划是对学生整堂课学习效果的评价。但是由于课堂时间有限，教师对学生的学习结果评价较多，学习过程评价稍显不足，同时由于大班教学，教师对个别同学的学习态度关注度还不够。因此，为进一步提高课堂效率，教师需要探索更加多元化的评价方式，除了静态的、量化的评价，更要加强过程性的评价，不仅关注劳动成果，还要关注中学生的劳动认知、劳动态度、劳动意志和劳动价值观等因素。以更好的过程性评价激励功能，引导学生反思自己的劳动过程，端正劳动态度，更好地增进劳动情感，掌握劳动技能。

总之，在中职英语教学中渗透劳动教育，需要根据英语学科的特点和教学规律，从教师、学生、教材三方面着手，挖掘教材的深层资源，丰富教学形式，全面渗透劳动教育，切实将劳动教育落到实处，帮助学生树立正确的劳动价值观，培养学生热爱劳动、珍惜劳动成果的意志品质，培养德智体美劳全面发展的新一代社会主义建设者和接班人，推动素质教育进一步发展。

|中职英语高教版二年级第二册|

"What skills do you have?"课堂实录与评析

一、课堂实录

（一）教材解读

本课题选自高等教育出版社中职《英语》第二册第七单元第二课，本课所属单元紧紧围绕 Job Hunting 这个主题展开，本单元共四课，第一课为"What should I prepare for a job interview?"第三课为"I'm writing to apply for the position."第四课为"Here is my resume."这三课分别从工作面试、岗位应聘和个人简历三个话题循序渐进展开学习。前三课为新授课，第四课是对前三课内容的复习梳理。第一课为本课教与学提供了基础支撑和铺垫，此教学设计将以 What skills do you have? 为设计对象进行阐释，是新授课，共分为两个课时。

本单元内容是中职英语教材中的一个十分重要的组成部分，在这一单元中，一系列语言点层次清晰、条理化地徐徐展开，重点、难点学习一目了然，教师将科学综合运用教材服务于教学，让学生在轻松愉悦的氛围中将知识、能力、情感态度和价值观三维学习目标逐一实现，帮助学生学会在求职中主动提高职业技能和劳动素养，让学生深刻理解技能的多重含义，学会在激烈的面试求职和就业环境下，通过不断提高专业技能（如文凭、工作经验、专业特长等），从而脱颖而出，为今后的人生发展打好基础、积蓄能量。

面试求职这一主题是中职英语教材第二册的一个重要话题，通过本单元的学习，除了掌握必备的语言知识，主要旨在引导中职生践行习近平总书记提出的"弘扬劳动光荣、技能宝贵、创造伟大的时代风尚"的谆谆教诲，同时为中职生在今后的面试求职中用自身专业技能和综合素养打下坚实的基础。学习过程中结合逼真的面试场景和求职对话内容（如学历、工作经验、应聘岗位和特长等），引导学生感悟终身学习的理念和艺高人胆大、技多不压身的道理。教师将在课堂中以培养学生的核心素养与价值观为导向，充分发挥学生的主体作用，落实以德树人和以学生为中心的教学理念。本单元的内容能很好地体现社会性和时代性相结合的特征，使学生在潜移默化中强化自我提升意识和个人职业生涯与规划指导，尤其在今天激烈的就业求职环境下，专业与技能才是真正的“铁饭碗”，同时也集中体现了中职英语教学与劳动教育相互融合渗透的特点与深刻内涵。

（二）教学目标

1. 语言能力

（1）学生能够正确地发音、拼写生词，并能在具体情境中准确运用。

（2）学生能记住重要词组、短语和句型，师生、生生间能够熟练灵活地应用。

2. 思维品质

（1）以小组合作、角色扮演等方式，学会积极与他人合作达成任务。

（2）通过观察、分析等形式培养学生问题意识和创新思维，深刻理解“技能”的多重内涵。

3. 学习能力

（1）运用多种感官，锻炼观察、理解和记忆能力。

（2）学会谈论面试技能和掌握面试技巧。

（3）学会抓住关键信息达成目标和训练口语表达能力。

4. 文化意识

明确面试求职中必备的技能、技巧，培养学生技能成就梦想的理念和其他正确的劳动观和价值观。

（三）教学过程

Step1: Lead in

Show a picture and suppose you are having an interview to be a salesperson. Then ask students the question to lead in the topic.

T: What skills do you have?

S1: Well, I am good at dealing with people.

S2: Oh. I can type so quickly.

S3: …

【设计意图】从面试求职的图片入手提出问题，运用头脑风暴法，引导学生在轻松愉快的对话交流和氛围中回答问题（答案要具体、准确），进而自然过渡到本课主题上来，着重强调技能的重要性和珍惜工作岗位，进而对学生进行劳动教育、技能宝贵、珍惜热爱工作岗位的重要性的教育，我们需要在平凡的工作岗位上做出不平凡的成绩，同时最大程度的激发了学生的学习兴趣。

Step 2: Words to learn

教师用幻灯片出示以下词汇（结合语言提示或图片等）：

position 职位 experience 经验 goal 目标 familiar 熟悉的 experienced 有经验的 apply 申请 graduate 毕业

教师用幻灯片按顺序出示一组单词学习的相关图片和例句，并领读单词。

T:Read after me please, position.

S:position，position.

T:What is it Chinese meaning?

S: 职位；位置。

T: For example, What is the position in the company?

S: …

Task 1 Listen and number

【设计意图】通过本部分学习让学生熟悉大纲规定的词汇，能通过录音判断所听到的单词并掌握其用法，为听力练习和句型、对话的学习扫清障碍做好铺垫。

Step 3: Task 2

T: Zhang Li is having a job interview,listen and judge please.

S: All right.

T: Are you clear? Once again? No? Now let’s check the answer.

S: …

【设计意图】通过本环节听力练习，让学生预先感知工作面试的场景，体验面试求职的艰辛和工作经验的重要性，体会职场竞争的压力和残酷，同时训练学生抓住关键信息进行识别判断的能力。

Step 4: Task 3

T: Boys and girls, listen again and firstly complete the dialogue. Please get ready.

S: Ok.

T: Are you clear? Once again?

S: Yes, again please.

T: Now, Let’s check the answer together.

S: …

教师连续播放两遍录音，先完成补全单词并核对答案，然后让学生标出与面试问答相关的句子，最后学习对话中的语言点。

—What skills do you have?

—I can do sth. / I’m good at ...

Interviewer: What skills do you have?

Zhang Li: I’m good at ____ with people.

Interviewer: Do you have any work experience?

Zhang Li: Yes, I’ve had a part–time sales job for two years and I’m ___with sales.

【设计意图】通过本环节学习，检测学生捕捉关键信息的能力，听力内容提供了与面试问答相关的词汇、句子，既巩固了 Task 1 所学的词汇，也为后面对话练习夯实了基础。同时要求学生们深刻理解 skills 这个词，要有知识、技能、态度、细节、合作、专业特长、职场经验、工作竞争与压力等各个方面的能力储备。通过补全对话，要达到学以致用的目的，因此面试过程中，个人技能要熟练，态度要端正，合作要愉快，细节准备要充分，专业特长应突出，职场经验应丰富，工作竞争与压力要张弛有度。

Step 5: Task 4

Read and practice.

T: Give students an example to practice dialogue in an interview according to the dialogue in task 3. If there are difficulties, I can help you.

S: Thanks a lot.

T: After about 10 minutes, I will check it.

S: All right.

Dialogue like this:

A: What kind of position are you applying for?

B: I'm applying for a···

A: What kind of education have you had?

B: I graduated from···

A: What skills do you have?

B: I'm good at··· / I can···

A: Do you have any work experience?

B: Yes, ··· / No, ···

【设计意图】通过此环节的学习，让学生理解掌握本文中常出现和使用的句型。此环节是 Task3 的学习延伸，旨在通过练习面试对话，达到联系实际学以致用的目的，同时让学生明白职场如战场，“打铁还需自身硬”，只有苦练内功，增强实际本领如学历、工作经验、技能等，才能在未来职场竞争中赢得主动。

Step 6: Task 5 practice and complete

T: Work in three，Ask and answer by the Role play of an interviewer and an interviewee and take notes.

S: Yes.

Q1: What kind of job are you applying for?

Student A: ···

Student B: ···

Q2: What is your future goal?

Student A: …

Student B: …

Q3: What kind of education have you had?

Student A: …

Student B: …

Q4: What skills do you have?

Student A: …

Student B: …

Q5: Do you have any work experience?

Student A: …

Student B: …

【设计意图】通过此环节的对话练习，以小组合作、角色扮演的形式进行面试问答并记录答案，不但复习和巩固了本课的重要句型，而且让学生身临其境进行面试实战，帮助学生总结和掌握面试沟通的小技巧和建议，为学生走向社会进入职场开阔眼界、拓展路径并积累经验。同时对学生直面未来成就人生梦想提出希望和深刻思考：成功的路就在脚下，唯有通过学习文化知识和诚实劳动，练就过硬的技能本领和综合素养并一以贯之，才能用青春的智慧和力量奉献自我，在平凡的工作岗位上做出不平凡的贡献，践行强国必定有我的责任担当和初心使命。

Step 7: Further study

观看欣赏《大国工匠》的视频和图片，联系实际，拓展延伸所学内容，升华本课主题。

T: Now, boys and girls,till now we have learned a lot about this class, now let's enjoy a video together and answer my questions please.

S: Ok.

Q1: What did you find in the video?

Q2: How do you feel?

Q3: What should you do in the future from their experiences and achievements?

S1: …

S2: …

S3: …

【设计意图】通过此环节的拓展延伸，引发学生的共鸣，告诉学生们中华民族从不缺乏共建精神，是这些工匠推动中国科技历史车轮滚滚向前。我们有上天的北斗，下海的蛟龙，还有陆上奔跑的高铁，时时刻刻向世界展示“中国智造”。伟大的工匠背后是千千万万的平凡凝聚而成，我们青年一代应该在平凡的岗位上继承工匠精神。他们之所以不可替代是因为他们有这样一颗崇高的奉献敬业精神，才成为岗位上一道亮丽的风景。教师激励学生们在未来的征程上，有国家、社会、政府等各级层面的支持，有榜样的力量做示范，作为一名在校中职生，从现在开始，从今天开始，从小事入手，刻苦学习坚定信心脚踏实地，砥砺奋进勇毅前行，以强烈的责任担当和使命感，不断提高专业技能，用实干和汗水践行习总书记“弘扬劳动光荣、技能宝贵、创造伟大的时代风尚”的谆谆教诲，用青春的智慧和力量报效祖国，成就自我和人生。

Step8: Summary

Unit 7 Job Hunting

Section 2 What skills do you have?

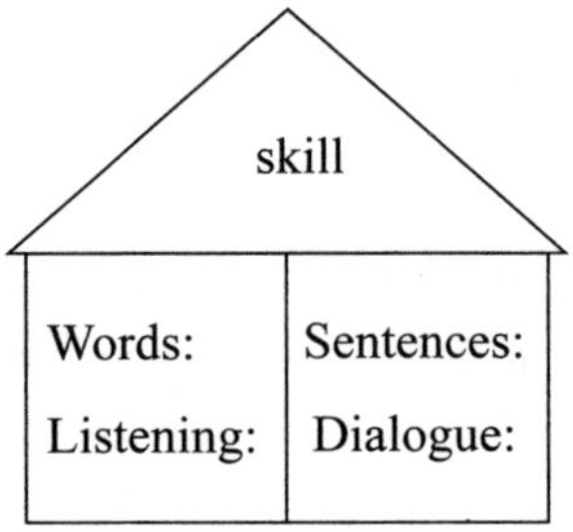

Step 9: Homework

（1）Write a short passage to introduce your advantage while applying for a job. (compulsory)

（2）List all the key language points in this lesson. (optional)

课例提供：王斌

二、课堂评析

中职英语与培养综合素质人才的有效融合

中等职业教育英语课程是中等职业学校各专业学生必修的文化基础课程。随着社会生活和经济活动的日益全球化，中职生须能掌握一定的英语基础知识和基本技能，能更好地适应国际劳动力市场的需要。同时，学生学习英语可以开阔视野、发展个性，形成良好的情感态度和健全的心理智能，进一步提高人文素养和职业意识，为今后的职业发展和终身学习奠定良好的基础。

中等职业学校英语课程三个模块的内容涵盖了学生日常生活、职业发展与进一步学习所涉及的语言学习内容。教师在教学中应根据英语课程目标与技术技能人才培养的需要，有意识地加强课程内容与专业教育、职业生活的联系，重视学生语言实践应用能力的培养。同时，教师还应有意识地在教学中融入职业道德与职业精神教育。尤其是职业模块教学内容，创设仿真或真实的教学情境，探索中等职业学校英语教育与专业实践相融合的教学新模式，促进学生语言实践与应用能力的提升。尤其是与劳动教育相结合，强化劳动观念，弘扬劳动精神。将劳动观念和劳动精神教育贯穿人才培养全过程，继承优良传统，彰显时代特征，这也是新课标和大纲以及核心素养教育培养的应有之义。

在充分发挥传统劳动、传统工艺项目育人功能的同时，创新劳动教育内容、途径、方式，增强劳动教育的时代性，发挥主体作用，激发创新创造。同时培育不断探索、精益求精、让师生在校园里近距离感受并领悟勤勉敬业的劳动精神，争做新时代的奋斗者。同时借助榜样激励，围绕劳动的精神追求，树立典型，激发劳动热情。教师在此过程中指导学生从榜样的具体事迹中领悟他们的高尚精神和优良品质。明确要求学生在日常劳动实践中努力向榜样看齐。

本课的教学设计，是以教学大纲为基础，结合学生实际情况，并融入了三维目标育人的模式。英语作为一门国际语言学科，它的学习不但要包括考试需要的知识还要代表走出国门的形象。本课题目为 What skills do you have? 除了学习大纲所要求的词汇、句型和句法知识，还要结合文章所涉及的专业技能和素养，工作技能和提升的内容，展开对学生的劳动思想的渗透和加强。

（一）教学效果评析

首先通过图片、视频等多媒体形式，激发学生对这节课学习的兴趣。其次，通过这节课学习，让学生掌握必备词汇，做到听、说、读、写、译并当堂呈现检查；要让学生掌握相关的句型，通过小组合作对话的形式检查；此外还要让学生掌握一定的对话交际能力。最后，希望同学们通过理解和学习，了解到职业技能在学习和工作中的作用，具备劳动的意识，形成劳动的习惯。在今后的学习中，能够有一定的责任心，以上是期望达到的良好效果。基于学生的现状，在课堂中可能会出现一些困难。词汇的“四会”问题对很多同学来说可能是个难题，应该改变传统的教学思路和模式，充分发挥多媒体的作用，尽量把词汇以形象的形式呈现出来，尽量让学生跟着录音听读，检查形式要灵活，并可以反复贯穿到整节课课堂中。句型的学习，要改变以前根据意思学习的方式，要关注语音语调的学习和模仿。对文章的理解要逐步分层进行，通过视频逐渐渗透素质培养，提炼技能的重要性和工作的专业性要求，形成劳动成就人生，技能成就梦想的意识。这节课的设计重点在于考试知识点的掌握，融入了劳动教育的思想，使学生在重视劳动技能、尊重专业、养成职业理想等方面产生共鸣。所谓教书育人相辅相成，这也是这节课设计的价值意义所在。

（二）实际问题评析

本课在实施过程中一定会遇到不同程度的难题，英语作为一门交际语言，本应实用性比较强，但目前来看是应试为主。特别是融入育人思想——劳动的理念，是一个全新的尝试，况且用英语语言的表述存在一些困难，实施起来不会如想象的顺利。执教者在以后的教学中应该逐渐融入劳动教育的思想，不断改进教学思路，在充分利用多媒体的同时，要多思、多想、多渗透劳动教育的策略，在使学生认识到劳动的重要性的同时，要逐渐在日常生活中具备劳动成就梦想的意识。

（三）教学环境和教学对象评析

在英语教学过程中，学习的环境是非常重要的，除了基本的干净、整洁、优美之外，尽可能有个英语对话的氛围。教师应该平等真挚的对待每一位学生，这样有助于学生课堂上放松，从而很好的配合老师。

中职学校的老师所面对的学生，学习主动性不强。生活中更是缺乏劳动的意识，这就要求老师一定要有耐心，在授课过程中不仅仅要教给他们知识，更要给学生渗透勤奋劳动的思想教育。

（四）教材和教学大纲评析

在英语教学中，教材不容忽视，大纲更是基础，无论怎么设计都不要脱离教材和大纲。同时还要贴合学生的学习现状，特别是本节课劳动思想的渗透，始终要在大纲的基础上去涉及。通过这节课学习了解我们新时代所必备的工作技能、综合素养和敬业奉献精神，内化为学生的行动指南及人生价值观。新时代的青年，必须要以主人翁精神，热爱本职工作、脚踏实地、勤勤恳恳、兢兢业业、尽职尽责、精益求精，实现个体价值与国家梦想的同频共振。

在教学中，教师应重视对学生语言学习策略和语言技能发展策略的培养，有意识地引导学生学习并尝试使用各种策略，逐步形成适合自己的学习方法。培养职业精神和提升职业素养。重新审视此教学设计，采用较为传统的思维方式以课堂教学为主只是运用假设性情景。这节课应该以“互联网 +”的形式，充实并拓展了学生的视野，使英语学习职业化情境化。

学生思想品德行为观念的形成需要家庭、学校、社会三位一体共同作用，评价的主体、方式应是多元的。学校应让家长知道学生在校进行了哪些方面的教育，在家的表现予以真实评价，比如劳动教育。待学生步入社会，进入工作单位以后会进行社会满意度调查评价，这就是一个例证。

总之，执教者在英语教学过程中，要做到及时地、有效地反思，全面地分析教学过程是十分必要的，同时在教授过程中融入劳动教育的理念是非常重要的，通过学习让学生形成并具备劳动的意识和品质，提高其生存技能，对个体、国家和社会都是十分有裨益的。

第四节 历史教学有机渗透劳动教育

历史叙述人类社会发展变迁的过程，展示人类劳动所创造的各种文明成果。可以说，一部人类史就是一部劳动史，劳动是历史和历史教学的本质主题。

历史学科具备丰富的劳动教育素材，是劳动教育的重要阵地。无论是过去钻木取火、采集渔猎，还是现代蛟龙入海、九天揽月，人类发展的每一步都离不开劳动。政治变革、经济发展、贸易交流、民族交融、科技创新、文学创作；古往今来的生产工具、土木工程、地区开发以及劳动模范、劳动文学、劳动观点、劳动思想等都是劳动教育的生动资源。

历史课堂要寓劳动教育于历史教学之中，做到植入自然、润物无声。在本节的两个课例中，“盛唐气象”一课是初中教材，它从横向的视角，以唐朝的政治、经济、文化和民族关系等为面，以曲辕犁、翻车、蜀锦、长安等唐朝农业、手工业、商业和城市发展的成就为点，点面结合，在让学生了解了唐朝盛世的基本风貌的同时，引导学生得出唐朝繁荣的背后是劳动人民的辛勤劳动的结论。“古代的生产工具与劳作”一课是高中教材，带有专题性质，归纳总结和史料分析都有一定难度。它以纵向的视角，全面梳理了（中国）古代生产工具和劳作方式的演变过程，着眼于增强学生的劳动品格和民族自信，全程聚焦劳动，线索清晰连贯，首尾呼应。总体来看，两个课例都重视劳动教育的情景营造，如提供了大量的图片、视频等资料或者让学生接触身边的生产工具、参观博物馆等；都注重学生的劳动实践，如在预习或作业中都有让学生动手制作或复原古代生产工具的内容；都做到了既注意劳动教育的渗透，又避免喧宾夺主、生搬硬套，做到让学生动手、动脑、动心，比较好地完成了劳动在历史教学中有机渗透的目标。

唯物史观是历史学科的五大核心素养之一，坚持唯物史观就要承认劳动在创造人类和社会中的作用，因此在历史教学中渗透劳动教育也是唯物史观的要求，是历史教学的应有之义。

|初中历史统编版中国历史第二册|

“盛唐气象”课堂实录与评析

一、课堂实录

（一）教材解读

1. 学科教育

本课内容上承“贞观之治”“开元盛世”，下启唐朝中外文化交流。本课教科书分为四个子目——“经济的繁荣”“民族交往与交融”“开放的社会风气”“多彩的文学艺术”，从四个角度展示了唐朝的盛世景象。隋唐结束了长期的政治分裂和战争动乱，实现了国家的再次统一，这为经济的恢复和发展、民族的交融、文化的发展、社会的开放提供了和平稳定的环境。曲辕犁、筒车等生产工具的革新促进了农业的发展；农业的发展促进了陶瓷等手工业的进步；农业的发展、手工业的进步又促进了商业的繁荣和城市规模的扩大。统一的唐朝对周边的民族实行更加开明的政策，以各种形式发展民族关系，促进了中原与周边地区的政治、经济、文化交流，从而对各民族社会发展及文化演进产生重大影响，使多元一体的中华文明得以发扬光大。政治的清明、经济的繁荣及民族关系的和谐促进了文化的繁荣和社会风气的开放。唐代在吸收外来文化的基础上，创造了繁荣昌盛的文化局面。

2. 劳动教育

本节课可将第一个子日“经济的繁荣”，尤其是第一子目当中的农业方面来与劳动教育相结合。在农业工具发展方面，联系第一册所学，从原始社会农业的耒耜使用到战国时期铁犁牛耕的出现，再到西汉直辕犁以及三国时期的翻车，再与本节课唐朝新型生产工具曲辕犁和筒车的发明及推广。从中让学生感受到中国农业文明的悠久历史及古人的高超智慧，从而激发起民族自豪感与自信心。课后可让学生通过复原古代生产工具培养其动手能力与吃苦耐劳、认真细心的品质。

（二）教学目标

1. 了解唐朝经济繁荣、民族交融、社会风气开放及文学艺术灿烂的表现及原因，理解文成公主入藏对汉藏团结的历史贡献，从而明白中国自古以来就是一个农业大国，我们的祖先具有过人的智慧和吃苦耐劳的精神品质，增强民族自豪感与民族自信心。

2. 通过展示分析关于曲辕犁、唐三彩、长安城等内容的图片、文字材料，了解唐代农业发展、手工业进步及商业繁荣的表现，对农业生产工具沿革的学习，使学生从生产工具的复原操作过程中理解这些生产工具的优点，进而理解古代人民的聪明才智，迸发向其学习之心。

（三）教学过程

1. 创设情境，导入新课

师：大家一起来观看一段视频，这是我们现代人的农业生产方式，那么唐朝是如何进行生产的呢？在学习新内容之前，先让我们来回顾一下之前所学过的内容。

【设计意图】播放现代化农生产机械播种和无人机撒药的视频，激发学生好奇心，引出本课内容。

2. 讲授新课

（1）经济的繁荣农业部分。

师：大家看到屏幕上这几幅农具图片，接下来让我们请一名同学依次说出这些工具所处时期与功能。

生：第一幅图片是原始社会时期的耒耜，属于耕作工具；第二幅图片是战国时期的铁犁牛耕，属于耕作工具；第三幅图片是西汉时期的耧车，属于播种工具；第四幅图片是三国时期的翻车，属于灌溉工具。

师：回答得非常正确，我们可以看出，随着时代的发展，古人的农业工具技术越来越先进，种类越来越丰富，那么发展到唐代又有了哪些新表现呢？大家结合材料与课本内容来思考一下答案。

材料一：唐朝从贞观到天宝用了 100 多年的时间，使垦田面积增加了两百多万顷。

材料二：直辕犁与曲辕犁结构对比图。

材料三：据记载，筒车“如纺车，以细竹为之，车骨之末，缚以竹筒，旋转时，低则舀水，高则泄水”。

生：材料一体现在农业方面垦田面积扩大；材料二体现农业生产技术不断改进，如发明和改进了曲辕犁以及筒车；材料三体现全国修建水利工程。

师：回答得非常正确，那么接下来让我们一起来看一下唐代农业生产工具具体有哪些改进之处。首先看到曲辕犁，为什么它叫曲辕犁呢？

生：因为它的犁臂是弯曲的。

师：很棒！那么为什么犁臂要设计成弯曲的，而不像汉朝那样用直辕犁？

生：曲犁省力。

师：非常好！总的来说，设计巧妙，轻便灵活，回转省力，能够适应深耕和浅耕的不同需要。这是唐朝劳动人民对耕犁的重大改进，曲辕犁标志着中国古代犁的成熟，此后我国的耕犁基本定型。我们再一块看一下翻车与筒车的区别。从图中可以看出，他们最大的区别在哪里？

生：翻车需要人力，筒车需要水力。

师：所以相比于翻车，筒车可以日夜浇灌而不停歇，极大地节省了人力，提高了灌溉效率。

师：正是得益于唐代先辈人的努力，使得唐朝出现了“万顷水田连郭秀，四时烟月映淮清”与“鹅湖山下稻粱肥，豚栅鸡栖对掩扉”的景象，而且敦煌壁画的《雨中耕作图》也很好地还原了这一景象。大家来共同欣赏一下这幅画作。

师：水利工程的建设对社会经济发展起到十分重要的作用。第一，扩大了水田的面积，提高了粮食产量。第二，改造了部分土地，减少了水灾所造成的损失。第三，促进了运输，加强了各地区之间的相互联系。唐朝中央和地方政府均设有专门机构和人员管理水利并在全国各地兴建农田水利灌溉工程。古代经济以农为主，劳动力是生产投入中的最重因素。唐前期，人口的增加与均田制的推行，大大刺激了土地的开发和利用。到天宝年间土地的开垦进入高潮。农田的大面积开垦，特别是江南地区水田的开发，对唐代农业的发展起到了重要推动作用。唐代人口数量的增加、耕地面积的扩大、水利工程的兴修和生产工具的改进等，共同促进了农业经济的繁荣。农业经济的繁荣为手工业生产的发展提供了条件。

【设计意图】通过图片提示来复习上册所学内容，即能引出后续知识，又可与本课内容做出比较；通过对曲辕犁结构的讲解与翻车和筒车的对比，使学生更加清晰的了解唐代对于生产工具的进步改进。分析其优点，进一步感受古人的智慧与辛勤努力的精神；用史料和图片来展示相关内容，既能锻炼学生阅读分析史料能力，又可以用图片直观形象的展示关键信息。

（2）手工业部分。

师：唐朝的手工业具有分工细致，部门众多的特点。那唐代手工业的高水平体现在哪些方面呢？有三个关键词，即品种繁多，工艺精美，规模扩大。而品种繁多主要是指纺织业，包括丝织业、麻织业、毛织业和棉织业。在纺织业中，丝织业的水平最高，那么请问丝织业的代表作品是哪一个？

生：蜀锦

师：对，就是蜀锦，我们来欣赏一下蜀锦。蜀锦是中国传统工艺美术丝织品，指四川省成都市所出产的彩锦。起源于战国时期，距今已有2000余年的历史的蜀锦，因其历史悠久、工艺独特，有中国四大名锦之首的美誉。在这里老师给大家普及一下常识：中国四大名锦是指成都蜀锦、南京云锦、苏州宋锦、广西壮锦。2014年在北京召开的第二十二次亚太经合组织领导人非正式会议上，各国领导人拍全家福时穿的服装就是以宋锦为面料做成的“新中装”。

师：而工艺精美主要是陶瓷业，其中瓷器有青瓷和白瓷，唐朝青瓷最著名的是越窑的瓷，而白瓷则是邢窑。当然还有唐三彩，但是大家一定要记住，唐三彩属于陶器，要和瓷器分开哦。唐三彩可以说是唐朝手工艺品中最引人注目，我们来看几幅图片，加深一下了解。

（3）商业部分。

师：农业和手工业的发展促进了商业的大繁荣。商业的大繁荣主要表现在哪些方面呢?

生：商业贸易尤其是水路交通发达以及城市的发展方面。

师：很好，主要是水陆交通发达、贸易往来频繁，还有出现了很多的著名商业都市，比如扬州、成都、洛阳等。当然，最著名的要数唐朝的都城长安，我们来看一下长安的平面图，大家分析一下唐长安城有什么特点?

材料一：长安城布局图。

材料二："天下诸津，舟航所聚……弘舸巨舰，千舳万艘，交易往还，昧旦永日。"——《旧唐书·崔融传》

生：规模大、布局对称。

师：对，我们看到的长安，规模宏伟大气、布局严整对称、街道宽敞整齐，像什么啊?

生：像棋盘。

师：是的，就像围棋盘一样。白居易是这么形容的："百千家似围棋局，十二街如种菜畦。"还有，长安更是一座国际性的大都市，同时在世界城市建筑史上也占有十分重要的地位。

【设计意图】通过展示关于曲辕犁、筒车、长安城等内容的图片和文字资料，引导学生分析唐代农业、手工业、商业发展的表现及原因，有助于学生构建知识体系，并能进一步培养学生自主学习、合作探究的能力。

3. 民族关系

师：看完宏伟的唐长安城，我们也了解繁荣的经济景象主要体现在农业的新发展、手工业的高水平和商业的大繁荣。下面我们来读两句诗："似闻赞普更求亲，甥舅和好应难弃。"（出自杜甫的《近闻》）这句诗讲的是哪件事呢?

生：文成公主入藏。

师：这里需要注意一下，大家可以看到课本的相关史事部分，这句诗还描述了另外一次唐蕃和亲，唐中宗时期尺带珠丹和金城公主的和亲，这体现了怎样的民族关系？

生：双方友好和睦的民族关系。

师：对，就是和睦的民族关系。那么，此前，还有哪次重要的和亲？

生：文成公主入藏。

师：很好，文成公主和松赞干布的和亲。说到文成公主进藏，这对汉藏两族人民都产生了重要的影响，那么，文成公主入藏，给藏族人民带去了什么？有何影响？

生：促进了吐蕃的社会经济发展，增进了汉藏两族的友好往来。

师：文成公主带去了谷物种子、药材、茶叶、工艺品以及历法、科学技术方面的书籍。随行的还有很多手工工匠，他们在逻些修建了小昭寺，并参与修建大昭寺。两次和亲说明了唐与吐蕃之间的和睦关系。那么，除了吐蕃以外，唐周边还有哪些少数民族部落呢？我们看一下唐朝疆域图，除了吐蕃外，还有突厥、回纥、南诏等。那么，唐朝是如何来对待这些少数民族的呢？唐太宗有这样的一句名言："自古皆贵中华，贱夷狄，朕独爱之如一。"唐太宗这句话什么意思？

生 1：还通过设置机构、册封以及会盟来处理民族关系。

生 2：对少数民族一视同仁。

师：那么，这体现了唐太宗怎样的民族政策呢？

生：开明的民族政策。

师：是的，开明的民族政策，唐太宗因此也被尊称为什么呢？

生：受到各族拥戴，成为各族共主的"天可汗"。

【设计意图】通过对诗句的探索思考，引入一段历史，有助于将学生带入历史情境，培养学生的探究欲望。通过对文成公主入藏等相关史实的分析，引导学生正确看待唐代民族关系，把握中华民族多元一体的发展趋势。

4. 社会风气

师：下面我们再来读一句出自杜甫《丽人行》的诗："三月三日天气新，长安水边多丽人。"三月三日正式踏青的时候，我们常熟到现在也有这样的风俗，三月三游虞山，而在当时的长安，一到这一时节，长安城的曲江河边则有很多的美人在踏青游玩，大家想想这说明了当时有着怎样的社会风气？

生：开放的社会风气。

师：是的，唐朝历史上有一幅著名的画——《虢国夫人游春图》，这一幅画便是描述当时踏青赏春的场景，妇女流行游春的行为显示唐朝的妇女如何？

生：说明了妇女地位的提高。

师：我们再来看一个细节，这位女性服饰有什么特点？

生：她穿着男装。

师：仔细看一下她的男装有什么特点？

生：穿的是胡服。

师：非常棒，汉族的服饰大都宽袍大袖，而胡装则是紧身窄袖，当时的时尚不仅开放，而且流行胡服、胡食等，可以说胡风是当时的时尚体，表现了当时的民族交融景象。

【设计意图】通过对《虢国夫人游春图》内容的分析，学生能够感受到唐朝开放的社会风气及妇女地位的提高。指导学生通过阅读教科书，归纳唐朝社会风气开放的其他表现，培养了学生活学活用、举一反三的能力。

5. 文化发展

师：我们刚才用了杜甫的诗歌来展现了唐朝的经济情况、民族关系、社会风气，那么杜甫又是怎样来描述他的好友李白的呢？对于李白，他吟出了“李白斗酒诗百篇，长安市上酒家眠”这样的诗句，他二人的存在足以说明唐朝哪种文学体裁的繁盛？

生：诗歌！

师：那我们就看一下唐朝精彩的文学与艺术。李白的诗歌，有什么特点？

生：他被称为“诗仙”，诗歌充满想象力和感染力，具有浓郁浪漫情怀。

师：那杜甫的呢？

生：他是“诗圣”，诗歌反映战争和政治腐败给人民痛苦的历史实况，是“诗史”。

师：中唐以后，还有著名的白居易，那他的诗歌有何特点呢？

生：直面社会现实，通俗易懂。

【设计意图】让学生在研读李白、杜甫二人资料的基础上，试着分析二人诗歌的不同特点并分析产生不同特点的原因，有利于培养学生史料实证意识。

师：除了唐诗以外，唐朝在其他艺术领域也取得了斐然的成就。书法，出现了著名的书法家，有大家熟悉的欧阳询、颜真卿。好，让我们的小书法家展示一下他们的作品。在绘画领域则有阎立本和吴道子，阎立本有我们书本上的《步辇图》，吴道子有《送子天王图》。

师：在学完这些内容以后，大家思考一下，你们能用哪些词语来形容盛唐气象？

生 1：繁荣、富足的经济。

生 2：和睦的民族关系，开明的民族政策。

生 3：开放、包容的社会风尚。

生 4：唐诗的多彩，艺术的辉煌。

师：大家说得都很好，这就是盛唐的景象。隋唐结束了魏晋以来的分裂割据局面，实现了国家的再次统一。唐朝前期统治者励精图治，为唐朝社会经济的发展奠定了坚实的基础。农业的发展、手工业的进步、商业的繁荣及城市规模的不断扩大，这些都使唐朝社会经济呈现高度繁荣的景象。唐朝统治者实行开明的民族政策，加强了同周边少数民族的经济、文化交流，各民族不断交融，促进了统一多民族国家的进一步发展。政治的稳定、经济的繁荣、民族交流及中外交流的频繁，使得唐朝社会风气开放，兼容并包，社会生活异彩纷呈。经济的发展、民族的交融，促进了唐朝文学艺术的发展。

师：那么最后给大家布置一项课后任务，大家可结合上课所学与其他资料来制作一件古代农业工具，从而切实感受一下古代劳动人民的智慧所在。

课例提供：张学亭

二、课堂评析

在初中历史教学中渗透劳动教育

劳动教育本质上就是生产劳动与智育和体育相互结合的产物，劳动教育是提高社会生产效率的一种方法，同时也是培养全面发展的人的唯一有效方法。劳动教育是提高社会生产效率的一种方法，同时也是培养全面发展的人的唯一有效方法。教育和劳动都是促进学生发展的重要形式与活动，这二者之间具有极为密切的联系。在初中历史教育中，教师如果能够将历史课程教学与劳动教育结合起来，势必能够使历史教育起到更好的教学效果，使学生接受到更具内涵、更具意义的教育。

（一）纵向对比，熟悉历史脉络

在导入环节中，以现在的机械化生产为线索，引出学生对于古代农业生产方式的兴趣，在开始新课内容之前用多幅图片让学生说出了之前所学内容，既有复习，又能引入，效果良好。从原始社会的骨制耒耜开始，到三国的翻车，使学生对于古代生产工具的整体演进有了初步的了解。接着从古代社会经济中最重要的农业方面入手，通过资料来说明唐朝对于水利的重视，农田面积的增加。重点讲解了对于农具的改进——曲辕犁和筒车，用唐代曲辕犁与西汉的直辕犁进行对比，用唐朝的筒车与三国的翻车进行对比，从这些工具的结构、功能等方面来发现其改进之处，从而体会我国古代劳动人民的智慧，联系到现在农业生产的机械化、规模化作业，让学生加深对于文明古国含义的理解，激发学生的民族自豪感与自信心，并且体会到粮食的来之不易。

（二）立足教材，阐释劳动本意

历史教材是实施历史教学活动的基本依据和主要工具，劳动教育融入历史学科教学的效果如何，与教师对教材资源的把握有着十分重要的关系。充分运用课程优势开展劳动教学，即要寻求劳动内容和教材内容的对接点，以此推进教学。教师在传统教育工作中，必须按照正确的历史教材对学生实施正确的劳动教学，并贯彻落实社会主义新时期学校劳动教学的基本特点，实现初中历史课程的教学目标。

劳动教育是当代中国教育改革中一个重要的发展方向，《关于全面加强新时代大中小学劳动教育的意见》中明确指出：大中小学应当在以习近平新时代中国特色社会主义思想的指导下，“把劳动教育纳入人才培养全过程，贯通大中小学各学段，贯穿家庭、学校、社会各方面，与德育、智育、体育、美育相融合，紧密结合经济社会发展变化和学生生活实际”。习近平总书记指出：“正是因为劳动创造，我们拥有了历史的辉煌；也正是因为劳动创造，我们拥有了今天的成就。”对教学资料的深入发掘和利用，可以有效达到劳动教学的目标。劳动教学以培育学生的劳动意识为主要目标，而指导学生合理地对待劳动也是教学的基本内涵。在初中历史课程中与劳动有关的教学内容为数不少，因此教师要挖掘历史课程教学资源，从马克思主义唯物史观下的劳动定义入手，进一步加强、细化对劳动含义的说明，使学生对劳动产生更深层次的理解，使学生对劳动的认识由单纯的经验认识向更深层次的理论认识过渡。

（三）劳思结合，培育学科素养

苏姆霍林斯基就曾提出：“不通过亲身劳动，就不能有坚定的唯物主义世界观和远大的共产主义理想。如果一个人用双手丰富智力或用智力指挥双手，他在这方面表现得越是明显，那么，他对世界观真理的感受也越深刻；如果一个人在少年期没有经历过从具体的事实到意义重大的世界观的真理这条路，他就不会有正确的科学唯物主义信念，他会轻易地改变观点。”把劳动教学导入历史专业教学最关键的含义就在于，学校必须能够以劳动教学为重点，从基础教育阶段就开始逐步培育对“实践出真知”有着深切感受、切实掌握史学专业知识的新型历史后备军。

因此，历史教育工作者要转变自身思想，充分认识到劳动文化对其个性与社会成长的重大作用；顺应时代的发展趋势，积极探索在传统课程中运用劳动教学的多种手段，来真正培养的劳动素质，使他们培养热爱劳动、重视生产的思想，使其成为一个高素质的时代新人，成为一个具备终身发展能力的、合格的可靠的建设者和接班人。

| 高中历史统编版选择性必修二 |

“古代的生产工具与劳作”课堂实录与评析

一、课堂实录

（一）教材解读

劳动教育是学生德智体美劳全面发展的主要内容之一，也是中国特色社会主义教育制度的重要内容。劳动创造了人也创造了社会生活，劳动教育就是使学生树立正确的劳动观点和劳动态度，热爱劳动和劳动人民，培养勤俭、奋斗、创新、奉献的劳动精神，具备满足生存发展需要的基本劳动能力，形成良好劳动习惯，进而提高学生的社会责任感。

无论是物质产品还是精神产品都是劳动的产物。劳动工具又称生产工具，它是人们在劳动过程中用来对劳动对象进行加工的物件，是反映生产力性质的标志。劳作方式泛指劳动方式，包含劳动者和劳动工具，又包括劳动者在劳动关系中的地位和作用。劳动工具和劳作方式的革新是体力劳动和脑力劳动的结合，是对劳动和古代劳动人民勤劳品质的最好诠释。

本课例“古代的生产工具与劳作”出自2019高中历史统编版选择性必修二“经济与社会生活”第二单元，透过生产工具和劳作方式的变迁，既可以让学生充分了解历史上劳动工具的变化和主要劳作方式，充分认识生产方式的变革对人类社会发展所具有的革命性意义，也能充分理解劳动和劳动人民对经济发展和历史前进的推动作用，从而珍惜劳动成果，形成正确的劳动观。

（二）教学目标

通过本节课的学习，使学生掌握古代生产工具和劳作方式演进的基本史实，认识生产工具进步对社会生产发展的推动作用以及小农经济的影响，加深对古代劳动人民勤劳与智慧的认知，强化学生对劳动的热爱和对创新的追求。

（三）教学过程

1. 导入

（展示一张农耕图片，让学生回答图片所反映的信息。）

生 1：劳动者很辛苦。

生 2：劳动工具原始。

生 3：古代劳动人民生活负担沉重。

师：大家说的都很有道理，同时通过这个图片，我们想接触一个概念——生产力，即人类改造自然的能力，它包含的三个要素都在这个图片里。

（继续引导学生回答哪三个要素。）

师：生产力包括生产工具、劳动者和劳动对象。其中生产工具的进步是生产力发展的重要标志。今天这节课我们就重点了解一下古代生产工具的革新以及由此带来的生产关系的变化。

【设计意图】古代农耕的图片不仅能直观地反映出劳动人民的艰辛，给学生情感的冲击，同时其包含的有关生产工具的信息也利于引入课题。

2. 农业工具的变化

（1）学生预习成果展示。

由农业工具组学生代表展示课前搜集梳理的材料，通过展板（文字、图画）和实物向同学们讲述农业工具变化过程，并尝试总结变化特点，最后教师进行总结点评。

（多媒体展示本小节知识结构。如下表）

<table>
<tr><td></td><td></td><td>耕作工具</td><td>灌溉工具</td><td>畜牧业</td></tr>
<tr><td rowspan="3">中国</td><td>原始社会</td><td>石器、青铜器</td><td>陶器</td><td rowspan="4">圈厩
马槽</td></tr>
<tr><td>先秦</td><td>青铜农具（少量）、铁农具</td><td>桔槔</td></tr>
<tr><td>秦汉—明清</td><td>灌钢法、曲辕犁</td><td>桔槔、翻车、筒车</td></tr>
<tr><td colspan="2">世界</td><td>西亚、北非青铜农具
赫梯冶铁</td><td>古埃及杠杆原理</td></tr>
</table>

（2）重点探究。

①中国古代农业生产工具变化趋势和影响。

（展示早期木犁和曲辕犁、桔槔、翻车的图片，播放筒车视频。）

生1：曲辕犁灵活性增加，省力、效率提高等。

师：唐代曲辕犁标志着中国传统步犁基本定型。有三处改进：把长直辕改成短曲辕，犁架变小，便于回转，节省畜力。增加了犁评，使犁箭可上可下，可以适应深耕和浅耕的不同需要。改进了犁壁，不仅能碎土，而且可将翻耕的土推到一侧，减少耕犁前进的阻力。

生2：灌溉装置越来越复杂，越来越先进，逐渐解放人力。

生3：反映了古代劳动人民的创新与智慧。

生4：生产工具的革新进步提高了生产效率，有利于粮食、人口的增加，有利于社会稳定和文化的发展等。

师：生产工具是生产力的主要标志，生产工具革新的背后是艰苦的劳动和智慧，结论是生产工具提高了劳动生产力，生产力发展推动了社会进步。

②如果你处在当时的条件下会对翻车有什么改进的建议？

（展示“翻车”图片，说明其为世界上出现最早、流传最久远的农用水车。）

生：（略。）

师：大家的想法都很有创意。每一个时代的人都有每个时代的进步性和局限性，今天看起来很简陋的生产工具在当时的历史条件下已经是非常先进的发明，甚至凝集了几代人的心血。

（展示华为自主创新、领跑5G时代关键技术的案例。）

师：创新是一个民族进步的灵魂，是国家兴旺发达的不竭动力，劳动、勤奋和创新永不过时。

3．手工业工具

（1）学生预习成果展示。

由课前分工的手工业工具组学生代表展示搜集梳理的材料，通过展板和实物向同学们讲述手工业工具变化过程，并尝试归纳规律特点。

（教师总结并通过多媒体展示本小节知识体系。如下表）

		纺织	陶瓷	冶炼
中国	原始社会	旧石器：骨针 新石器：陶纺轮	泥条盘筑 坯车	新石器：冶铜
	先秦			西周：冶铁
	秦汉—明清	汉朝：纺车、提花机 元朝：纺织机	南朝：匣钵 唐宋：支钉	东汉：水排 南北朝：灌钢法
世界		纺车		赫梯冶铁

（多媒体展示老官山提花机模型，点明其是迄今为止世界最早的提花机模型；展示水排模型，说明这是中国和世界上最早在冶铁中利用鼓风技术的标志，也为下面的探究做好铺垫。）

（2）重点探究。

①思考中国手工业产品在西方的地位？

（史料展示。）

图片：意大利画作《群神宴》。

文字：在 16—18 世纪，中国青瓷为欧洲贵族阶层所疯狂追捧，身价竟堪与黄金相比。有“强力王”之称的萨克森国王奥古斯特二世，就是中国青瓷的痴迷者，曾专门修了一座宫殿来珍藏这些东方来的宝贝。在 1717 年，他用 600 名强壮的士兵换来了领国的 127 件中国瓷。换来的瓷器被称为“龙骑兵团”，而那六百名士兵，被称为“瓷器兵团”。到他去世的时候，留下多达 35798 件的瓷器。（杜君立《新食货志》）

生：中国瓷器深受西方欢迎；中国瓷器质量、官营手工业技术水平高超等。

师：中国瓷器之所以很受西方欢迎，显然是与中国瓷器的精美和制作精良分不开的，这既反映了中国古代官营手工业的技术水平，也从一个侧面反映了古代中华文明的世界领先地位。

4．劳作方式的变化

（过渡：生产工具与生产力的关系？生产力与生产关系？）

（1）学生预习成果展示。

由课前分工的劳作方式组学生代表展示搜集梳理的材料，通过展板等方式向同学们讲述农业、手工业劳作方式变化过程。

（教师总结并通过多媒体展示本小节知识体系。如下表）

劳作方式	特点	代表
集体劳作	工具简单、生产力水平低	井田制上的集体耕作
家庭式劳作	男耕女织、自给自足	小农经济、古罗马
庄园式劳作	商品经济不发达、割据因素、劳动者人身依附	罗马奴隶制庄园、欧洲中世纪庄园、三国青瓷坞堡

（展示图片——青瓷坞堡。三国时期的青瓷坞堡，1986 年出土于黄陂滠口镇，是一件能充分反映当时地主庄园经济缩影的典型器物。）

（2）重点探究。

①阅读材料并结合所学，指出中国古代官营手工业有哪些特点。（展示官营手工业的产品图片。如下表）

经营形态	出现时间	经营方式	产品流向	地位
官营手工业	西周	政府控制，集中生产	满足皇宫和官府需要，不面向市场	明中叶之前占据主导地位，代表最高水平
民营手工业	春秋战国	私人经营	面向市场	明中叶后，在一些部门占据主导地位产生雇佣关系
家庭手工业	春秋战国	家庭副业	自己消费和缴纳赋税，剩余部分出售	

②史料：

《礼记·曲礼》记载：“天子之六工，曰土工、金工、石工、木工、兽工、草工、典制六材。”

《管子·小匡》记载：“（官府工匠）相语以事，相示以功，相陈以巧，相高以知。”

《唐六典》记：“工巧业作之子弟，一入工匠后，不得别入诸色”；“新唐书”载：“细镂之工，教以四年；车路、乐器之工，三年；平漫刀稍（长矛 ）之工，二年……教作者传家技。”

明初，瓷都景德镇有官窑 58 座，资金充足，设备先进，民窑不过 20 座。但官窑管理腐败，成本高昂，很快衰弱下去。

生：占据主导地位、实力雄厚、涉及范围广泛、水平高超、职业世袭、不投放市场等。

师：分工细密、技术水平高、资金充足、设备先进、管理腐败、成本高昂等。

②小农经济对社会的发展起到了怎样的作用？（辩论形式。）

甲组学生：保证小农家庭的自给自足，农民生产积极性高，有利于社会稳定，组织生产自主灵活，推动精耕细作农业的发展和手工业发展，为国家提供赋税等。

乙组学生：具有分散、封闭、脆弱、落后等不足。

师：小农经济在封建社会形成和发展时期，基本上适应了生产力发展的要求，促进经济发展和社会进步，在明清时期则成为新经济因素发展和社会转型的阻碍，是封建社会停滞的主要原因。对小农经济的认识要全面，既要看到小农经济有局限性，更要认识到正是劳动人民的辛勤劳动，正是小农经济滋养了辉煌的中华文明。从人类产生以来，无论生产工具是原始还是先进，劳动从未缺席，即使将来机械化无处不在，劳动仍是生存的需要和美德。

【设计意图】课前，学生已经根据要求预习课本，梳理知识，尽量接触身边的生产工具，搜集有关实物。所以，预习成果的展示环节既是对课前要求的检验，也是对学生主体性的发扬，同时为课堂的顺利推进和课中讨论做了充分的准备。课中的讨论和史料分析有利于培养学生历史研究的能力，增加历史素养。在农业生产工具讲解时突出古代劳动人民勤劳与智慧，在手工业工具讲解时侧重中国古代生产工具的世界领先地位，在劳作方式讲解时，重点分析官营手工业的特点以及小农经济的历史影响。

通过呈现大量的资料、图片和部分实物，营造劳动教育情境，不断凸显劳动的价值、创新的价值，累积学生的劳动素养，强化学生的民族自信心和自豪感。

5．课后作业（二选一）

（1）尝试从身边找到一种传统生产工具或者选择一个自己感兴趣的古代生

产工具，然后制作一个 PPT 或者撰写一个 300 字左右的小短文，简要介绍它的主要用途、历史变迁和改进建议等。

（2）自己动手制作一个小型简易古代生产工具并展示介绍。

【设计意图】作业部分紧扣历史和劳动教育的主题，通过让学生探寻身边的传统生产工具或者自己动手制作简易的生产工具，进一步增加学生对生产工具特别是传统生产工具的了解，拓宽历史视野，首尾呼应，形成本课完整的历史教育和劳动教育链条。

课例提供：孙阳

二、课堂评析

在高中历史教学中渗透劳动教育

劳动既包括复杂的创造性的智力劳动，又包含相对简单的体力劳动。劳动是人类存在和发展的基础，劳动创造财富、培养人的智慧和品格、推动着社会前进，没有劳动就没有历史和未来。高中生处在世界观、人身观和价值观形成的关键时期，学生在青少年时期养成良好的劳动观，以后才能更加积极而创造性地进行劳动，成为勤劳向上的社会有用之人。习近平总书记强调：“要在学生中弘扬劳动精神，教育引导学生崇尚劳动、尊重劳动，懂得劳动最光荣、劳动最崇高、劳动最伟大、劳动最美丽的道理，长大后能够辛勤劳动、诚实劳动、创造性劳动。”所以，培养学生理解劳动、尊重劳动、热爱劳动的意识就成为素质教育的应有之义。

陈旭麓先生在“论历史教学与生产劳动结合的问题”一文中指出，“教育与生产劳动相结合是社会主义教育不可移易的方针，有必要较好的来说明生产方式的变革和劳动人民的伟大创造”。历史教材（课堂）包含着丰富的劳动教育资源，理应充分发掘，履行好劳动教育的使命。

（一）历史课堂的劳动资源和可操作性

历史展示人类的物质文明、精神文明和政治文明，文明就是劳动的产物和结果。陈旭麓指出“生产技术的创造与革新可以反映多少世代以来我们的祖先在自己的土地上的辛勤劳动，……凡促进社会生产的经济思想，歌颂劳动的文学艺术作品，皆应是历史教学与生产劳动相结合的取材”，制度、科技、艺术、粮食、陶瓷、文明的每一个细节都能体现劳动的价值。因此，只要树立了劳动教育的目标和认识，合理设计教学流程，正确发掘教育资源，重视劳动者群体的价值，在历史课堂上贯彻劳动教育理念就不是牵强的，而是自然、充分和深刻的。在历史课堂的劳动教育实践中常见的方式有切入历史人物的劳动品质、劳动言论如墨子的劳动观；实物展示如粮票、丝绸等老物件；通过视频资料或现场表演复原的劳动创造的情景如运河开凿等。

以“古代的生产工具与劳作”为例，这节课以生产工具和劳作方式为主要内容，与劳动的关系非常直接、密切，具有鲜明的劳动教育特色，是劳动教育的优质素材。“叙述历史社会上的生产技术，其作用在于显示劳动群众的智慧和对自然作斗争的勇敢勤劳。”（陈旭麓）从学情来看，既有必要性也有现实操作性：一方面由于时代的进步和教育环境的变化，当代学生对生产工具普遍缺少足够的认识，对传统生产工具更是知之甚少，学习时间的紧张也使得他们难以经历足够丰富的劳动体验；另一方面，许多同学住在农村，在提前布置预习任务的情况下有条件接触家里或村里的生产工具包括传统的农具，县城里的同学也有条件去博物馆、民俗馆等地观察了解，储备感性认知。所以这节课适时确立了劳动教育的教学理念，并在课堂教学的每一个环节中都渗透这一点，这也符合唯物史观的历史核心素养要求。

（二）本课例教学过程中的劳动理念贯彻情况

这节课知识结构清晰，主题明确，主要是展现古代生产工具和劳作方式的演变。课前的预习，课堂上丰富的图片、视频、实物等资料都营造了劳动教育的良好情境。教师在讲述中紧紧围绕的中心理念就是生产工具是劳动的产物，是生产力进步的标志，生产工具创造与革新的背后凝集了古代劳动人民的智慧和汗水，是脑力劳动和体力劳动的结合。通过授课使学生认识到，劳动是人类产生的手段，也是人类发展进步的手段，懂得劳动的朴素和伟大，懂得科技创新的价值，形成劳动光荣、创新可贵的意识，培养学生热爱乡村、热爱劳动、热爱劳动人民的情怀。在古代生产工具的中西比较中，通过提花机、水排等发明，强调古代中华文明在世界的领先地位，增强学生的民族自信心和自豪感，这也是文化自信的内涵之一。劳动教育最有效的情境不是空谈而是实践，因此在系统的课堂学习之后，通过作业环节即让学生调查身边的生产工具或者制作简易的生产工具，实现理论与实践结合，进一步延伸主题的要求，增加对工具与劳动的感性认识，与课前的要求首尾呼应，扣紧主题，完成教学目标。整个授课过程使历史讲述和劳动教育浑然一体，既让学生从历史的角度掌握了生产工具和劳作方式的变迁轨迹和规律，又从劳动的角度增强了学生对劳动的理性认识和朴素情怀。最后的课堂总结，教师联系学生实际鼓励学生理解父母的辛苦劳动，同时认识到自己的学习也是劳动，是体力和脑力的结合，要树立积极的学习态度，有不畏困难的决心，正确对待学习的挫折，在勤奋学习中、在钻研创新中体会劳动的价值和快乐。

（三）授课的不足和未来历史教学中贯彻劳动教育的思考

针对课前布置的接触和了解传统工具的任务，由于环境和习惯的原因，有些同学贯彻的不到位或者流于表面，教师搜集的有些资料也不够典型和全面，课堂讨论的环节不够热烈和充分，这些因素都影响了教育的效果。事实上，一种教育理念的渗透包括对学生劳动素养的培养不是一日之功，也不是靠灌输就解决的，必须持之以恒、润物无声。

劳动教育是素质教育的基本要求也是教师的天然使命。教育不仅要传递学生知识，还要培养学生崇高的品德，历史教学不光要交给学生史实，还要传递给学生劳动的理念。在现有的历史教材中，在今后的历史教学中，历史教师应当继续努力贯彻核心素养，明确劳动教育作为教育教学的基本目标之一，努力挖掘教材里的劳动资源，既不止于“劳动”说教，也不偏离历史教学，实现历史教学和劳动教育的“完美”结合，完成好历史教学和劳动教育的双重任务。

第五节　地理教学有机渗透劳动教育

随着教学改革的发展，地理教学不断朝着多元化、现代化、情景化等方向发展，地理教学更应当进行多学科的融合，促进学生综合素养的提升，在此过程中还应重视劳动教育的落实。地理学是研究人与地理环境关系的科学，人地相互作用的过程离不开劳动活动，地理景观的塑造也是人类劳动的结果，所以在地理教学内容选取、地理实践活动开展中都可以渗透劳动教育。

在地理教学内容中帮助学生树立正确的劳动观念。地理教学内容综合性强，涉及多个学科，产业活动、自然灾害防治等内容天然具有劳动属性，例如：在农业区位因素教学中，通过让学生观看农业劳动视频、介绍自身参与的农业劳动活动、介绍一日三餐来源等方式了解农业劳动活动，同时引导学生认识到劳动光荣、劳动平等，体会到体力劳动和脑力劳动同样重要；在植被教学中，通过让学生观看北京皇城根遗址公园介绍、收集绿化工人劳作痕迹、观察校园内树木长势让学生感悟到绿化劳动的艰辛，培养学生爱护植被，珍惜劳动成果的意识，帮助学生树立正确的劳动观念。

在地理实践活动中提升学生进行劳动实践的技能。随着地理核心素养的提出，地理实践力的培养成为摆在初高中地理教学中的难题，将其与劳动教育有机融合是解决这一困境的有效方略。在初中地理教学中可以多进行调查记录类实践活动，如在地图教学中绘制校园平面图、在地球与地球仪教学中指导学生观察并绘制日影变化等，通过观察、记录、绘制等实践活动让学生体会劳动与知识获得的关系，培养学生热爱劳动，积极参与劳动的良好品质。在高中地理教学中可以进行实验探究类、调查分析类实践活动。例如，在植被教学中让学生收集不同植被枝叶并分析原因形成 PPT 或报告，在土壤教学中让学生到户外挖掘并收集土壤样本、绘制土壤剖面，在生态脆弱区教学中组织学生设计水土流失实验，通过野外考察、室内模拟试验、户外采集过程将劳动教育融入地理实践活动中，达到以劳健体、以劳赏美、以劳树德、以劳提智的效果，通过多种实践方式让学生动手动脑，进一步感受劳动过程的喜悦，提升学生劳动实践的技能。

| 高中地理人教版必修一 |

“植被”课堂实录与评析

一、课堂实录

（一）教材解读

本节内容选自人教版高中地理必修一教材中的第五章，涉及课程标准为“1.10 通过野外观察或运用视频、图像，识别主要植被，说明其与自然环境的关系”。课程标准突出地理实践力的培养，以学生户外观察的实践活动为核心，要求学生会在室外对植被进行观察、识别、描述。教材由浅入深的展示植被的概念、特征、植被类型、与环境关系，综合运用图像、文字、调查活动给予学生直观的认识，加深对概念的理解，内容设计层层递进，符合学生认知规律。结合教材内容设计相关问题链，使学生经历校园树木调查、树叶标本收集制作、资料查询、植被特征及原产地介绍、对比植被生长状况差异、对校园绿化提出建议等实践环节，引导学生通过亲身参与劳动实践活动，体会绿化活动的艰辛，感悟劳动的乐趣，分享劳动的喜悦，同时培养关键能力、行为品质和思维习惯等。

（二）教学目标

1. 结合地图说出植被的主要类型及分布规律，分析植被特征与环境的关系。（区域认知、综合思维。）

2. 学会在生活中辨认主要植被，通过观察植被说明植被的识别和描述方法。（地理实践力。）

3. 通过实地调查校园本地树种和外地树种生长状况，体会珍惜爱护天然植被、因地制宜营造人工植被的重要性。（人地协调观。）

4. 通过调查、搜集资料、动手操作等实践活动，体会绿化活动的艰辛，感悟劳动的乐趣，分享劳动的喜悦。（地理实践力、劳动意识。）

（三）教学过程

1. 课前调查——校园树木

将学生分成六个小组，重点选择一类树木进行调查，在亚热带树种、温带树种、亚寒带树种中进行选择，调查过程中收集植物的叶片、拍摄景观照片便于课上讲解，可以制作成 PPT，填写完成调查记录表（如下表）。

植物名称	照片	位置	数量	生长状况	原产地	植物特征	与环境的关系

【设计意图】通过课前调查活动让学生初步了解植被，认识生活中常见的绿化植被并通过网络调查或访谈等方式了解不同植被生长的环境差异；在活动过程中让学生体会调查活动的艰辛，体会到通过自己的调查劳动获取知识的成就感。

2. 情景导入——旅行见闻

师：老师在 2020 年暑假曾外出旅游，见到了很多我们这里很难见到的植物，同学们观看老师拍摄的视频，观察视频中植物有何特点？猜测老师旅行的地方是哪里？

生：植被高大茂密，种类繁多，可能是位于海南岛热带雨林的植物。

师：同学们观察力很敏锐，这确实是热带雨林，但老师去的地方是西双版纳，是我国现在保存最完好的热带雨林。雨林植被有什么特点？这与当地的自然环境有何关系？带着这些问题我们进入本堂课的学习——植被。

【设计意图】聆听故事，进入情境。通过对老师在西双版纳雨林观察到的现象引出问题，培养学生观察生活中的地理现象、探究生活中的地理问题的习惯，培养科学质疑精神，提高的学生综合思维能力和地理实践力。

3. 展示讲解——校园树木之形态

师：课前组织了一次校园植物的调研，同学们表现都非常积极。下面请不同小组同学分别介绍校园内亚热带、暖温带、亚寒带树种的类型及特征。

生 1：我们重点调查的是分布在校园绿化带内冬青卫矛，植株较矮小，在秋冬季节的依然能够保持它的叶片是鲜绿色的。我们近距离观察发现它的叶片比较硬，有蜡质层。（分发冬青卫矛的标本。）

生 1：我们组怀疑它的这些特点是为了减少蒸腾保存水分。在我们中国的秦岭—淮河以南有大片的亚热带常绿阔叶林分布，校园内的亚热带植物除冬青卫矛外，还有竹子和木瓜。

师：谢谢 1 组同学的分享，他们用采摘的叶片给大家进行了分享，根据叶片特征提出自己的猜想，然后收集资料验证假设，跟我们提供了很棒的调查思路。下面有请 2 组同学。

生 2：大家好，接下来由我们组给大家介绍，大家来看一下我们所采集到的校园里面的植物标本。（展示收集到的悬铃木和杨树树叶标本。）

生 2：我们采集到的叶子叶片都比较大，它来自于悬铃木，在不同季节下，叶片颜色是不一样的，这是夏季的，这是秋季的，而且秋季开始落叶。经过我们调查，这些植物都属于温带落叶阔叶林，主要分布在欧洲的中部和西部以及亚洲东部，对应气候类型是温带海洋性气候以及温带季风气候。温带季风气候的特点是夏季炎热多雨，冬季寒冷干燥，所以到秋季它会通过落叶保存体内水分。（展示树叶变黄的悬铃木和夏季生长茂盛的悬铃木。）

师：2 组同学详细分析了落叶阔叶林为什么会在冬季落叶，结合气候特征讲解，逻辑清晰，抓住了减少蒸发这一关键，非常棒。最后有请 3 组同学。

生 3：同学们好，接下来由我给大家讲一下针叶林。（展示校园内拍摄的侧柏。）

生 3：它的叶子是针状的，侧柏这种植物主要分布的地区是亚欧大陆和北美大陆北部。我们在地图上可以看到亚欧大陆和北美大陆的北部，它主要的植被是针叶林，对应的气候是温带大陆性气候。它的特点是夏季温和短促，冬季寒冷漫长而且干燥，所以叶子退化成针状来减少蒸腾，以减少水分的散失。

师：非常感谢同学们的分享，针叶林的针状叶片不仅仅是为了减少蒸腾，同时也为了更好抵御严寒。从刚才同学们的介绍中可以看到，不论是哪一种植被，它的形态特征都与当地的自然环境，尤其气候特征相适应的。

【设计意图】通过对真实情境的探究，唤起学生对生活中地理问题的关注，引导学生将教材知识与生活实际相结合，学会识别植被，根据地图概括植被分布规律并尝试分析气候与植被的关系，深化了对于植被与环境关系的理解，从而培养学生的区域认知能力，提高学生地理实践力和地方综合思维。通过校园调查、采集植物标本等有目的的实践活动，体验劳动的乐趣，在劳动实践活动与讲解中感受自然美。

4. 讨论分析——植被与环境

师：下面我们一起来看一下其他的常见植被类型。同学们看一下热带雨林、草原、荒漠的视频，以小组为单位结合学案上的图文资料，观察这三种植被有何特点，并分析它们是怎样适应当地环境的。

（观看视频，小组讨论完成探究问题，时间 3 分钟。）

生 1：热带雨林植被茂盛，植物种类多样、呈深绿色，有高大的乔木，有板根和茎花现象。它分布在赤道附近，全年高温多雨，这就使得这些地方的植物生长迅速，生长时间长，具有种类丰富而且结构复杂、常绿的这些特点。

师：谢谢这位同学的分享。这里要注意雨林多板状根，主要起到支撑作用，乔木高大主要适应高温多雨的环境，争夺更多的光照进行生长。我们在总结的时候，语言要精练，突出重点。接下来我们再来看一下热带草原。

生 2：首先热带草原景观出现的区域是热带草原气候区。它的气候特点就是全年高温，分干湿两季。

（图片展示猴面包树不同季节的景观图片。）

生 2：猴面包树和纺锤树的粗大树干，它们都是为了储存水分，降雨量比较多的时候，他们会储存降水，到了干季的时候，利用这些储存下来的水分。落叶也是为了减少蒸腾作用来达到保存水分、抗旱的目的，这同时也体现了环境影响植被、植被适应环境的理念。

师：热带草原除了较为稀少的树木之外，还有众多的草本植物，雨季葱绿，旱季枯黄，也是为了适应干湿季分明的草原气候。接下来请荒漠小组。

（展示荒漠植被景观图。）

生 3：荒漠植被主要分布在热带沙漠气候和大陆内部的温带大陆性气候区，这些地区降水稀少，植被稀疏。植被常有肉质茎、刺状叶和绒毛以及发达的根系。由于气候干旱，水分比较少，所以植物为了储存水分产生了肉质茎的结构，然后为了减少水分的蒸腾，产生了刺状叶的结构，发达的根系是为了吸收更多的水分。

【设计意图】通过视频、图像、文字等材料，指导学生观察雨林、草原、荒漠植被并分析其与环境的关系，因为校园内植被有所缺失，为保证学习植被类型完整性，在分析时应用前面活动中所学的分析方法，从而达到学以致用的目的。

5. 调查研究——校园树木之百态

师：我们来总结一下前面所学习的植被，在湿润地区可以生长森林植被，在降水较少的地区主要分布了草原和荒漠植被，它们有很多耐旱的特征，可以看到植被是适应自然环境的，那植被如果在不适合的环境下生长会有什么变化呢？我们校园内的外地树木生长状况是怎样的呢？

生 1：校园内很多树木生长不良，松树、龙柏都较矮小，竹子生长较慢，而且发育不良，叶片稀疏。

（展示校园景观照片枯萎的石榴树、干枯的银杏、竹子。）

师：同学们观察仔细、用心，同学们能结合老师给出的三种植物生长环境的资料，分析它们为什么生长不良吗？小组讨论完成这一问题。

生 2：因为竹子喜温暖湿润的亚热带气候，我们这里冬季寒冷干燥，不适合竹子生长，所以竹子长不高，枝叶也比较稀疏。

生 3：因为银杏原产于浙江山地，不适应我们这里的气候，所以生长不好。

生 4：石榴原产于伊朗地区，应该是更喜温暖的环境，我们这里冬季寒冷，所以我们组推测石榴树死亡的原因可能是由于冬季受到了冻害。

【设计意图】深入分析校园内树木的生长状况，分析部分树木生长不良的原因，灵活运用所学知识，避免学生将植被与环境的关系模式化。通过对校园树木的调查研究，提升学生的学习兴趣，提高学生的对校园绿化的关注度，为后面保护绿化植被采取措施做好铺垫。

6. 绿化劳作——校园树木之养护

教师：实际上，我们东营地处黄河三角洲，土壤为碱性土，树木都难以生长，没有原生的天然林，所有树木都可以认为是外来树种，要保障绿化树木正常生长需要许多额外的付出，我们看这株石榴树树干上有什么？

生 1：缠绕了一圈棉布。

师：有什么作用呢？

生 2：应该是为了抗寒保暖。

师：这是北方地区绿化种植的一种常见措施，绿化工人需要在入冬前给抗寒性差的植被盖上一层“被子”，帮助这些树木抵御严寒，顺利过冬。绿化工人劳作的痕迹还有很多，同学们能不能结合今天所学的植被相关知识解释下这些工作的作用？

（展示绿化工人的各种劳作场景或劳作痕迹，包括漫灌、喷灌、除草、喷洒农药、枝干涂白、木棍支架等。）

生 3：木棍支撑主要是为了防风，避免冬春季大风将树木吹倒。

生 4：喷灌主要在春季，因为春季气温回升，树木开始生长发育，需水量大，但春季降水又较少，所以需要灌溉，喷灌效率高，水分蒸发流失较少。

师：树干涂白有什么作用呢？这种现象我们在道路两侧的行道树上尤为常见，和我们刚才的石榴树非常类似。

生 5：为了防冻。

师：这种白色主要成分是石灰，它能反射阳光，减少吸热，树干就不会因昼夜温差巨大而冻裂，同时还有杀菌和防虫的作用。校园的绿化工人为了让我们校园环境更加美丽付出了很多，正是他们的辛勤劳作让校园的树木能从幼苗成长为可以为我们遮阴的大树。校园环境在一天天变美，但仍有些树木生长不良，下面同学们结合北京皇城根遗址公园的介绍资料，给绿化人员提一些建议，让我们校园变得更加美化。

【设计意图】介绍校园内绿化工人劳作方式和痕迹，让学生体会到劳动的艰辛，感触到树木成长的艰难，激发学生保护树木、热爱自然的情感，同时提升学生的地理实践能力和综合分析能力，让学生感受到地理学生的有用性，培养学生热爱生活的价值观念以及用心观察的学习习惯。

7. 他山之玉——皇城根遗址公园

播放皇城根遗址公园介绍视频，展示阅读图文资料（见教材）引导学生思考以下问题：

（1）你在视频中看到了哪些植被类型？

（2）计算皇城根遗址公园的绿化率。说明皇城根遗址公园“精”在何处？皇城根遗址公园的绿化设计有哪些优点？

（3）根据皇城根遗址公园的绿化设计为我们校园绿化提供合理化建议。

生 1：有针状松树为亚寒带针叶林树种，有阔叶、秋冬季落叶的杨树、银杏等落叶阔叶林。

生 2：绿化率高达 92.3%。主要是落叶阔叶树、针叶树以及草地全部都是当地树种；有乔木、灌木、草本，乔灌草结合，具有垂直层次；有落叶树、针叶树，树种繁多，多树种混栽；绿化率高，裸露地面较少。

生 3：选用当地树种，成活率高，维护成本低；多树种混栽，增加了观赏性，美观性；乔灌草结合使绿化具有层次，趋近于原生的自然带；绿化率高能更好的发挥美化环境、涵养水源等生态功能。

生 4：我们也可以尽可能选用暖温带的树种，将难以生存的亚热带竹子、木瓜替换，通过生物或工程措施改良土壤，降低土壤的碱性，加强冬季的防寒保暖，用更厚一些的棉布来保温。

师：同学们提到了很多措施，我们能不能帮一帮绿化工人，做些力所能及的事情呢？

生：我们可以帮忙除草，还可以调整灌溉设施，避免水资源的浪费。

师：同学们提的建议都是可行的，希望同学们利用课余时间行动起来，为校园绿化贡献自己的力量。最后我们总结一下本堂课所学的内容，我们通过调查分析学习了不同类型森林、草原、荒漠植被的形态特征、分布、与环境的关系，调查了校园绿化树木的生长状况与绿化工人的劳作方式，结合所学知识为校园绿化提供了可行的建议。每一株树木生长至今都经历了严寒和酷暑，每一株幼苗成长为参天大树都离不开绿化工人的辛勤呵护，希望同学们在今后的学习生活中保护好校园绿化，保护好地球上的植被，因为保护植被就是保护我们人类自己，同学们说好不好？

生：好。

师：本节课到此结束，下课。

【设计意图】通过动态视频和静态文字图片结合将陌生的皇城根遗址公园立体地展示给学生,通过查找植被类型对上一环节所学主要植被类型进行评价检测,可以及时了解学生识别植被这一能力的掌握情况，利于教师根据反馈及时调整教学。通过三个问题让学生了解绿化的一般原则，为校园绿化提供思路，引导学生结合前面校园绿化现状提出合理化的建议，让学生树立因地制宜进行绿化的人地协调观，通过劳动实践中感悟人与自然的关系。

课例提供：张立明

二、课堂评析

劳动实践提升地理核心素养

在地理教学活动中，地理观测、地理实验、地理调查、地理考察等地理实践活动方式众多，为劳动教育提供了一片沃土。本课例以校园植被为主要线索，通过劳动实践活动创设学习情境，主要有以下四个方面的优点。

（一）创设情境，培育核心素养

这节课依据的课程标准是通过野外观察或运用视频图像识别主要植被，说明其与自然环境的关系。核心内容主要是热带、亚热带、温带和寒带的植被，重点是植被与环境的关系。在学习目标设定后，学习目标的达成是从低阶目标到高阶目标的实现，比如说识别植被是低阶目标，逐步地总结分布规律以及落实立德树人就属于高阶目标，而在整个教学过程中都贯穿了植被与自然环境的关系。

课堂中融合了课程的最新理念，体现地理、生物、劳动教育等多学科融合，在户外实践中，运用智能手机软件与计算机技术，寻找校园主要植被，探究其形态外观与自然环境的关系，真正地做到了信息技术支持地理课堂。通过实地考察学生所在学校的场域环境，培养学生的地理实践力，通过实地调查校园本地树种和外地树种生长状况，体会珍惜爱护天然植被、因地制宜营造人工植被的重要性，体现人地协调观，课堂中也贯穿了读图、识图等区域认知，培养了学生的综合思维，真正地实现了培育地理核心素养。

从课程标准和学习目标来看，本课充分体现了地理学科的专业性和育人功能，具有引领作用。

（二）多元交互，还原课堂面貌

在实现学生核心素养落地的课堂中，教师需要转变原来由单向的知识传递者的角色，成为课堂教学的组织者、学生自主知识建构的促进者以及知识再发现过程的引导者和课堂中的多元交互者。

从教学环节来看，这节课可以分成四部分：一是教师布置课前任务，指导学生真实的进入校园当中进行植物调查；二是学生对于调查的结果展开汇报交流；三是合作学习学案图文资料，进行拓展迁移；四是观看皇城根遗址公园介绍视频引导学生对发现校园绿化问题并提出改进建议。四个部分层层递进，在教学过程中通过设置驱动性的问题，自然地过渡到下一环节，使得整堂课衔接流畅，通过真实情境的引入，引导学生关注学习的过程，而不仅仅只关注问题的答案。

从教学呈现方式来看，本节课教师通过多媒体、学案展示、视频、图像等方式，素材类型丰富多样，为学生的学习搭建脚手架，具有非常良好的示范作用。教师与学生的问答形式多样，有单独回答、群问群答、引导性提问、合作探究回答等，充分体现了教师多元交互者的这一功能，创建了民主平等的氛围，将课堂还给学生，还原了课堂原本的面貌。

（三）体验参与，促进真正学习

真实的课堂，真实的学习活动才能培养出高级的情感，才能实现高阶的目标，这样才会触动学生的心灵。

这节课立足于学生发现问题、提出问题、论证问题、解决问题。课堂活动形式多样，包括课前的调研、学生的展示、合作探究、小组展示、单独回答等。

课前给予学生适当的研究性学习课题进行研究，利用真实的校园环境创设了这样一个校园植物观察的地理实践活动，让学生在校园内寻找不同类型的植物进行调查，学生参与度高，覆盖面广，对问题的研究深入，学生自主收集植物标本、查阅资料、拍摄照片、制作相关 PPT，真实体验到实践活动过程以及问题的生成和解决过程。这节课在具体的实践当中让学生获得深刻的地理体验，在体验中理解知识、体会复杂的情感和学科思想方法，促进学生主动探索发现，从而经历核心素养形成的过程。

（四）调查分析，感悟劳动意识

通过户外调查实践活动，给予学生动手劳动的机会，包括采集植物标本、搜索查询资料，将手脚与心脑充分结合，即学习地理概念、原理、规律，又动手实践、锻炼技能。通过发现校园绿化问题并提出建议，帮助学生感悟劳动之艰辛，引导学生主动承担力所能及的劳动活动，为校园绿化建设贡献自己的力量，从而提高学生的劳动意识。在课堂上，学生依托自己采集的植物标本进行汇报，有感而发，在活动中体会到了劳动实践的快乐。

总体来说，地理教学可以通过真实的劳动实践活动创设学习情境，推动学生自主发现问题、解决问题，培育核心素养，同时有助于提高劳动技能和劳动意识。

| 高中地理统编版必修第二册 |

“农业区位因素”课堂实录与评析

一、课堂实录

（一）教材解读

“农业区位因素”为高中地理统编版必修第二册第三章第一节的第一课时，本章教材重点讲述各产业的主要区位因素和各产业的区位因素变化，以培养学生的综合思维、区域认知能力，体现因地制宜发展产业的思想，以培养学生的人地协调观，进而通过实践调查提升学生的地理实践力。农业是发展历史最悠久的产业，是工业和服务业发展的基础，而现在学生的学习一般脱离农业劳动而纸上谈兵，通过农业区位因素的学习，学生可以体会农业活动与地理环境之间相互影响、相互作用，体现因地制宜、科学发展的人地协调观要求，在学习的同时体会农业劳动的意义。

（二）教学目标

1. 根据材料，了解农业的概念、分类、生产特点。

2. 结合案例，了解影响农业生产的区位因素。

3. 结合实例，学会分析亚洲水田农业及其他农业经济活动的区位条件。

4. 通过学习本课，体会农业生产的因地制宜、因时制宜，体验农业劳动的意义，激起对农业劳动及其他劳动的热情。

（三）教学过程

1．情境导入

师：上课！同学们好！

生：老师好！

师：上课之前先让我们来欣赏一段如诗如画的美景，体验一种人与自然和谐共处的悠然，激发一下大家对农业劳动的热情。

（播放视频《云上的村落》。）

师：大家都迫不及待地想要去哈尼梯田体验一番了吧！那么，要想进行农业生产，我们首先得了解农业。什么是农业呢？请同学们来说一说你的理解。

【设计意图】通过播放哈尼梯田的视频导入新课，激发学生学习兴趣，而且视频中讲述的梯田、村落的位置、水源来源等内容包含了梯田建设的知识，体现了人与自然和谐相处的人地协调观。通过视频导入，渗透主题“劳动”，学生能够在不知不觉中体会田园生活，激发学生想要体验农业劳动的热情，为本节课的学习奠定基础。

2. 新课讲授

生：农业是指人们利用土地的自然生产力，栽培植物或饲养动物等以获得所需的产品。

师：很好！看来这位同学在课前做了充分的预习，请坐！那农业有哪些类型呢？谁来说一说？

生：农业可以分为种植业、林业、牧业、渔业和副业。

师：很好，请坐！不过你说的只是其中的一种分类方式，是按生产对象不同分类，其中狭义的农业指种植业。除此之外，按投入可以分为粗放农业和密集农业，按产品用途可以分为自给农业和商品农业。

师：在简单了解了农业的概念和类型之后，我们还需要了解一下农业生产的特点才能进行农业生产。请同学们根据课件上的图片和资料说出农业生产的特点。

（展示我国主要糖料作物分布地区图和谚语“春播、夏长、秋收、冬藏”“清明前后，种瓜点豆”等。）

生：农业生产具有区域差异性和季节性。

师：说得不错！除此之外，我们通过谚语“春播、夏长、秋收、冬藏”还能看出农业生产的周期性。所以根据农业生产的特点，我们在农业生产时需要注意些什么问题呢？

生：要注意因地制宜、因时制宜。

师：同学们说得非常有道理，看来同学们已经具备了农业生产的一些知识。说起农业，大家请看一下咱们班里的这些植物，最近这一个月我特意嘱咐大家一定要照顾好它们，大家也都很上心，这些可爱的花草在咱们班同学的共同爱护下成长。但是他们的长势有所差异，同样是多肉植物，红盆非常饱满粗壮，而蓝盆“高高瘦瘦”“白净柔弱”，这是怎么回事呢？请咱班最勤快的“护花使者”来说一说平时是怎么照顾它们的。

生：红盆靠窗户，离得我比较远，所以我浇水比较少：蓝盆靠走廊，离得我较近，所以平时我浇很多水。可能是浇水的量不同导致长势差异吧。

师：感谢这位同学的付出！多肉是一种耐旱喜光的植物，应该少浇水多晒太阳才能长得好。对比这两盆植物，大家再仔细观察一下它们的生活环境还有哪些差异？

生：红盆的靠窗户能接受更多的太阳光照，加上浇水较少，所以长得比较矮小粗壮；蓝盆的靠走廊接受的太阳光照少，浇水多，所以叶片发黄，茎长得比较长。

师：这位同学观察总结得非常好！我们能从这个现象中得出——水分和光照条件是影响植物生长的重要因素。

师：就我国来说，农业分布大体上是东耕、西牧、南稻、北麦，大家思考一下能不能将农业生产类型进行调换，为什么？

生：不能，因为气候不合适。

师：嗯，没错，这是一个很重要的原因。这位同学阐述的理由就是我们接下来要讲的农业区位。农业区位的含义有两个：一是指农业生产所选定的地理位置；二是指农业与相关地理环境因素的关系。这些地理环境因素就是农业区位因素。

【设计意图】通过师生对话，学生简单了解关于农业的基本概念和基础知识，为下一步农业区位因素的学习打下基础。通过学生对自己劳动成果的观察、比较和分析，充分地体会到了自然因素对农业的影响，这样学生既能深入理解了农业区位因素，又激发了学生对农业生产的兴趣，进行农业劳动的热情，有助于同学们树立劳动意识，力争将来成为一名优秀的劳动者。

3. 活动探究

师：下面请同学们根据活动“分析亚洲水田农业形成的区位因素”来探究影响一定地方农业生产选择的因素，即农业区位因素。请同学们在独立思考完成以后再分小组交流讨论，然后各组找一个代表来发言。

生：第 1 题答案是位于热带及亚热带地区，纬度低，热量充足；季风气候显著，降水丰富，水源充足，雨热同期。

师：答得不错，这说明农业区位因素有热量和降水条件，也就是气候因素。那气候因素还有哪些呢？请一名同学来举例说明还有哪些气候因素会影响农业生产。

生：还有光照和昼夜温差，例如新疆的瓜果特别甜，品质高，主要是因为那里太阳光照充足，气温日较差大，有利于糖分和有机物的积累。

师：这几位同学说得不错，基本上将农业生产的气候因素总结出来了。再加以细化就可以得到这样一个知识体系——

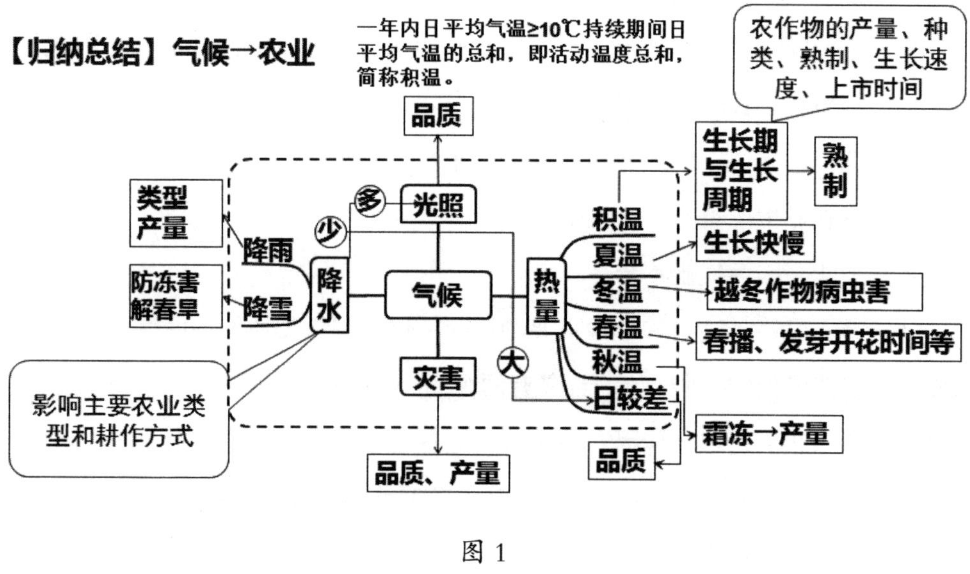

图 1

师：与我国东部季风区相比，新疆地处干旱内陆，水资源少，那么主要是什么地方能出产这些水果呢？

生：是绿洲，水源较为充足。所以对于干旱半干旱地区来说水源也是很重要的农业区位因素。

师：这位同学反应很快，说明平时知识掌握得不错。再请一名同学来回答第2题。

生：第2题主要分布在东南亚地区、我国长江中下游平原地区、印度半岛的平原等地。理由是平原地区，地势较为平坦，适宜水田耕作和管理。由此可以看出地形因素。

师：非常好！我们来看一看中国地形图，请一名同学来说一说我国五大地形类型分别适宜发展什么类型的农业？地形除影响农业的类型外，还会影响农业的哪些方面？

生：高原适宜发展畜牧业和林业，山地丘陵适合发展林业、畜牧业，平原适合发展水田、旱田种植业。除此之外，地形还对农业的影响还包括农业的生产规模、机械化水平、水利化程度。

师：这位同学考虑得很全面，值得表扬！请同学们根据课本图3.4思考为什么江西泰和县千烟洲要发展立体农业？

生：不同地形适宜发展不同类型的农业。例如在邻近山顶的陡坡上，坡度较大，易发生水土流失，适宜发展林业和畜牧业；在海拔较低的缓坡上，因坡度较小，不易发生水土流失，土层厚，土壤肥沃，适宜发展种植业；在低洼的沟谷地区，因地势低洼，易积水，适合发展渔业。

师：回答得很好，充分运用了因地制宜的思想。我们来看一下亚洲水田农业分布区的土壤是水稻土。水稻土是指发育于各种自然土壤之上、经过人为水耕熟化、淹水种稻而形成的耕作土壤。水稻土是经过人类不断耕作形成的一种特殊的肥沃土壤。这说明了土壤也是重要的农业区位因素。土壤的肥力、酸碱度、湿度、透气性、厚薄、疏松度等会影响农作物的产量和类型。

师：小结——自然因素（较稳定。）

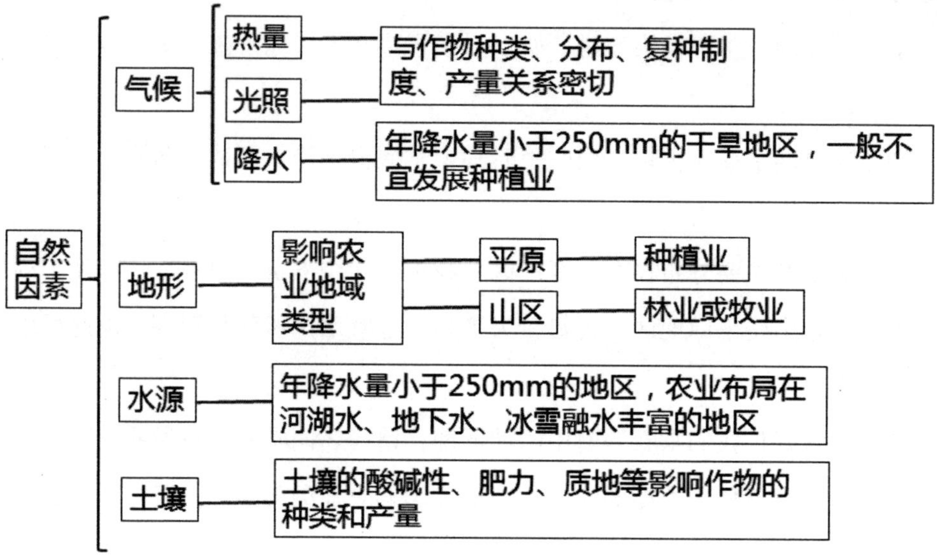

图 2

生：第 3 题分布在人口稠密的地区，既可以为水稻种植提供丰富廉价的劳动力，也可以满足人口对粮食的需求。这说明在水稻生产中劳动力因素起到了重要作用。

师：从水稻土的形成过程和亚洲水田农业的分布来看，人为因素也起到了不可或缺的作用。同学们还知道哪些人文方面的农业区位因素呢？请一位同学举例说明。

生 1: 还有市场因素，市场需求决定了农业生产的类型和规模，例如城郊农业，城市周边地区的乡村较多的发展蔬菜、水果、肉、蛋、奶、花卉等农副产品，是受城市市场的需求影响，而且在不断地发生着变化。

生 2：还有科技和交通条件，科技包括培育良种、机械化、化肥农药、冷藏保鲜技术等方面。交通会影响农产品的运输、存储费用和运输时间。

师：总结得不错，还有一点需要大家注意，政策法规也是影响农业生产的重要因素。

师：小结——社会经济因素（发展和变化较快。）

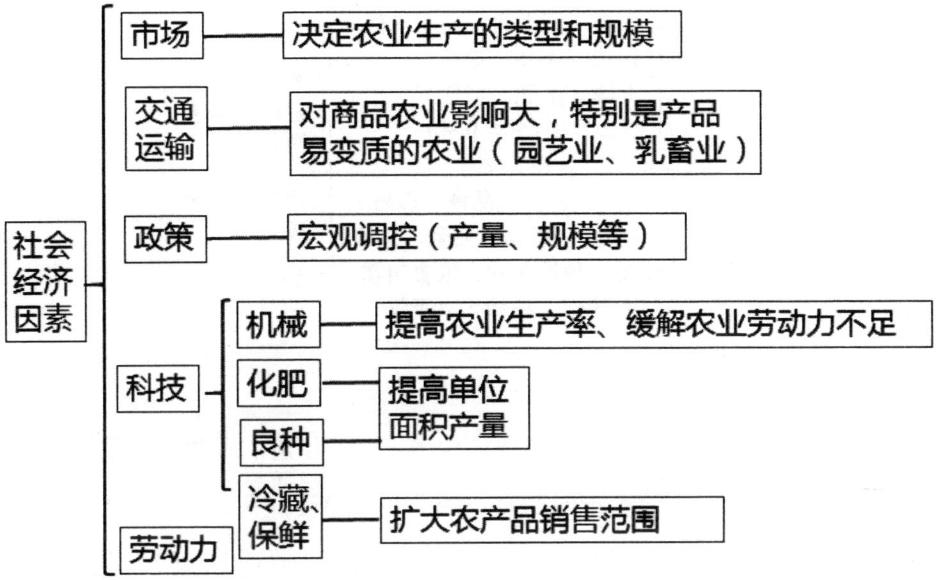

图 3

【设计意图】通过活动探究，学生在回答问题中不断地补充完善农业知识，这样学生能更加深入地了解某种农业生产需要具备的条件。认识到自然条件在农业生产中的发挥的基础作用，社会经济因素在现代农业生产中也发挥着越来越重要的作用，更好地培养学生的区域认知能力和人地协调观。

4. 回顾总结

师：除此之外，农业区位因素还包括种植历史、科技、资金、历史、文化、政治……总的来说，农业区位选择实质就是对农业土地的合理利用。同学们在进行农业区位因素分析时要抓住主导因素综合分析。农业区位因素总结如下：

课堂总结

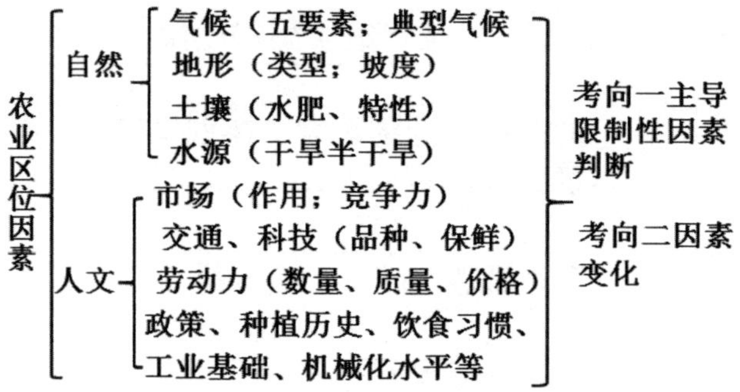

图 4

师：本节课我们一起学习了“农业区位因素”，了解农业生产需要综合考虑各种因素，要做到因地制宜、因时制宜。同学们要想进行农业生产活动，体验劳动的快乐，我们其实有很多机会。大家可以利用周末或假期的时间去田间帮助农民干活或者是自己找一小块儿土地种植庄稼，大家一定要遵循因地制宜、因时制宜的原则。希望同学们通过自己的劳动尽快收获成果。下课，同学们再见！

生：老师再见！

【设计意图】通过学生和老师的探讨和补充，关于农业的知识逐渐变得清晰和完整，通过一节课的探讨式学习，在学生头脑中逐渐形成一个完整的知识网络，为学生以后的学习建立了一个很好的架构。

课例提供：巴瑞雪

二、课堂评析

在高中地理产业区位因素学习中渗透劳动教育

在学生忙碌的高中学习生活中，多以教材为主，学生在理解知识时就显得不那么深刻，缺乏实践性，也难以实现对学生学科素养的培养。劳动实践既可以给学生的学习生活带来乐趣又可以加深学生对农业区位因素的理解，让学生在轻松有趣的学习氛围中学习，效果更好。而设计一堂逻辑清晰、内容丰富的课能理清学生思维，使学生不仅能体验快乐、学习知识，更能深化对知识的理解，形成一个完整的知识体系，这样在做题应试过程中就会更加得心应手、游刃有余。通过给学生布置劳动作业，增加了趣味性、实践性，也提高了学生学习的参与性和主体性。

（一）提前布置劳动作业，学习知识与收获幸福相结合

高中学习生活比较枯燥，学生的动手机会并不多，但是教师提前布置给学生浇花的作业，既能给学生枯燥的学习生活带来乐趣，又能使学生体会劳动的快乐。这样的课前作业，能引发学生的好奇心和兴趣，让学生更加用心地去观察植物，完成好教师布置的任务。在上课过程中，学生观察并分析自己所养的植物，这样学生更能对农业现象产生好奇心和兴趣，从而在不知不觉中进入到本课的学习中。使得整堂课兼具趣味性和知识性，真正做到了将学习农业知识和体验劳动意义相结合，这样的课堂让学习知识更加愉快，也更加深刻。

（二）课堂教学逻辑清晰，内容丰富

课堂教学是教师与学生一起进行的一场脑力劳动，教师通过分析教材、分析学情，制定出符合学生学情的教学设计，而学生通过在上课过程中不断跟随教师的思路进行思考探究，最终内化为自己的认知和能力。这节课以亚洲水田农业为例，适当补充材料，提出有价值的思考问题，逻辑层次清晰，通过学生不断地思考探究，加上教师的引导和归纳，在学生脑海中能形成一个清晰而丰富的知识网络体系。在分析案例的同时充分调动了学生的已有知识，进而形成了新的认知，在无形中提高了学生学习知识的能力，也提高了学生对于农业的认知。通过有条理的、深入浅出的知识体系的学习，学生不仅形成知识脉络，对知识的来龙去脉更加了解，而且在做题过程中更加轻松应对。

（三）课堂氛围活泼生动，充满了“农业劳动”味道

学生是课堂学习的主体，如何以一种轻松愉快的方式、积极自愿的心态去学习且取得更高的成绩？这节课对于这个问题解决得很好。课前以哈尼梯田作为情境导入，学生在欣赏美景的同时感受其中，激发了学生对农业劳动的热情，体会人与自然和谐共处。在课堂中，学生积极努力思考，教师针对学生回答提出更细致的问题，通过互动，教师与学生融为一体，整个课堂其乐融融，是教师与学生

共同进行的一场收获满满的“农业劳动”。在枯燥的高中学习生活中，通过给学生动手劳动的机会，使学生在学习农业区位因素的过程中，不仅学到知识，还体验劳动，使教材知识更加生动活泼、贴近学生生活，让学生体会到生活与地理知识是紧密相连的，只要用心观察，就能成为一名生活中的小能手。

（四）师生共同学习，培养学生学习兴趣，引发教师教学思考

在这节课的准备、实施和评析中，教师通过对学情的分析、课堂的设计和学生反应的分析，更加深刻地解读教材、解读课标、了解学生。无论是对教师还是对学生来说，都是一次深刻的认知、一次不一样的学习旅行。在此过程中，学生体验到了学习快乐的一面，引发了学习的兴趣，体验到劳动的快乐和意义，也能进一步引发教师对学生、对教学、对生活的思考。每一节课都是教师和学生共同的学习阵地，教师需要认真对待每一节课，分析课标，解读教材，根据具体的内容选择使用更加多元的教学方法和更适合的教学方式，实施精准教学，因材施教，有重点、有针对性地培养学生能力、提升学生素养。兴趣是最好的老师，如何培养学生学习兴趣，自觉主动、积极高效地学习是学好的关键，需要教师和学生在不断学习中摸索前进，从而达到事半功倍的效果。

Chapter 2

第二章

劳动教育融入理科类课程

第一节　数学教学有机渗透劳动教育

数学学科是基础教育阶段最为重要的学科之一，通过基础教育阶段的数学教育，可以帮助学生逐步掌握“四基”（基础知识、基本技能、基本方法、基本活动经验）与“四能”（发现、提出、分析、解决问题能力），最终会用数学的眼光观察世界、会用数学的思维来思考世界、会用数学的语言表达世界（简称“三会”）。理想的数学教学过程应该创设合适的教学情境，适时的提出贴切的数学问题，启发学生独立思考并鼓励学生相互交流，催生“生动”与“生成”的课堂，帮助学生更好地理解数学本质并感悟数学的基本思想。

为应对新时代对提高全体国民素质和人才培养质量的新要求，全国教育大会提出了人才培养模式的改革创新，如何在数学学科教学中渗透好劳动教育，更好地培养五育并举的社会主义建设者与忠诚可靠的接班人是全体数学人不懈的追求。源于不同学段的受教育者差异明显，国家颁布了具有国际视野的不同的数学课程标准与劳动纲要用以指导教学，本节主要通过不同学段的四个劳动融合案例的展示交流，以增进老师们对融合方式、方法、效果的思考与交流。

学生的核心素养是在特定的情境中表现出来的知识、能力和态度，只有通过合适的情境才有利于学生的感悟。四个案例的提供者均选择了合适的情境（生活情境），开展基于核心素养的数学教学。执教教师特别重视问题的提出与解决，课堂上学生敢质疑、想探索、能感悟、会应用，能以积极的态度面对问题，以有效的方式与方法处理问题，以合适的策略解决问题。学生的创新思维能力、自主学习能力、动手实践能力和合作交流的能力均得到较好的发展。问题解决的过程本身也是智力与体力劳动结合的完美展现，学生不畏难、勇于进取的劳动精神与劳动品格均得到很好的锻炼。

数学模型是借用数学的语言讲述现实世界中与数量、图形有关的故事，设法揭示偶然背后那些必然的东西，构建数学与现实世界的桥梁。会用数学的语言表达世界，就是要强化学生数学建模的意识和能力，将真实情境（生活情境、数学情境、科学情境）问题数学模型化，数学模型构建作为新时代公民的基本素养，本身就是很好的劳动融合素材，在建立模型、确定参数、计算求解、检验结果、改进模型的辛苦劳动中培养学生的核心素养（创新精神、实践能力、科学精神、问题解决）。

各学段的新教材为我们提供了许多劳动融合素材，教师的常态教学中应该高度重视这些章节与内容，深入研讨数学学科渗透劳动教育的意义与路径。我们都期待更多高质量的劳动融合案例或者校本教材的出现，希望通过我们的共同努力，让学生尊重劳动、了解劳动、学会劳动、体验劳动、享受劳动。

| 小学数学青岛版五年级下册 |

“让校园绿起来”课堂实录与评析

一、课堂实录

（一）教材解读

1. 数学学科方面：“让校园绿起来”是小学阶段安排的最后一个实践性活动，是在学生具有初步的发现、分析、解决问题能力的基础上安排的。本节课以生活中我们经常遇到的实际问题为切入点，引导学生发现问题，通过学习和实践操作掌握解决问题的本领。通过本活动，学生将进一步获得开展数学实践活动的经验，提高应用数学的意识。本“综合应用”分为两部分：第一部分是通过“阅读与思考”确定活动主题，教材旨在通过让学生阅读资料了解信息，初步感受绿化的重要性，并由此引发“让校园绿起来”的活动主题；第二部分是活动的内容与方法，文字部分提示了从哪些方面开展活动，画面部分提示了活动的具体操作方法。教材按照“阅读资料确定活动主题—查阅资料认识绿地率、绿化覆盖率、学生人均绿地面积—实际调查测量，计算绿地率、绿化覆盖率和学生人均绿地面积等—对照标准进行分析，提出合理化建议”的顺序科学编排。活动时只要按此步骤进行就容易完成活动任务，有利于指导学生自主开展活动，培养主人翁精神。

2. 劳动教育方面：学校是文化教育基地，是国家培养社会主义现代化建设人才的摇篮，是促进社会进步的中坚力量之源。教育家夸美纽斯曾说：“校园应当安排得美观，成为一个快意的场合和对学生富有吸引力的地方。”因此可见，营造一个优美、舒适的绿色校园环境不仅有利于广大师生的身心健康，更有利于人才的培养。校园环境不仅为学习及学术活动提供良好的物质条件，更重要的是为塑造学生素质提供一个好的场所。校园环境的优化有利于改善和提高教学质量，有益于学生的身心健康，陶冶情操，增强保护环境、爱护环境的意识。办好校园的绿化美化，不断提高绿化质量和植物景观艺术水平，重塑校园人文景观和自然和谐的生态景观，创造一个以人为本、宁静优美的自然生态空间，才可为师生创造具有归属感、安全感、舒适感的校园。课前准备：多媒体课件、投影、卷尺、计算器、长绳等。

（二）教学目标

1. 知识目标：经历调查、访问、查阅资料、测量等调查活动过程，学习用绿地率、绿化率、绿化覆盖率等数学知识研究问题的策略和方法。

2. 技能目标：通过参与实践活动获得开展活动的经验，体验数学在解决实际问题中的作用，培养学生学习数学的思维方式及合作解决问题的能力。

3. 情感目标：在活动过程中，激发美化校园、热爱学校的情感，渗透环保意识。

（三）教学过程

1. 创设情境，提出问题

（1）创设情境，导入新课。

师：同学们，春天来了，周末老师去踏青，给大家带回了两张照片，是在两个不同的居住小区拍摄的。（出示课件。）

师：如果让你选择的话，你选择在哪个小区居住？

生：第二个小区。

师：为什么？（师做出疑问的表情。）

生：因为第二个小区的绿色植物多。

师：其他同学怎么想呢？

生 2：第二个小区的树多、草多，绿化好。

师：刚才这两位同学在选择时都谈到了“绿化”，今天我们就上一节与“绿化”有关的实践活动课“让校园绿起来”。

（板书：让校园绿起来。）

（2）阅读资料确定活动主题。

师：同学们，绿化对环境和生活的作用很大，绿色植物对空气有良好的过滤和吸收作用。请同学们阅读课本第 89 页的文字，看看能得到什么信息。

师：通过阅读，你都得到了哪些信息？

生 1：老师，我发现绿化具有美化环境的作用，可以让人们在钢筋混凝土的城市里感受到大自然的美丽。在美好的环境中学习，感受生活的美好。

生 2：我发现绿化有净化空气的作用，绿色植物对空气中的灰尘、粉尘有良好的吸附作用，能阻挡粉尘向空气弥散。

生 3：《山东省中小学生校园园林绿化管理办法》中规定新建学校绿地率不得低于 35%，绿化覆盖率应在 50% 以上。

师：同学们的发现都很棒。（师伸大拇指，喜悦的表情。）我们一起来总结一下，绿化具有美化环境、净化空气、调节气候、减弱噪音、减轻视觉疲劳等作用，具有非常重要的意义，我们应该让我们的校园绿起来。老师这里有几个问题：

①我们学校的绿地率、绿化覆盖率及生均绿化用地面积各是多少？

②我们学校是否符合学校校园绿化标准？

③通过调查，对我们学校的布局及绿化，你有什么好的建议？

（出示课件，引出要调查的问题。）

师：针对我们要调查的这些问题，大家有什么不明白的地方吗？

生 1：老师，什么是“绿地率”呢？

生 2：什么是“绿化覆盖率”？

生 3：我想知道什么是“生均绿化用地”？

师：谁能谈一下自己的理解？

生 4：绿地率是指区域内各类绿地面积之和占用地总面积的百分比，是反映居住区绿化水平的指标之一。

师追问：怎样计算呢？

生 5：绿地率 = 绿地面积 ÷ 用地总面积 ×100%。（师板书公式。）

生 6：绿化覆盖率是指区域内绿化覆盖面积占用地总面积的百分比。

师：好，谁能告诉大家计算公式呢？

生 7：绿化覆盖率 = 绿化覆盖面积 ÷ 用地总面积 ×100%。（师板书公式。）

生 8：生均绿化用地是指平均每个学生拥有的绿地面积。

师追问：从公式来看，要计算绿化覆盖率，需要知道什么？绿化覆盖面积和绿化面积有什么区别？

【设计意图】本环节主要通过照片分析和资料阅读，让学生明确绿化的意义，知道绿地率和绿化覆盖率的计算方法，为调查学校的绿化情况做好准备。学习方式以交流课前查阅的资料和谈感受为主，培养了学生自主学习的能力。

2. 自主学习，合作探究

（1）制定活动方案。

师：我们学校当前的绿化情况是怎样的呢？（出示校园绿化平面图课件。）如何设计实施方案？

温馨提示（出示课件）：

①根据学校的具体情况，学生分组，明确分工。

②分组讨论各组的具体实施方案（包括需要的测量工具、人员分工、测量方法等）。

③班内交流各组的实施方案，互相取长补短，并使自己的实施方案更具现实性和可操作性。

师：看来同学们已经设计好了方案，哪位同学愿意代表小组谈一谈你们小组的设计方案？

生：我们小组认为，应该从以下几个方面入手设计——

①明确调查内容，查资料了解绿地面积和绿地覆盖面积包括哪些方面内容；

②明确调查方法，活动中向老师了解查阅资料和测量、计算的方法；

③明确测量工具，小组分工合作测量学校的绿地面积，列出清单，根据清单准备齐全的测量工具，并填写测量记录单；

④利用公式计算绿地率和绿化覆盖率。

（2）实践探究。

师：我们全班同学已经分工合作，下面将对学校的八个园区（北环冬青园、中心冬青园、苹果园、百花园、百菜园、青青园、实践基地园、单棵植被）进行调查。请同学们分组实地测量。（生测量，补充下表数据。）

（　　）园	测量方法	测量工具	绿地面积	绿化覆盖面积

师：学校的草坪和花坛图形未必规则，测量时考虑好策略和方法。

【设计意图】将学校绿化分布情况设计成平面图展示给学生，让学生通过合作对活动中进行测量所需要的策略与方法有比较明晰的认识，从而使接下来的活动能够顺利展开。这一环节是本次实践活动的重点，旨在能让学生对用数学知识解决实际问题的策略与方法获得充分的体验，对合作学习有更深的认识，获得开展实践活动的经验。

3. 合作交流，评价质疑

（1）小组交流。

师：调查结果是怎样的呢？请各小组先在组内交流一下你们的测量过程与方法，然后总结汇报。

（2）展示汇报。

师：同学们，你们组测量的是哪个园区？用的是哪一种测量土地面积方法？测量的结果是多少？

组 1：我们组测量的是北环冬青园，在测量时运用了卷尺测量的方法，绿地面积是 494 平方米，绿化覆盖面积是 705.48 平方米。

组 2：我们组测量得是中心冬青园，也用了卷尺测量的方法，绿地面积是 721.5 平方米，绿化覆盖面积是 1024.53 平方米。

组 3：我们也用了卷尺测量的方法，测得苹果园的绿地面积是 189.15 平方米，绿化覆盖面积是 268.59 平方米。

师：还有不同的测量方法吗？其他小组是怎样测量的？

组 4：百花园是不规则的图形，我们估算求得百花园的绿地面积是 170.5 平方米，绿化覆盖面积是 242.11 平方米。

组 5：我们组测量单棵植物时用的比例尺的方法，绿地面积约是 5365 平方米，绿化覆盖面积约是 7618.3 平方米。

组 6：百菜园的面积太大，分好几个板块，我们组用步测完成的。绿地面积是 2892.1 平方米，绿化覆盖面积是 3106.82 平方米。

组 7：我们组测量的是青青园，我们步测求得绿地面积是 987.87 平方米，绿化覆盖面积是 1402.78 平方米。

组 8：实践基地是个长方形，我们测得绿地面积是 686.7 平方米，绿化覆盖面积是 833.11 平方米。

师：我们学校的绿地总面积和绿化覆盖总面积分别是多少呢？借助计算器算算好吗？

生：绿地总面积是 11506.82 平方米，绿化覆盖总面积是 15201.72 平方米。

（3）计算两率，分析数据。

师：根据表格中的数据和你们调查的我校占地总面积，你们能估算出我们学校的绿地率、绿化覆盖率是多少吗？

师：你们算的结果如何呢？谁来说一说？

生：根据调查数据可知，我们学校面积是 29392 平方米。

绿地率 $= 11506.82 \div 29392 \times 100\% = 39.15\%$

绿化覆盖率 $= 15201.72 \div 29392 \times 100\% = 51.72\%$

师：同学们，你同意这位同学的计算结果吗？（有的学生算错了，在改错。）（教师完成下表。）

	绿地率	绿化覆盖面积
省规定	35%	50%
学校		

师：观察这两组数据，你发现了什么？通过刚才的测量与计算，你认为我们学校达到绿化标准了吗？

生：达标！（自豪的。）

师：同学们，美丽的校园环境需要师生共同来维护，我们要保护好我们的校园环境。

（4）争做“绿色校园设计师”。

师：同学们，根据学校的绿化平面图，你们有什么想法？你们能把你理想中的绿色校园按一定的比例做设计画在图纸上，把我们的校园建设得更加美丽吗？

生：能。

（5）呼吁学生积极投身到绿化校园、绿化祖国的活动中，提高环保意识。

师：同学们，绿色是大自然馈赠给人类的宝贵财富，文明是人类发展的摇篮。为让校园绿色尽情绽放，减少绿地上的不和谐音符，共同建设绿色校园，爱护树木从自己做起，从脚下做起。让我们积极行动起来，争做护绿使者。

4. 总结提升，综合评价

师：通过参加这次实践活动，你们有哪些收获呢？

生 1：我学会了进行实践活动要先规划，再调查，然后分析。

生 2：我学会了调查的方法，如测量、上网查资料、访问等。

生 3：我知道了绿化的好处，我要号召人们不要践踏绿地，而要保护绿地。

生 4：我体会到了劳动的幸福和快乐！

师：同学们的收获还真不少。同学们，你们知道吗？在城市建设规划中，经常用绿地率和绿化覆盖率来设定绿化标准，只是不同类别的场地规定有所不同，如我省规定学校校园绿化率应达到 35%，公园要达到 75%，而居住小区的绿地率也要达到 30% 以上。有兴趣的同学课下可以收集这方面的资料，调查自己小区的绿地率是否达到标准。

【设计意图】通过绿色校园设计活动，激发学生的创造热情，将所学知识与生活实际紧密联系，培养学生观察、思维以及语言表达等能力，让学生在设计活动中体验成功的价值，同时让学生学会公正地评价自己与他人，体验数学在解决实际问题中的作用。通过呼吁学生积极投身建设绿色校园，激发学生绿化家园、绿化祖国的爱国主义情感。组织学生进行交流，比较自己与他人的调查结果，从而获得更多信息；重视反思，在“做”和“思考”的过程中积淀数学活动经验，提升实践智慧。提出进一步的建议和畅想，倡导学生学以致用，解决更多的实际问题。学生亲身经历了实际测量、数据整理、计算分析之后，再让学生对活动过程进行评价和反思，帮助学生进一步理解所用知识和方法，积累数学活动经验，发展实践能力。激发学生团体意识，主人翁情感。

【板书设计】

让校园绿起来
绿地率 = 绿地面积 ÷ 用地总面积 ×100%
绿化覆盖率 = 绿化覆盖面积 ÷ 用地总面积 ×100%

课例提供：李晓霞

二、课例评析

在小学数学教学中渗透劳动教育

作为小学数学教学活动中渗透劳动教育的精彩案例，教师以“让校园绿起来”为主题，选材精准得当。教学中尝试采用调查、测量、计算等方式开展了一系列真情境、有意义的研究活动，师生通过对现实问题的分析和大胆预测，达到了很好的教学效果，学生不但明确了环保的重要性，而且从小就树立了数学建模的思想和意识。

（一）紧扣教学目标，有目的、有计划的组织学生参与教学实践活动

本课活动以“让校园绿起来”为主题，通过引导学生研究校园绿地面积是否达标，让学生想办法借助测量工具和测量方法，调查、测量、计算等方式参与到研究活动中，来说明校园绿地面积的差距。对现实问题进行分析和预测，既有实用性又有趣味性，学生乐于参与其中，调动了学生的学习积极性。活动的素材和主题贴近学生生活，便于开展活动。校园是学生学习、活动的场所，绿色代表生命，校园绿化的覆盖率及学生人均绿化用地在某种程度上代表了学校环境的优美。

美化环境、保护绿地是少年儿童的责任。因此，这样的实践活动主题鲜明，素材现实，便于组织学生开展活动。在研究的过程中，让学生明确环保的重要性，并能树立环保的做法和想法。

（二）紧扣主题，培养学生的思维能力、创新意识

通过研究该学校的绿地面积是否达标，让学生想办法借助测量工具和测量方法，来说明该学校的绿地面积的差距。在研究的过程中让学生明确环保的重要性，并能够树立环保的做法和想法。实践活动是培养学生主动探索与合作学习的重要途径。在活动中既培养了学生应用数学的意识，又锻炼了综合应用所学知识解决问题的能力。如何让学生在活动中有所体验和感悟是本次实践课的一个重点。设计中教师把校园绿化平面图展示给学生，让学生在平面图上直观了解该校校园绿化情况，根据绿地的形状小组合作寻找解决问题的策略与方法，并进行合理的分工与合作，为实践活动的有效性和准确性提供扎实的基础，使活动能够高效而迅速地开展，进而学生在活动中才会有更深的体会，获得更多的体验。

活动之后的拓展应用是本次活动的另一个重点。学生根据活动的结果为自己的绿色校园出谋划策，将自己想象中的绿色校园按一定的比例设计成平面图，这一环节的设计极大地激发了学生的创造热情，让学生的知识与能力、策略与方法、情感态度与价值观得到最大限度的调度和应用，让数学来源于生活和回归生活。

（三）紧扣新课标，结合问题，激发有效活动的动力

这节课，由“我们学校的绿地面积是多少？是否达标？”这一问题引发学生进行第一次实践活动。然后由“对学校的布局和绿化，你有什么好的建议？”这一问题引发学生的第二次活动——“争做绿色校园设计师”。两个问题顺“事”抛出，活动与思维和谐同步。在教育部发布的《义务教育劳动课程标准（2022年版）》中，第三学段（5—6年级）任务“公益劳动与志愿服务”中指出：参与1~2项公益劳动与志愿服务劳动项目。例如：参与校园绿化环境维护、卫生监督等学校事务管理。这节课紧扣新课标，呼吁学生积极参与校园绿化、维护环境的活动中来，有利于指导学生自主开展活动，激发学生积极参与环保绿化活动的主人翁精神。

| 初中数学鲁教版六年级下册 |

“数据的表示（1）”课堂实录与评析

一、课堂实录

（一）教材解读

这节课为山东教育出版社教材版本简称鲁教版六年级下册第八章第三节《数据的表示》第一课时，为新授课。根据教材实际和学生的认知水平，教师对教材进行了再处理，对教学内容进行了重新设计，因为这节课立足于让学生经历一个简单完整的扇形统计图的制作过程，同时也为了进行劳动教育的渗透及对学生通过信息技术制作扇形统计图的培养，所以选择了一个垃圾分类的例子引入新课，借用具体例子让学生在具体实践中感悟统计图的制作过程。因为这节课是通过让学生经历劳动、统计活动来感悟统计的过程，由于统计活动并非一个人的力量可以完成，而归纳概括统计的步骤过程对学生来讲是一个难点，所以教师指导学生用合作探究法来学习，在合作交流中，通过相互帮助，让所有学生都得到发展，达到共同进步。

课前一周前安排学生对家中的垃圾进行分类并统计所用垃圾袋的数量：一方面渗透劳动教育让学生感知劳动的不易。另一方面进行环保意识的培养。另外还带领学生在绿化区除草，并统计校园内树木情况，引导学生真正将所掌握的知识运用到生活中。最后还留给学生两个拓展性、实践性作业：一是统计节水方式，培养学生的节水意识；二是收拾自己的书橱并进行数据分析，培养学生的动手意识。

（二）教学目标

1. 知识技能：理解扇形统计图的特点，能按照制作扇形统计图的步骤绘制扇形统计图；能在数据、百分比、扇形圆心角之间相互转换。

2. 数学思考：在统计过程中体会数据的客观真实性，感受数学与现实生活的密切联系，培养学生热爱劳动的习惯及垃圾分类的意识，养成以科学数据为依据分析问题，解决问题的良好习惯。

3. 问题解决：初步学会用数学的眼光观察现实世界，用数学的语言表达现实世界，用数学的思维思考现实世界，发展实践能力、动手能力与创新能力。

4. 情感态度：通过课题学习及动手劳动，使学生感受到劳动的价值，并培养学生热爱劳动、热爱生活的良好品质，帮助学生树立环境保护的理念。

（三）教学过程

1. 在导入中回顾

师生活动：组织学生观看《审视世界的新视角》视频。

师：想要用统计学改变世界，首先得把最基础的数据收集、整理、表示学会，这节课学习“数据的表示”。

师：我们在小学学过哪些统计图？

生 1：扇形。

师：准确的说法是扇形统计图。哪位同学还可以补充一下呢？

生 2：折线统计图。

生 3：条形统计图。

师：同学们总结的非常棒，我们小学阶段学过条形统计图、折线统计图、扇形统计图。这节课我们将进一步学习通过扇形统计图进行数据的表示。

师：接下来我们看这样的问题，请大家积极抢答。

师：一个周角 =______。

生 1：360° 。

师：它的$\frac{1}{2}$ =______。

生 2：180° 。

师：它的$\frac{1}{3}$ =______。

生 3：120° 。

师：它的$\frac{1}{4}$ =______。

生 4：90° 。

师：大家回答的特别流畅、完美，希望大家带着这样饱满的热情进入本节课的学习。

【设计意图】由观看视频导入，先让学生感受到科技的震撼，由此引导学生用数学的眼光观察现实世界，用数学的语言表达现实世界，用数学的思维思考现实世界。另外这里设计了问题回顾，这些都为这节课的学习打下了基础。抢答的形式调动了学生的积极性，活跃了气氛。

2. 在合作中生成

师：上周的时候已经给大家安排了任务，每位同学负责自己家一周的垃圾分类，并记录自己家一周所用的垃圾袋个数，并完成调查问卷：你家一周使用的垃圾袋个数是______。

（教师制作视频，视频中展示的是学生的调查活动。）师：下表是课代表帮忙统计的每位同学家中一周用到的垃圾袋个数——

3	5	10	7	8	6	6	8	5	6
5	6	8	9	10	4	2	3	4	7
4	7	4	6	7	8	9	5	7	5
5	3	6	5	2	5	7	5	4	7
4	6	2	8	6	7	4	3	2	6

师：通过一周的垃圾分类，我们体会到劳动的不易，垃圾分类有利于减少污染、保护环境，无论我们身处何地，都要注意垃圾分类。另外也要多做一些力所能及的家务。

师：如果我们也把刚才统计的数据制作成如图 1 这样一幅统计图，需要哪些数据？（为了便于统计：我们将每周使用塑料袋个数为 2、3、4 的记为 A 组，每周使用塑料袋个数为 5、6、7 的记为 B 组，每周使用塑料袋个数为 8、9、10 的记为 C 组。）

地球上海洋与陆地占

全球表面积的百分比

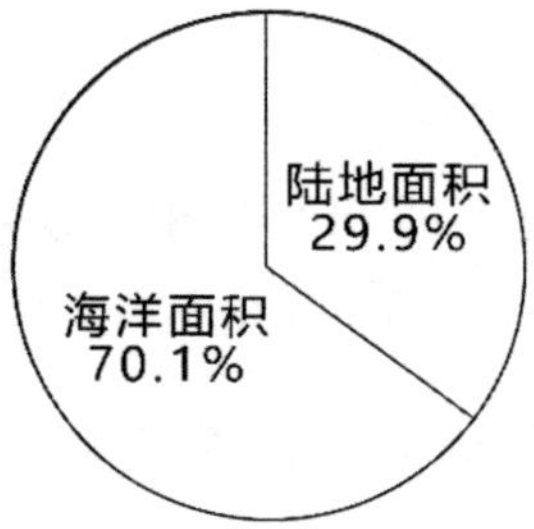

图 1

师：请同学们观察扇形统计图，小组讨论。

生 1：需要画个圆。

师：很好，我们确实需要画个圆，那我们画完圆之后呢？

生 2：切分成扇形

师：那怎么分呢？随手一画吗？这些数据怎么来的呢？（此处安排了小组活动。）

生 3：我们需要计算百分比（小组派代表展示。）

师：很棒，那么百分比是如何计算的呢？

生 4：百分比 $=\dfrac{部分}{总体}\times 100\%$

师：那么这里的部分和整体又分别代表什么呢？

生 5：部分是各组的家庭数，整体是总数。

师：同学们回答得非常棒，那么每一部分圆心角的度数能求吗？如何求呢？（安排小组活动。）

生 6：圆心角的度数 =360° × 百分比。

师：应该是圆心角的度数 =360° × 该项（强调项）所占的百分比。

师：请分组计算各组家庭数占调查总家庭数的百分比以及相应的圆心角度数。

（1—4 组计算 A 组的数据，5—8 组计算 B 组的数据，9—12 组计算 C 组的数据。）

小组派代表回答，教师总结：A 组是 30%，108°；B 组是 52%，187.2°；C 组是 18%，64.8°。（见图 2）

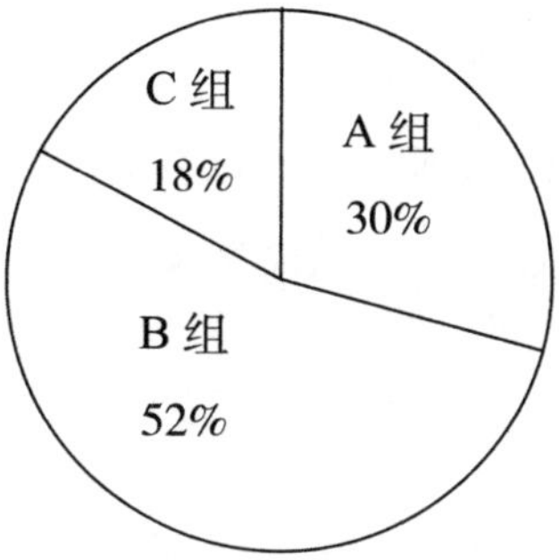

图 2

师：请小组合作制作扇形统计图，并让小组代表展示、讲解制作过程。

师：每组同学都顺利地完成了任务，接下来我们一起演示——先画一个圆；做出一条半径；以这条半径为一边，用量角器量出 108° 的圆心角；以 108° 的圆心角的一边为始边做一个 187.2° 的圆心角；依此类推。

【设计意图】由垃圾分类这个耳熟能详的话题展开课题，让学生从劳动教育入手：一是体会到数学来源于生活、服务于生活，并对学生渗透劳动教育；二是了解垃圾分类的好处，并思考若不重视环境保护未来的地球将会如何；三是让学生经历数据的收集、整理过程，对前面的知识加以归纳，自然地过渡到数据的表示这一环节，并由此引出这节课的课题——数据的表示，同时采用思维导图形式呈现出这节课的学习目标，使学生对这节课的任务一目了然。

3. 在把握中升华

师：你能规范出制作扇形统计图需要哪些步骤吗？

生 1：计算百分数，画圆，写出名称和百分数。

师：不错，不过有个词语需要纠正一下，在这里是计算各部分的百分比。哪位同学还可以补充完善一下？

生 2：计算百分比，画图，写出来。

师：整体来说可以，我们一起规范一下说法——

①计算各部分所占百分比：$\frac{部分}{总体}\times 100\%$。

②计算各部分圆心角度数：360° × 百分比。

③画扇形。

④写出各部分名称和百分比。

师：请小组成员之间互讲刚刚制作每周用垃圾袋个数的扇形统计图的步骤。

师：请大家看一看我们刚才所作的扇形统计图，能说说扇形统计图都有哪些特点吗？

小组讨论得出结论：

①圆代表总体，扇形代表总体中的不同部分。

②扇形的大小反映部分占总体的百分比的大小。

③各个扇形所占的百分比之和为 1 或 100%。

④各扇形圆心角度数之和为 360° 。

师：扇形统计图可以非常方便地展示每一部分所占的百分比，那它有什么缺点吗？

生：图中不能表示具体数值。

师：扇形大小代表部分占总体百分比的大小。

$$\frac{圆心角}{360°}\times 100\% = 百分比 = \frac{部分}{总体}\times 100\%$$

【设计意图】在讨论交流的基础上明晰了画扇形统计图的步骤，让学生进行语言的归纳，学会用数学的语言表达现实世界，最后在扇形统计图的基础上，小组讨论归纳扇形统计图的特点，注重提高学生的语言归纳能力和总结能力。

4. 在劳动中拓展

师：前段时间我们一起在学校绿化区除草，观察到学校里面种植了各种树木，经向学校有关负责人询问得知：在我们学校的绿化区里，$\frac{1}{4}$的面积种植了柳树，$\frac{1}{2}$的面积种植了玉兰树，$\frac{1}{8}$的面积种植了梨树，剩余的面积种植了银杏树。

（1）你们能根据这些数据完成下面的树木种植面积扇形统计图吗？（下列

不同图样对应代表不同树木。）

柳树　　玉兰树　　梨树　　银杏树

（2）根据某市 2019 年第一季度用电量的扇形统计图（如图 3），则 2 月份用电量占第一季度用电量的百分比为 ______。

变式 1：2 月份用电量所在扇形区域的圆心角度数为 _____。

变式 2：1 月份用电量为 1 万度，占第一季度总用电量的 20%，则第一季总用电量是 _______。

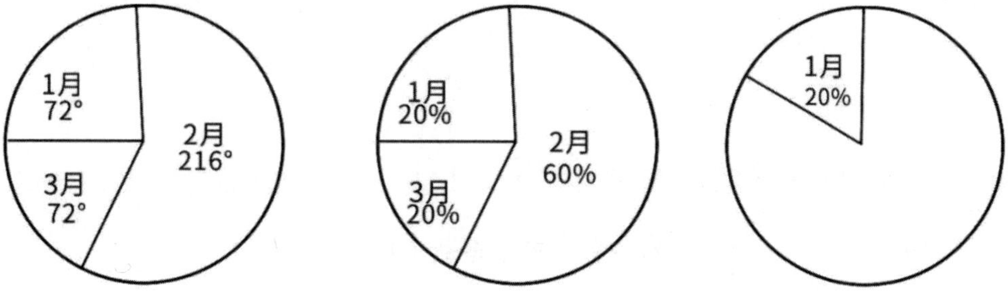

题 2　　变式 1　　变式 2

图 3

【设计意图】第一题的设置是因为已经在课后活动时间带着学生在学校的绿化区除草，顺便带着学生测量了绿化区面积、观察了学校里种植的各类树木，一举多得，既培养了学生的劳动能力，又加强了数学与生活的联系。通过本环节的练习题，对扇形统计图的画法及特点可以及时掌握学生的学习状况，并针对出现的问题进行有效的解决。题目采用小组抢答的方式调节课堂气氛，提高学生的注意力。这组习题的设计，让学生对这节课所学知识有更深刻解，体现了面向全体学生、分类推进的教学。

5. 在实践中总结

师：我们来谈谈这节课的收获、感受和疑惑。

生 1：会画扇形统计图。

生 2：了解扇形统计图的特点。

生 3：要多参加劳动，保护环境。

生 4：转换、数形结合。

师：同学们总结的非常棒，这节课我们既学习了如何画扇形统计图，又培养了数形结合的思想方法，还要注意多参加劳动、保护环境。

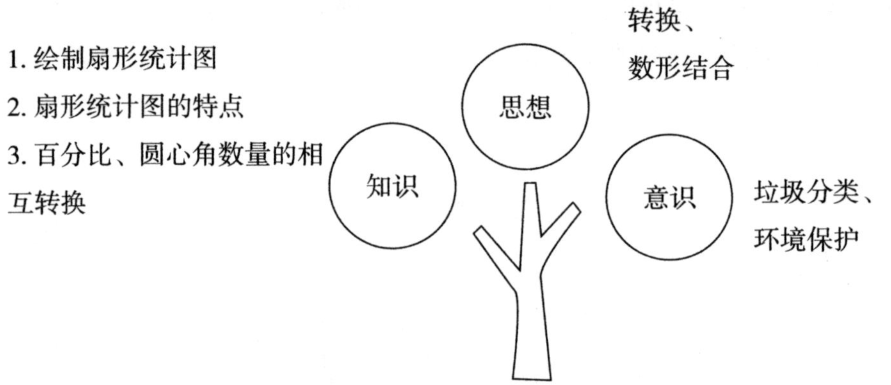

知—意—思结合教学图示

【设计意图】通过学生谈这节课的感悟与收获，引导学生反思这节课的学习，在这节课中领悟到了什么，达到知识的概括与提升，激发学生的学习成就感，使学生在各方面得到提高，另外这节课与劳动相结合，体现了学科融合的特点。

6. 在作业中实践

（1）知识提升题：请在六年级每个班随机选取 5 名同学进行调查。统计完后，做成扇形统计图交给老师。（结合节水教育。）

调查问卷

你会选择什么方法节水？（　　）（单选）

A. 集中用水　　B. 一水多用　　C. 巧妙用水　　D. 寻找水源

（2）劳动实践题：请收拾你的书橱，并统计书橱中书的种类并绘制成扇形统计图。

【设计意图】根据学校提倡的"课后无作业"理念设置了这个轻松作业，以回归生活、探索生活的形式进行，并集数据的收集、整理与分析于一体，对前面的知识做了一个小结，使课堂上的知识具有更深刻的意义，体现新课标下落实"学有价值的数学"，达到"人人都能获得必需数学"，并在数学课堂上渗透了劳动教育。

7. 在科技中成长

师：你会用 EXCEL 表格制作扇形统计图吗？

（观看视频《如何用 EXCEL 表格制作扇形统计图》。）

师：总结——有时科技会更方便地服务于生活。

【设计意图】学习要跟上信息技术时代的步伐，并体现出信息技术对数学学习的帮助，可以有效地将信息技术与数学课堂融合在一起。

课例提供：李晓琳

二、课堂评析

如何在初中数学课堂上融入劳动教育

劳动教育作为劳动的一个分支，在目前的教学中具有举足轻重的地位。每一个教师应积极开展在学科教学中渗透劳动教育，进一步拓展劳动教育阵地，增添劳动教育渠道，丰富劳动教育形式，扩充劳动教育内容。作为基础学科的数学，本身的知识内容和知识体系就渗透着劳动教育因素，如何抓住数学学科的特点，捕捉好劳动教育的有利时机，运用恰当的方式在数学教学过程中渗透劳动教育？现针对本课例谈谈粗浅的认识。

（一）注重学科融合，渗透劳动教育

这节课是在完成数学教学的基础上渗透劳动教育。结合学生实际，从垃圾分类、除草、节水、收拾书橱等方面渗透劳动教育，没有让劳动教育成为空谈，而是切实的在这节课的学习中始终贯穿劳动教育。

（二）注重教学目标的清晰，保证教学环节齐全

教学目标的确立，严格按照新课标要求，从知识技能、数学思考、问题解决和情感态度四个方面提出具体要求，契合学生实际，为学生更好地接受知识奠定基础，而且教学目标并非单纯的学科目标，里面融合了劳动教育的目标要求，在数学学习的过程中渗透劳动教育。这节课教学环节齐全，环环相扣，层层递进。这节课在如下七个环节中展开：在导入中回顾、在合作中生成、在把握中升华、在劳动中拓展、在实践中总结、在作业中实践、在科技中成长。每一环节都不是独立存在的，循序渐进，不光学习了扇形统计图的画法、扇形统计图的特点、百分比与圆心角度数之间的相互转换，还在整个过程中渗透了劳动教育。

（三）注重信息技术与课堂教学的深度融合，提高课堂效率

整堂课是在多媒体的教学环境下进行的，借助 PPT、动画、视频、EXCEL 等信息技术手段来提高课堂效率，增加趣味性。播放视频《审视世界的新视角》，一是为了在课堂的开始用视频抓住学生的眼球，吸引学生注意力，用饱满的热情投入到这节课的学习中来；二是让学生感受信息技术对生活的价值及作用。整堂课充分利用动画、视频等让枯燥的文字、数字动起来，变得灵活有趣，学生被深深地吸引，从而达到高效的课堂。后面还利用微课展示如何用 EXCEL 制作扇形统计图，让学生感受科技的进步对日常生活带来的影响。这节课深刻地体现了运用信息技术对提升课堂效率的帮助。

（四）注重小组合作，体现学生的主体地位

在本节课的教学中，多次利用小组合作，如合作完成扇形统计图、总结扇形统计图的画法、总结扇形统计图的特点等，利用小组合作，可以实现生帮生，很多优秀的解题思路就是在学生的共同探讨中得到的。本节课的学习中，教师仅仅是进行了适当的提示与指导，大部分的学习都依赖于学生参与，学生动手、动脑，学生展示。

（五）注重思想方法的渗透，培育核心素养

这节课最主要的数学思想方法有数形结合、转换等，在整堂课的教学中，没有刻意的指出，而是不断地渗透，比如百分比与圆心角度数之间的转换，学生在做题过程中就会得到提高，再比如如何将一系列数据做成扇形统计图呢，这就有数与形之间的结合。另外在本节课的教学中，学生利用了观察、计算、数据分析等方法分析问题、解决问题，非常好地培养了学生的核心素养。另外这节课还注重了及时的评价与鼓励，当学生回答问题后，要及时地表达自己的看法，或鼓励，或赞扬，或指导，等等，让学生充分认识到老师对他的关注，另外在这节课的课堂上主要以鼓励、赞扬为主，学生都喜欢被肯定，哪怕有说的不规范的现象也在所难免，应多加鼓励。

这节课采用“课前调查、自主探究、合作交流、课后巩固”的方式，立足于学生已有的知识水平，让学生感知知识的发现、发生、形成过程。但这节课还有待改进的地方：时间分配不合理，前松后紧；计算的时候没有预留出足够的时间；没有让学生自己用 EXCEL 制作一下扇形统计图；部分学生没有融入课堂，仅仅充当了观众等。数学课堂作为学生学习的主阵地，需要将劳动教育充分的融合进来，不要让它们是独立的状态，而是在数学学习的过程中充分渗透劳动教育。

|初中数学鲁教版九年级上册|

“二次函数的应用（1）”课堂实录与评析

一、课堂实录

（一）教材解读

学科教育方面：在本章的学习中，教材已通过二次函数及其图像和性质，让学生初步了解求二次函数最大（小）值的方法。本节课在巩固二次函数性质的同时，以生活中的围建矩形篱笆问题为例，进一步让学生掌握利用二次函数知识求一些简单实际问题最大（小）值的方法，强化对二次函数知识的理解，培养运用函数方法和建模思想解决生活实际问题的能力，加强学科实践和跨学科主题学习。激发学习数学的兴趣，养成独立思考的习惯和合作交流的意愿。

劳动教育方面：例题选择来源于生活中的实际劳动问题，激发学习兴趣和自主探究意识，有效回应现实问题。学习劳动经验，感受劳动人民的智慧。发展实践能力和创新精神，形成和发展核心素养。

（二）教学目标

1. 知识技能：结合具体事例，经历解决“篱笆怎么围面积最大？”问题的过程，巩固二次函数的图像与性质。

2. 数学思考：会根据实际问题进行数学建模，利用函数思想，解决最值问题。

3. 问题解决：能根据现实需要设计合理的矩形菜园围建方案。

4. 情感态度：鼓励学生用数学知识解决实际问题，使学生感受数学来源于生活，服务于生活，提高学生学习积极性，获得解决问题的成就感。

（三）教学过程

1. 回顾旧知，注重铺垫

师：上一节，我们学习了二次函数图像与性质，现在老师检查一下同学们的学习掌握情况。请看 PPT，读题，并说出答案。（课件出示习题。）

师：计算二次函数 $y=3x^2+6x+1$ 开口方向、顶点坐标和最值。

生：开口向上；顶点坐标（–1，–2）；当 x 等于 –1 时，函数有最小值 –2。

【设计意图】设置此题的目的是让学生复习回顾二次函数的图像和性质，为本节课利用二次函数的图像和性质解决篱笆面积最大值问题做铺垫。

2. 小组合作，探索新知

（1）创设情境，引入新课。

师：看来同学们对二次函数的图像和性质掌握得不错。下面请同学们欣赏几幅图片，看完以后说说你们有什么感想。（出示课件。）

生：我们的校园很整洁，学习氛围浓厚。我们的教室明亮，教学设备先进。

师：的确，现在我们的学习条件非常好，在这么好的条件下，我们必须要更加勤奋努力的学习，将来建设我们的美丽中国。同学们再看这张图片，知道这是哪儿吗？

生：这是学校操场西南侧的一块荒地。

师：对，现在这块荒地已经成为被学校规划成了劳动实践基地，你们想把它改造成什么？

生：如果将这块荒改成蔬菜园，种上水果、蔬菜、花草，那该多好。

师：同学们的提议非常好。那接下来，我们就去设计我们的蔬菜园，我们看例 1。（课件出示图 1。）我们准备用长为 60 米的篱笆围建一个矩形的蔬菜园，怎样围面积最大？最大面积为多少？

图1

师：同学们先自己思考，2 分钟后以小组为单位交流一下。

师：看同学们的讨论是有了结果，下面呢，找几个同学来和大家分享一下你们小组的探究成果。

（学生上台进行展示，老师结合学生的展示进行课件演示。）

生 1：小学时已经学过，周长一定的所有矩形中，正方形的面积最大。所以当蔬菜园是正方形的时候，它的面积最大。此时蔬菜园的边长是 60÷4=15 米，面积是 225 平方米。

师：这个小组学以致用，利用小学的知识规律解决了问题，提出表扬。其他小组还有别的做法吗？

生 2：我们可以利用二次函数的性质解决这个问题。如图 1，设篱笆一边长为 x 米，面积为 S，则 $S=x(30-x)=-x^2+30x$。根据函数图像和性质可得，当 x=15 时，蔬菜园面积最大，为 225 平方米。

师：这个小组设未知数，根据题目中的等量关系，写出蔬菜园面积 S 的表达式，并根据二次函数的性质求出面积的最大值。根据这两个小组的展示，我们发现，用长度为 60 米的篱笆围成矩形蔬菜园，当围成一个边长为 15 米的正方形时，面积最大为 225 平方米。那同学们来想一下，用长度为 a 米的篱笆围成矩形蔬菜园，什么时候面积最大？最大是多少？

生：当围成的是边长为 a/4 的正方形时，面积最大，为 $a^2/16$。

【设计意图】通过让学生计算长度为 60 米的篱笆围成矩形面积最大的情况，利用建模思想，构造二次函数模型，解决最值问题。同时得到长度为 a 米的篱笆围成矩形蔬菜园，什么时候面积最大，最大是多少的劳动设计经验。

（2）合作探究，变式训练。

师：我们看例 2。（课件出示图 2。）有一堵足够长的墙，利用这堵墙和长为 60 米的篱笆围建一个矩形的蔬菜园，怎样围面积最大？最大面积为多少？（图中阴影部分为墙。）

图 2

师：同学们思考后，进行交流讨论。

师：看同学们讨论得很激烈，我们请几个同学上台为我们展示一下他们的成果。

生 1：根据例 1，知道“周长一定的所有矩形中，正方形的面积最大”的规律，由此得出面积最大的方案是围成一个正方形，一边靠墙，有三边是篱笆，每边长 20 米，面积是 400 平方米。

师：好，你请回。这个结论对吗？我听到下面同学有不同的声音，我们请另外一个同学来展示下。

生 2：我们小组的做法是设平行于墙的一边长为 x 米，则垂直于墙地一边长为$\frac{1}{2}$（60−x）米，矩形面积为 S，则 $S=x\cdot\frac{1}{2}(60-x)=-\frac{1}{2}x^2+30x$，根据二次函数的性质，当 x=30 时，即当围成的矩形蔬菜园长为 30 米，宽为 15 米时，S 取得最大值为 450 平方米。

师: 这位同学展示得很好,函数应用的非常清晰,讲解明了。同学们学会了吗?

生：学会了。

师：同学们思考下，是我们例 1 的结论出错了吗？哪位同学发表下自己的看法？

生 1: 例 2 有一边是足够长的墙,是用 60 米围三边,不同于例 1 用 60 米围四边。

生 2：面积最大时，围成的是矩形，此时它的周长大于正方形的周长。在三面篱笆总长相等的前提下，围成矩形时利用的墙面更长，其面积可以大于周长较小的正方形面积。

生 3：墙足够长的前提下，要想矩形面积最大，矩形中篱笆的长等于矩形的两个宽之和，即矩形的长要占到篱笆长的一半。

师：这三名同学说得非常好，通过这三个同学的讲解，我们可以解决，墙长足够长时，利用墙和长度为 a 米的篱笆围成矩形蔬菜园，什么时候面积最大，最大是多少的问题。

生：墙长足够长时，当平行于墙的一边长占到篱笆长的一半时，即长为 a/2 米，宽为 a/4 米时，面积最大，为 $a^2/8$ 平方米。

【设计意图】在这个模块设置了题目例 2，用一堵足够长的墙和用长为 60 米的篱笆围矩形蔬菜园，通过例题使学生建立模型，用函数思想解决实际问题，并得到墙长足够长时，利用墙和长度为 a 米的篱笆围成矩形蔬菜园，什么时候面积最大、最大是多少的劳动设计经验。

（3）劳动设计，应用提升。

师：我们看例 3。（课件出示图 3。）有一堵长为 12 米的墙，利用这堵墙和长为 60 米的篱笆围建一个矩形的蔬菜园，怎样围面积最大？最大面积为多少？我们找两个同学到黑板展示做法。（图中阴影部分为墙。）

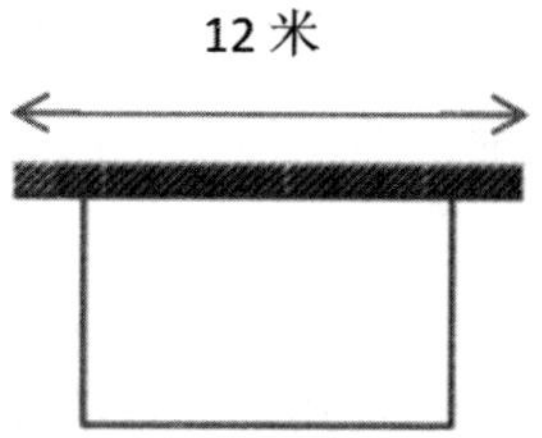

图 3

生 1：设平行于墙的一边长为 x 米，则垂直于墙地一边长为$\frac{1}{2}$（60–x）米，矩形面积为 S，则 $S=x\cdot\frac{1}{2}(60-x)=-\frac{1}{2}x^2+30x$，根据二次函数的性质，当 x=30 时，即当围成的矩形蔬菜园长为 30 米，宽为 15 米时，S 取得最大值为 450 平方米。

生 2：设平行于墙的一边长为 x 米，则垂直于墙地一边长为$\frac{1}{2}$（60–x）米，矩形面积为 S，则 $S=x\cdot\frac{1}{2}(60-x)=-\frac{1}{2}x^2+30x$，根据二次函数的性质，顶点横坐标为 x=30，因为 $0 < x \leqslant 12$，所以顶点取不到。因为 $a=\frac{1}{2}<0$，开口向下，所以 x=12 时，S 最大为 288 平方米。

师：生 2 做法正确，生 1 忽略掉了现实问题中墙长为 12 米的限制条件，墙长达不到 30 米，不够长，所以顶点取不到。要根据函数的增减性进行分析，需要思考问题更全面一些。

师：那我们总结墙不够长时，即达不到篱笆长的一半时，利用墙和长度为 a 米的篱笆围成矩形蔬菜园，什么时候面积最大？最大是多少？

生：墙不够长时，当墙有多长，使用多长时，矩形面积最大。

【设计意图】这个模块中例 3，墙不够长，许多同学在做题过程中容易忽视，造成不顾实际取顶点的情况。通过此题，提醒学生对于现实问题，要考虑实际的自变量的取值范围。

（4）畅谈感受，总结课堂。

师：同学们，学完这节课有什么收获，有同学可以和大家分享一下吗？

生 1：我学会了篱笆围四边时，围成正方形时，面积最大。

生 2：我学会了墙足够长时，当平行于墙的一边长占到篱笆长的一半时面积最大。墙不够长时，能有多长，使用多长时面积最大。

生 3：我学会了根据现实情况，最合理的围建面积最大的蔬菜园，并获得了劳动兴趣，我非常高兴，我喜欢上这样的数学课。

生 4：老师，这样的劳动数学融合课什么时候还上啊？

在同学们和老师的笑声中结束了这节课。

【设计意图】让学生畅所欲言，来对本节课进行总结归纳和劳动教育启发，提升学生的核心素养。

（5）课外作业。

有一堵长为 12 米的墙，利用这堵墙和长为 60 米的篱笆围建一个矩形的蔬菜园，还要求留有一个 2 米的门，这时怎样围面积最大？最大面积为多少？

【设计意图】发展学生的发散思维，激发学生的探究欲望，利用本节课的劳动经验设计方案，提升综合素质。

课例提供：许建振

二、课堂评析

手脑并用、以劳赋能

我国著名教育家陶行知先生说：“劳动教育的目的，在谋手脑相长，以增进自立之能力，获得事物之真知，及了解劳动者甘苦。”这与初中数学教育的劳动教育目标异曲同工，在初中数学学科教育中渗透劳动教育是必要的，也是可行的，值得基础教育老师去实践探究。二次函数是初中数学教学中的核心内容，在初中数学课程标准体系中占据非常重要的地位，二次函数的实际问题在数学中考题目中占据压轴地位。这一章知识点多，对知识要求程度高，是教学重难点。同时二次函数在日常生活和生产实践中有不少实践应用，教师要根据学情，去选择贴近学生生活的素材进行教学。这节课以实际生活中的“篱笆怎么围面积最大”为切入点，贴近学生的生活经验，使生活走向数学，疏减学生的畏难情绪，让学生敢于探究，乐于探究，并在探究过程中获得成功的喜悦，为学习用函数方法、建模思想解决实际问题做好铺垫。在课堂教学中，抓住以下几点。

（一）创设情境、激发兴趣

引导学生用数学的眼光观察现实世界，把生活中的实际问题抽象成有兴趣的数学问题，降低学习难度，提高学生的兴趣，激发学生的好奇心和求知欲。比如，例题选择的是围建矩形蔬菜园的问题，学生非常熟悉，怎么围面积最大呢，学生比较感兴趣，有主动求知的欲望。同时让学生认识到数学和生活息息相关，数学来源于现实，是对现实生活的表征。

（二）变式训练、提升能力

学科教育与劳动教育相结合是全面实施素质教育的重要要求，是提高学生综合素质的教育活动，符合时代趋势，具有时代特色。在讲授完墙长足够的情况下怎么围面积最大的问题后，增加了一个这样的变式：有一堵长为 12 米的墙，利用这堵墙和长为 60 米的篱笆围建一个矩形的蔬菜园，怎样围面积最大？最大面积为多少？让学生自己设计劳动方案这一环节的加入，不仅让学生巩固了学科知识，提高了自主探究能力，而且让学生运用所学知识解决实际问题，并掌握了一些基本的劳动技能，也使学生真正地把所学的问题应用到实践中去，并且获得了一定的方案设计技巧，在设计方案中提高核心素养。

（三）劳动设计、回归生活

学科教育和劳动教育相结合，课上通过生活问题，结合二次函数知识点，提升对基础知识的理解和应用。同时通过课上劳动设计作业和课下劳动设计方案，既巩固学生对二次函数最大值问题的理解，又激发学生的劳动热情，让学生更加理解数学源于生活又服务于生活的意义。

（四）合作探究、思想碰撞

注重合作交流，展示学生的创新能力和探究能力，在师生、生生的交流活动中，进行思维碰撞，让学生对知识或活动内容的理解更深刻、更全面。在这节课的学习中，同学们通过小组交流和合作完成了问题的解答和劳动方案的设计。这样既能提高学生学习数学的自信心，又能培养其创造性的思维能力，使其认识到数学知识源于劳动，是与劳动紧密联系在一起的。在数学教学中，随着劳动教学的不断深化，中学生对数学学习的认识逐渐深化，并在实际工作中自觉地将数学应用于实际生活中，把数学与生活结合起来，极大地提高了学生收集整理、联想、实践操作、逻辑思维等方面的能力，有利于培养学生的核心素养。

|高中数学人教 B 版（2019 版）必修第三册|

“数学建模活动：周期现象的描述”课堂实录与评析

一、课堂实录

（一）教材解读

高中数学体系完整、逻辑结构严谨，在教与学的过程中需要繁重的脑力劳动，更需要学习者具有持久的吃苦耐劳的劳动精神，新时代的教师应该正确引导学生清楚数学与生产劳动之间的辩证统一关系，帮助孩子们树立良好的劳动意识与观念。高中数学课堂教学主要以训练思维为目的展开教学活动，数学本身具有极强的抽象性，但数学知识是来源于生产劳动与生产活动，反过来数学知识又能指导生产劳动与生产活动。三角函数的性质与图像既是中学数学中“三角函数”章节的重点内容，也是日常生产、生活中经常得到应用的一个知识内容。比如我们生活的城市，交通部门为了解决交通拥堵问题，根据车辆的通行量，设置的“潮汐”道路（PPT 展示潮汐车道）；再如港口码头经常根据“潮汐”规律，安排船舶进出港口等，均有三角函数的性质与图像的因素考虑。在学习了三角函数的性质与图像相关内容后，安排“数学建模活动：周期现象的描述”一节数学建模课，除了帮助学生进一步深刻理解三角函数的性质与图像外，还在于引导学生学以致用，逐步培养孩子们应用所学的性质与图像知识解决实际问题的能力。

课程标准指出，数学建模是对现实问题进行必要的数学抽象，用准确的数学语言表达问题、用科学的数学方法构建模型解决问题的数学核心素养。数学建模活动是基于高中数学思维运用函数模型解决实际问题的一类较为综合的劳动实践活动，是现阶段高中数学课程的重要内容。数学建模活动能够搭建数学与外部世界的联系，是体现数学应用性的重要和主要形式。同时数学建模也是应用数学知识与方法解决实际问题的基本手段，是推动现代数学不断向前发展的动力。数学模型具有数学和现实两个出发点，教学中要聚焦基于学生熟悉的现实情境，构建恰切的数学模型，经历问题探究的“发现问题—提出问题—分析问题—解决问题”过程，进而使学生达到“四基”“四能”“三学会”。

开展数学建模的教学，有利于促进理论和实践相结合，增强学生应用数学的主观意识和数学能力，同时在学习过程中也有利于发挥主体学习积极性。数学建模与数学探究注重的是学生学习方式的转变，强调学生以知识接收为基本方式，以知识结果的获得为直接目的，对学生的动手动脑能力提出了更高的要求。影响中学生数学建模能力的两个主要因素是知识与经验、兴趣和意识。所以在数学建模活动中，我们要合理安排教学计划，有步骤地培养问题解决的能力；拓展学生的“最近发展区”，加强数学语言的“互译”教学，锻炼学生的数学表达能力；强化“问题意识”恰当选择建模问题，提高学生问题解决的能力；教师要鼓励学生使用信息技术，在具体建模过程中，借助计算机软件进行作图、计算、数据处理等。

（二）教学目标

1. 巩固三角函数的学习内容，运用三角函数模型解决简单的“潮汐”问题，进一步提升学生的数学素养和劳动素养。

2. 以正确的劳动观点和积极的劳动态度投入“潮汐”问题的解决过程，体验数学建模的过程，培养数学抽象、数学概括的能力以及主动参与劳动活动的意识和能力。

3. 在探究与合作学习的过程中，真切体会到数学的应用价值与探究劳动后成功的喜悦，进一步激发自己努力学习数学的热情，提升努力学好数学的决心，主动、自觉地用数学的思想与方法去解决现实问题、认识和改造世界。

（三）教学过程

1. 情境展示，新课引入

师：“风景常在人心，小城自有故事”。请大家看这样一幅画：温州市区有一著名景点——江心屿，江心屿上面有座寺庙——江心寺，南宋著名状元诗人王十朋在江心寺中题了一副非常知名的对联，哪位同学能给大家朗读一下？

上联：云朝朝，朝朝朝，朝朝朝散；

下联：潮长长，长长长，长长长消。

生：yún zhāo cháo，zhāo zhāo cháo，zhāo cháo zhāo sàn；

cháo cháng zhǎng，cháng cháng zhǎng，cháng zhǎng cháng xiāo。

师：读的很好，你能给大家翻译一下吗？

生：这副对联是说浮云早晨来汇聚，每天早晨来汇聚，早晨汇聚后早晨飞散了；潮水常涨，时常上涨，时常上涨后时常消退。

师：你翻译的很好，“春江潮水连海平，海上明月共潮生”，它反映的是自然界客观存在的一种周期现象，我们所学习的三角函数的一个显著特征就是具有周期性。事实上，人们在日常生产、生活中有时经常会运用这种具有周期变化的规律现象去解决实际问题。

备注：著名教育学家苏霍姆林斯基曾说过“教师如果不想方设法使学生进入情绪高昂和智力振奋的内心状态，就急于传授知识，那么这种知识只能使人产生冷漠的态度，而不动感情的脑力劳动就会带来疲倦”。观念决定思路，思路决定出路，思想有多远，课堂才能走多远，这是本节课各环节设计时努力坚持和坚守的观点。实际的教学过程中也可以播放潮汐现象的纪录片，让学生进一步了解潮汐现象对于我们实际生活的影响与作用，并给出五一黄金周东营港、红滩湿地旅游区、金泥湾等最佳赶海时间（如表 1 ）。

表 1

日期	赶海时间		
	东营港	红滩湿地	金泥湾
4 月 30 日	07:00—11:00	08:00—18:00	08:00—18:00
5 月 1 日	07:00—12:00	08:00—18:00	08:00—18:00
5 月 2 日	08:00—13:00	06:00—11:00 15:00—18:00	06:00—11:00 15:00—18:00
5 月 3 日	08:00—14:00	06:00—11:00 15:00—18:00	06:00—11:00 15:00—18:00
5 月 4 日	08:00—16:00	07:00—12:00 15:00—18:00	07:00—12:00 15:00—18:00

2. 问题提出，探究解决

（1）问题探究 1。（投影展示。）

下面是东营港码头在 2021 年夏季某天的时间与水深的关系表（表 2）：

表 2

时间	0:00	1:00	3:00	6:00	8:00	9:00	12:00	15:00	18:00	21:00	24:00
水深（米）	5.0	6.25	7.5	5.0	2.84	2.5	5.0	7.5	5.0	2.5	5.0

师：请同学们仔细观察并分析表格中的相关数据，你们能从中得到一些什么样的有用信息？它符合我们所学的哪个数学模型？请你们在下图中画出它的图像并求出它的解析式，给出整点时水深的近似数值。（学生手头有坐标纸。）

【设计意图】通过学生亲自动手操作，描绘散点图后观察分析散点在坐标系中的分布与结构特征，提升孩子们获取有价值的数学信息并进行必要的定量分析的意识和能力，这有利于增强孩子们基于样本数据表达分析现实问题的意识，有利于培养数据分析的数学核心素养，有利于培养依托样本数据探索现实事物的本质、总结事物之间的关联性和内在规律的经验。新课标下的高中数学课堂，一定要让学生真正成为课堂学习的主体，让学生真正参与到知识的生成或学习过程中来，教师引导学生进行必要的深入的分析，同时积累活动的经验和活动方法，真正让学生获取数学知识的路径变为双向性、主动性，增强学生对研学这一新的学习方式的参与积极性、了解研学学习的严谨性。上好课是教师最崇高的师德，学生成长比教师的任何成功都更重要。黎巴嫩著名诗人纪伯伦说过：“我们已经走得太远，以至于忘记了为什么而出发。”万物生长都有自身的节奏和规律，学生知识的生成当然也不例外，去除浮躁，回归本源，不忘初心才可催促自己在研课教学中走最远的路。

生 1：经观察分析与同组讨论，我们发现散点的变化规律比较符合正弦型函数图像变化规律，可以设 $y=A\sin(\omega x+\varphi)+h$，显然 $A=2.5$，$\omega=\frac{\pi}{6}$，$\varphi=0$，$h=5$，所以函数的解析式为 $y=2.5\sin\frac{\pi x}{6}+5$。

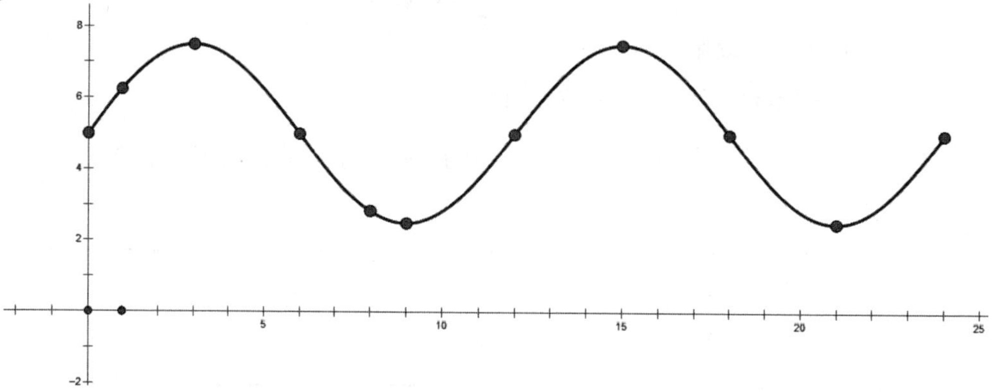

图 1

生 2：借助计算器或者 EXCEL 表格，整点时水深的近似数值整理如下表（表 3）所示。（投影展示。）

表 3

时间（整点）	0	1	2	3	4	5	6	7	8	9	10	11	12
水深（米）	5.00	6.25	7.17	7.50	7.17	6.25	5.00	3.75	2.83	2.50	2.83	3.75	5.00
时间（整点）	13	14	15	16	17	18	19	20	21	22	23	24	
水深（米）	6.25	7.17	7.50	7.17	6.25	5.00	3.75	2.83	2.50	2.83	3.75	5.00	

师：同学们能主动整理并归类数据，试图让数据说话，并能通过数据思维去洞察事物的本质，寻求问题解决的途径，这是我们用数学的思维分析客观世界的变化和发展，形成通过数据认识事物内在规律的很重要的一种思维品质。请大家继续思考如下的探究性问题。

Microsoft Excel - Book1

B2 =2. 5*SIN(PI()*A2/6)+5

	A	B	C	D	E
1	时间	水深			
2	0	5.00			
3	1	6.25			
4	2	7.17			
5	3	7.50			
6	4	7.17			
7	5	6.25			
8	6	5.00			
9	7	3.75			
10	8	2.83			
11	9	2.50			
12	10	2.83			
13	11	3.75			
14	12	5.00			
15	13	6.25			
16	14	7.17			
17	15	7.50			
18	16	7.17			
19	17	6.25			
20	18	5.00			
21	19	3.75			
22	20	2.83			
23	21	2.50			
24	22	2.83			
25	23	3.75			
26	24	5.00			

（2）问题探究 2。（投影展示，学生独立思考，小组交流合作。）

已知一艘货船的吃水深度（船底与水面的距离）为 4 米，安全条例规定货船至少要有 1.5 米的安全间隙（船底与洋底的距离），请问：该船何时能够进入东营港港口？在东营港港口能待多久？

【设计意图】考虑所建立的三角模型的应用问题，直接感受数学建模的实际价值。将现实情境问题一般化、数学化，从样本数据中，找出并总结出潮汐现象的一般规律，问题的解决需要依靠前面正弦型函数的性质与图像的内容，问题得到解决的过程，即多学科知识相互融合的过程，问题被处理的过程，即对正弦型函数性质与图像的运用的过程，对相关三角知识深度理解与熟练掌握的过程。

（师巡视，并应用几何画板软件做出了函数 $y=2.5\sin\frac{\pi x}{6}+5$ 的图像。）

资料：

中国首艘航母辽宁舰主尺寸：舰长 304 米、水线 281 米；舰宽 70.5 米、吃水 10.5 米。飞行甲板：长 300 米、宽 70 米。排水量：57000 吨（标准），67500 吨（满载）。

（生独立思考，形成自己的思路，然后小组内部交流。）

【设计意图】面对实际的问题情景，问题与困难有益于促进学生数学学科知识的学习，学生之间交流的过程会倒逼与课程有关的各学科问题及时暴露，学生与教师讨论交流的过程也容易加深对正确理论与方法的理解，发现问题与解决问题循环往复。在合作学习的过程中，学生多个维度的数学学科素养都会得到发展和锻炼（数学抽象、数学建模、数据分析、数学运算等），同时学生归纳总结、综合理解等数学能力也都会得到不同程度的锻炼和提高。

生 3（小组代表）：货船的吃水深度为 4m，必须要考虑加上安全间隙 1.5m，水深值要大于 5.5m，即 $y=2.5\sin\frac{\pi x}{6}+5>5$，做出函数 $y=2.5\sin\frac{\pi x}{6}+5$ 和 $y=5.5$ 的图像，找到四个交点 *A, B, C, D*，如下图所示。

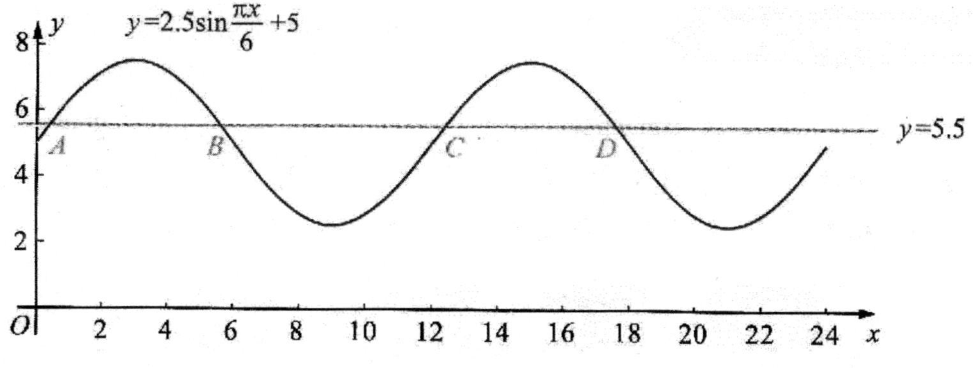

图 2

通过菜单度量四个点的横坐标分别为 x_A=0.38，x_B=5.62，x_C=12.38，x_D=17.62，即分别对应的时刻约为00:23、5:37、12:23、17:37。因此，该船在00:23至5:37或12:23至17:37能安全进港。若欲于当天安全离港，它在港内最多停留17小时14分钟。

师：本题目充分考查了大家的知识储备量，在大家合作交流过程中，老师也看到了同学们浓厚的学习兴趣，大家经历了真实的数学建模的过程，希望大家继续在赏析、反思、交流、感悟的过程中，真正得到灵动的学习所得和深刻的现实启迪，专于术、诚于道、游于艺、达到了乘物以游心、真正领略到了数学之美。

（3）问题探究3。（投影展示。）

一艘货船的吃水深度（船底与水面的距离）为4米，安全条例规定至少要有1.5米的安全间隙（船底与洋底的距离），该船在2:00开始卸货，吃水深度以每小时0.3米的速度减少，那么该船在什么时间必须停止卸货，将船驶向较深的水域？

【设计意图】在问题探究2的基础上，情境更加丰富，挑战的任务难度加大，具有实际背景的问题虽然比课本的例题难度大许多，但由于背景新颖且真实，能使得孩子们真正感受到正弦型函数模型在现实生活中的价值，更容易触动学生，因此也就更有利于学生树立数学应用意识。

师：实际的生活中，随着卸载货物越来越多，船体的重量在减小，船的吃水深度也在随时发生变化（变小），在刚才问题探究2的基础上，请大家继续思考此问题，然后小组成员交流自己的想法，并拿出小组成功的解决方案。

生 4（小组代表）：设在时刻 x 该船安全水深为 z，则 $z=4+1.5-0.3(x-2)(x\geqslant 2)$，这时水深 $y=2.5\sin\frac{\pi x}{6}+5$。若使该船安全，则 $4+1.5-0.3(x-2)\leqslant 2.5\sin\frac{\pi x}{6}+5$，即 $6.1-0.3x\leqslant 2.5\sin\frac{\pi x}{6}+5$，如下图，画出两个函数的图像，得到交点 E，F，G，通过度量点 F 的横坐标为 $x_F=6.72$，即对应时刻约为 6:43。因此，该船在 6:43 必须停止卸货，驶向安全的水域。

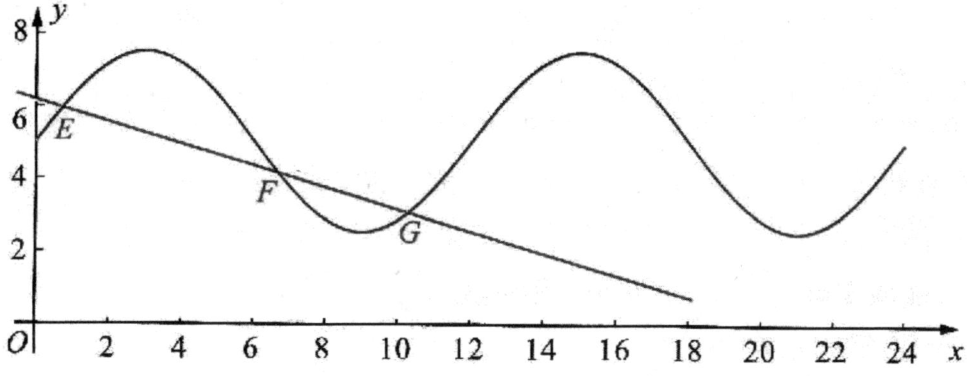

图 3

师：大家分析得很好，现在的信息技术非常的发达，该组的同学利用几何画板顺利地把点 F 的坐标求出，如果没有信息技术的支持，我们有没有办法把该点的坐标确定呢？

生 5（小组代表）：应用函数零点的存在性定理和二分法可以获取近似解。

师：非常棒！我们可以采用二分法求出该函数的变号零点或者相应方程的近似解，后续我们学习微积分后我们还可以应用微积分中"以直代曲"的思路（牛顿切线法）解决，现在我们继续把探究问题的难度加大，请大家思考如下问题。

（4）问题探究 4。（投影展示。）

若船的吃水深度为 4 米，安全间隙为 1.5 米，该船在 2:00 开始卸货，货物卸空后吃水深度为 2 米，为了保证进入码头后一次性卸空货物，又能安全驶离码头，那么每小时吃水深度至少要以多少米减少？

【设计意图】该题的实际意义不如探究 3，因为它没有明确的现实背景，但该题作为探究问题 3 的变式，可以很好地考查学生对问题探究 3 的理解程度，因为在实际生活中，我们确实没法左右吃水深度的减少速度，所以本题最终讲授与否视课堂学情需要，建议作为课下练习会更好。

教学建议：船只的吃水深度由浮力原理决定，教学中教师可以适时的补充关于吃水深度的相关知识，比如内河航运与远洋运输的吃水深度为什么不同，巴拿马运河为什么会在旱季控制货轮的吃水深度等等，这样可以让数学建模问题更加具有挑战性。

生 6（小组代表）：通过度量 I 的横坐标为 7.23，即对应时刻 7:14 前必须驶入安全水域。计算直线 HI 的斜率为 –0.7，即得每小时吃水深度的减少量。

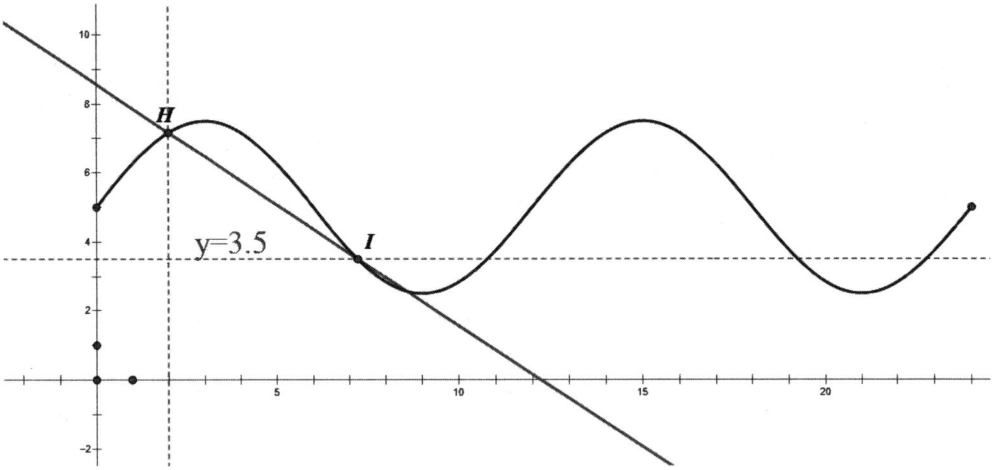

图 4

师：同学们，我们从“潮汐”问题引入，进行了 4 次的探究活动，请思考我们解决此类问题的解题策略是什么？思考一下，组织自己的语言与同组同学交流。

【设计意图】作为老师一定要有开放的思想，海纳百川的胸怀，兼收并蓄、学习研究不同版本教材、不同风格的教学方式，当然教师内心也要有自己的坚守，守住教学之魂。新的课程标准强调“四基”（即掌握基础知识、基本方法、基本思想、基本活动经验）“四能”（能从数学的角度发现、分析、提出、解决问题）和“三学会”（学会用数学的眼光观察世界，用数学的思维思考世界，用数学的语言表达世界），在基于问题解决的教学设计过程中，学生的各方面的数学素养都得到了很好的锻炼和提高，特别是用数学的语言表达世界是一个极大的挑战，也是课时教学成功的关键。

3. 自主归纳，学习交流

（1）解决问题的策略。

数学建模的一般思维流程：问题联想—假设模型—求解模型—验证模型。

（2）涉及知识：三角函数的性质与图像。

【设计意图】以现实问题或者数学问题为载体，以相关问题的正确解决为契机，贯穿高中数学建模与数学探究这条主线，将数学建模与数学探究的过程如画卷般徐徐打开。如何使学习与教学思路更清晰，教学步骤更具体生动，学习方法更明确高效，需要及时的回头望月，潜心总结教育教学规律。日本著名的教育家米山国藏指出："作为知识的数学出校门不到两年可能就忘记了，唯有深深铭记在头脑中的是数学的精神、数学的思想、数学的研究方法等，这些随时随地发生作用，使人们终身受益。"借助自主归纳这个环节，教师与学生一起总结数学建模的规律，梳理数学建模的程序，明确数学建模的细节，强化数学建模的要点，使学生对数学建模的认识更加条理化、更加系统化、更加程序化，从而为顺利开启应用奠定良好的基础。

4. 问题解决，学以致用

师：在北京冬奥会、冬残奥会总结表彰大会上，习近平总书记指出："广大志愿者用青春和奉献提供了暖心的服务，向世界展示了蓬勃向上的中国青年的形象。"习近平总书记强调："我们要在全社会广泛弘扬奉献、友爱、互助、进步的志愿精神，更好发挥志愿服务的积极作用，促进社会文明进步。"志愿服务是现代社会文明进步的重要标志，是加强精神文明建设、培育和践行社会主义核心价值观的重要内容。从冬奥会的"小雪花"，到疫情防控一线的"大白"；从进博会的"小叶子"，到防汛抗洪、抢险救灾的"红马甲"……广大志愿者把服务他人、服务社会与实现个人价值有机结合起来，用实际行动诠释志愿精神的内涵。志愿服务已经成为各个领域、各项工作中的亮丽风景，释放出暖心的正能量。今天，我们一起来关注如下的志愿服务内容。

师（投影例题内容。）：在某个以旅游业为主的地区，每年各个月份从事旅游志愿服务工作的人数会发生周期性的变化。现假设该地区每年各个月份从事旅游志愿服务工作的人数 f (n) 可近似地用函数 $f(n)=100\cdot(A\cos(\omega n+2)+k)$ 来刻画。其中，正整数 n 表示月份且 $n\in[1,12]$，例如 n=1 时表示 1 月份；A 和 k 是正整数；$\omega>0$。统计发现，该地区每年各个月份从事旅游志愿服务工作的人数有以下规律：

①各年相同的月份，该地区从事旅游志愿服务工作的人数基本相同；

②该地区从事旅游志愿服务工作的人数最多的 8 月份和最少的 2 月份相差约 400 人；

③ 2 月份该地区从事旅游志愿服务工作的人数约为 100 人，随后逐月递增，直到 8 月份达到最多。

（1）试根据已知信息，确定一个符合条件的 f(n) 的表达式；

（2）一般来说，当该地区从事旅游志愿服务工作的人数超过 400 人时，该地区也进入了一年中的旅游“旺季”，那么一年中的哪几个月是该地区的旅游“旺季”？请说明理由。

（教师可以带领学生浏览“志愿杭州”网站（http: //www.hzva.org/Index/index.html），让学生真切地感受到志愿服务是一种生活方式，也是一种生活态度，希望全体同学积极践行社会主义核心价值观，积极踊跃地参加志愿服务。）

师：请大家独立思考、计算求解，然后进行小组交流展示。

生 7（小组代表）：

（1）根据三条规律，可知该函数为周期函数，且周期为 12。由此可得，

$T=\dfrac{2\pi}{\omega}=12\Rightarrow\omega=\dfrac{\pi}{6}$；

由规律②可知，$f(n)_{\max}=f(8)=100A+100k$，

$f(n)_{\min}=f(2)=-100A+100k$，$f(8)-f(2)=200A=400\Rightarrow A=2$

又 $f(2)=200\cos(\dfrac{\pi}{6}\cdot2+2)+100k=100\Rightarrow k\approx2.99$

由条件 k 是正整数，故取 $k=3$

综上可得，$f(n)=200\cos(\frac{\pi}{6}n+2)+300$ 符合条件

生 8（小组代表）：

（2）由条件 $200\cos(\frac{\pi}{6}n+2)+300>400$，可得 $\cos(\frac{\pi}{6}n+2)>\frac{1}{2}$

$\therefore 2k\pi-\frac{\pi}{3}<\frac{\pi}{6}n+2<2k\pi+\frac{\pi}{3},k\in Z$

$\therefore \frac{6}{\pi}(2k\pi-\frac{\pi}{3}-2)<n<\frac{6}{\pi}(2k\pi+\frac{\pi}{3}-2),k\in Z$

$\therefore 12k-2-\frac{12}{\pi}<n<12k+2-\frac{12}{\pi},k\in Z$，

$\because n\in[1,12]\ \therefore k=1,6,18<n<10.18$

故 $n=7$，8，9，10，即一年中的 7，8，9，10 四个月是该地区的旅游“旺季”。

【设计意图】苏霍姆林斯基说：“在每个孩子心中最隐秘的一角，都有一根独特的琴弦，拨动它就会发出特有的音响，要使孩子的心同我讲的话发生共鸣，我自身就需要同孩子的心弦对准音调。”动人心者，莫先乎情，情不深，则无以惊心动魄，浓厚兴趣是激发学生学习的强大动力。教师板书例题的求解步骤，并对学生的回答做出科学的评价。

5. 自主练习，拓展应用

（1）书面作业。

①如右图是一弹簧振子作简谐振动的图像，横轴表示振动时间，纵轴表示振子的位移，则这个振子的位移，则这个振子振动的函数解析式是________________________。

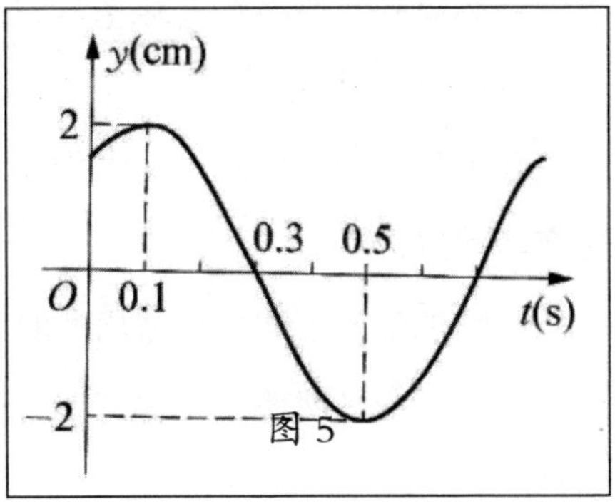

图 5

答案：$y=2\sin(\frac{5\pi}{2}t+\frac{\pi}{4})(t\geq 0)$

②心脏在跳动时，血压在升高或降低，血压的最大值、最小值分别称为收缩压和舒张压，血压计上的读数就是收缩压和舒张压，读数 120/80mmHg 为标准值。设某人的血压满足函数关系式 $P(t)=115+25\sin 160\pi t$，其中 $P(t)$ 为血压

（mmHg），t 为时间（min），试回答下列问题：

（i）求函数 $P(t)$ 的周期；

（ii）此人每分钟心跳的次数；

（iii）求出此人的血压在血压计上的读数，并与标准值比较，（健康成年人的收缩压和舒张压一般为 120~140mmHg 和 60~90mmHg）

解析：根据公式 $T=\dfrac{2\pi}{\omega}$，可得 $T=\dfrac{2\pi}{160\pi}=\dfrac{1}{80}$

根据公式 $f=\dfrac{1}{T}$，可得 $f=80$，即此人的心率是 80 次 / 分钟

函数 $P(t)=115+25\sin 160\pi t$ 的最大值是 $115+25=140$，最小值为 $115-25=90$

即此人的血压为 140/90mmHg，与标准值比较偏高一点。

【设计意图】俄罗斯作家克雷洛夫曾经说过："现实是此岸，理想是彼岸，中间是湍急的河流，行动则是架在川上的桥。"问题设计时注重适度、适时、适量，力求问题提的准、提的富有启发性，不愤不启，不悱不发，努力在学生处于愤悱的状态时发问点拨，在学生心求通而未得，口欲言而未能时适量发问。

（2）实践作业。

在下列问题中任选 1~2 个作业，组成研究学习小组，进行实践活动，一周后递交活动报告。

①电视台的不同栏目播出的时间周期是不同的，有的每天播出，有的隔天播出，有的一个星期播出一次，请查阅当地的电视节目预告，统计不同栏目的播出周期。

②一个城市所在的经度和纬度是如何影响日出和日落的时间的？收集其他有关数据，并提供理论证据支持你的结论。

③观察记录某一路口的车辆通行的数据，分析内在的"潮汐"规律，根据你所得到的数据，设计出"潮汐"车道变更的时间段，并给相关管理部门提出合理化的建议。

【设计意图】学习的目的全在应用，纸上得来终觉浅，绝知此事要躬行，实践出真知。“润物济苍生”是数学人对数学建模的认同感，数学建模的任务就是让数学的威力可以达到现实世界，是沟通数学与现实的桥梁。数学建模与探究活动区别于其他数学知识模块的根本就在于灵活，难度可大可小，项目可易可难，评价不是对不对，而是学生的思考，参与的过程，以及活动留给他的是什么。为确保评价的多元化、多样化、阶段化的特点，我设计了课下的实践作业，以进一步拓展数学建模活动与数学探究活动的教育价值。

让数学进入生活的海，
数学问题，起伏波澜；
让数学搭乘生命的船，
数学方法，顺风扬帆。

课例提供：王玉兵

二、课堂评析

在高中数学建模活动中渗透劳动教育

按照《关于新时代推进普通高中育人方式改革的指导意见》根据教材的特点、新课标的教学要求以及学生的认知规律，本节课确定的教学目标，重在教材内容与劳动教育功能的合理融合与深度开发，重在学生的学科素养得到切实可行的培养，无论从宏观的目标还是微观教学的制定与操作，均给人非常踏实的感觉，主要得益于正确的教学观、学生观，以及有较好的数学学科素养导向。如何利用所学的数学知识解决现实生产生活中的真实问题，这是提出数学学科核心素养培育的主要原因之一，通过学生熟悉的日常生活中的现实问题，引导孩子们利用所学的数学知识发现问题、分析问题、研究问题、解决问题（四能），这是提高学生数学学科核心素养的必要和有效的途径。本节课作为一个数学建模课的尝试，主要在以下八个方面做了不错的尝试。

（一）关注社会与生活的热点与真实问题，关注情境创设与问题引领，体现

数学学科独特的育人价值和应用的广泛性

作为一个数学建模课，必须基于真实背景或者探究情境（环境），设置探究性问题题组引导学生进行深度的合作探究，从“潮汐”问题本身来讲，这是东营港附近每一个市民必须关注的天文问题，同时也是该地区的一个社会问题。面对如此真实且有挑战性的问题，孩子们充满了挑战的欲望和决胜的信心。分析孤立的散点数据，挖潜散点之间内在的关联，尽力挂靠所学的正弦型函数的性质与图像，这是顺利解决建模问题的难点所在。合作探究学习中，孩子们会积极的检索已学过的知识与内容，并不断生成不同的模型与该问题进行相应的比照。这是一个很好的梳理知识的过程，也非常有利于建立数学章节知识之间的内在联系，促进学生对所学数学知识的深度理解。

（二）关注批判性思维与开放性思维培养，培养具有创新性的社会主义合格建设者和可靠接班人

在解决“潮汐”建模问题的过程中，学生会产生很多的困惑，学生之间会有不同的见解和争论，因为选择不同的角度思考问题，或者对数据进行了不同的处理方式与方法，选择不同的拟合函数模型，都会得到不同的结果，这就是结构不良性问题、开放性问题的试题特点。目的就是要确保呈现解题思路的多样性和最终结果的复杂性与多样性，有利于学生批判性思维（非被动接受式思维）、创新型思维和开放性思维的培养，探究学习过程中，培养了数学建模、逻辑推理、数学运算、数据分析等重要的数学学科核心素养。在本节课的教学组织形式上，教师尽力采用“课堂交流”等生本课堂教学模式开展教学活动，学生真正成为课堂学习的主人。在生生、师生的交流学习过程中，学生的思维逐渐深刻，意志品质也很好的得到锻炼和提高。

（三）精心设计探究性问题，注重数学思想方法引领，提升教学的有效性

为更好地打造生本课堂，从学生现有的认知规律和水平出发，分析预判学生探究学习中可能会遇到的诸多困难，选择“潮汐”问题作为探究问题，就非常符合学情的要求。该探究可以很好地复习拟合函数法，同时也为后续的学习与探究做好铺垫。教学中精选例题，由易到难，兼顾基础性、层次性、思想性，教学过程中不搞一言堂，留足学生足够的思考时间、交流合作时间，在解模完成后进一步反思体会数学建模思路与思想、特别要关注数形结合、分类讨论等数学思想方法的提炼，以进一步提升数学课堂教学的有效性。

（四）精巧设问，改善思维方式，形成良好的思维习惯

好的问题设计：一方面，可以促进学生理解数学内容，学会运用拟合法、问题分解法等数学方法解题，让学生感受到事物内在的联系性；另一方面，在培养学生思维的同时，教学生学会学习，学会思考。教师只是帮助学生收集好数据，而关键点是要联想画图，想到选择的模型，再验证、修正，把思维的过程还给学生。学生审题，把有效信息梳理成一些子问题，从问题出发思考、操作。

（五）交流合作，实施局部探究，提升数学学科素养

为顺利开展好本次的数学建模活动，结合以往到东营港等地实地考察的经历，查阅东营港潮汐相关资料，在课标的准许范围内，大胆的改编、改造课本的例题习题，目的就是让问题情境清楚、亲切、易参与、有梯度，即立足学情，完全在学生的最近发展区设计问题。本节课一开始通过层层设问，问题贴近学生实际，易于学生思考、回答与参与，接着循序渐进，加以教师的合理引导，学生顺理成章地建构起正弦型函数的模型。教学过程中，教师因势利导，带领学生交流合作，将问题细化，实施局部探究。总之，数学情境千差万别，但凭借多次探究成功的经验积累，学生的热情不会改变，探究问题的思想与思路始终不变，在探究过程中定会逐步提升学生的数学学科核心素养。

（六）目标的制定力求实现多元性与基础性的和谐统一，兼顾全面性与层次性

为实现“劳动＋数学”的真正合理整合，我认真研读了课程标准的内容分析与具体要求，对素养立意下的教学目标的续写做了大胆的尝试，并对劳动观念、劳动品质培养等能力的教学提出了具体的、可执行、可测评的要求，真正通过学生学习，能够真切地感受到数学建模的无处不在，真切地感受到数学真善美，凭借数学学习造就的坚忍的意志品格，主动去解决问题，认识世界、改造世界。真正崇尚劳动、尊重劳动，懂得劳动最光荣、劳动最崇高、劳动最伟大、劳动最美丽的道理。

(七)教学重点拟定正确,教学难点确定得当

即核心内容与产生的思想方法和作为新的认知结构的生长点,教学中注重劳动教育意义,意图丰富当堂的数学内容,尝试利用各种各样的劳动教学例题,强化劳动教育方法,所以本节课为学生提供了几个实际的劳动背景或者场景,以此展开数学建模的学习活动。本节课抓住学生情感的兴奋点,激发他们的兴趣,鼓励学生大胆思考,积极探索,以及及时地鼓励,使他们迎难而上。抓住学生的认知规律,分解难点,在每个问题解决后紧跟模型解决的总结,引发学生思考,逐步深入,通过分解问题,转化问题来突破难点。

(八)教学过程中注重了以学生发展为本的思想

整个教学过程中围绕目标定向运作,各教学环节衔接自然、运行流畅,重在构建生本课堂,教学过程中设计的各类问题与活动都立足学生的实际,遵循学生的认知规律,教学中也注重教学过程的教学,始终强化学生全员参与的意识,纵观整节课,一直都是教师引路,师生共同探讨,寓学生的学科素养与能力培养于教学活动与探究之中。

第二节 物理教学有机渗透劳动教育

物理课程的基本理念要求：从生活走向物理，从物理走向社会。物理是一门以观察、实验为基础的学科，物理知识的形成与生产生活和科技发展联系密切。在物理教学中，教师巧妙地融入劳动教育可激发学生学习欲望，加深学生理解知识，也能在潜移默化中渗透劳动教育，帮助学生逐步树立劳动观念、提升劳动技能、培养劳动品质，进而提升学生的劳动素养。

发挥实验优势，训练学生的劳动技能，培养良好的劳动习惯。在实验探究中，学生亲身体验劳动过程，动手操作带来的劳动快乐，感受到了劳动合作的重要性。在“摩擦力”教学中，学生通过小组合作探究滑动摩擦力的影响因素，即锻炼了学生的劳动能力，有培养了合作意识。在“摩擦力的应用——你会拖地吗？”实验教学中，学生通过感受“拉”“推”拖把，探究摩擦力在“拉”和“推”中的区别，进而得到摩擦角的大小，让学生体会到生活中劳动中不仅要找对方法，更要找准方向，劳动效率才更好，使学生的劳动的技能得到了提高，形成良好的劳动习惯。

结合物理学史，树立学生的劳动观念，形成良好的劳动品质。恩格斯说过“劳动创造了人本身”，这句话在物理教材中有着大量的阐述，比如在“劳动创造了奇迹——万有引力定律的发现”中，老师让学生知道了物理学家第谷和他的学生开普勒经历数十年的观测性劳动和资料的整理、分析，才得到了著名了开普勒三定律，为以后的科学家研究天体运动奠定了基础。科学家的奋斗历程充分展现了他们刚毅、勤奋和吃苦耐劳的优秀品质，有助于促进学生尊重科学家的劳动成果，树立正确的劳动观念，养成正确的人生观和价值，观形成良好的劳动品质。

提供劳动机会，使理论与实践相结合，弘扬劳动精神。物理知识源于生活，同时也对生活中的生产实践有着重要的指导作用。在《质量及其测量》教学中，教师让学生感受实心球、火腿肠等物体的质量，亲自去测量一个鸡蛋测质量，不仅让学生加深了对质量的理解，学会了天平的使用，而且也培养了学生的热爱劳动的习惯。同时通过天平、杆秤、电子秤的学习，让学生向天平学习公正，向杆秤学习诚信、向电子秤学习科技，进而实现弘扬劳动精神的日的。

总之，在物理教学中，除了智力因素外，还应充分调动学生的非智力因素，劳动教育是一条重要的途径，让学生通过劳动领悟物理知识在生产生活中的实际应用，让学生感到“对我有用，我要学”“在学中做，在做中学”，从而更加坚定学好物理学知识的信心和决心，同时应用到生产劳动中去。

| 初中物理鲁科版八年级上册 |

“质量及其测量”课堂实录与评析

一、课堂实录

（一）教材解读

这节课是山东科技出版社初中物理八年级上册第五章“质量和密度”的第一节“质量及其测量”，课程标准的要求是知道质量的含义，会测量物体的质量，能列举常见物体的质量。教材内容分为质量、质量的测量和天平的使用三个板块。这节课的教学设计上凸显物理教学与劳动教育的结合，学生经历估测、粗测、精测，用实验和劳动相结合的方法形成对质量概念的认识，对单位大小有感性认识，对生活中常见物体的质量进行估测，规范测量工具的使用规则。

（二）教学目标

1. 物理观念：知道宇宙是由物质组成的，质量的初步概念以及单位，会正确使用托盘天平测质量。

2. 科学思维：通过“比较质量大小、用天平测量质量”等实验，培养发散思维、逻辑思维和语言归纳能力，提升学生的劳动技能。

3. 科学探究：掌握天平的正确使用方法，培养学生认真操作，自觉遵守操作规范的良好习惯和实事求是的劳动品质和科学态度。

4. 科学态度与责任：通过学习我国古代发明——杆秤，激发学生的民族自豪感，通过劳动体验，在实践中提升劳动教育的育人价值。

（三）教学过程

课前准备：天平、铁锤、铁钉、木板、木块、熟鸡蛋、大小烧杯、盐水（500g）

等，学生预习新课。

1. 自制教具，情境导入

内容：歌唱手持杆秤表演《天地之间有杆秤》，使用简易杆秤粗略测量鸡蛋质量。

师：“天地之间有杆秤，那秤砣是老百姓，秤杆子挑江山咿呀咿而呦，你就是定盘的星。”（高歌一曲同时使用杆秤测量香蕉质量。）

师：人人心中有杆秤，半斤八两各自清。同学们使用自制的简易杆秤，称一称鸡蛋有多重，好不好？开始。

（生动手操作使用简易杆秤粗略测量鸡蛋质量）

师：哪个小组分享你们的测量结果。

（生分享测量的数据，例如，鸡蛋 45g。）

师：大家估测的 45g 就是鸡蛋的质量，今天，我们一起来学习“质量及其测量”。

师：浏览学习目标，这些知识并不陌生，今天从物理学角度继续深入学习。

【设计意图】动手劳动，自制教具。讲课之前，高歌一曲，迅速让学生专注课堂，让学生利用自制的杆秤粗略测量鸡蛋的质量，激发学生的劳动欲望，学习兴趣。

2. 劳动体验，动手动脑

师：同学们从器材中找出木板、木块、铁钉、铁锤，通过观察和实验，对这些物体进行分类，并说出你们的分类依据，开始。

（学生动手操作，通过观察和实验，对物体进行分类。）

师：哪个小组分享自己的分类方法？

生 1：把物体分成两类，一类是铁钉和铁锤，因为他们是铁做的；一类是木板和木块，因为他们是木头做的。

（师副板板书“1. 按物质种类”。）

生 2：我们小组也是把物体分成两类，一类是铁钉和木块，因为他们都很轻；一类是铁锤和木板，因为他们都很重。

（师副板板书“2. 按物体轻重”。）

生 3：按物体形状、坚硬程度等。

师：我同意同学们的分类方法，课上不一一分析。

师：按种类分，木板、木块、铁钉、铁锤是一个个具体的物体，木头和铁都是表示一种或一类物质，物体和物质什么关系呢？

生：物体是由物质构成的。

师：小到尘埃、砂石，大到高山、地球、太阳系、银河系、宇宙，虽然他们形态各异，但都是由物质构成的。（展示图片。）

师：按大小（轻重）分，看老师手中的两个物体是铁制品，大家思考它们含铁量是一样的吗？

生：不一样，铁锤的铁多。

师：铁锤的铁多，感觉会重一些，物理学上称之为质量大；铁钉含有的铁少，感觉会轻一些，称之为质量小。质量是怎样定义的呢？哪位同学尝试着用自己的语言给质量下个定义。

生：物体所含物质的多少。

师：这位同学表达科学、严谨、具有概括性，和科学家的思路是一样的，这就是质量的定义。（板书“一、质量的概念”。）

师：质量的单位有哪些呢？哪位同学能够列举几个？

生：吨、克、毫克、公斤、斤、两等。

师：国际单位制中，质量的基本单位千克（kg），比千克更大的单位有吨（t），比千克更小的单位有克（g）、毫克（mg），生活中有时用到公斤、斤，他们与千克的换算关系是怎样的？

师生共同：$1kg=10^3g=10^6mg$，$1t=10^3kg$。

【设计意图】学习离不开劳动体验，本环节主要通过学生的劳动体验，对物体进行分类，用自己的语言给质量下定义，列举质量的单位及换算，既锻炼了概括归纳的表述能力，也提升了逻辑思维能力，通过小组合作交流，让学生真正参与学习。

3. 生活实例，理解质量

师：老师给大家带来了几件物品，请同学们从塑料箱中找出一个实心球、一袋食盐、一根火腿肠、一袋感冒药、一盒大头针。通过铭牌了解他们的质量并感受质量的大小。

（学生观察并感受一个实心球 2kg、一袋食盐 500g、一根火腿肠 50g、一袋感冒药 12g。）

师：根据所得的经验，估测大屏幕上物体的质量，请一名同学上来，大家估测这位同学的质量。

生：50kg（不同的同学质量不同，也可能是 60kg）。

师：台上的同学到台秤上测量一下，告诉我们他的质量是多少？（对照估测的数据，鼓励同学们。）

生：一个鸡蛋 50g，一头成年大象 6t，一瓶矿泉水 500g。

（教师再给出一些其他物体的质量，课下再了解，提高学生的估测能力。）

师：（手持矿泉水，从教室前走到教室后。）矿泉水的质量改变了吗？如果让宇航员带到太空中呢？为什么？

生：不变，因为物质的多少没有改变。

师：结论就是同一个物体，位置改变，它的质量不变。

师：（把矿泉水瓶用力捏扁。）同一物体的形状改变质量变了吗？能得到什么样的结论？

生：不变，因为物质的多少也没有改变。同一个物体，形状改变，它的质量不变。

师：把这瓶矿泉水凝固成冰后，质量会不会改变？

（学生猜想后观看视频得出结论——同一杯水，状态改变，它的质量不变。）

师：综上所述，质量是物体的一种属性，不随位置、形状、状态而改变。

师：谁有办法使这瓶水的质量减小呢？

生：喝一些。

师：喝一大口水后，请一位同学分析这瓶水为什么质量减小了？

生：瓶中的水减少了。

师：咱们要知道现在矿泉水的准确质量，需要使用什么测量工具？

生：秤。

师：生活中有许多测量质量的各种秤，如台秤、电子秤、杆秤等，生活中会根据不同的测量对象选择不同的秤。杆秤是我国古代的重要发明，智慧的结晶，蕴含着丰富的文化内涵，通过视频再来了解一下。（播放视频《杆秤秤星的来历》，体现着社会核心价值观的诚信。）杆秤虽然逐步被电子秤取代，但直到现在杆秤仍然是公平公正的象征。

【设计意图】生活离不开劳动。本环节是教学的重点内容，通过生活实例，设计的问题串环环相扣、由浅入深，进一步培养学生分析、推测、发散思维的能力，了解各种秤的使用，非常形象直观，同时德育点切入很及时，特别是杆秤的视频让学生从视觉上感受到了质量测量的意义。

4. 劳动科技，认识天平

师：走进实验室，我们需要使用什么仪器测量质量？

生：天平。

师：咱们要学习两种天平，托盘天平和物理天平，通过铭牌对比，哪一种天平精确度更高？

生：托盘天平的感量 0.2g，物理天平的感量 20mg，物理天平精确度更高。

师：它们的工作原理相似，咱们先来学习操作更简单的托盘天平，自主学习课本 103、104 页，并完成三项学习任务，大家分享交流学习成果。

（学生自主学习天平的使用。）

师：通过自主学习，每位同学都可以当天平的讲解员，介绍天平的构造和部件的作用，哪位同学和大家分享交流自己的学习成果？

师：如果你是一名实验管理员，为了不损坏天平，你应该提醒大家注意什么问题？

生：不能超过天平的最大称量，使用镊子夹取砝码和移动游码，潮湿物体或化学药品要用纸片或烧杯盛放。

师：假如自己是一名实验操作员，如何测量质量，给大家介绍一下？

生：准备阶段和测量阶段。（详细讲解天平的使用。）

师：同学们对天平的使用还有什么疑惑？其他同学们能不能帮助解决？

【设计意图】劳动是科学的发源地，通过对比托盘天平和物理天平，引起学生自主学习的欲望，并汇报学习成果，使学生的自学能力、表达能力和总结归纳能力得到提升。部分学生提出疑惑后，其他同学能够帮助其解决问题，极大地鼓舞学生的学习内驱力，收到了良好的学习效果。

5. 劳动实验，拓展提升

师：根据自己的学习成果，小组团结协作，测量一个鸡蛋的质量，完成实验的小组把实验数据写在黑板上，老师会有神秘任务（测量盐水的密度）派送给你们，开始实验。教师巡视，帮同学们解决疑问。

（学生实验操作，通过实验进行测量。实验顺利的小组可以继续测量盐水的密度。）

师：同学们实验认真操作，分析实验数据，实验数据准确。请完成神秘任务的小组把自己的实验分享给大家。

（学生分享实验。）

师：老师还有几个问题没有解决，看看哪位同学能帮帮老师。一是测量鸡蛋质量的过程中能不能调节平衡螺母？二是游码不在整刻度线上怎么读数？三是“左物右码”的位置放反了怎么办？

（学生生回答问题，相互补充，总结提升。）

师：如何测量一个大头针的质量？

生：测量整数个大头针的质量，再除以个数。

【设计意图】兴趣是学习物理的最好老师，实验是学习物理的最好载体。劳动是学习的灵魂，是学生们最感兴趣却也是最容易混乱的环节，实验研究中既能暴露实验中容易出现的问题，又能增大课堂的容量。

6. 归纳总结，布置作业

师：专心致志学习的时光总觉得短暂，这节课接近尾声了，通过实验和学习，谈谈你的收获。

（学生从知识、能力、劳动方面汇报学习成果。）

师：布置作业，完成课后 2、3、4 题

【设计意图】劳动贯穿学习的全过程。学生自己汇报学习成果，把知识变能力，化零散为体系，特别是劳动技能提升让物理课堂有了着陆点，有学生通过对杆秤的了解提升到对社会主义核心价值观的认识，令人高兴。作业要独立完成，提升应用所学知识解决实际问题的能力。

7. 结束语

师：这节课我们通过区分物质、感受质量、认识属性、了解杆秤、使用天平一连串的活动和实验，通过自主探究主动学习物理知识、提高动手能力，树立劳动观念、提升劳动能力。我们要向杆秤学习诚信、向电子秤学习科技、向天平学习公正，弘扬劳动精神、培养劳动品质，树立远大理想抱负，做一名合格的中学生，取得更大的进步。

课例提供：吴卫锋

二、课堂评析

在初中物理实验教学中渗透劳动教育

“质量及其测量”是既熟悉又陌生的章节，虽与生活实际联系密切，但知识领会与科学规范差距较大，因此，教学设计是让学生从劳动教育的视角理解质量及其测量，学生既有学习兴趣和积极性，又拉近了课堂教学与实际生活的距离。在教学的过程中，教师设计了“自制教具、情境导入—劳动体验、动手动脑—生活实例、理解质量—劳动科技、认识天平—劳动实验、拓展提升—归纳总结、布置作业—结束语”七个环节，所有学生都能够积极主动地参与其中，充分发挥了主体地位，不仅从知识掌握和动手能力上得到提升，也在润物无声中得到劳动教育的熏陶。

（一）围绕核心素养，结合劳动教育，激发学生的学习兴趣

初中物理的核心素养是学生在物理学习过程中逐步形成的适应个人终身发展

和社会发展需要的正确价值观、必备品格和关键能力。劳动教育是课程与生产劳动的结合，充分发挥实践的独特育人功能，从学生的视角深度分析课本中的内容，挖掘物理学科的价值意义，进一步加强学生参与劳动的积极性，应该在平时的物理课堂教学活动中不断渗透的。这节课的教学设计围绕核心素养，结合劳动教育，激发学生的学习兴趣。教学设计依照学生的认知能力，遵循认知规律，从认识物体和物质开始，再到估测物体质量，理解质量概念，认识生活中的各种秤，最后落脚到学习天平的使用，学会测量质量，整节课学生的兴趣点不断地被激发，思维难度循序渐进，思维过程环环相扣。课堂上老师准备了九种秤，有自制杆秤、电子秤、台秤、杆秤、钩秤、体重计、托盘天平、物理天平。教学环节紧密衔接，以学生为中心，落实核心素养，凸显劳动教育，丰富的课堂教学活动都有学生的深入参与，紧紧抓住每个学生的注意力，让学习能力和劳动能力在潜移默化中慢慢提升。

（二）引领科学探究，突出劳动教育，提升学生的主动意识

根据教学内容，教师引领学生进行科学探究，突出劳动教育，增强问题意识，体现合作学习，解决实际问题，能够积极主动地参与其中。劳动教育具有独特的育人价值，劳动教育也是知识本位的突破口，体现“从生活走向物理，从物理走向社会”课程理念。初中物理的观察和实验正是来自劳动的实践中，科学探究实验是落实劳动教育的主阵地。科学探究的物理课堂都要以学生为中心，通过探究活动激活学生源动力，以小组合作学习为平台，每一个成员都参与到知识形成的过程中，在认识物体和物质，理解质量的概念，测量物体质量的实验中，教师都是通过学生活动让学生在合作中探索新知，提升能力。

（三）恰到好处的劳动渗透，提升物理课实效性

物理来源于人民群众的劳动，又服务于劳动，教师在物理教学过程中应强化劳动教育对学生的全面发展的重要意义。执教者认为一堂好的物理课堂除了让学生在知识掌握上大有收获，更需要恰到好处的劳动渗透，来提高在实际教学中渗透劳动教育的意识，梳理物理教学中的劳动教育素材，有利于教师更好把握在物理学科教学中渗透劳动教育的契机，帮助学生形成正确的劳动观念，使得学生在手脑并用提升劳动技能，感悟劳动之美。教学设计中教师歌唱《天地之间有杆秤》和播放视频《秤星的来历》，劳动无处不在，教育让社会主义核心价值观深入人心。教师设计的结束语也非常应景，让学生热血沸腾，蠢蠢欲动，把高涨的学习情绪延伸到课下，整节课牢牢把握“树立劳动观念，塑造劳动精神，培育劳动能力，养成劳动习惯”，收到了良好的效果。

劳动教育可以发掘每一位学生的学习潜能，课堂学习可以激活每一位学生的成长动力，本课题旨在依托劳动教育、围绕核心素养，引领初中物理的科学探究，用劳动驱动科学探究，教学活动充分发挥了学生的主体地位，教学设计能够遵循教育规律，注重劳动教育，时间分配合理，重难点突破恰当，由浅入深地设计课堂提问，过程清晰，风格朴实，是一堂值得推广的典型课例。

|初中物理鲁科版八年级下册|

“摩擦力”课堂实录与评析

一、课堂实录

（一）教材解读

这节课出自鲁科版八年级下册第六章第五节，是学生继重力、弹力后学习的第三种力，是前面所学课程力的延伸，将为高中摩擦力的深入学习奠定基础。教材首先从生活场景引入新课，让学生去感受摩擦力的存在，然后让学生在教师的引导下通过生产劳动中的现象分析归纳出滑动摩擦力的概念。通过实验探究得出影响滑动摩擦力大小的因素，以及增大摩擦和减小摩擦的方法，进而将所得结果应用在生产劳动和生活中，既学习物理又走近生活，体现了物理的生活化，同时生活劳动的模拟过程以及实验探究过程，又增强了学生的劳动意识，培养了学生的劳动习惯，提升了学生的劳动能力。

（二）教学目标

1. 知识与技能

（1）知道摩擦力的存在和对物体运动的影响。

（2）了解摩擦力的大小与什么因素有关。

（3）认识摩擦力的利与弊以及增大和减小摩擦的方法。

2. 过程与方法

（1）观察有关摩擦现象并进行劳动体验，感知摩擦力的存在，初步培养学生的分析概括能力和劳动意识。

（2）通过探究影响摩擦力大小的因素的实验，初步掌握物理学研究问题的科学方法。

（3）通过观察、体验跟摩擦力有关的劳动场景，了解增大和减小摩擦力的方法，提升学生的劳动能力。

3. 情感态度与价值观

（1）通过比赛、游戏等劳动形式，使学生获得成功的愉悦，培养学生参与物理学习活动的兴趣和团队合作意识。

（2）通过体验劳动过程，让学生逐步养成热爱劳动、崇尚劳动的习惯，提升学生的劳动品质，同时渗透安全教育、德育教育，厚植爱国情怀。

（三）教学过程

1. 新课导入

（上课前教师准备两个新旧不同的黑板擦（旧的几乎磨平），让学生比赛擦黑板，看谁擦的又快又干净？全体同学观察比赛结果，对比分析并分享感悟。）

师：对比两种黑板擦擦黑板的情况，哪种擦得比较好？

生 1：用新黑板擦的同学擦得既快又干净。

师：为什么？

生 2：因为新黑板擦比较粗糙，而且摩擦力比较大。

师：生产生活中的利用摩擦力地方非常多，你能给大家举几个例子吗？

（学生举例，比如走路时鞋底与地面的摩擦、冰壶运动中冰壶与冰面的摩擦、自行车车轮转动过程中与地面的摩擦等。）

（教师点明生活中的摩擦力种类很多，这节课只研究滑动摩擦力，进而引入新课。）

【设计意图】比赛的过程是学生体验劳动的过程，通过劳动体验的方式引入新课，不仅很大程度上激发了学生学习物理的兴趣，活跃了课堂气氛，而且有利于激发和培养学生的劳动意识。

2. 滑动摩擦力是怎么产生的

（教师提前让学生每人准备一把鞋刷以及书包。）

师：同学们模拟刷书包的过程，感受一下摩擦力是如何产生的，并思考满足什么条件才能产生摩擦力。

生 1：两个物体相互接触在发生相对滑动时可以产生滑动摩擦力。

师：但是，为什么用旧黑板擦没有把字擦掉？而新黑板擦很快把黑板擦干净了？

生 2：旧黑板材没有新的黑板擦粗糙，接触面粗糙才能产生滑动摩擦力。

（教师模拟刷书包的过程，让学生观察刷毛的弯曲方向。）

师：当老师的鞋刷向上运动时，产生的摩擦力是什么方向？对物体的运动有什么影响？

生 3：滑动摩擦力的方向与相对运动方向相反，阻碍物体的运动。

师：根据以上分析，同学们能总结一下什么是滑动摩擦力吗？

生 4：两个相互接触的物体，当它们发生相对滑动时，在接触面上产生的一种阻碍相对运动的力，这种力就是滑动摩擦力。

【设计意图】通过模拟刷书包的劳动过程，让学生自己总结出滑动摩擦力的概念，在这里老师恰当的把生活中的劳动融入课堂，体现了物理学科生活化的课程理念。同时通过劳动体验，能够培养学生的劳动意识，提升学生的劳动能力，让学生逐步养成热爱劳动的习惯。

3．探究影响滑动摩擦力大小与什么因素有关

师：滑动摩擦力的大小受哪些因素的影响呢？生活中大家在搬快递或者搬箱子时，如果快递太重搬不动怎么办？有哪些办法可以用呢？

（教师展示5—6个比较重的箱子，让学生想办法把箱子推动，学生讨论方案，并上台展示。制表如下。）

	如何推动箱子	影响因素
方案一	把箱子分开推动	压力
方案二	把地面打扫干净，使其尽量光滑	粗糙程度
方案三	……	
方案四	……	

生：滑动摩擦力的大小可能与接触面的粗糙程度、压力的大小有关。

师：事实是否真的如此呢？我们可以通过实验来验证我们的猜想。

（教师给出实验器材，让学生自选器材并设计实验方案。）

（1）实验器材：弹簧测力计、摩擦计、毛巾、棉布、木块、钩码若干。

（2）学生思考讨论并回答问题。

①实验中，如何测得滑动摩擦力的大小？具体如何操作？

②多因素变量问题应采用什么实验方法？

③如何保证接触面间的压力不变？接触面的粗糙程度又怎么去改变？

学生小组交流，回答以上三个问题并展示实验的设计思路。学生自选实验器材，设计实验方案。实验方案一般是利用木块、钩码、弹簧测力计、摩擦计、毛巾和棉布等器材进行实验。

（教师点评学生回答情况，学生开始实验，教师巡视指导。）

表 1　探究滑动摩擦力与接触面压力的关系

接触面	压力不同时的摩擦力 /N		
	压力较小	压力较大	压力最大
棉布			
毛巾			
木板			

表 2　探究滑动摩擦力与接触面粗糙程度的关系

压力大小	接触面不同时的摩擦力 /N		
	毛巾	棉布	木板

教师引导学生根据实验数据概括结论：滑动摩擦力的大小与作用在物体表面的压力和接触面的粗糙程度有关：当接触面的粗糙程度一定时，表面受到的压力越大，滑动摩擦力越大；表面受到的压力一定时，接触面越粗糙，滑动摩擦力越大。

（3）交流与评估。

师：同学们在进行实验的过程中，有没有发现新的问题？对本实验你是否还有什么新的思考？

生 1：弹簧测力计读数不稳定。

生 2：滑动摩擦力的大小还可能与物体间的接触面积的大小有关。

师：如何改进器材可以使读数更稳定呢？又如何验证你的猜想呢？

（学生交流讨论，自己设计实验器材，进行实验。）

①问题 1——学生改进后的实验器材（如图 1 所示）。

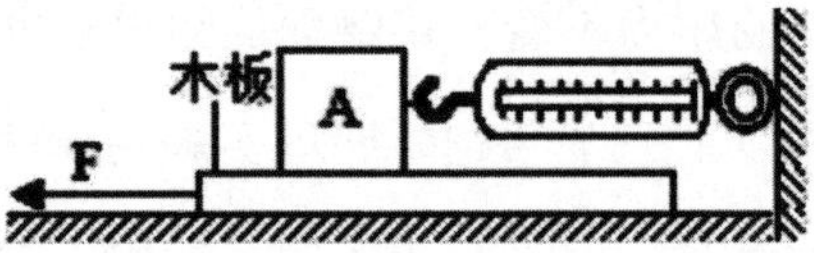

图 1

通过实验发现，无论木板做什么运动，弹簧测力计的示数都能保持稳定。

②问题 2——探究滑动摩擦力的大小与接触面积的关系（学生设计方案如图 2）。

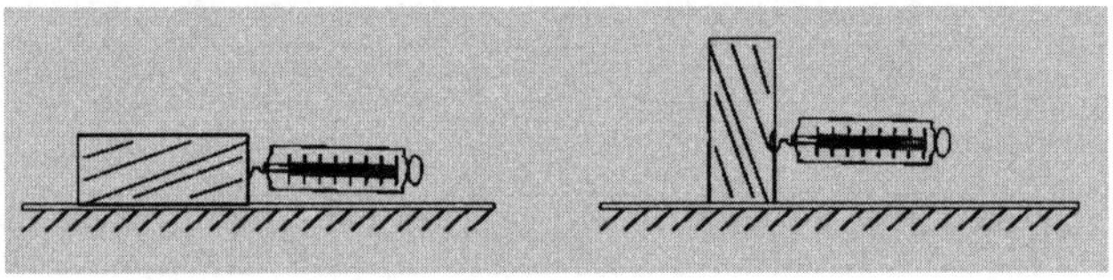

图 2

实验表明：滑动摩擦力的大小与接触面积的大小无关。

【设计意图】做实验本身就是一种劳动，学生通过劳动场景的分析，亲身经历科学探究的过程，有利于发挥学习的主动性，更好地培养实验设计能力和问题分析、概括能力。而且在实验过程中发现问题并能够解决问题，使实验方案更完善，使学生的劳动创造能力得到了全面提升，在培养学生科学精神和实干精神的同时，真正体现了以劳增智，以劳创新。

4. 增大与减少摩擦力的方法

（1）劳动体验一：捉泥鳅比赛。

（教师准备几条泥鳅及一副橡胶手套，让两位同学比赛，看谁能先捉住泥鳅而后分析其中蕴含的物理原理。）

生 1：戴手套的同学先容易抓到泥鳅，因为手套表面更粗糙。

（教师点评劳动过程，引导学生归纳增大摩擦力的方法。）

生 2：压力一定时，增大接触面的粗糙程度；接触面粗糙程度一定时，增大压力。

（教师以图片的形式展示生产劳动中利用摩擦力的劳动场景，让学生对传统与现在两种劳动方式过程进行对比，并提出感悟。如表 1 。）

表 1

实例	传统办法	现代工具
洗衣服	用手	洗衣机
搬货物	人工	传送带
……	……	……

（2）劳动体验二：运水桶比赛。

（教师准备三桶一样重的水，让三名同学从教室后面挪动到教室前面，用什么方法都可以，看看谁最省力。说明原理制表如表 2 。）

表 2

	挪动的方法	原理
方案一	抱着向前运动	
方案二	弯腰，双手向前拖动	
方案三	放倒后向前滚动	
……	……	

（学生体验生活中家务劳动的过程，发现采用滚动的方法，工作效率高。）

（教师点评劳动过程，引导学生总结减小摩擦力的方法。）

生：接触面粗糙程度一定时，减小压力；压力一定时，减小接触面的粗糙程度；变滑动为滚动，使接触面分离。

教师以视频形式展示在生产劳动中与减小摩擦力有关的劳动场景以及交通工具，让学生观看后提出感悟。

表 3

<table>
<tr><td></td><td>古代</td><td>二十世纪五六十年代</td><td>现代</td></tr>
<tr><td rowspan="2">交通
工具</td><td rowspan="2">滚木</td><td>手推车</td><td>利用轴承运动汽车</td></tr>
<tr><td>自行车</td><td>气垫船、磁悬浮列车</td></tr>
</table>

【设计意图】通过比赛捉泥鳅、搬水桶等家务劳动，让学生能够直观看到劳动成果，并通过获得的劳动成果获得满足感和自我存在感，进而体验到劳动的价值所在。通过各种劳动工具的对比，不仅能够加深学生对滑动摩擦力的认识和理解，而且能够让学生深刻认识到，没有劳动就没有人类的文明，没有劳动就没有科学的进步，社会的发展。这样就能在学生心中树立起“劳动最光荣，劳动最崇高，劳动最伟大，劳动最美丽”的观念，促使学生养成“热爱劳动，崇尚劳动，尊重劳动”的良好美德，立志为社会的进步和发展贡献自己的力量。

5. 小结

引导学生对照教学目标进行对标收获。

6. 作业设计

（1）假如明天是重阳节，你准备给家里的老人买一双鞋，怎么选最合适，为什么？

（2）实践活动：寻找身边涉及滑动摩擦力的劳动场景并积极参与，分析其中蕴含的物理原理。

【设计意图】融会贯通，推广劳动。将物理知识联系并运用到生活实际，提升对物理生活世界的感悟。鼓励学生参与到家庭、社会活动中。

7. 板书

6.5 摩擦力
1. 概念
两个相互接触的物体，当它们做相对滑动时，在接触面上会产生一种阻碍相对运动的力。
2. 影响滑动摩擦力大小的因素
接触面所受的压力
接触面的粗糙程度
3. 增大与减小摩擦的方法

课例提供：曹琳琳

二、课堂评析

在初中物理《摩擦力》教学中渗透劳动教育

《关于全面加强新时代大中小学劳动教育的意见》要求学校要发挥在劳动教育中的主导作用，切实承担劳动教育的主体责任。除劳动教育必修课程外，其他课程结合学科专业特点，有机融入劳动教育内容。物理学科是一门与人类社会存在和发展密切相关的自然科学学科。无论是原始的农工商劳作，还是轻便、快捷、蕴含高科技的现代化航空航天制造，都与物理学科有着密不可分的关系。因此，教师要充分利用物理学科的特点和优势，从教学目标、教学过程以及教学评价多个方面向学生渗透劳动教育的相关内容；同时应充分挖掘物理教材中的劳动教育素材，结合学生对日常生活中的劳动、农业生产劳动。现代科技劳动的认识和实践，帮助学生树立正确的劳动观念，养成良好的劳动品质。此外，还要指导学生掌握生活中的一些基本劳动技能，使他们学会运用物理知识进行科学的劳动，提升劳动素养。

（一）在教学目标中渗透劳动教育

首先，在知识与技能方面，除了让学生知道摩擦力的产生条件、影响因素，并能够列举增大和减小摩擦的方法外，还应当让学生体验与摩擦力相关联的劳动过程，并让学生应用物理规律掌握相应的日常劳动技能。

其次，在过程与方法方面，通过刷书包、抓泥鳅以及运水桶等劳动体验过程，培养学生的动手能力和问题分析能力，让学生经历实验的科学探究过程，在劳动中观察思考，不断从错误中反思和学习，这样不仅训练了学生的科学方法，培养了学生养成良好的劳动习惯与品质，而且也培养了学生的合作意识。利用物理原理改进实验器材，使实验方案更加完善，有利于学生在劳动知识学习和劳动实践中提炼生活实践经验，继而培养探索精神和创新能力，获得在复杂情境中解决问题的能力。

最后，在情感态度价值观方面，通过与摩擦力有关的传统与现代劳动工具、交通工具的对比，能够帮助学生形成正确的劳动态度和劳动观念，使学生认识到美好的生活要依靠劳动来创造，培养学生对劳动的热爱和尊重，激发起其对劳动人民的热爱之情。使学生最终能够尊重劳动、崇尚劳动，弘扬劳动的精神。

（二）在教学过程中渗透劳动教育

1. 模拟与摩擦力有关的劳动过程，关注物理原理，提升劳动技能。

模拟真实的劳动过程，让物理更贴近生产劳动与日常生活。物理知识来源于生产和生活的劳动过程，所以在课例的引入过程中，把擦黑板、刷书包带入物理课堂，即能极大程度上激发了学生学习物理的兴趣，引导学生掌握其中的物理原理，又帮助学生锻炼了基本的劳动技能。学习增大和减小摩擦力的方法过程中，通过学生捉泥鳅和运水桶的劳动比赛，不仅能够加深学生对物理规律的理解，提高学生分析和解决实际问题的能力，而且能将学到的物理知识应用于生产劳动，不仅能亲身感受劳动的价值所在，也能获得满足感和自我成就感，还能从中提升劳动技能。

2. 以实验探究为基础，培养劳动习惯，提升劳动创新能力。

科学探究的过程本身就是一种劳动，在探究滑动摩擦力的影响因素实验中，学生自己设计实验方案并完成实验。学生在实验过程中会发现任何实验细节、实验步骤的忽视都会造成不正确的结果，因而认识到一切的实验活动必须按照一定的实验步骤进行，在实验过程中既能培养学生的劳动习惯，也能够让学生体力和脑力两个方面的潜能得到激发。在实验过程中发现问题并能够解决问题，使实验方案更完善，不仅提高了学生的劳动创新能力，同时培养了学生的科学精神、工匠精神、实干精神以及组织实施能力等，真正实现了以劳增智，以劳创新。

3. 结合传统与现在和摩擦力有关的劳动场景与工具，培养学生对劳动人民的热爱和对劳动成果的尊重，培养劳动品质。

课堂最后把传统与现在的劳动方式进行对比，比如人们从传统的手洗衣服变为利用洗衣机洗衣服，货物由人工搬运改为传送带搬运，为减小机器间的摩擦力从加润滑油到使接触面间分离，例如气垫船、磁悬浮列车等。这些发明创造都是人类劳动和智慧的结晶，是劳动馈赠给人类的礼物，没有科学家坚持不懈、夜以继日的劳动，没有吃苦耐劳的可贵品质，这些发明是不可能做到的，通过这些实例让学生学习到科学家的刚毅、坚强、吃苦耐劳的高贵品质。再者，从过去至现在的劳动方式的演变过程，让学生认识到劳动人民不凡的智慧，感受到劳动对于人们生产生活的重要性，从而逐步提升劳动品质，实现德育教育的渗透。

（三）在教学评价中渗透劳动教育

单纯地从一次考试很难评价出学生对于劳动意义的获得，劳动评价应当从学生对待劳动的态度、参与劳动实践的次数、劳动实践中所获得的劳动成果质量、劳动技能的掌握与应用程度、劳动情感的获得展开，建立定量与定性评价相结合，例如在学生推箱子、抓泥鳅以及运水桶的劳动实践中，加入形成性评价，唤起学生对劳动实践的兴趣。从教到做再到评价，有目的、有系统地进行，最终形成一个完整的育人系统。

劳动教育与初中物理教学的融合，是当代教育下发展的一个趋势，是非常优秀的一种教育方法。老师们的循循善诱，学生们热爱劳动，探究实践的品质培养，都是这种教育方法下的优秀结晶。初中物理贴近生活，又更好地使劳动教育融入其中，与社会大环境紧密联系，在初中物理教育学中融入劳动教育，不光可以使同学们更好地学习物理知识，产生更大的兴趣，更能使同学们从小培养动手劳动的能力，激发最原始的学习热情，培养对新事物的兴趣，对以后的学习也有深刻的影响，在教育学中具有重要意义。

|高中物理鲁科版必修一|

“摩擦力的应用——你会拖地吗？”课堂实录与评析

一、课堂实录

（一）教材解读

《普通高中物理课程标准（2020年版）》要求全面落实立德树人根本任务，培养学科核心素养。本课例就是在鲁科版高一物理必修一第3章“相互作用”第3节“摩擦力”完成之后做的一节知识应用课。学生需要理解摩擦力的概念，学完必修一第4章“力与平衡”，学生需掌握正交分解法，并理解平衡条件。设计将物理知识应用于日常劳动情景中，在日常劳动情境中体会物理学原理。

（二）教学目标

1. 能够建立模型，分析摩擦力的影响因素。

2. 练习使用正交分解法，体会正压力的变化，知道摩擦角。

3. 培养学生建立物理模型的意识，将科学知识应用在生活中。

4. 在日常劳动过程中应用物理规律，激发兴趣，科学劳动，热爱劳动。

（三）教学过程

1. 创设情境，引入课堂

师：同学们，我们天天打扫卫生，你会拖地吗？（展示同学们拖地时的照片。）

生：（笑）会。

师：拖地是为了清理地上的脏东西。用物理语言讲，就是改变地上原来静止在地面上的脏东西的运动状态。那么，改变物体的运动状态的原因是什么？

生：力是改变物体运动状态的原因。

师：拖地时靠什么力来清理脏东西的呢？

生：摩擦力。（补充）滑动摩擦力。

师：滑动摩擦力越大，越容易把脏东西擦掉。看来拖地干净的关键应该是想办法增大摩擦力。大家想一下，怎样增大拖把与地面之间的摩擦力呢？

生：根据 $f=\mu N$，与材料和施力有关。

师：今天咱们就来分析分析拖地中的摩擦力问题，看看怎样拖地才更干净。

生：（笑）好。

【设计意图】从日常劳动情景出发联系物理模型，激发学生学习兴趣。

2. 课堂探究——动摩擦因数对摩擦力的影响

（1）粗测拖把与地面的动摩擦因数。

请同学们以小组为单位设计方案，粗测拖把与地面间的摩擦力。

方案一：

实验原理：$f=\mu N$，测量拖把重力和匀速拖动拖把时的拉力。（实验方案来源于教材《摩擦力》。）

学生补充：匀速运动很难实现，我们可以拖动地板砖测拉力。（需要一块地板砖）数据如图：

（多媒体图片展示学生测量情景数据记录，略。）

生：拖把重力为 $G=0.495\text{kg}\times9.8\text{N/kg}=4.851\text{N}$；水平拉力等于滑动摩擦力，$f=0.185\text{kg}\times9.8\text{N/kg}=1.813\text{N}$。则动摩擦因数 $\mu\approx0.374$。

方案二：物体在斜面上刚好不下滑时，$mg\sin\theta=\mu mg\cos\theta$，可知 $\mu=\tan\theta$。（需要一块地板砖）（实验方案来源于斜面上的平衡条件。）

学生补充方案：不一定使用量角器，可以测量两直角边长，$\mu=\tan\theta=a/b$，如图。

（图片展示学生测量情景数据记录。）

$\mu=11.2\div30\approx0.373$

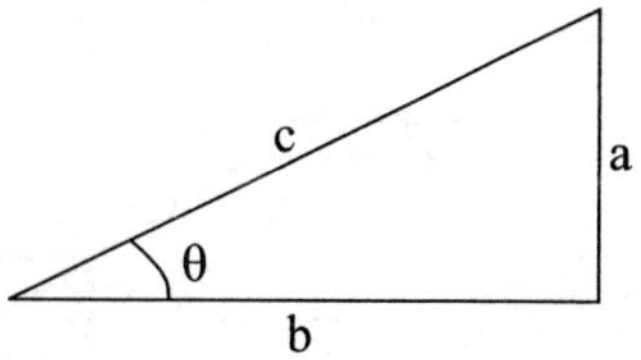

师：同学们设计了两种实验方案来测量拖把与地面的动摩擦因数，估测结果相差不大。同学们还能想到有什么办法能改变拖把与

地面之间的动摩擦因数吗？

生 1：换拖把。（笑）

生 2：拖地要先涮拖把，加水。

师：同学们再分组测量一下打湿的拖把和地板砖之间的动摩擦因数。

方案一：数据如图：（多媒体图片展示学生测量情景数据记录，略。）

$$\mu=\frac{N}{mg}=\frac{0.275}{0.510}=0.54$$

方案二：数据如图：（多媒体图片展示学生测量情景数据记录，略。）

$$\mu=\tan\theta=\frac{a}{b}=\frac{15.20}{30.00}=0.51$$

生：加水之后，动摩擦因数会变大。但是好像变化也不是太大，可见增大摩擦力的关键还是改变正压力。

【设计意图】回顾动摩擦因数的两个测量方法，并实际测量物体的动摩擦因数，巩固并应用所学知识和技能；通过实测，体会科学探究的思想和方法；在日常劳动情景中感悟物理规律。

3. 课堂探究——拖地时摩擦力“推”和“拉”的区别

视频展示学生拖地情景——学生前后拖地。

师：同学们仔细观察一下，拖地的技术要领，可以分成几个主要动作？

生：可以分成“推”和“拉”两个动作。

师：好的，我们把这两个动作简化成简单模型。而且认为我们施加的力总是沿着拖把杆的方向。（多媒体图片展示。）请同学们分别计算一下，两种情况下的摩擦力各有多大。我们请两位同学上来分析。

向后拉

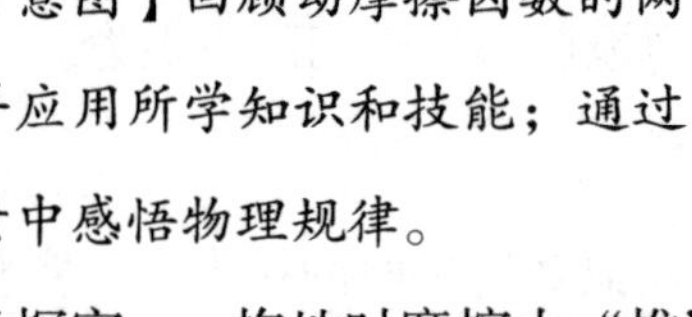

向前推

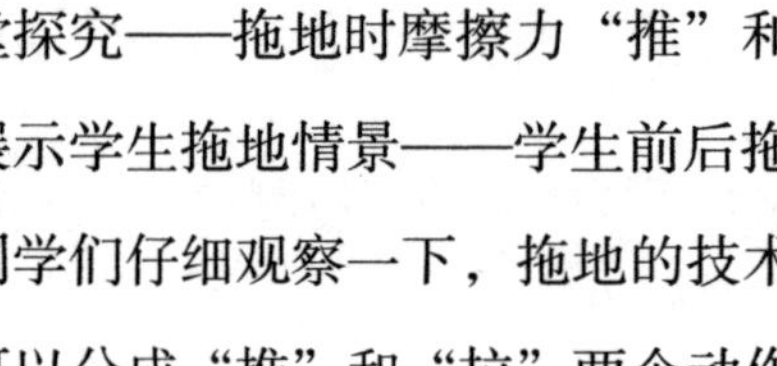

学生呈现分析过程：

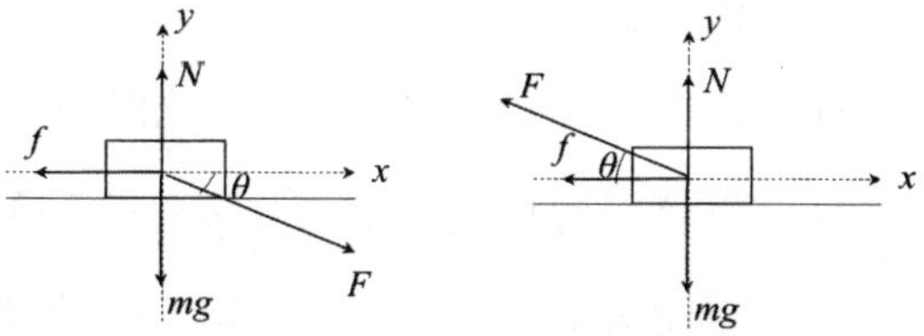

$N=mg+F\sin\theta$　　　　$N+F\sin\theta=mg$

$f=\mu N$　　　　$f=\mu N$

$f=\mu mg+\mu F\sin\theta$　　　　$f=\mu mg-\mu F\sin\theta$

生：由分析可知，向前推时，摩擦力大于向后拉时。所以向前推更容易把脏东西擦掉。

师：同学们去大商场的时候，有没有见过保洁员是怎么拖地的?

生：拿一个大拖把拖。

（图片展示，保洁员拖地情景）

生：一直向前推。

师：由此可见，我们平时所说的“拖地”其实是一种习惯性说法，从目的性上来说，是不是叫“推地”更合理啊？。

生：（笑）

师：同学们还有什么因素会影响拖地时的摩擦力呢?

生：……

师：接触面、外力……还有吗? 提示一下，力是矢量。

生：夹角！拖把杆的方向！

4. 课堂探究——探究拖把杆的方向与拖地摩擦力的关系

探究实验：学生对拖把杆施加沿杆向下的力，让拖把杆从竖直方向开始转到，体会偏转角多大能让拖把动起来。

（图片展示，学生拖地。）

记录如上图，当夹角为 θ 时，拖把向前运动。

生：我发现夹角小于某个值就算是施加再大的力也不能让拖把运动了，这里面有些什么规律吗？

师：我们再把这个现象模型化。比如，大家思考一下下面这个问题。

例题：拖把是由拖杆和拖把头构成的擦地工具（如图）。设拖把头的质量为 m，拖杆质量可以忽略；拖把头与地板之间的动摩擦因数为常数 μ，重力加速度为 g，某同学用该拖把在水平地板上拖地时，沿拖杆方向推拖把，拖杆与竖直方向的夹角为 θ。

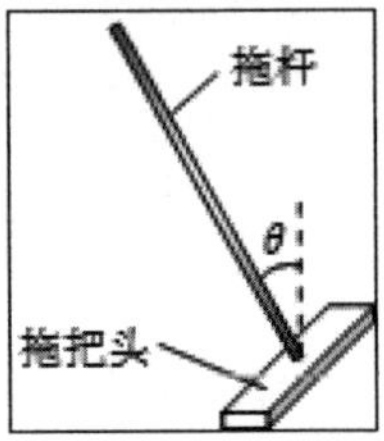

（1）若拖把头在地板上匀速移动，求推拖把的力的大小。

（2）设能使该拖把在地板上从静止刚好开始运动的水平推力与此时地板对拖把的正压力的比值为 μ. 已知存在一临界角 θ_0，若 $\theta \leqslant \theta_0$，则不管沿拖杆方向的推力多大，都不可能使拖把从静止开始运动。求这一临界角的正切 $\tan\theta_0$。

师分析：第一问，对拖把头受力分析，抓住竖直方向和水平方向合力为零，运用正交分解求出推力 F 的大小。

第二问，当推力 F 的水平分力小于等于最大静摩擦力时，不管沿拖杆方向的推力多大，都不可能使拖把从静止开始运动。结合第 1 问的结果，得到 μ 的表达式，采用极限法：当 F 无限大时的情况求解 $\tan\theta_0$。同学们尝试一下解决问题。

解析:（1）拖把头受到重力、支持力、推力和摩擦力处于平衡，设该同学沿拖杆方向用大小为 F 的力推拖把。

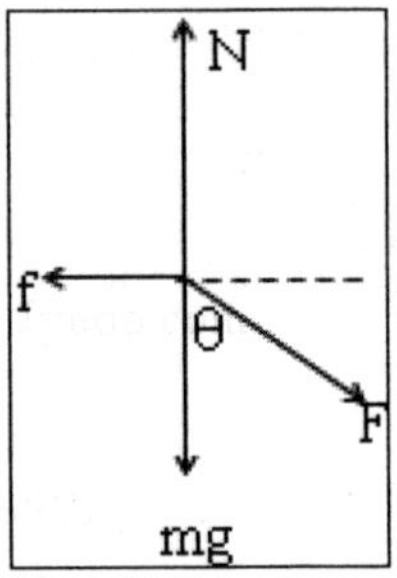

竖直方向上：$F\cos\theta+mg=N$ ①

水平方向上：$F\sin\theta=f$ ②

式中 N 和 f 分别为地板对拖把的正压力和摩擦力。

按摩擦定律有 $f=\mu N$ ③

得 $F=\dfrac{\mu}{\sin\theta-\mu\cos\theta}mg$ ④

（2）若不管沿拖杆方向用多大的力不能使拖把从静止开始运动，

应有 $F\sin\theta \leqslant \mu N$ ⑤

这时①式仍满足。联立①⑤式得 $\sin\theta-\mu\cos\theta \leqslant \mu\dfrac{mg}{F}$

考虑使上式成立的 θ 角的取值范围。注意到上式右边总是大于零，且当 F 无

限大时极限为零，有 $\sin\theta-\mu\cos\theta \leqslant 0$

使上式成立的θ角满足 $\theta \leqslant \theta_0$，这里 θ_0 是题中所定义的临界角，即当 $\theta \leqslant \theta0$ 时，不管沿拖杆方向用多大的力都推不动拖把。

临界角的正切为 $\tan\theta_0=\mu$

师：我们物理上把这个临界角叫作摩擦角。那么这是不是又得到了一种计算动摩擦因数的方法呢？

生：测量拖把即将运动时杆与竖直方向的夹角即可。

师：请同学自行测出此时的动摩擦因数。

学生进行实验并测量相关物理量。

生：$\mu=\dfrac{b}{a}\approx 0.46$

师：为什么和我们刚上课时的动摩擦因数不同呢？

生 1：有误差吧？

生 2：刚才我们推过了，拖把带水 μ 会变大，现在拖把又比较干燥一些了，μ 应该会减小一点。

生 3：我感觉人施加的压力应该大一些，越大越好。

师：同学们，生活处处有物理。分析完拖地过程的摩擦力，相信大家可以提高拖地的效率。希望同学们把我们学习过的科学知识联系实际，指导生活。大家也可以尝试分析扫地，擦黑板等劳动过程中蕴含的物理知识。

【设计意图】以知识引领体验，学生不曾意识到摩擦角概念，教师引导，学生感知，在应用高中知识解决问题，认知新概念，收获新知识。最后一部分引导学生发散思维，学以致用。

课例提供：孙小刚　周业

二、课堂评析

登山临溪识高厚，格物致知论短长

高中生的学校生活是丰富多彩的，紧张的学习是主题，青春的热情是调节，日常的劳动便是成长的必要补充了。可是现在学生的生活条件好了，家长的关注与呵护多了，相当一部分学生不具备基本的劳动技能。扫地尘土飞扬，拖地洒水和泥，于是便有了设计这样一节课的想法。通过分析日常拖地情景中的力学知识，将物理知识与生活联系起来，激发学生学习物理的兴趣，同时也指导学生学会拖地这项基本的劳动技能。

这节课设置了三个层次的学习任务，先测定拖把与地板砖的动摩擦因数，再分析拖地时如何增大摩擦力，最后认识摩擦角。

一个是测定拖把与地板砖的动摩擦因数，回顾《摩擦力》这一节课所学习的理论和实验知识。测动摩擦因数的方法是教材上的重点知识，方案一便是这个思路。算是从概念下手，也是最根本的方法。学完第 4 章，学生掌握了平衡知识，斜面上的物体的三力平衡是个常见模型，最大静摩擦力恰好平衡重力沿斜面向下的分力，约掉重力，可知动摩擦因数与斜面倾角的正切值相等。第二个方案应用了斜面模型的思路。本节课让学生把理论和实验结合起来学以致用，培养学生建立物理模型的能力。

第二个任务，计算不同的动作对应的摩擦力。通过拖地的情景的再回顾，概括出两个基本动作；把拖把推出去再拉回来。构建简化模型，受力分析，建立水平竖直方向的坐标系，关键是要写出竖直方向的受力平衡式，切不可盲目地认为正压力一定等于重力。其实学生在拖走廊的地面时，拿着小拖把拖来拖去，费时费力，反倒不如用大拖把推过来推过去，大概一个来回就完成了，又干净又省时。引发学生思考，最常见的生活情景也有大道理。

第三个任务，主要讨论夹角也就是施力方向的影响。摩擦角的概念其实不在高中知识之内，这个问题对于高一的学生来说是有一定难度的。这部分课堂例题是 2012 年课标卷的全国高考卷原题。对于学生来说需要一定的基础，需要对力和运动的关系有较深的理解。基础好一些的同学，这个问题的分析是可以接受的，对基础弱一点的同学也是个很好的体验。其实就是利用正交分解法求出推力的通式再结合极限思想做论证和简化。让学生体会到，在生活中在劳动中，当方法找到以后，还是要讲究一些方向的。另外从物理学的发展来讲，从发现规律到总结规律再到发现新规律更是认知的升华。

其实拖地情景中的物理问题远不止这些，我们还可以增加条件计算加速度，或者给定时间计算位移，甚至还可以讨论如果让拖把做匀速运动所需外力的最小值，这就需要结合数学上两角和与差的关系了。也可以把拖把放到斜面上，让情景复杂化，这些问题到高三复习时，可以做更进一步的分析。

这节课还存在的一些问题：测动摩擦因数两个实验两次操作，占用时间较长，学生对实验不够熟悉；摩擦角概念不需要深入解读，学生知道即可，但是第三个探究中的这个例题，学生做起来有些吃力；第三个探究之前，学生的体验活动，要求学生施加沿杆的力，而且力应当尽量大一些，这个实验动手体验的学生感受会深一些，只是观察效果不够好，应当让尽量多的学生参与体验。从下课学生的反应来看，不少学生下课之后马上去拿拖把来感受，还是起到了比较好的激发学生学习兴趣和学以致用的成就感的。当然从最熟悉的劳动情景中体会物理知识的普遍存在，从显而易见的模型中再寻找像“摩擦角”这样的深刻一些的知识，对学生来说也是一次美好的“探究”体验。

高中物理是模型物理，但并不等于就会脱离实际。在最简单的劳动生活中便蕴含着最基础的物理模型和思想。学习物理，热爱生活，参与劳动，锻炼自身。让物理与劳动相结合，让生活与模型相统一。让高中物理走进生活走进学生的内心，让理论引领生活，让物理促进劳动，知行合一。登山临溪识高厚，格物致知论短长。

| 高中物理鲁科 2019 版必修二 |

“劳动创造的奇迹——万有引力定律的发现”课堂实录与评析

一、课堂实录

（一）教材解读

本节选自高中物理鲁科 2019 版必修二教材，按照人类发现万有引力定律的历史过程进行编排。先介绍了开普勒行星运动三定律，在此基础上提出问题：这些行星为什么会如此运转？然后根据观察发现行星轨道的偏心率都很小，由此把椭圆轨道简化圆形轨道进行分析，从而简化了物理模型；然后，利用牛顿运动定律的知识对当年牛顿发现万有引力定律的过程进行探究复盘，得出物理规律；之后根据牛顿当年的思考，利用“月—地”检验，证明了猜想的正确性；最后，介绍了卡文迪许扭称实验以及万有引力常量的测定。学生兴趣较高，但逻辑推理演绎会有一定困难。

（二）教学目标

1. 物理观念：了解开普勒行星运动三大定律和万有引力定律的内涵，培养与万有引力定律相关的运动与相互作用的观念。

2. 科学思维：熟悉天体运动抽象成匀速圆周运动的运动模型，并能对错误认识提出有依据的质疑。

3. 科学探究：了解卡文迪许实验的重要性，体会扭称设计方案的巧妙之处，认识测得常量的意义。

4. 科学态度和责任：认识发现万有引力定律的重要意义，认识科学定律以及大胆的想象创新对人类探索未知世界的作用；培养探索太空、了解太空的兴趣，为科学探索的重大进展而振奋。

5. 劳动教育目标：了解第谷、开普勒、牛顿、卡文迪许等科学家的创造性劳动，在万有引力定律发现过程中的价值和意义；体会科学家们的智慧和汗水对人类探索未知世界的重要作用；培养不管体力劳动还是脑力劳动都是美丽的、伟大的，劳动者是辛苦的更是美丽和令人尊敬的正确观念；养成尊重和热爱劳动、尊重和热爱劳动者的习惯和人生价值观。

（三）教学过程

1. 课堂导入：创设情境，导入课堂

师：同学们，上课辛苦吗？

生：辛苦。

师：我觉得也蛮辛苦的。为什么呢？因为我们学习科学知识也是一种劳动。

生：脑力劳动。

师：说得很对，当然，对老师来说除了脑力，上课的体力劳动强度也是很高的。劳动者是辛苦的，更是美丽的。在正式开始这节课的脑力劳动之前，我们先享受一下劳动者的权力——休息，好不好？看一段电影。

这是《太空旅客》的片段，美丽的星空使人着迷，星星是什么？有没有神仙住在上面？在人类久远的历史中，一直是个谜。直到近几百年，星空的神秘面纱才渐渐被揭开。

【设计意图】板块一通过“上课辛苦”的话题，在轻松的气氛中引入劳动概念，通过电影《太空旅客》以生动活泼的形式引入太空和行星运动，这样就把本节融合课型的两个教学任务都完美完成了导课环节。

2. 第谷对行星运动的观测和开普勒三定律

师：首先要感谢一位“追星人”。

生：追的什么星？电影明星吗？

师：他研究的是天空中真正的星星，数十年如一日观察记录行星的运动，积累了大量的观测数据，他是谁呢？

生：是第谷。

师：同学们是否想过，数十年如一日的熬夜用肉眼观测记录行星运动，不仅是脑力劳动，更是强度很高的体力劳动。第谷是一位杰出的观测家，可以说他为此付出了毕生的努力（他 55 岁，一生中有 20 年多年在观星）。第谷的观测精确在当时达到了前所未有的程度，其编纂的星表的数据甚至已经接近了肉眼分辨率的极限。让我们对他的劳动表示敬意！

师：但第谷没有找出行星运动的规律。幸运的是，他有个好学生，谁呢？

生：开普勒。

师：当然同学们也是我的好学生。开普勒有深厚的数学功底，发现老师观测的火星轨道和按日心说计算的结果有 8 分差距。经过近一年的矛盾、思考，他最终选择相信老师的数据。又经过 4 年时间计算整理，才发现所有行星绕太阳运动的轨道都是椭圆，太阳位于椭圆的一个焦点上。

开普勒虽然没有像他的老师那样熬夜观测，但他埋头在老师留下的整房间的观测资料里面，历经 4 年多的思考、分析、演算才终有所发现。同学们可以设身处地的想一想，能够耐得住寂寞，埋在堆积如山的资料里面 4 年多是什么感觉。事实上开普勒研究老师留下的资料总共耗时 25 年，他付出的劳动也是非常了不起的。好了，下面我们来学习一下开普勒的劳动成果。

师：这是开普勒发现的第一条规律。什么是椭圆？这样画出来的轨迹就是椭圆，两固定点是焦点。同桌合作画个椭圆，注意行星到太阳的距离，找出这几个位置。（学生画。）

（学生画椭圆。）

师：这几个位置你找对了吗？行星到太阳的距离是（变化的），行星绕太阳运动中有没有什么是不变？开普勒用他超凡的数学才能发现，任何一个行星与太阳的连线在相等的时间内扫过的面积相等。

师：这是开普勒发现的第二条规律，行星运行中速度大小一样吗？哪个位置速度最大？（近日点）为什么？（使用微元法求解）。

按地球与太阳的连线，火星与太阳的连线在相等的时间内扫过的面积相等吗？

这个规律研究的是一个行星，不同的行星不适用。

师：不同的行星又有怎样的共同规律呢？请看多媒体屏幕上的表格。（书中略）哪位同学有发现？是怎样的正相关呢？

开普勒用了 10 年的时间才得到。谁了解？

（学生叙述开普勒事迹。）

师：开普勒发现的第三条规律，公式表示为____。

师：这三条规律的发现为天体运动的研究奠定了基础，后人称为开普勒三定律。

【设计意图】板块二主要介绍了第谷对行星运动的观测，以及开普勒三定律。在学习的过程中让学生自然而然地体会第谷数十年观测星空的劳动艰辛和伟大，体会开普勒数年埋头整理观测数据的辛劳和创造性思考，对行星运动规律的最终发现做所起到的巨大作用。用开普勒的名字命名行星运动三定律是对他的智慧和汗水的认可和尊重。

3. 万有引力定律的发现

师：我们具体来研究一下行星运行轨道，首先看下面这一组数据。

行星	椭圆轨道的偏心率
水星	0.206
金星	0.007
地球	0.017
火星	0.093
木星	0.048
土星	0.056
天王星	0.047
海王星	0.009

师：也有同学发现轨道偏心率都很小。什么是偏心率呢？说明行星运动轨道接近（圆），物理学上，为了便于发现物理的本质，会合理地简化研究问题，行星绕太阳运动近似为（圆周运动）研究，开普勒三定律就可以怎样表述。

师：谁来说一下？

（学生叙述开普勒三定律。）

师：行星的运动可以进一步简化成什么（匀速圆周）。行星就一定存在向心加速度。是什么力使行星产生向心加速度？科学家们进行了很多研究。

师：据说胡克、哈雷、雷恩在咖啡馆里相遇，聊起了行星引力的话题，他们打赌，看谁能证明出距离平方反比关系。很长时间他们都没能完成，哈雷就找了位“牛人”来帮忙。

已知物体运动情况分析其受力，联系运动和力的桥梁是？（牛顿运动定律。）当时找谁比较合适？

生：牛顿。

现在同学们结合开普勒第三定律帮牛顿完成证明。

师：设行星质量为 m，以速度 V 绕质量为 M 的太阳做匀速圆周运动，周期为 T，它们之间的距离为 r，推导太阳对行星的引力与距离 r 的平方成反比。提示：不同的行星公转周期、速度是不同的，F 跟 r 的表达式中不应出现周期 T、V。

师：谁能证明，注意说明每一步的依据，由学生自己证明。

生实物投影展示。

师：很棒，这位同学证明了太阳对行星的引力与行星的质量成正比，与距离的平方成反比。

师：太阳吸引行星，行星吸引太阳吗？这个引力和谁有关？太阳对星星的引力、行星对太阳的引力这是一对？根据牛顿第三定律，太阳和行星的引力应该？

师：写成表达式是？方向在两者连线上。

师板书：$F=GMm/r^2$

师：这就是万有引力。

师：有同学会问，这么简单吗？牛顿不是延续第谷、开普勒研究的行星运动吗？怎么就万有了呢？

这里还有一个故事，一天牛顿正在苹果树下琢磨月球为什么围绕地球运动，为什么呢？这个引力和行星、太阳间的引力是一回事吗？就在这时，一个苹果砸到了牛顿的头上，牛顿突然灵感爆发，他想到了什么呢？

生：（苹果为什么往下掉）为什么？地球对苹果有引力；月亮绕着地球转，地球对月亮也有引力，牛顿又想。

生：（这俩引力和太阳、行星间引力是不是同一种力？）是不是？

师：如果是，两个引力都应该符合。

生：$F=GMm/r^2$

师：符合吗？怎么验证？

生：测力。

师：苹果受力好测，月球的受力不好测，那么有哪个物理量能间接反应物体的受力情况呢？同学们想一想牛顿第二定律。

生：加速度。

师：不管对月球还是苹果，如果假设成立，若假设地球质量为 M，仅在地球引力的作用下，根据牛顿第二定律，有 $GMm/r^2=ma$，得 $a=GM/r^2$，

则 $a_{苹果}=GM/r^2_{苹果}$　　　　$a_{月假设}=GM/r^2_{月球}$

$a_{苹果}$是苹果仅在地球引力下的加速度，就是苹果在空中自由下落过程的加速度，即重力加速度 $g=9.8m/s^2$

另外，已知月球轨道半径 r 是地球半径 R 的 60 倍。

如果假设成立，月球的加速度 $a_{月假设}$多大？

现在好了，也就是说，假设牛顿的猜想成立。

我们推断出月球的加速度，$a_{月假设}=$_____。

只要我们通过测量计算得到月球的实际加速度 $a_{月实际}=$_____，两者对比，如果相等或者非常接近，就基本说明假设是正确的。

我们为什么说“或者非常接近”呢？

因为测量难免误差，或者还有其他未知次要因素的干扰，但并不影响物理本质的证明。

好了，让我们揭开谜底吧。同学们利用我们测得的数据，计算一下月球的实际加速度。

师：同学们计算，在牛顿的时代，已能比较精确测定：月球绕地球公转的半

径 $r=3.8\times10^8m$，月球公转周期 $T=27.3$ 天（2.36×10^6s），实际月球公转的向心加速度 $a_{实际}$多大？对比展示。

师：谁能说一下验证的结果吗？

师：两个数值非常非常接近（假设成立）。这说明，地球对月球的力和地球对苹果的力都满足 $F=GMm/r^2$。和太阳对行星的力满足同一物理规律，应该是同一性质的力。这就是著名的月—地检验。

天上的力和地上的力满足同一物理规律，同一性质。这一点在当时是振动人们思想和灵魂的。为什么呢？天地的平等。

牛顿作了更惊人的大胆设想，任何两个（有质量的）物体之间都存在这样的力。也就是万有引力定律。

谁说一下万有引力定律的内容？

生叙述万有引力定律。

师：Mm 是？ r 是？你和同桌的距离是多少？适用于质点。

可以这么说，欧洲大瘟疫期间，牛顿在伍尔索普农庄的小房间，那黑夜里几乎彻夜不熄的灯光，那厚厚的演算手稿是他辛勤劳动的证明，万有引力定律的最终发现是他的智慧和汗水浇灌出来的花朵。

【设计意图】板块三首先根据观察发现行星轨道的偏心率都很小，从而把椭圆轨道简化为圆形轨道进行分析，转化了物理模型；然后利用牛顿运动定律的知识，对当年牛顿发现万有引力定律的过程进行探究复盘，利用推导得出物理规律；之后根据牛顿当年的思考，利用“月—地”检验，证明了猜想的正确性；教学过程中带领学生体会、体验科学家当年曾经的疑问和思考过程；理解牛顿的智慧和汗水在发现万有引力定律中的重要作用，自然而然地让学生对科学家、对劳动者产生敬仰之情。

4. 万有引力常量的测定

师：当然，在当时还有一点小遗憾。引力常量 G 的具体数值在牛顿时代没能测得。

引力常量 G 的具体数值是在牛顿提出万有引力定律 100 多年后，英国卡文迪许借鉴“库伦扭秤”实验测得，看实验模型，当大铅球靠近小铅球时，由于引力作用，从上往下看倒 T 形支架会顺时针转还是逆时针？（顺时针），支架转动带动金属丝转动，平面镜就转动，反射光线就移动。打在标尺的位置就移动。（看教材图示。）

同学们结合扭秤模型思考

（1）T 形支架的横梁长些好还是短些好？平面镜的作用是什么？

（2）标尺与平面镜的距离远些好还是近些好？

师：G 值的测出，卡文迪许被称为“能称出地球质量的人”。科学定律中常量的测定，精确度是不断提高的，2018 年我国罗俊团队测得现在最精确的 G 值。通常取 $6.67\times10^{-11}Nm^2/kg^2$。

【设计意图】板块四学习了万有引力常量的测定，介绍了卡文迪许扭称的巧妙设计原理和对待测物理量放大的物理方法。通过介绍“这是个百年难解的实验难题”，让学生体会卡文迪许扭称实验的不容易和重要价值；最后介绍中国科学家做出的贡献，培养学生的爱国情怀；让学生体会实验科学家奇思妙想和精巧设计的同时，培养爱科学、爱思考、爱劳动、爱国家的价值理念。

5. 巩固和训练

师：估算你和同桌的引力，同桌对你还有那么大吸引力吗？为便于计算，假设同学两个都是 100kg 的大胖子。（一般小质量物体间的引力很小，万有引力定律主要用在天体间。）

师：同学们算例题 1，估算例题 2 的数量级。

同学们例题 1 结果是？例题 2 呢？两者谁比较大？大多少倍？

太阳系中行星的运动主要是哪个力支配？

【设计意图】板块五主要对本节课学习的物理教学内容进行练习、巩固。

6. 课堂小结：小结（学生进行），老师补充。

万有引力定律的发现。

1578 年—1601 年	1609 年—1619 年	1687 年	1798 年
第谷：天体位置误差 10’精确到 2’	开普勒：提出行星运动的三大定律	牛顿：发表万有引力定律	卡文迪许：测得引力常量 G

通过这节课的学习，我们知道了第谷、开普勒、牛顿、卡文迪许等许多伟大的科学家，万有引力定律的发现是这些人类最优秀的人的体力和脑力劳动创造的奇迹。劳动是美丽的、是伟大的，劳动者是辛苦的，更是美丽和令人尊敬的。仰望星空，人类才刚刚开启探索的脚步，像开头《太空旅客》电影中那样的太空旅行非常令人神往，而梦想的实现需要我们付出自己的智慧和汗水，未来靠你们了。

这节课就到这里，同学们再见！

【设计意图】板块六对本节课的教学内容进行收束，完成“物理学科目标”和“劳动教育目标”的“双目标”归纳小结，完成本节融合课型的教学任务，结束课堂教学。

课例提供：许新洲

二、课堂评析

双目标驱动，水乳交融相得益彰

——《劳动创造的奇迹——万有引力定律的发现》评析

《劳动创造的奇迹——万有引力定律的发现》这节课的创意，是尝试在物理学科教学的过程中进行劳动教育的渗透。在教学目标设立上，这节课以物理学科知识和核心素养教学目标为主干，同时确立了要渗透的劳动教育教学目标，即“了解第谷、开普勒、牛顿、卡文迪许等科学家在万有引力定律发现过程中的创造性劳动；体会科学家们的智慧和汗水对人类探索未知世界的重要作用；培养不管体力劳动还是脑力劳动都是美丽的、伟大的，劳动者是辛苦的更是美丽和令人尊敬的正确观念；养成尊重和热爱劳动、尊重和热爱劳动者的习惯和人生价值观。”

这节课的骨架是物理学科教学内容，即“万有引力定律的发现”，劳动教育是附着在骨架上的“血肉”。这节课在进行物理学科内容教学和物理核心素养培养的过程中，敏锐把握和劳动教育的结合点，适时渗透劳动教育的内容，在教学中同时完成了两类教学目标。

这节课从创设情境导入课堂开始，就积极贯彻双目标理念，进行“双目标导课”。上课开始，教师在轻松的气氛中问“同学们，上课辛苦吗？”引导学生思考教学活动也是一种劳动，即脑力劳动。然后自然提出“劳动者是辛苦的，更是美丽的”。之后，以玩笑的口吻（调节课堂气氛）提出“先享受一下劳动者的权力——休息，看一下电影《太空旅客》片段”自然过渡完成物理学科教学的课堂导入，巧妙地用生动活泼的形式同时完成了“双目标导课”。

由《太空旅客》自然过渡到“美丽的星空使人着迷，星星是什么？有没有神仙住在上面？在人类久远的历史中，一直是个谜”。然后介绍“追星人”第谷所做的工作，突出介绍了他观测的艰苦、认真和执着，让学生感受劳动者的辛苦和劳动的伟大。之后由师生关系自然过渡到开普勒，学习开普勒三定律，同样适时抓住机会渗透了劳动教育内容，“能够耐得住寂寞，埋在堆积如山的资料里面4年多是什么感觉，事实上开普勒研究老师留下的资料总共耗时25年”，让学生体会劳动的艰辛和寂寞，理解劳动成果（开普勒三定律）多么来之不易。

完成开普勒三定律的教学之后，用“胡克、哈雷、雷恩在咖啡馆打赌”引领牛顿登场，自然过渡到万有引力定律的发现过程，让学生帮忙证明。之后学生亲身参与探究体验“万有引力定律的证明”。

后面的“月—地检验”非常难理清逻辑关系，这节课先利用假设法推导得出数据，然后与实测数据进行对比得出检验结论，从而理顺了逻辑关系，思路清晰明了。其中强调，“对月球的实际加速度 $a_{月实际}$，与 $a_{月假设}$进行对比，如果相等或者非常接近，就基本说明假设是正确的，因为测量难免误差，同时探索的过程包涵很多未知因素，可能还有其他未知因素的干扰，但并不影响物理本质的证明。”这一点非常关键，很考验教师本身的学术功底，这个细节非常体现物理学科核心素养和物理思想。在这一部分，带领学生体会、体验科学家当年曾经的疑问和思考过程，体会牛顿的勤劳和创造在发现万有引力定律中的重要作用，自然而然地让学生对科学家、对劳动者产生敬仰之情。

在这一部分教学内容的最后，用“可以这么说，欧洲大瘟疫期间，牛顿在伍尔索普农庄的小房间里，那黑夜里几乎彻夜不熄的灯光，那厚厚的演算的手稿是他辛勤劳动的证明，万有引力定律的最终发现是他的智慧和汗水浇灌出来的花朵”对本部分的劳动教育，进行了点睛和升华。

本课例在最后一部分物理学科教学内容中，介绍了卡文迪许扭称精巧的设计原理，和对待测物理量放大的物理方法。通过介绍“G 的值是在牛顿提出万有引力定律 100 多年后，才被卡文迪许用扭称测得”，以及扭称本身的精巧设计，让学生体会实验科学发展探索的艰难过程，理解殚精竭虑的思考和百折不挠的改进，都是脑力劳动者必须经历的，明白劳动者是伟大和值得尊敬的。最后通过介绍中国科学家做出的贡献，培养学生的爱国主义情怀；让学生体会实验科学家奇思妙想和精巧设计的同时，培养爱科学、爱思考、爱劳动、爱国家的价值理念。

本课例最后两个板块，对物理学科教学内容进行了巩固训练，并对全部教学内容进行了总结。首先通过幻灯片展示万有引力定律的发现过程，完成物理学科教学内容的总结，之后通过下面一段话完成了对劳动教育目标的渗透和总结，从而回扣了课堂要渗透的劳动教育主题。

“通过这节课的学习，我们知道了第谷、开普勒、牛顿、卡文迪许等许多伟大的科学家，万有引力定律的发现是这些人类最优秀的人的体力和脑力劳动创造的奇迹。劳动是美丽的、是伟大的，劳动者是辛苦的，更是美丽和令人尊敬的。仰望星空，人类才刚刚开启探索的脚步，像开头《太空旅客》电影中那样的太空旅行令人神往，而梦想的实现需要我们付出自己的智慧和汗水，未来靠你们了。”

总体来看，本课例由“双教学目标导课”开始，到“双教学任务课堂小结”收尾。课堂中间的过程教学也非常好的兼顾了双教学目标，体现了物理学科核心素养，顺利完成了“物理和劳动教育”的课堂渗透融合，整堂课双目标驱动，水乳交融相得益彰，是一堂非常不错的物理和劳动教育相互渗透的课堂教学案例。

第三节　化学教学有机渗透劳动教育

劳动是人类社会生存和发展的基础，随着我国教育改革不断深入，劳动教育也被放到了很重要的位置，可是不少学生劳动意识淡薄，不愿吃苦，怕累怕脏，生活自理能力欠缺，不尊重他人的劳动成果。加强中学生劳动教育迫在眉睫，教育工作者们也在积极创新劳动教育方式，拓展劳动教育途径，探索化学教学和知识应用实践中融入劳动教育的方法。

化学教学中融入劳动教育是学校教育的重要组成部分，对学生进行劳动教育是学生成长成才的必然要求。化学是在原子、分子水平上研究物质的组成、结构、性质、转化及其应用的一门基础学科，化学研究过程需要大量高水平精细化的实验操作，来获取实验现象、实验数据进行研究和分析。化学实验在实施过程中本质上就是一种创造性的劳动，通过化学实验反复操作的磨炼，可以培养学生良好的劳动习惯、科学的劳动方法和坚韧的劳动品质。

化学是一门以实验为基础的科学，它起源于人类的生产劳动，在化学教学中如何渗透劳动教育，是一个值得深入探讨的课题。针对化学教学中融入劳动教育的途径简单阐述两点：1. 在课堂教学中融入劳动教育。课堂教学是文化教育的主阵地，而教材是教学施教和学生学习的基本依据，因此充分挖掘化学教材内容中的“劳动教育”素材，在课堂教学中渗透劳动教育是最直接有效的劳动教育方式。2. 在化学知识应用中融入劳动教育化学知识的掌握包含三个环节：理解、巩固和应用。化学知识应用的过程就是一个劳动的过程，因此在化学知识应用渗透劳动教育顺理成章。

综上，加强新时代中学生劳动教育是贯彻党的教育方针，培养德智体美劳全面发展的社会主义建设者和接班人的迫切要求。化学教师要努力拓展劳动教育途径，创新劳动教育方式，积极探索在教学活动中融入劳动教育，培养学生的劳动意识，让学生在学习化学知识的过程中体会劳动的快乐，感受劳动的价值，养成爱学习、爱劳动、爱科学、爱生活的优秀品质。

| 高中化学鲁科版必修一 |

“科学使用含氯消毒剂”课堂实录与评析

一、课堂实录

（一）教材解读

本课选自鲁科版必修一第二章微项目“科学使用含氯消毒剂”，氧化还原反应原理是本章的重点内容。本节要求学生能从物质类别，元素化合价的角度预测含氯消毒剂有效成分的性质，利用氧化还原反应分析并解释消毒剂在使用过程中产生的现象和出现的问题，最后可以学会科学使用含氯消毒剂，增强合理使用化学品的意识。这是学生学习氧化还原反应的起点，为后续的学习做相关的知识铺垫。因此本节内容既是对上一节内容的深化理解，又为以后进行进一步学习打好基础。

学生通过之前的学习，已经知道可以利用氧化还原反应原理解决生活中的实际问题，比如大扫除。

84 消毒液是一种常见的含氯消毒剂，广泛用于家庭、宾馆、医院、食品加工行业的消毒。在疫情期间，为保证广大师生有更安全的环境学习，相关教育部门通知高一高二年级学生进行线上授课。通过各方努力，我们在春暖花开的下午迎来复学通知。复课后疫情防控也不能放松，先对教室及宿舍进行卫生的消杀，来一场战“疫”大扫除。老师搬来的 84 消毒液引发了学生们的热议。因此本课例以大扫除为活动主题，贴近学生生活，既加深对学科知识的理解又将劳动教育贯穿其中，符合当前学生的认知和能力水平。

（二）教学目标

结合目前高中一年级学生的综合能力特点与本节课内容，制定了如下教学目标：

1. 能从不同层次认识含氯消毒剂的多样性，并对含氯消毒剂进行分类；能从宏观和微观相结合的角度分析事物并解决实际问题。通过学习和动手操作让学生掌握必备的劳动能力，这既是一种基本的生存能力，也能培养学生吃苦耐劳的精神；让学生学会主动劳动，收获幸福。

2. 引导学生能认识到物质是运动和变化的，知道发生化学变化时是需要一定的条件，并遵循一定的规律；以 84 消毒液为例认识其主要成分并掌握真正发挥消毒作用的物质是如何生成与作用；引导学生能从多角度、动态的分析含氯消毒剂中涉及的化学反应，并运用化学反应原理解决实际问题，体会化学在日常生活中的重要作用，渗透热爱劳动的实践意识。

3. 培养学生具有证据意识，能基于证据对含氯消毒液主要成分的组成、结构及其变化提出可能的假设，通过分析推理加以证实或证伪；建立观点、结论和证据之间的逻辑关系；知道可以通过分析、推理等方法认识含氯消毒剂的本质特征、构成要素及其相互关系，能灵活运用所学知识解释化学现象，解释现象的本质和规律。

4. 使学生认识到科学探究是进行科学解释和发现、创造和应用的科学实践活动；培养学生在含氯消毒剂的学习过程中能发现和提出有探究价值的问题；能从问题和假设出发，确定对含氯消毒剂有效成分性质的探究目的，设计探究方案，进行实验探究；发展学生在探究在学会合作的能力，面对“异常”现象敢于提出自己的见解，培养科学探究与创新意识。

（三）教学过程

1. 观看图片，引出课堂内容。

师：请同学们看这张图片，我们一起进入今天的主题讨论。同学们都经历了 2020 年的新冠病毒感染疫情，这是一种传染性极强，对身体伤害极大的病毒。我们的国家也为此耗费大量人力物力对疫情风险地区进行援助，为了不给国家添麻烦也为了我们个人的身体健康，我们要做好防护措施。针对新冠病毒如何做好防护呢，有哪些消毒剂可以有效阻止病毒的传播呢，今天我们就一起来看一下一种含氯消毒剂——84 消毒液。

多媒体呈现以上学习目标，让学生直观认识到本节课的学习任务和目标。

（1）解读 84 消毒液的产品说明

师：这是几种市场上销售的含氯消毒剂，大家最熟悉的莫过于 84 消毒液。老师这儿有一瓶 84 消毒液，同学们面前也有一定量的 84 消毒液。请同学们大胆说出关于 84 消毒液，你们想了解或知道些什么？

生 1：我从它的标签上看到 84 消毒液是一种含氯消毒液，有效成分是 NaClO，那它具有什么性质呢？

生 2：我家里也有 84 消毒液，但我不知道该如何使用，总感觉它很可怕。

师：大家的问题都比较有意义，那下面就让我们带着这些问题去进行接下来的学习吧。

（2）探究 84 消毒液的物理性质

师：请同学们取 3 滴管 84 消毒液于一支试管中，观察颜色，并闻气味。

生 1：我观察到消毒液的颜色并不是透明的，透着浅浅的绿色。

生 2：我感觉颜色有点泛黄。

生 3：我闻到一股刺激性气味，特别呛鼻。

通过实验得到 84 消毒液的物理性质：浅黄绿色、刺激性气味。

解读 84 消毒液

投影展示 84 消毒液的标签内容，学生根据标签内容展开一下学习。

师：这是一张 84 消毒液产品说明书上的部分内容，下面就让我们一起认真研读，同学们从中能得到哪些关于 84 消毒液的性质？

学生讨论、交流、沟通，形成共识。

小结：

制备：$Cl_2+2NaOH=NaCl+NaClO+H_2O$

成分：NaClO、NaCl、H_2O

【设计意图】从实际中的84消毒液标签解读入手，能让学生自如地进入与生活紧密结合的问题情境。

（3）探究84消毒液

师：我们基本了解了消毒液的成分、使用常识等信息，下面就让我们从化学的视角来探究84消毒液的性质。

（4）活动

①根据生活经验和84消毒液标签上的部分说明，请同学们预测84消毒液的主要性质。

②组内充分讨论，设计实验方案验证84消毒液的性质。

（5）方案实施并总结

① PH试纸+84消毒液2滴。

②红纸+84消毒液2滴。

③ KI溶液3滴+84消毒液2滴。

④ 2滴石蕊溶液+稀 H_2SO_4 溶液2滴+84消毒液2滴。

师：四个实验分别能说明84消毒液的什么性质？

生1：第一个实验试纸变成蓝色，说明消毒液是呈碱性的。

生2：后来试纸又褪色了，说明84消毒液具有漂白性。

生3：第二个实验红纸变成白色说明84消毒溶液具有漂白性。

师：第3个实验从无色变为黄色，黄色又褪去能说明84消毒液的什么性质？

生：说明84消毒液具有强氧化性。

师：第4个实验你观察到了什么？

生1：溶液先变蓝，因为84消毒液的主要成分NaClO是一种弱酸盐。

生2：变蓝的溶液在滴加两滴稀 H_2SO_4 溶液后快速褪色。我想可能是生成了氧化性更大的HClO的原因。

【设计意图】学生对实验方案达成共识，进行实验。微型实验不仅现象明显，更能培养学生的节俭意识。

（6）小结：通过实验得到84消毒液的化学性质

①强氧化性（漂白、杀菌、消毒）。

②碱性 NaClO（aq）。

③不稳定性（HClO）。

（7）84 消毒液的使用

【投影】

84 消毒液的使用
84 消毒液的使用原理与漂白粉很相似。请同学们讨论消毒液的使用为什么要用酸？能否化学方程式写出 84 消毒液与空气中 CO_2 和 H_2O 反应的原理以及 84 消毒液与少量稀 HCl 反应的原理？ 资料支持： 1. 当溶液中碱性增大时，漂白作用进行缓慢。 2. 工业上使用漂白粉时要加入少量酸，如醋酸、稀 HCl。 3. 家庭使用漂白粉不必加酸，因为空气里的 CO_2 溶于 H_2O 也起弱酸的作用。

师：既然次氯酸具有漂白作用，为什么不直接使用次氯酸溶液而使用次氯酸钠溶液呢？为什么又要“每延长一个月，药量增加 0.1 倍”使用呢？

生 1：次氯酸在光照条件下极易分解，所以不宜直接用消毒剂或漂白剂

生 2：因为 84 消毒液在放置时会一定程度的挥发，所以为了使用效果要适量增加药量。

教师小结：

作用原理：① $2NaClO+CO_2+H_2O=Na_2CO_3+2HClO$

② $2NaClO+2CO_2+H_2O=2NaHCO_3+2HClO$

③ $NaClO+HCl=NaCl+HClO$

（8）使用注意事项

【投影】

人民网 people www.people.com.cn 新闻链接
[新闻]视频：84 与洁厕灵混用
资料支持
“洁厕灵”使用说明关键词：
1. 能轻松消除瓷面污渍、水垢、水锈、尿垢等。
2. 勿用于酸敏感的大理石、金属等。
3. 勿与漂白类化学品混用。

师：通过前边的学习，我们知道了 84 消毒液的主要成分及重要性质，那我们在实际生活中使用 84 消毒液时要注意什么呢?

生：勿与过量酸混合

因为 $ClO^{-}+Cl^{-}+2H^{+}=Cl_2+H_2O$

（9）今天关于 84 消毒液的性质、成分、使用的学习告诉我们，生活中处处是学问，处处有化学。各种新型消毒液不断研制成功，科学在关注生活，我们应更多地关注生活中的科学，利用我们掌握的知识，研制出更多、更好、更安全的产品为生活服务，这就是 84 消毒液给我们的启示。

【设计意图】引导学生应用氧化还原反应原理，正确判断反应物和生成物，训练学生书写氧化还原反应方程式的技能同时教会学生正确使用含氯消毒剂。

2. 实际操作，感受知识的运用。

师：通过上一节课的学习我们了解了 84 消毒液的性质、如何使用及使用的注意事项。接下来为了抗击新冠病毒感染，我们要进行一场抗“疫”保卫战，对我们的学习生活环境进行大扫除。老师为你们准备的消毒剂就是上次课我们充分了解的 84 消毒液，请大家根据相关要求有序开始清扫。

大扫除结束后。同学们进行围绕大扫除中遇到的问题展开讨论：

生 1：我负责拖地，在涮拖把的时候我尝试着直接把 84 消毒液直接倒在拖把布上，结果发现深色的布颜色变淡了。

生 2：我在洗抹布的时候也想看看 84 消毒液的漂白性，所以将 84 消毒液直接倒在抹布上，红色的抹布真的褪色了。

生 3：这说明 84 消毒剂确实存在较强的氧化性和漂白性，我们在平时的使用时一定要注意用量安全。

生 4: 如果白衣服变黄或有其他东西洗不下来，能不能用 84 消毒液泡一泡呢？

生 1：我想应该是可以的，但也要注意用量，因为它主要就有强氧化性，浓度高、用量大的话可能会把衣服氧化成更深的颜色。

生 3：我在打扫卫生间的时候看到卫生间有洁厕灵，但我们学习过 84 消毒液和洁厕灵无法一起使用，回家后我要跟家里人普及这个知识。

师：通过讨论，相信同学们一定对知识的理解又加深不少，希望同学们在以后的学习中也有勇于探索的精神和坚韧不拔的勇气，能主动联系到实际生活中，将所学知识与实际生活有机结合，融会贯通，也能更加热爱劳动。

【设计意图】将理论知识的学习投入到实际生活中去，既让学生对知识有更深刻的理解，也将劳动教育渗透其中。

课例提供：冯超

二、课堂评析

在高中化学消毒剂的探究中渗透劳动教育

当下，国家教育事业进入了建设高质量教育体系新阶段。这意味着教育工作者要重视教育质量，从德智体发展到德智体美劳教育。新时代有必要重申劳动教育，教师也需要重视劳动教育给学生们成长带来的好处。因此，作为教育者应该从学科教学中融入劳动教育，贯彻培养德智体美劳全面发展的人才方针。

宋代诗人陆游曾说过："纸上得来终觉浅，绝知此事要躬行"。劳动教育得从重视劳动实践活动上下功夫。化学学科的特点之一就是与生活的紧密联系性。如果不拘泥于教材，从生活中选取典型的素材，并能运用科学的学习方法进行化学核心知识的学习，不仅将会极大地调动学生学习的积极性和情感体验，也可将劳动教育有机的渗透于学科教学中。

（一）在学科目标中结合劳动教育

1. 化学学科教学注重展开"素养为本"的教学理念，培养学生的创新精神和实践水平，在实践活动中发展劳动能力。

化学倡导真实问题情境的创设，展开以化学实验为主的多种探究活动，注重教学内容的结构化设计，激发学生学习化学的兴趣，促动学生学习方式的转变，开阔学生的文化视野，增强学生动手能力。这节课在探究含氯消毒剂性质及使用方式中多次进行化学实验使学生自主探究，在实验过程中学生主动发现问题、提出问题并解决问题，提高了学习主动性，对知识的理解也更加深刻，符合新时代下对化学学科及劳动教育的课程要求。

2. 化学学科教学强调关注全体学生的全面发展，着力培养学生必备的化学核心素养及劳动素养。

“探究含氯消毒剂——以 84 消毒液为例”一课的设计，立足课本知识结构，而又有所拓展。通过这节课学习，学生不仅对次氯酸和次氯酸盐的性质有了更进一步的掌握，更主要的是掌握了一种科学的学习方法，这远比知识的掌握更重要。在化学教学过程中，化学实验强调学生的实践操作能力，通过化学实验的独立操作既可以使学生直观地理解和学习化学知识，同时也可以培养学生的自主探究能力。化学课程蕴含丰富的育人价值，教学过程应避免灌输式的学习方式，而是在活动中着力培养学生树立正确的价值观，促进必备品格与关键能力的提升，成为适应时代发展要求的综合人才。这节课，设计了几个化学小实验，来探究 84 消毒液的性质，不仅能让学生掌握含氯消毒剂的基本知识，培养了他们分析、推理、判断、创新的能力，还能使学生通过小组合作探究，合作劳动，体验知识在实践中的运用，获得劳动成果所带来的喜悦，感受到知行合一的重要性。符合了化学课程丰富的育人价值，避免了灌输式的学习方式，在活动中着力培养学生树立正确的价值观，促进了必备品格与关键能力的提升，成为适应时代发展要求的综合人才。

（二）在教学过程中渗透劳动教育

1. 从生活中发现问题，再把问题带到课堂上来，有利于引导学生关注生活，激发学生对化学学科的兴趣，同时能增强。

这节课的设计，以学生亲身经历过的新冠病毒感染为切入点对含氯消毒剂进行深入学习和研究，最后将所学知识运用到实践活动中，能做到面向全体学生。卫生打扫是每个学生从小到大都经历过的事情，因此该活动案例符合绝大多数学生的生活经历，符合大部分学生的认知和能力水平，不受地域文化限制。在实践活动中学生有不同的清扫任务，各尽其能，满足了不同学生的不同需要，促进了学生的个性发展；同时开展大扫除活动，把学习的知识运用到实践中去既能体验到学习的乐趣，又提升自身实践能力和创新思维能力，还能增强学生劳动意识，深化劳动教育。另外，在大扫除过程中分组进行拖地、擦桌椅、清洗卫生间等各种劳动形式，学生在此过程中，不仅能培养一定的劳动能力，还能加强团队合作意识，感受团结的力量。

2. 化学学科教学强调密切联系学生的生活实际，培养学生的社会责任感、参与理解和决策水平。

教学中教师应选择既能关注全体学生，又能满足不同学生的不同需要，促进学生个性发展的典型案例。本课所选案例均源自学生熟悉的生活环境，其中劳动案例选自生活中最平常的场景，既紧密联系学生实际，保证了案例选择的基础性和通用性，又顺应时代潮流，永不过时。教学过程中，教师通过多媒体展示 84 消毒液的主要成分及功效，充分运用了现代技术手段辅助教学，使学生的学习事半功倍，同时培养学生勤于实践、善于合作、敢于质疑、勇于创新的能力。

3. 化学教学倡导核心素养理念引领下的多样化学习方式，丰富学生的学习过程。

学生的学习过程是主动建构知识、不断提升能力的过程，是富有生机、充满探究、生动活泼的活动过程。在这个过程中，学生是活动的主体，教师是活动的引导者和帮助者。这节课的设计，既有问题引导式教学，又有以小组合作探究的方式进行的实践活动教学，能够充分地将课堂交给学生，教师只是活动的指导者和引领者，能很好地实现化学课程以学科核心素养的培养为导向，倡导以学生为中心、以实践为核心的多样化学习方式。

4. 教学过程应渗透发展性评价的思想，建立学习结果与学习过程并重的评价机制。

化学课程的核心工作就是培养学生运用化学知识和科学方式解决简单的化学问题。不断提升学生探究能力增加学生动手动脑能力，最终构建学生劳动精神，使学生成长为一名满足社会需要的综合性人才。该课例既在实验中学习到 84 消毒液的性质、主要成分和使用方法等理论性知识，又在大扫除的过程中将所学知识运用到实践中，有效实现教、学、做三者的有机统一。

（三）在教学评价中展现劳动教育

1. 评价指标多元化。新的评价体系从过分关注学业成就的考查逐步转向对综合素质的考查。具体做法表现为：评价某段时间的学习情况时，判断他们对待化学学业的学习态度是否积极；学生在化学学习过程中创新精神有没有得到培养和发展；学生分析化学问题、解决化学问题的能力有没有得到提升。通过这一段时间的学习，他们的动手能力、实践能力有没有得到长进，以及对他们科学的世界观、正确的人生观与价值观产生有益的影响。这种评价的多元化不但能促进学生的全面发展，而且适应学生个性化发展的需求，同时又适应了社会发展对人才多样化的需要。本课例在对学生学习成果进行检验不仅仅是从学生对知识的掌握程度方面，还针对他们在卫生大扫除中动手能力来评价；展现出关注学生德智体美劳全面发展的教育方针。

2. 评价结果的持续化。化学学科的评价过程是面向“未来”的过程，化学学科的评价是重在发展的评价。一方面表现在对化学知识的应用，化学是与社会生活联系紧密的学科，因此仅仅在课堂上学到知识是远远不够的，更重要的是未来对知识的运用；另一方面，化学是以实验为主的一门科学，因此学生实践能力，劳动能力的培养也不是一朝一夕就能有一个定性评价的；本课例结合所学知识对学生劳动能力也进行了锻炼，劳动教育的培养更是一个持续的过程。

高中化学知识与实际生活联系密切，因此教师要充分重视其中的联系，在教学中逐渐渗透劳动教育的思想，切实增加化学知识对学生的吸引力，让学生能够产生一定的动手兴趣，以更好地完成化学学科的教与学，进而全面培养高中学生的综合能力，让其能够在有丰富理论知识的同时具有极强的动手能力和思维认知，进而成为高质量发展的全面人才。

| 高中化学鲁科版必修一 |

“电解质的电离”课堂实录与评析

一、课堂实录

（一）教材解读

“电解质的电离”选自鲁科版必修一第二章第二节，课本内容从 NaCl 晶体、NaCl 溶液、熔融 NaCl 的导电性实验引出电解质的概念，在传统的教学设计中以演示实验为主。在本堂新授课中从学生感兴趣的电解质饮品出发，采用微型化实验设置 5 个层层递进的驱动任务，引入微型溶液导电实验器让学生动手进行微型实验，引导学生在化学学习过程中采用微型化实验代替传统实验，在动手操作实验过程中体悟具体劳动行为，引导学生体会如何更高效的节省劳动资源并进行创造性的劳动。在核心知识探究学习时提出问题：电离过程是否需要通电？然后利用电离模型相关的化学史资料，渗透劳动教育，让学生认识到化学家针对一个问题可能要经历无数次实验、论证等，用化学家艰辛劳动、反复实验的故事激发学生学习兴趣，引导学生不断地探索化学理论知识，通过感受知识探索的艰难促进学生劳动意识的提高，磨砺意志，树立正确的劳动价值观，强化学生对电离概念的理解，让学生认识到电离过程不需要通电，强化本节核心。

（二）教学目标

1. 理解电离的概念，知道酸、碱、盐在水溶液中或熔融状态下会发生电离；能够书写电离方程式；建立电离与电解质概念之间的关联，知道酸、碱、盐都是电解质，能从电解质电离的角度认识酸、碱、盐，解释酸、碱、盐具有的一般性质。基于电离角度对物质进行分类，建立起微粒—物质间的关联，发展“宏观辨识与微观探析”核心素养。借助渗透劳动教育深化学生对劳动行为理解和体悟，帮助学生树立正确的劳动观和劳动价值观。

2. 在活动中形成基于微粒观分析物质在水溶液或熔融状态下行为的程序。根据宏观上物质具有的某些性质进行定性定量分析、探究、然后进行模型建构和性质的归类。借助思维程序助力思维高度的提升，发展对电解质概念的理解，发展“证据推理与模型认知”和“科学探究与创新意识”的核心素养。在解决真实问题的过程中体会科学精神与社会责任，提升劳动素养。

（三）教学过程

基于生活中真实问题层层推进教学过程，渗透劳动教育，根据真实问题线设计不同的驱动任务完成实验探究过程，并根据探究结果引导学生建构电离的概念、电解质的概念，如图1所示。

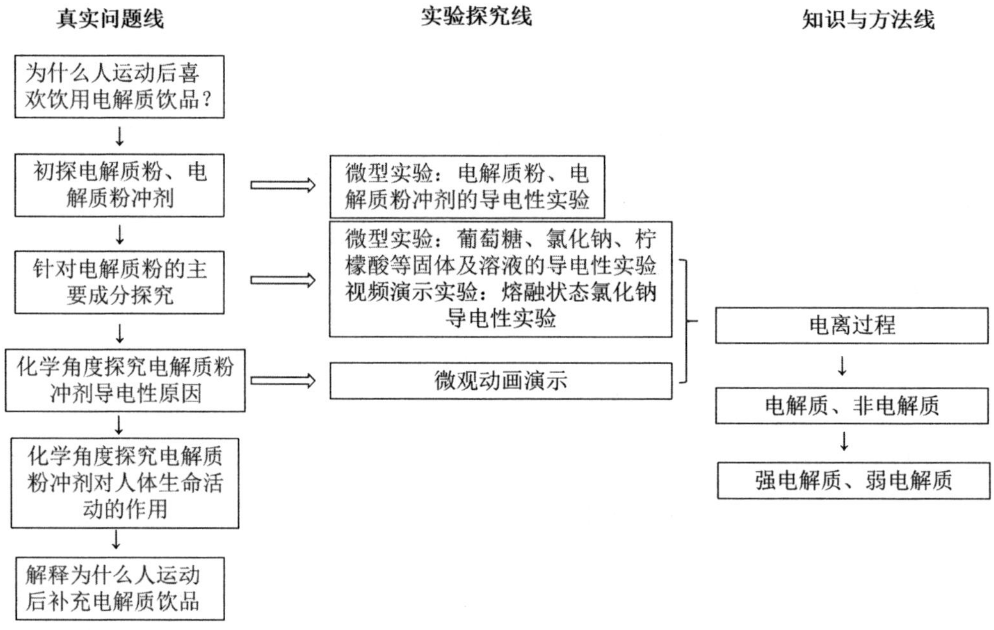

图1 基于真实问题和实验探究的教学流程图

具体教学过程如下：

真实情境，真实问题导入

师：疫情的阴霾逐渐散去，久违的马拉松比赛如约而至，跑马者又齐聚东营激情奔跑，享受比赛和挑战自我的乐趣。咱们学校有一位老师积极参赛，我以志愿者身份亲临现场，待其跑完半马赛后，我发现她喝了一瓶电解质饮料迅速补给体能。不少同学也经历了学校运动会赛场带来的激情与喜悦，在运动场终点区老师发现一位女同学剧烈运动后脸色苍白，并拿出事先准备好的电解质粉冲泡饮用，恢复体能。

现如今，大家在运动时更加注重体质健康，注重科学运动健身了。各种电解质饮品逐渐走俏。你真的认识电解质饮料吗？电解质饮料能随意补吗？电解质饮料对人体生命活动有什么作用呢？老师今天也带来了这位同学饮用的电解质粉，我们一起从化学的角度探究电解质粉的奥秘。

师：首先，我们来看本节课的学习目标和素养发展目标，请一位同学站起来朗读，其他同学认真听。

学生朗读目标。

师：从章节名字来看，题目中有两个“电”字，可见本节内容与电相关。初中我们利用这个装置检测待测介质的导电性，学生电源、待测解质、导线、灯泡相连形成闭合回路，如果灯泡亮则说明待测介质导电。装置虽比较简单，但其用到学生电源，所需药品也较多，不符合现代提出的生态理念，更不利于完成中国承诺的“碳达峰、碳中和”目标，本堂课利用微型溶液导电实验器进行微型实验，原理与传统实验相同，只需要较少的待测介质进行微型实验，可以节约资源节省能源。我给大家简要介绍微型溶液导电实验器的使用方法。电源键长按不放，将电极插入待测介质中，保证电极与烧杯中药品充分接触，通过观察指示灯判断该物质是否导电；在实验过程中要注意，每一次测完之后都要用蒸馏水洗涤电极，然后用滤纸擦干电极后再继续使用，防止残留物影响下一次实验，洗涤液盛放在回收废液的烧杯中。

【设计意图】从生活中的马拉松比赛、学校运动会等赛事引出电解质饮品，从化学角度探究电解质的奥秘，在具体的生活情境中提出问题更具有探究价值，更易吸引学生的探究乐趣。接着展示本节课目标，并简要介绍本节课将要探究的问题以及如何进行探究，现让学生心里清楚接下来需要做什么、怎么做，帮助学生在实践中不断树立正确的劳动观念，逐步养成劳动习惯。

驱动任务 1：初探电解质粉，体悟具体劳动

师：请同学们利用每组的微型溶液导电实验器进行探究实验初探电解质粉。注意：实验过程中分工合作，相互配合，在导学案上做好实验记录。给大家 3 分钟时间进行实验探究任务 1：初探电解质粉。

学生利用微型溶液导电实验器初步探究电解质粉、电解质冲剂的导电性实验，并进行蒸馏水的导电性对照实验。

教师引导学生分析分组实验探究内容，学生动手操作时进行实际指导。

小组代表分享实验成果。

师：各小组实验成果和小组代表分享的几乎一致，可见电解质粉不导电，电解质冲剂可以导电，蒸馏水不导电。其实，严格说蒸馏水也能导电，只是导电能力非常弱，刚刚提及的两种装置测不出。所以相对于电解质冲剂溶液的导电性，水可视为几乎不导电。而电解质冲剂溶液能够导电，说明电解质粉中某些成分溶于水后可使电解质溶液导电，究竟是什么成分？

我们一起来看配料表，配料表中有葡萄糖、食盐、柠檬酸等。食盐的主要成分是 NaCl。老师今天给大家准备好了 NaCl、葡萄糖和柠檬酸，事先放在了烧杯中，接下来请同学们进行一组探究实验再次深入探秘我们的电解质粉。给大家 3 分钟时间进行实验探究任务 2：探秘电解质粉。

驱动任务 2：探秘电解质粉，具体劳动中进行创造性劳动

学生利用微型溶液导电实验器初探究葡萄糖粉、葡萄糖溶液、NaCl 晶体、NaCl 溶液、柠檬酸固体、柠檬酸溶液的导电性实验。

师：（投影展示 2 组实验记录。）这个小组的实验成果和理论推测的成果是一致的。同学们想一想为什么葡萄糖粉、葡萄糖溶液、NaCl 晶体不导电，而 NaCl 溶液可导电？大家可以类比初中学过的金属导电的原因，请大家自主阅读课本，试着找寻答案。进行驱动任务 3：探究电解质冲剂导电性原理。

【设计意图】从生活中的电解质饮品引入，先让同学们初步认识电解质饮料。引导学生在化学实验学习过程中采用微型化实验代替传统的实验。同时在本组实

验结束之后，要求学生对相关的仪器进行洗刷，合理摆放，妥善处理遗弃物，希望学生良好的劳动行为习惯。利用葡萄糖、NaCl 和柠檬酸分别进行探究实验，引导学生深入分析是哪些成分使电解质冲剂导电。在动手操作实验过程中体悟具体劳动行为，引导学生体会如何更高效的节省劳动资源顺势引导学生进行创造性的劳动，在实验探究过程中培养学生认真严谨的演绎思维习惯。

驱动任务 3：探究电解质冲剂导电性原理

学生先自主阅读课本，学生代表分享回答。

师：我们一起来分析这位同学回答的是否合理。

请大家来看 NaCl 晶胞结构，现在的技术证实这种规则排列的微粒分别是 Na^+ 和 Cl^-。它们在微观上的规则排列可以形成规则的立方体晶体。而 Na^+ 和 Cl^- 之间存在强烈的相互作用，晶体中的 Na^+ 和 Cl^- 不能自由移动，因此 NaCl 晶体不能导电。我们一起来看 NaCl 晶体溶于水的微观动画，可以看到 NaCl 晶体溶于水时，在水分子的作用下，Na^+ 和 Cl^- 也会逐渐脱离晶体表面进入溶液，成为能够自由移动的离子，在外加电场作用下可以定向移动，所以 NaCl 溶液可以导电。我们再来看葡萄糖溶于水的微观示意图，可以看到葡萄糖分子在水中仍然是以分子的形式存在，所以形成的葡萄糖溶液不能导电。

实验证实熔融状态 NaCl 也可导电（由于熔融状态所需温度较高，展示熔融状态 NaCl 也可导电的实验实录）。

可知 NaCl 晶体受热熔化时，NaCl 晶体中的 Na^+ 和 Cl^- 之间的相互作用被破坏，形成能够自由移动的离子；而实验证实熔融状态葡萄糖也不可导电。

因此，NaCl 的熔融状态和 NaCl 的水溶液能够导电。葡萄糖在二者条件下都不能导电。

驱动任务 4：电离概念的建构

像 NaCl 溶于水或者熔融状态下形成自由移动离子的过程在化学中称为电离的过程。

【设计意图】根据学生的探究实验引发学生的认知冲突，借助实验可呈现许多的化学内容与现象，激发学生思考尝试解释的欲望。利用微观动画等现代化教具给学生提供直观的认识，让学生建立起宏观现象与微观粒子之间的关系，最后再让学生回归探究实验，利用所学解释为什么电解质粉不能导电而电解质冲剂可以导电，学生通过丰富化的实验资源，可直接体悟具体的劳动行为，培养学生的劳动兴趣并进行创造性的劳动，通过具体劳动行为间接理解化学知识。

师：根据刚才的探究过程中，请大家思考电离过程是否需要通电？请在刚才的实验中找到证据说明理由。

学生思考并回答问题。

师：同学们能够从对比实验中准确地找到支持我们结论的证据。事实上科学家为此问题曾争论了很多年，起初化学界的主流观点为通电后才产生离子，后来化学家阿伦尼乌斯通过研究电解质稀溶液的导电性，提出了电离模型，即电解质溶于水后会自动地解离成离子，并对电解质的电离进行了定量计算。电离模型很好地解释了酸、碱、盐的某些性质，因此逐渐被认可，阿伦尼乌斯也因此获得1903年诺贝尔化学奖。所以请大家记住电离过程不需要通电。

【设计意图】通过化学史实资料渗透劳动教育，让学生认识到化学家针对一个问题可能要经历无数次实验、论证等，用化学家艰辛劳动、反复实验的故事激发学生，引导学生不断地探索化学理论知识，通过感受知识探索的艰难促进学生劳动意识的提高，磨砺学生的意志，树立正确的劳动价值观，让学生感悟劳动的价值，培养劳动价值认同感。强化学生对电离概念的理解，让学生认识到电离过程不需要通电，强化本节核心。

师：请同学们观察右图，思考 NaCl 溶液、熔融 NaCl 电离的过程能否用一个式子表示？

师：我们可以用化学方程式表示化学反应的过程，在这里同样可以用电离方程式表示电离过程。请同学们在练习本上写出来 NaCl 电离的过程，并尝试总结书写电离方程式的原则。请一位同学写到黑板上。

学生分析 NaCl 溶于水和熔融状态形成自由移动离子的过程，理解电离概念；书写 NaCl 电离方程式。

师：我们一起来看黑板上的电离方程式，这位同学写的是正确的。刚刚在巡视的过程中，同学们写的基本上都是正确的。根据大家书写过程，找同学来分享书写原则。

学生分享并找其他学生补充。

师：根据刚刚这位同学的分享以及其他同学的补充我们可以得到电离方程式的书写原则，如 PPT 所示（1）（2）（3）。

接下来进行组内活动：写出导学案中各组物质在水溶液中的电离方程式，并交流思考：能否根据电离方程式从电离的角度重新定义酸、碱、盐？思考 $NaHSO_4$ 属于酸还是盐。

学生书写电离方程式并组内交流讨论，然后分享。

教师利用希沃展台展示学生代表的答案。强调酸、碱、盐的定义。

（1）酸：电离时生成的阳离子全部是 H^+ 的化合物。

（2）碱：电离时生成的阴离子全部是 OH^- 的化合物。

（3）盐：电离时能生成金属阳离子或铵根离子和酸根阴离子的化合物。

根据做过的探究实验，思考哪些物质溶于水或者熔融状态可以电离出离子？请大家自主阅读课本 53 页自主建构电解质和非电解质的定义，完成任务 5：电解质概念的建构。

驱动任务 5：电解质、非电解质概念建构

学生自主建构电解质和非电解质的定义。

教师找同学来分享电解质定义中哪些是要点。

学生分享。

师：这位学生回答得比较全面。我们进行电解质和非电解质概念辨析。

关键点：（1）前提是化合物；（2）分类依据为是否导电；（3）条件：水溶液或熔融状态；（4）实质：电解质一定是自身能电离出离子。比如 CO_2 溶于水形成的溶液可导电，但它本身没有电离出离子，溶液导电是因为 CO_2 和水反应形成 H_2CO_3，H_2CO_3 可电离出离子，溶液可导电。所以为了更好地理解电解质定义，可改进电解质定义：在溶于水或熔融状态下能够因自身电离而导电的化合物。

师：根据辨析请同学们进行典例分析，请大家看 PPT。

学生分析回答。

师：根据刚刚分析水中可电离出的离子极少，纯水的导电能力几乎不能被测到；而电解质溶液的导电能力较强，可以推测出电解质溶液里面离子浓度较高。可见电解质的电离程度不一样，溶液的导电性也受溶液中自由离子浓度的影响。

接下来请同学们自主阅读课本 53 页【拓展视野】认识强电解质和弱电解质。

学生自主阅读。

师：我们可继续依据电解质在水溶液里的电离程度对电解质进行分类，在水溶液中能完全电离的电解质是强电解质；在水溶液中部分电离的电解质是弱电解质。常见的强电解质、弱电解质如 PPT 所示，另外，请大家记住水是一种极弱电解质。

【设计意图】在电离的基础上推进电解质概念，有利于学生理解电解质的概念，让学生总结概念中的要点再顺势总结关键点，层层推进。

学了这么多，大家还记得课前提到的健身小知识吗？请自主阅读课本 54 页【身边的化学】。

学生自主阅读课本 54 页【身边的化学】。

师：人体需要维持体内电解质平衡，才能保证正常生理活动，运动出汗或者腹泻时电解质会不断从体内流失，所以人体要补充电解质。当然我们也不能过度补、随意补充电解质饮料，不然容易造成体内电解质紊乱。所以学好化学让我们的生活更健康。

学好化学可让我们的生活更便利。电解质溶液中存在自由移动的阴阳离子（如 H^+、OH^-），可以借助便携式 pH 计测定溶液的 pH。电解质溶液中存在某些离子因而溶液会出现一定的性质如颜色，可以借助便携式比色计检测水质。

【设计意图】让学生体会利用所学化学知识可以更好地生活，化学知识可以解释、解决生活中的问题。

本节知识旅途即将结束，一起回顾课前学习目标是否达成，通过本节学习需要理解电离的概念并建立电离与电解质之间的关联。在本节课我们从化学角度探究电解质粉开始，认识到电解质溶于水中会发生变化，这种变化即电离，而且是自身可电离，本节可以电离为核心，从化合物能否电离的角度对化合物进行了新的分类，并从电离的角度重新认识了酸碱盐，建立宏观物质与微观离子之间的关联。

再来看课前核心素养目标是否达成？在本节课探究过程中希望同学们能够形成基于微粒观分析物质在水溶液或熔融状态下行为的程序。根据宏观上物质具有的某些性质进行定性定量分析、探究、然后进行模型建构和性质归类。在学习探究过程中通过对化学史材料的认识、同学们的动手操作以及推理分析，希望同学们能够体悟具体的劳动行为并形成良好的劳动习惯，借助思维程序助力思维高度的提升，发展对电解质概念的理解，发展同学们的化学核心素养和劳动素养。

根据本节课的探究学习，请同学们 3 分钟内完成导学案上的随堂检测。

学生完成随堂检测。

教师巡视。希沃展台展示点评学生完成的情况。

【设计意图】对学生进行限时训练，检测学生的学习效果，以便分析融入劳动教育的教学设计在实施过程中有无明显的成效。

我们从生活中走进化学，化学把生活变得更美好。电解质的应用越来越广泛，生活中的电解质饮品、医药中的电解质药物、工业生产中的电池、农业生产中的肥料、日常生活中的水培营养液，未来的探索永无止境，未来更需要同学们接好探索的接力棒，借用化学助力更安全更美好的生活。

本节课化学作业是必做部分：《同步练习册》【学习 · 理解】【应用 · 实践】【迁移 · 创新】模块；探究性作业：周末去超市选购一种你喜欢的电解质饮料，鉴别配料表中哪些成分是电解质，并利用周末休息时间进行一项体育健身活动，活动结束后饮用适量电解质饮料，观察自己体能的恢复情况，感受电解质对生命活动的产生的变化。

课例提供：张爱霞

二、课堂评析

在高中化学《电解质的电离》新授课中渗透劳动教育

劳动教育是德育内容的重要组成部分，对学生进行劳动教育是学生全方位发展的必然要求，在“双减”背景和大力推崇职业教育的今天劳动教育变得越来越重要。可见，劳动教育应是学校教育的重要组成部分，这就需要学校教育在设立劳动教育必修课程的同时也应在学科课程中融入劳动教育内容，确保劳动教育全面深入融合到学校教育过程中。

（一）融合劳动教育的《电解质的电离》课堂过程的创新点

1. 创设真实而富有价值的问题情境

在开展电解质的电离教学时，从生活中的马拉松比赛、学校运动会等赛事引出电解质饮品，从化学角度探究电解质的奥秘，这样在具体的生活情境中更具有探究价值。按照真实且具连贯性的问题线索展开教学：为什么人运动后喜欢饮用电解质饮品？—初探电解质粉、电解质粉冲剂—针对电解质粉的主要成分探究—化学角度探究电解质粉冲剂导电性原因—化学角度探究电解质粉冲剂对人体生命活动的作用—解释为什么人运动后补充电解质饮品。

2. 开展基于真实问题解决的多样化的微型实验探究任务

在探究知识的过程中改传统教学过程为引入动手操作的微型实验，化学实验能够考查学生的信息获取与加工、从化学视角分析和解决实际问题、利用整体思维对实验方案的理解与设计等能力。所有实验探究活动均由小组合作完成，通过实验进而推理验证猜想，教师的工作是组织、引导学生汇报，帮助学生对实验探究过程中涉及的知识与方法进行双重总结提升。在实验探究过程中培养学生认真严谨的演绎思维习惯，并在动手探究实验过程中培养学生认真、严谨的劳动习惯。学生通过动手操作实验，可直接体悟具体的劳动行为，并引导学生的创造性劳动。通过具体劳动行为间接理解化学知识。在实践中形成正确劳动观念，养成严谨、求实、创新的劳动习惯。

3. 通过化学史实材料，强化本节核心，建构电离概念

在帮助学生建构电离概念时，提出问题：电离过程是否需要通电？然后利用电离模型化学史资料，渗透劳动教育，让学生认识到化学家针对一个问题可能要经历无数次实验、论证等，用化学家艰辛劳动、反复实验的故事激发学生，引导学生不断地探索化学理论知识，通过感受知识探索的艰难促进学生劳动意识的提高，磨炼意志，树立正确的劳动价值观。强化学生对电离概念的理解，让学生认识到电离过程不需要通电，强化本节核心。

（二）融入劳动教育的课堂效果

整堂课融入劳动教育的教学过程学生表现比较好，热情高涨，生活化素材让学生能够全身心融入课堂，积极思考，根据学生上课状态以及导学案记录、随堂检测效果看，这堂课学生的接受程度高于传统教学。这堂课原本不是实验探究课，但利用改传统实验为微型实验，教学过程中引入渗透劳动教育的实验操作，这样更易激发出学生强烈的参与欲望，利于拉近学生与化学实验的距离，同时也拓宽了阐述化学现象的路径以及学生的具体操作的能力，也间接提高了学生的劳动技能。并且将劳动教育融入化学实验中深化了学生对具体劳动行为的理解和体悟，通过挖掘电离理论化学史材料等劳动教育素材重视学生的劳动价值观的塑造，深化了学生对电离的认识，更利于学生从物质分类的角度认识电解质。

在这节课探究过程中，希望同学们通过实验探究学习能够形成基于微粒观分析物质在水溶液或熔融状态下行为的程序，如图 2 所示。根据宏观上物质具有的某些性质进行定性定量分析、探究、然后进行模型建构和性质的归类。在学生学习探究过程中渗透劳动教育，通过学生对具体劳动行为的体悟及化学史材料的认识，借助思维程序助力思维高度的提升，发展对电解质概念的理解，发展同学们的化学核心素养和劳动素养。

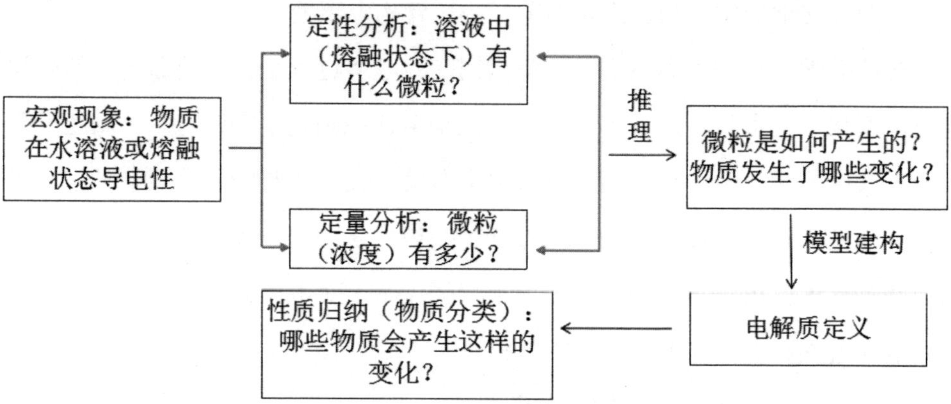

图 2 基于微粒观分析物质在水溶液或熔融状态中行为的程序

（三）生活化场景促进劳动教育的融入

生活化场景融入化学实验教学，把生活的真实情境整合到化学教学中，真正让学生体会到“学生为主体”，巧用生动、活泼、新颖的教学方式，融合劳动教育，让动手操作、组内合作、实验探究成为课堂实验教学活动的主体。生活是化学学习的“试验田”；实验是素养提升的“助推器”，引入生活化场景，提高学生的动手操作能力，帮助学生树立正确的劳动观和劳动价值观，在具体的劳动行为中提升学生的劳动技能并加深对知识的理解，调整“小”设计可为化学学科教学收获“大”惊喜。融入劳动教育的教学过程可促进学生对劳动的正确认知，帮助学生养成良好的劳动习惯，同时促进学生化学核心素养和劳动素养的双提升，构建高效的高中化学课堂，促进学生的全面发展。

第四节　生物教学有机渗透劳动教育

随着人民生活水平的不断提高，不少青少年出现了不会劳动、不去劳动、甚至轻视劳动或普通劳动者等问题。随着《关于全面加强新时代大中小学劳动教育的意见》的出台，劳动教育已经成为新时代背景下党的教育方针的主要且重要内容，是学校教育不能缺少的一部分。在新时代背景下的学校劳动教育工作中，劳动教育已不仅局限于常规的简单劳动操作，而是有了更加广泛的教育外延。在学校劳动教育的发展中，劳动教育与学科教学相融合是个有效的方法，也是必经之路。

生物学科与劳动教育的融合教学恰是水到渠成。初高中的生物学科作为一门研究生命现象和生物活动规律的自然科学，本就是人类辛勤劳动的结晶。生物学的一切理论知识皆来源于人类的辛勤劳动，在劳动中创造了生物学科。在初高中生物的几大学习单元中，生物实验劳动是其中的一部分内容，并且生物实验贯穿整个生物学科教学体系，而实验本就是劳动创造的过程。

生物学科与劳动教育的融合需要探索合适的途径。生物学科教学中，在课堂外，教师可以带领孩子们进行动植物的养殖或种植实践，可以去野外进行观察或调查，可以去参观动植物博物馆，也可以制作酸奶泡菜等。在课堂上，教师可以在前期深度挖掘教学内容的劳动教育资源的基础上实现有效融合。利用生物科学发展史，引导学生明确人类自我认知水平的推进本质源于劳动生产，例如：通过“细胞的发现过程”了解一切科学研究都离不开劳动，源于劳动。利用教材中重大科学成就的发现，引导学生明确科学家取得的巨大成绩，离不开辛勤的劳动。例如：对于“杂交水稻”的了解，明确一切成就都是通过劳动换来的。利用学科知识学习中的调查研究工作，让学生亲身经历劳动创造知识的过程，了解劳动发现新知识的不易。例如：在课例“基于黄河口湿地生态系统的结构和功能研究”中，在“生态系统”的复习中尝试让学生自己去调查身边生态系统中各种生物及其生活环境。利用生物学科的学习将生活中常见的劳动引入到生物课堂中，提高学生学习生物学和积极参与劳动的兴趣。例如在课例“酵母菌”中，教师将生活中常见的发面面食的制作搬到了课堂上，在劳动的过程中实现生物学科知识的学习。

在生物教学中融入劳动教育，潜移默化让学生形成正确的劳动价值观，打通了由”身”到”心”再到”身心合一”的劳动教育发展途径。

| 初中生物鲁科版七年级下册 |

“酵母菌”课堂实录与评析

一、课堂实录

（一）教材解读

“真菌”隶属于《义务教育生物学课程标准（2022 版）》七个一级主题中的第二个主题“生物的多样性”。本节内容介绍了酵母菌、霉菌和大型真菌蘑菇三种不同的真菌。本节课是“真菌”的第一课时“酵母菌”，教学内容涉及鲁科版生物教材七年级下册第六单元第一章第三节“真菌”和第五节“人类对细菌和真菌的利用”的内容。主要内容包括酵母菌的形态结构、酵母菌的生活和繁殖以及酵母菌发酵技术。

酵母菌发酵是学生在生活中常见的与生物学习密切相关的劳动知识。本节课教学内容与劳动教育相结合可以让学生充分了解我国这项传统的劳动技术，让学生在劳动中体会到生物科学知识和技术在生活、生产和社会发展中的应用价值。培养学生的劳动创造能力和热爱劳动及崇尚、尊重劳动的态度，在劳动实践中培养学生的劳动技能，提升学生的劳动素养。

（二）教学目标

1. 动手制作包子并利用显微镜观察酵母菌的形态结构，激发学生热爱劳动的热情并在操作中提升了学生的劳动技能。

2. 说出并尝试设计实验证明酵母菌的生活方式，培养学生的劳动创造力和具有合作意识的劳动精神以及良好的劳动习惯。

3. 关注酵母菌在生产生活中的应用，培养学生的劳动意识并养成正确的劳动价值观，提升学生的劳动素养。

（三）教学过程

1. 情景导入

师：同学们，你们喜欢吃水煎包吗？

生：喜欢。

师：咱们东营利津的水煎包非常的有名，你知道水煎包是如何制作的吗？我们通过一个视频来了解一下吧。

（播放视频《舌尖上的东营——利津水煎包》，学生观看。）

师：同学们，通过视频我们发现水煎包好吃，面皮的制作方法可是非常重要的，你们知道利津水煎包怎么发面吗？

生 1：加酵母粉。

生 2：和好面后放在暖和的地方一段时间。

师：大家的生活经验非常的丰富，那同学们，你们知道“发面”和“死面”有什么区别吗？如果用这两种面做出的包子哪个口感会更好呢？同学们想不想亲手试一试？

生：想！（学生听说可以亲手做包子，表现得非常兴奋并小声地讨论。）

【设计意图】面食是学生餐桌上最常见的食物。但面食的制作过程并不是每一个学生都能了解。从学生熟悉的常见的生活中的问题入手，可以有效地激发学生探究酵母菌发酵技术的欲望和积极参与到劳动中去的激情。

2. 探究学习

（1）探究一：猜猜看哪个面团是“发面”？

师：大家看，每个小组的桌子上都有两个老师提前准备好的面团，标号为甲和乙，请大家先看看两个面团的外观，再用手轻轻地拨开面团看面团的内部，看看他们有什么区别？小组内合作尝试猜一猜哪个面团是“发面”，哪个面团是“死面”？

（学生开始按照先“观外形”再看拨开“看内部”的步骤进行观察并讨论猜测哪个面团是“死面”，哪个面团是“发面”？）

师：大家有结论了吗？你认为哪个面团是“发面”呢？为什么？

生 1：我觉得乙面团是“发面”，因为它里面有很多小孔。

生 2：我觉得甲面团是“发面”，因为它看着比较结实。

师：两位同学代表了小组发表了不同的意见，并阐述了理由，大家积极探索并勇于发表自己的见解，真的是很棒！究竟哪个面团是“发面”呢？两种面团做出来的包子口感相同吗？那我们一起来动手制作属于自己的包子吧。

（2）探究二：厨神大比拼。

师：同学们，在开始做包子之前，老师想提示大家一下，包子不一定只有一个样子，还有这些样式的，好看吗？（展示各种样式的包子。）

生：好看！

师：那下面我们一起来做包子吧！每位同学分别用甲乙两种面团做两个包子，可以利用老师给你准备的彩色面团以及芝麻等作为装饰，发挥你们的想象力，设计自己包子的形状和样式吧。

（学生开始动手制作前先设计自己包子形状和样式，边制作边交流自己在制作过程中遇到的问题和发表自己在动手制作包子过程中的感想。教师适时的给予帮助。在制作包子的过程中课堂氛围非常的活跃，学生参与劳动的积极性非常的高。）

师：同学们，制作完成了吗？

生：完成了。

师：制作完成的同学，请把你的包子放进蒸笼里，全部完成后，我们请厨师帮我们把包子拿到蒸锅上去，蒸熟后我们一起来分享品尝。

（学生听说要蒸熟品尝，喜悦之情溢于言表，劳动的劲头更足了。排好队把做好的样式、颜色各具特色的包子放到了蒸笼中。）

（3）探究三：初识酵母菌。

师：刚才同学们在制作包子的过程中能够充分发挥自己的想象力，认真地制作属于自己品牌的包子，这样认真和创新的精神是值得表扬的！（竖起大拇指。）那在等待包子蒸熟的时间里我们一起来认识一下“发面”所需要的微生物酵母菌吧。大家认为酵母菌属于哪一类生物?

生 1：微生物。

生 2：真菌。

师：两位同学的知识面非常广，的确，酵母菌是微生物里的真菌，而且是一种单细胞真菌。那我们利用什么工具才能看到它的庐山真面目呢?

生：显微镜。

师：使用显微镜观察酵母菌，首先需要制作酵母菌的临时装片，装片的制作过程和显微镜的使用在之前的学习中相信大家已经熟练掌握了，下面请大家根据课本中“观察酵母菌”实验步骤的要求进行操作，利用显微镜来观察酵母菌。(学生两人一组，动手开始制作装片并尝试在显微镜下观察酵母菌的形态和芽体。)

师：大家看到酵母菌了吗? (幻灯片出示显微镜下酵母菌的照片。)

生：看到了。

师：同学们那你们认为酵母菌是什么形态?

生 1：椭圆形。

生 2: 大部分是椭圆形,但是有的好像是两个椭圆形,一个大一个小粘在一起。

师：大家观察的非常仔细，酵母菌的确是椭圆形的。那位同学说的两个椭圆形，一个大一个小粘在一起是怎么回事呢? 有同学知道吗?

生：不知道。

师：那老师来告诉你，这其实是酵母菌的一种特殊的繁殖方式，叫出芽生殖。当然环境恶劣时，酵母菌也会进行孢子生殖。了解了酵母菌的形态和生殖方式后，我们一起来研究下酵母菌的结构。请同学们根据课本上酵母菌的模式图，结合自己观察到的酵母菌，学习酵母菌的结构，并和植物细胞的结构相比较，小组内讨论总结出两者的异同点。(学生展开自学并组内讨论，探究热情高涨。)

师：讨论有结果了吗? 找到它们的异同点了吗?

生 1：酵母菌和植物细胞都有细胞膜、细胞质、细胞核。

生 2：它们还都有细胞壁和液泡。

生 3：植物细胞有叶绿体，酵母菌没有。

师：大家分析得非常的仔细，酵母菌和植物叶片细胞结构上的不同点就是植物叶片细胞有叶绿体，而酵母菌没有。那请同学们推测下，酵母菌的营养方式是怎样的呢？

生：酵母菌没有叶绿体，不能利用光合作用合成有机物，所以我觉得它是异养。

师：这位同学推测的非常有道理，酵母菌的营养方式是异养。

（4）探究四：酵母菌的生活。

①模块一：为什么"发面"面团会膨胀？——演示实验"酵母菌的生活会释放气体"。

师：同学们，大家在猜哪个面团是"发面"的时候，提出了一个理由就是"发面"的内部有很多小孔，那这些小孔大家猜猜是哪里来的呢？

生：应该是酵母菌在发酵的过程中产生了气体。

师：那究竟是不是这样呢？老师 4 个小时前制作了这个实验装置。（幻灯片展示实验装置。）现在这个实验装置会发生什么样的变化呢？请大家看一下。（教师展示实验装置实物。）同学们，通过老师这个实验，你能得出什么结论呢？

生：酵母菌在生活的过程中能产生气体。

师：那你知道是什么气体吗？

生：我估计是二氧化碳。

师：为什么你认为是二氧化碳呢？

生：呼吸作用产生的气体是二氧化碳，酵母菌也要呼吸，所以我猜产生的气体是二氧化碳。

师：这位同学推理的有点道理，下面我们一起通过一个实验来验证下，酵母菌在生活中产生的气体真的是二氧化碳吗？

②模块二：让"发面"面团膨胀的气体是什么？——演示实验"验证酵母菌生活产生的气体是二氧化碳"。

师：大家知道怎么检验一种气体是二氧化碳吗？

生：通入澄清石灰水看是否变浑。

师：方法是正确的，那怎么才能让酵母菌产生的气体通入澄清石灰水中呢？

实验装置该如何设置呢？请小组内讨论，设计出你们的实验装置。（学习积极讨论，尝试设计实验装置和方案。）

师：有想法的小组请举手。来给大家分享下你们的实验设计。

生 1：将酵母菌培养液放在袋子里，一段时候后，把袋子里的气体挤到澄清石灰水中。

生 2：酵母菌培养液放瓶了里，一段时间后，把澄清石灰水倒进去。

生 3：我觉得不能倒进去，倒进去的话，酵母菌培养液就和石灰水混一起了，检测不出来。

生 4：我觉得可以把产生的气体挤到澄清石灰水中。

师：大家的想法非常好，这里老师也设计了一个装置，放在了每个组组长的桌洞里，大家可以拿出来看一下这个装置。

（学生好奇地分析从组长桌洞里拿出来的实验装置。）

师：大家知道这个装置怎么用吗？

生：把瓶子里的气体挤到澄清石灰水里就可以了，观察是否变浑。

师：大家非常的聪明。请大家注意，在这个实验中，输液管的开关是个小阀门，在关闭的状态下，老师已经把这个实验装置放在温暖的地方一天了。在实验的过程中大家要注意，先将塑料管放入澄清石灰水然后打开阀门，观察是否变浑。大家对实验操作还有疑问吗？如果没有，请组内合作完成实验，并得出实验结论。

（学生利用老师的实验装置进行操作，并积极讨论。）

师：完成实验的请举手并跟大家分享下你的实验结果。

生：澄清石灰水变浑了，说明酵母菌在生活中产生的气体是二氧化碳。

③模块三：为什么用温水“发面”？——酵母菌的发酵需要适宜的温度。

师：做面食时经常使用酵母粉发面，这是某琪牌“高活性干酵母粉”的说明书。（图片展示说明书。）大家看“用 35℃温水溶解”，酵母菌的生活需要适宜的温度吗？（展示温度与二氧化碳释放量的曲线。）请大家分析曲线得出酵母菌发酵的最适温度是多少呢？

（学生组内讨论。）

生：我们组认为酵母菌发酵的最适温度是 30℃～45℃之间。

师：那大家应该明白为什么在用酵母菌发面时用温水和面和放在温暖的地方了吧。

【设计意图】从生活中常见的现象入手让学生积极地参与到劳动技术的探究中去。培养学生在生活中勤观察、勤思考、勤动手的劳动习惯。通过亲手制作包子让学生深刻体会到知识来源于生活，服务于生活，激发学生积极参与劳动的热情和培养学生尊重劳动、热爱劳动的态度。在制作“自己的包子”的过程中锻炼了学生的劳动技能，同时在设计具有个人特色的包子的过程中培养了学生的劳动创造力。让学生充分体验到学习和劳动生产相结合的快乐。

实验是学生学习生物学知识的重要途径之一，在探究的过程中锻炼了学生的劳动技能也培养了学生的劳动创造力，更培养了学生勤于思考、乐于动手的劳动态度。在实验的过程中，小组合作培养了学生在劳动中应该具有的合作意识和互帮互助的劳动精神。分析实验结果并发现问题，有效地提高了学生在劳动中分析问题、解读问题的能力。通过实验证明推测的正确让学生体验了劳动的重要性，使学生树立了正确的劳动价值观。

3. 展示品尝

师：同学们，告诉大家一个好消息，我们的包子已经蒸熟了。现在把包子给大家端过来了，大家排好队，去领自己的包子吧。

（学生非常兴奋地去排队领包子，迫切地想尽快拿到自己的包子，领回包子的同学也舍不得尝一口，和同学交流展示着自己的劳动成果。）

师：同学们，来给大家展示并推销下你的包子吧，和大家分享下你的劳动感受。当然，你可以品尝自己做的包子，说说两种不同的面团包子的口感，你更喜欢哪一个。

生 1：我的包子是“花”形，颜色非常好看，我觉得我自己做的包子比外面买的都好吃！

生 2：我的包子口感非常的好，但是一个圆圆的，一个扁的，我觉得圆圆的那个更好吃，我以后还要自己做饭吃，我觉得圆圆的那个是发面做的，乙是发面面团。

生 3：老师，我做的不是很成功，但是味道不错，我也认为乙是发面面团，我还要把多做的几个包子拿回家给我妈妈吃！

（课堂上自发的响起热烈的掌声！）

师：大家猜得没错，乙面团是发面。同学们，你们知道吗，据研究，馒头、面包中所含的营养成分比不发面的大饼、面条要高出 3~4 倍，蛋白质增加近 2 倍。通过这次制作包子，我发现大家都非常的热爱劳动，希望以后大家在学习生活中能够继续发扬热爱劳动的精神。

【设计意图】在品尝时，学生充满了劳动的成就感，充分地让学生体验了劳动的快乐和收获的喜悦。在“小小推销员”活动中，学生愉快和自豪的诠释自己作品的设计理念，推销自己的劳动果实，让学生体验了推销的乐趣，注重了学生对“推销”这个职业的理解和体验，培养良好的对待不同职业的态度，形成正确的劳动观念和人生志向，提升生涯规划能力。

4. 拓展应用

师：同学们，包子是中国的特有美食，我国也是利用酵母菌发酵较早的国家，利用酵母菌发酵制作馒头、花卷、面包等各种糕点和泡菜。酵母菌在没有氧气参与的情况下酵母菌的发酵可以用来酿酒。

（展示各种发面做的美食和酿酒照片，学生认真地听着老师的介绍。）

师：通过本节课的学习，同学们不仅掌握了酵母菌的相关知识，知道了什么是发面，还学会了制作包子。希望大家在以后的学习生活中能够积极地发现问题，并努力想办法去解决问题，养成热爱学习和热爱劳动的好习惯。

【设计意图】了解我国利用酵母菌发酵技术的悠久历史提升学生的民族自豪感，培养学生热爱劳动和崇尚劳动的精神。通过“酒精发酵”以及酵母菌发酵技术在其他领域利用的拓展开阔学生的眼界，让学生懂得“劳动最光荣、劳动最崇高、劳动最伟大、劳动最美丽”的道理，从而给学生埋下热爱劳动的种子。

课例提供：孙慧　杜更戌

二、课堂评析

在初中生物教学中渗透劳动教育

随着新课程标准的颁布，劳动教育在初中教育中的地位逐渐的凸显出来，在初中生物教学中融入劳动教育是必要的，这样的生物课也必然会成为一节学生喜欢的课。学生从生活中的“小”事情中发现问题，动手进行劳动实践操作，在动手实践中尝试解决问题，充分发挥了学生学习的主观能动性，也充分的实现了劳动教育与生物学知识学习的有效融合。

（一）生物教学与劳动教育同步

劳动教育不是一个独立的学科，需要与其他学科紧密结合发挥育人效果。生物教学与劳动教育相结合既能把生物知识应用到劳动实践中检验知识，又能在劳动实践中体验探索知识的过程，在发现问题和寻求解决问题方法的过程中激发学生的学习兴趣。在生物知识中挖掘与劳动教育相结合的知识点。以生物学知识为基础，通过理论联系实际的方法可以有效地培养学生的劳动意识和正确的劳动价值观，从而生物教学和劳动教育是密不可分、相辅相成的。初中生物鲁科版七年级下册“真菌”第一课时“酵母菌”就是把生物知识与劳动教育相结合的典型课例。在生物知识的教授中融入传统面食的制作，在面食的制作的过程中探索生物学知识，充分诠释了新课标中要求的跨学科内容的融合教学。不断开发出合适的生物学和劳动教育相融合的课例并实施教学是培养学生劳动素养的有效途径。

（二）学习知识与生产生活实践融合

不管是生物教学还是劳动教育都不能脱离生产生活实际，在初中生物鲁科版七年级下册“真菌”第一课时“酵母菌”这节课中所选的教学情境是包子的制作，这是学生在生活中经常见到的非常熟悉的生活场景,但是有多少学生能去关注“包子皮的秘密”呢？本节课有意识地将学生生活实践与科学知识的学习以及劳动教育联系起来，实现了从实践到理论再到实践的探究学习过程。课例中注重引导学生关注生活中的“小”问题，生活实践中的“小”劳动，帮助学生组建合作团队，指导学生分工协作完成科学知识的学习和探究过程，让学生在劳动实践中体会科学探究的魅力。让学生在劳动中体会到生物科学知识和技术在生活、生产和社会发展中的应用价值。

（三）知识积累与劳动技能共育

在“真菌”这一节的第一课时“酵母菌”的学习中，酵母菌发酵是学生在生活中常见的与生物学习密切相关的劳动知识，是生物技术中最早发展和应用的食品加工技术之一。通过对酵母菌形态结构和发酵技术的探究可以让学生充分了解我国这项传统的劳动技术，培养学生的劳动创造能力和热爱劳动、积极参与劳动的习惯以及崇尚、尊重劳动的态度，在实践操作的过程中培养学生的劳动技能，提升学生的劳动素养。

在“酵母菌”的课堂教学中，设置活动“探究：厨神大比拼”，学生利用老师提供的彩色面团和芝麻等材料，动手制作出各种造型的包子，在设计和制作的过程中培养了学生的劳动创新能力和生活中常用的劳动技能。探究和创作的过程也激发了学生热爱生活、热爱劳动的生活态度。在探究“验证酵母菌生活产生的气体是二氧化碳”的实验中，引导学生自主设计实验方案和实验装置并交流改善，充分发挥了学生的劳动创造性。新时代的劳动已经不仅仅包括传统意义上的体力劳动，还包括了各种新时代的劳动方式，例如，在探究实验中让学生讨论设计实验装置的过程中培养学生设计符合新时代劳动特点的劳动工具的积极性和在新时代劳动背景下的团队合作精神。

在新时代劳动教育中，培养学生勇于对已有的知识提出质疑并说出自己的推测和想法是弥足珍贵的。本节课的开始可以从推测哪个面团是发面面团开始，再到构建概念“酵母菌的生活方式”和品尝自己制作的包子的口感结束，充分体现了先推测再求证的过程。同时，在探究酵母菌的形态结构和生活方式中也充分体现了这一点。在发现问题、作出推测、寻找证据的过程中让学生充分体会到了科学探究的不易，培养了学生敢于提出问题，敢于尝试解决问题、敢于面对失败的对待科学探究的态度和创新劳动精神。

努力推进和深化中小学劳动教育与其他学科的跨学科课程资源的开发和建设是现阶段初中教学中的重点内容。在课程结束后，学生悄悄留下一张纸条，表达了对融入了劳动教育后的生物课堂的喜爱,也希望以后的生物课堂中能多一些“有趣的动手操作”，这充分地体现了在初中生物教学中融入劳动教育的重要性和正确性。劳动教育是新时代背景下党的教育方针的重要内容，与德、智、体、美育紧密关联。在劳动教育实践中，立足新时代背景，结合学生生活、地域文化和自然资源等特色，积极开发和构建适应新时代要求和适合中学生需求的劳动教育与学科结合的系列课程资源是发展劳动教育必不可少的一部分。

|高中生物人教版选择性必修二生物与环境|

“基于黄河口湿地生态系统的结构和功能研究”课堂实录与评析

一、课堂实录

（一）教材解读

《普通高中生物学课程标准》（2020年修订）要求以核心素养为宗旨，教学过程重实践，明确学习要求，确保学生有相对充裕时间主动学习，积极参加动手和动脑的活动。本节课以人教版选择性必修二《生物与环境》中生态系统的结构和功能的复习课设计为例，联系家乡黄河口湿地乡土资源，层层设疑，引领学生在真实情境的问题和任务驱动下，通过多样的学生活动解决问题，有助于培养学生的劳动素养并为一线教师丰富提升课堂效率的教学策略提供借鉴。

1. 真实情境是课堂学习效率的“沃土”，培育劳动素养。

《中国高考评价体系》规定了高考的考查载体是情境，指出高考试题将以情境承载考查内容，实现考查要求。“从社会中来”“到社会中去”要把学习到的学科知识运用到实践中去。学生学习的最佳情境就是真实世界的情境。情境素材来源很多，可以是实验素材、图表数据和生产生活实践等等。例如，教师指导学生成立野外活动小组，奔赴“黄河三角洲自然保护区”搜集该生态系统的资料，活动流程如图1。学生搜集到了翅碱蓬、柽柳等植物和东方白鹳、丹顶鹤、灰鹤等多种鸟类的资料，还有的学生搜集到了胜利油田石油泄漏导致湿地污染的资料等等。借助这些资料，学生更加深入了解家乡黄河口湿地生物和地理知识，体会家乡的美丽与特殊，同时发展了学生的核心素养，渗透劳动教育意识。潜移默化中将家国情怀渗透在学生的心灵深处，生根发芽，在生产劳动中体会生物学知识的博大精深。

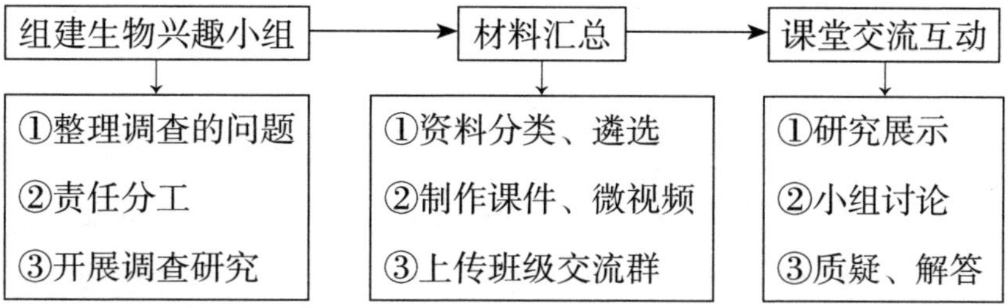

图 1

2. 问题驱动是课堂学习效率提升的“引擎”，渗透劳动意识。

情境让课程与生活牵手，让新知与旧知靠近，让思维在情境中发展。然而，学生没有足够能力从情境中提炼出需要解决的问题。这就需要教师基于情境提出与本课知识密切相关、有思维和指向明确的探究性问题。例如，在“生态系统的结构和功能”复习课的教学中，兴趣小组搜集到资料中特别指出了 2010 年黄河口湿地自然保护区被评为“中国东方白鹳之乡”。本节中教师截取了多个关于东方白鹳的资料串联知识点，设计多个核心问题，在这些问题的解答中，充分锻炼了学生的批判性思维，区分事实与观点，实现思维训练，舍弃矛盾的证据，支持符合逻辑的推断，避免得出言过其实的结论，利于培养学生的高阶思维。

（二）教学目标

1. 兴趣小组假期研学期间搜集与黄河口湿地有关的资料，观看黄河口湿地宣传片，阐明生态系统的组成成分，理解各组分紧密联系使生态系统具有一定结构和功能的统一体，培养学生的生物核心素养，渗透热爱劳动的实践意识。

2. 分析湿地鸟类东方白鹳资料，讨论生产者和消费者通过食物链和食物网联系在一起形成的营养结构是怎样的，构建食物链中某营养级能量流向示意图，理解能量流动特点的机理和信息传递作用，总结生态金字塔的构建规律，培养学生的科学思维。

3. 通过黄河口湿地破坏及修复实例分析，构建湿地中氮循环示意图，说明生态修复工程在生态学实践应用的重要作用，培养学生们建设家乡的美好情感和保卫祖国的社会责任感。

（三）教学过程

1. 分析考情，目标明确

师：在前段时间的基础课学习中，已经学习了生态系统的概念、结构和三大功能，本节课进行能力提升。结合对近三年的高考题的分析，发现生态系统的相关考点是非常密集的，属于高频考点，主要集中在对营养结构、能量流动和物质循环等功能的考查上，时政热点“两山理论”与生态系统的功能和结构密切相关。

2. 视频导入，激发思维

师：请同学们认真地观看黄河口湿地的宣传片，生态系统的组成成分有哪些？尝试列举在我们黄河口湿地中有代表性的植物和动物，充当了生态系统的什么成分？

生：生态系统的组成成分有生产者、消费者、分解者。

师：还有阳光、水分等非生物物质和能量。那么谁能够列举一下黄河口湿地中比较有代表性的植物种类是什么？

生：有芦苇、野大豆、柽柳，还有翅碱蓬。（是的，这里有400多种种子植物。）

师：那么动物属于什么成分？

生：属于消费者。

师：比较有代表性的消费者在视频中讲到了哪些？

生：东方白鹳、大白鹅，还有丹顶鹤。

师：还有白天鹅。黄河口湿地也称为鸟类的国际机场。2010年黄河口湿地得到了一个荣誉——东方白鹳之乡。

【设计意图】兴趣小组假期研学期间搜集与黄河口湿地有关的资料，观看黄河口湿地宣传片，阐明生态系统的组成成分，理解各组分紧密联系使生态系统具有一定结构和功能的统一体，培养学生的生物核心素养，渗透热爱劳动的实践意识。

3. 问题驱动，层层设疑

（1）任务 1：阅读资料，深入理解生态系统的组成成分和营养结构的知识。

①创设情境：东方白鹳能够迁徙到黄河口湿地生活，以东方白鹳的相关资料来作为载体，走入东方白鹳的世界，对生态系统的结构和功能相关知识的理解。（资料 1）东方白鹳属于大型涉禽，是国家一级保护动物。在东北中、北部繁殖；越冬于长江下游及以南地区。在东方白鹳的全部食物中，鱼类占 79%—90% 以上 ...... 秋季还捕食大量的蝗虫，此外平时也常吃一些沙砾和小石子来帮助消化食物。

②学生活动：学生阅读兴趣小组搜集的资料，先独立完成食物链和食物网构建，再小组沟通完善。

③讨论探究——

师：现在请你与同桌、前后桌讨论交流，看看你构建的食物链或者是食物网和你周围的同学一样吗？在结合资料构建食物链和食物网的时候，有哪些矛盾？

生：我不清楚蜥蜴是吃植物还是吃动物。

师：蜥蜴应该是次级消费者。东方白鹳如果捕食蜥蜴的话，蜥蜴就是三级消费者，这时东方白鹳就位于第四营养级。（总结问题。）我们常常拿不准一些动物所处营养级地位。

师：同学们，老师也写了一个简单的食物链，那我写得对不对呢？

生：对！

师：因为我已经定位了春季和冬季，如果你选择了夏季，那么这个食物网会较复杂，这是为什么？

生：夏天食物种类特别繁多。

师：对，而且这些动物之间的食物来源好多都是动物并且动物和动物之间又有复杂的竞争或者是捕食的种间关系，所以你会构建出更复杂的食物网。通过这一点我们发现，东方白鹳它的数量和食物网存在一定的变化，是根据什么变化的呀？

生：季节。

师：也就是说，食物链和食物网构建的营养结构，具有一定的季节性。东方白鹳是该湿地中的一个种群，请大家思考，东方白鹳的生态位是否是一直稳定不变？（引导：我们思考生态位的话，主要研究什么？一个种群的位置关系、种间关系、食性，生存环境。）

生：我认为东方白鹳生态位是不稳定的，因为它一年四季的食物是不一样的，种群数量也不同，天敌竞争者也不同。

师：生存环境变了吗？

生：改变了，是季节的改变造成了食物与生存环境发生改变。

师：对，我们发现东方白鹳存在迁徙现象，那说明它的生存环境也在改变。那也就是种群的生态位是发生季节性的变化的。

师：该地区的所有种群组成群落、群落和无机环境组成生态系统，那群落和生态系统是否也存在着季节性的变化呢？我们继续观看视频。

师：通过观看视频，我们发现了黄河口湿地这个群落以及它组成的生态系统有没有发生的季节性变化呢？

生：有。

师：没错，群落及其组成的生态系统也是在不断地改变的。食物链和食物网是能量流动的渠道，能量流动沿着营养级、食物链中的不同种群在捕食的过程中存在着能量流动的特点，这个特点是什么？

生：单向流动、逐级递减。

师：大家基础课都已经掌握了，现在请思考单向流动、逐级递减的原因是什么呢？请两名同学上讲台来，用图示的形式构建这个食物网中初级消费者——鲫鱼摄入能量的分配问题。（引导：将黑板上的这些文字用箭头的形式理清它们的关系，然后在图示下解释为什么能量流动是单向的，并且层级递减。）

（学生活动：任意选择食物链中的一个营养级，构建该营养级同化能量流动的示意图。）

师：台上的同学已经构建完成，你们解释一下为什么是单向流动、逐级递减的？

生：单向流动是因为捕食关系是不可逆的，逐级递减的原因是随着营养级的增高，能量只有一小部分流入下一营养级。

师：是的，大家看到同化能量分成了多个去向，有呼吸作用、热能散失，还有在生长发育过程中，一部分个体已死亡，死亡之后遗体残骸被分解而流入下一营养级，这只是其中的一个去向，所以能量随着食物链营养级的增高，出现了逐级递减的情况。掌声鼓励！

师：能量流动单向流动、逐级递减的原因是什么？能量传递效率10%—20%，为什么从芦苇到东方白鹳的传递效率远远低于10%呢？

生：芦苇和苔藓也是属于同一个营养级，下一营养级都是东方白鹳，所以说东方白鹳与芦苇与鲫鱼三个种群之间的传递效率是10%—20%，但是芦苇只是这三个物种之间的一个，传递效率不足10%。

师：芦苇只是东方白鹳的一个食物来源，还有苔藓、藻类等。能量传递效率是相邻营养级之间的，位于10%—20%，而不是单独一条食物链中相邻两个种群之间，每个营养级中含有一个或多个种群，一个种群（东方白鹳为例）可以位于多个营养级。

（2）任务2：引导学生准确判断生态系统中的信息种类，并深度学习信息传递功能在生态系统中的重要性。

①创设情境：东方白鹳觅食主要在白天，……中午在树上休息或在领地的上空盘旋滑翔。如果发现有入侵领地者，就会通过用上下嘴急速啪打，发出“嗒嗒嗒”的嘴响声，并且伴随着颈部伸直向上，头仰向后，再伸向下，左右摆动，两翅半张和尾羽向上竖起，两脚不停地走动等动作，表现出一系列特有的恐吓。繁殖期觅食活动的范围在500米左右……雌雄亲鸟共同营巢，由雄鸟外出寻找和运送巢材，雌鸟留在巢上筑巢。营巢多在上午进行，下午在巢上休息和求爱或在巢域上空盘旋飞翔。

②学生活动：阅读资料，分析信息种类及作用并说明判断依据。

③讨论探究——

师：通过阅读资料，你分析发现了哪些信息种类，这些信息对于东方白鹳以及生态系统来说有没有重要的功能，作用是什么？

生：行为信息，当东方白鹳发现入侵者时，它会进行一些特殊的行为和动作表现出恐吓的作用，这是为了调节生物的种间关系。

师：还有吗？

生：它寻觅食物靠视觉、触觉，这是物理信息。

师：触觉、视觉为大家所熟知，根据触觉要触碰软硬程度形状等，根据视觉看到颜色形状种类，确定是不是自己的食物，这些都是要靠物理信息。那么你认为物理信息的作用是什么？

生：我觉得是生命活动的正常进行。

师：非常好，生命活动的正常进行离不开信息传递。

生：行为信息会有利于生物的生物种群的繁衍。

师：东方白鹳在潮上求爱是为了繁殖后代，这就是种群的繁衍离不开信息传递。所以信息传递过程中，并不是单一信息种类起作用，很多情况下是多种信息类型一起发挥作用。作用也不是单一的，如行为信息发出既可以调节种间关系，有利于维持正常生命活动。

师：在食物链和食物网中，除了能量流动外，能量流动的载体是什么？

生：物质作为载体。

（3）任务 3：构建氮循环过程示意图。结合生态工程相关原理，为修复工程出谋划策。

①创设情境：氮（N）是黄河口天然湿地生态系统中最重要的组成成分和一种重要的生态影响因子，其主要来源有径流输入、大气沉降和生物固氮。

（来源百度百科资料 。）

②学生活动：图示形式构建黄河口湿地的氮循环过程。（独立完成 5 分钟，然后小组交流完善后，绘制在小组分发的白板上，展示。）

③讨论探究——

师：请上台展示小组成果，边讲解边介绍书写过程。

生：大气当中的氮通过非生物固氮和生物固氮形成氨气，然后氨气通过硝化作用形成硝酸盐，硝酸盐被生物利用，动物的残骸被分解者分解形成氨气，氨气在没有氧气的情况下形成硝酸盐。

师：（补充引导）硝酸盐被豆科植物的根系吸收，以含氮有机物的形式被捕食，此时动物捕食植物时就可以吸收其营养，其中就包括有机物，动植物有排泄物和死亡的遗骸此时会被分解者分解，分解者分解含氮有机物，在此过程中，通过氨化作用产生氨气，然后呢？

生：氨气在有氧的条件下，经过硝化细菌的硝化作用，最终变成了硝酸盐，回到土壤中可以被进一步的利用；在氧气不足的条件下，被反硝化细菌利用生成亚硝酸盐产生氮气，又回到大气当中。

师：通过整个过程我们发现，氮元素从无机环境可以到生物群落还可以再从生物群落返回到大气中，这样就实现了无机环境与生物群落之间的循环往复，这就是物质循环的特点，可以不断地被循环利用，利用的是化合物还是元素呢？

生：元素。

师：因此物质循环的本质是组成生物体的化学元素的循环。现在请结合多媒体上的示意图来修正自己绘制的示意图。

【设计意图】分析湿地鸟类东方白鹳资料，讨论生产者和消费者通过食物链和食物网联系在一起形成的营养结构是怎样的，构建食物链中某营养级能量流向示意图，理解能量流动特点的机理和信息传递作用，总结生态金字塔的构建规律，培养学生的科学思维。

4. 实践提升，活学活用

师：黄河口湿地是我国及世界上研究河口湿地生态系统形成、演化及发展规律的最佳场所。但是受石油开采、土壤盐碱化等因素影响，该湿地出现严重退化。自 2002 年起，人们在自然保护区实施湿地生态修复工程。2012 年取得很大成效，随着黄河口生态“大补”，曾经濒临灭绝的黄可口刀鱼也不断出现，主要以麦穗鱼为食。下表为调查试验区三个时期种植物物种数量及能量分配比例。麦穗鱼在云贵高原为外来入侵物种，为防治麦穗鱼，请结合表中能量分配模型，提出合理的建议。

时期	竞争消耗的能量	逃避敌害消耗的能量	繁殖后代消耗的能量	物种数
Ⅰ	17	18	65	49
Ⅱ	18	60	22	80
Ⅲ	65	17	18	46

生 1：可以投放一些麦穗鱼的天敌。

生 2：也可以投放一些竞争者。

【设计意图】通过黄河口湿地破坏及修复实例分析，构建湿地中氮循环示意图，说明生态修复工程在生态学实践应用的重要作用，培养学生们建设家乡的美好情感和保卫祖国的社会责任感。

5. 课堂小结提升拓展

师：本节课我们基于黄河口湿地的生态系统进行了研究，首先我们观看了湿地宣传片，回顾了生态系统组成成分、营养结构，二者共同构成了生态系统的结构；紧接着我们以东方白鹳为载体分析能量流动和信息传递特点，并研究了湿地中的氮循环复习其三大功能。正是结构和功能的相统一，最终形成了我们的黄河口湿地不断在稳定发展的态势，也就是生态系统。我们这节课的知识就学到这里。非常感谢大家的合作和配合！下课！

课例提供：付桂玲　籍辰旭

二、课堂评析

高中生物借助乡土情境渗透劳动教育

随着社会的进步和时代的发展，新时代背景下，劳动教育已经被纳入人才培养体系中，是培养“德、智、体、美、劳”全面发展人才的关键。当前高中教育受到传统人才培养理念和模式的制约，导致对劳动教育重视的程度不够，开展路径也不够科学，严重制约了人才培养的质量。

（一）研学活动中渗透劳动教育

捷克教育家夸美纽斯在《大教学论》中写道：“一切知识都是从感官开始的。”本节课以人教版选择性必修二《生物与环境》中“生态系统的结构和功能”的复习课设计为例，联系家乡黄河口湿地乡土资源，层层设疑，引领学生在真实情境的问题和任务驱动下，通过多样的学生活动解决问题，培养学生的家国情怀并为一线教师丰富提升课堂效率的教学策略提供借鉴。《关于全面加强新时代大中小学劳动教育的意见》中要求大中小学校在人才培养的过程中，应转变传统的人才培养模式，紧紧围绕新时代背景下人才需求的特点，重视并加强劳动教育，最终实现学生的德、智、体、美、劳全面发展，使其真正成长为社会主义的建设者、接班人。教师指导学生成立野外活动小组，奔赴“黄河三角洲自然保护区”搜集该生态系统的资料。学生搜集到了翅碱蓬、柽柳等植物和东方白鹳、丹顶鹤、灰鹤等多种鸟类的资料，还搜集到了胜利油田石油泄漏导致湿地污染的资料，等等。借助这些资料，学生更加深入了解家乡黄河口湿地生物和地理知识，体会家乡的美丽与特殊，同时发展了学生的核心素养，渗透了劳动教育意识。

（二）乡土情境中内化劳动教育

《中国高考评价体系》在“应用性”考查要求中指出，要以贴近时代、贴近社会、贴近生活的问题情境为载体，将陈述性知识与程序性知识有机整合和运用作为考查目标。因此，恰当的问题或任务可以检测学生的素养发展情况。

情境让课程与生活牵手，让新知与旧知靠近，让思维在情境中发展。这就需要教师基于情境提出与所学知识密切相关、有思维和指向明确的探究性问题。有价值的问题驱动，有利于学生理解核心概念和原理，梳理重要的过程、解释重要的生命现象和为疑难问题提出解决方案和策略等。本节中教师截取了多个关于东方白鹳的资料串联知识点，设计多个核心问题，在这些问题的解答中，充分锻炼了学生的批判性思维，区分事实与观点，实现思维训练，舍弃矛盾的证据，支持符合逻辑的推断，有效地避免得出言过其实的结论，有利于培养学生的高阶思维。

（三）高效学习中烘托劳动教育

在课堂学习任务完成后，如何判断复习课的效率高低，目标是否按照预期完成，学生是否愿意为家乡做些什么，这是必须要考虑的问题。所以，在知识的学习中，劳动教育是必不可少的。

课堂教学效果不仅要看课堂气氛、双边活动，更要看发展，看提高，教学效率不仅要看教学密度，还要看学生负担、教学措施。教师在课堂教学活动中应当时刻关注课堂气氛和双边活动反馈，避免“重自己、轻学生”“重讲授、轻训练”“重结论、轻过程”“重答案、轻方法”。教师根据学生层次，逐级递进，提出劳动探究性问题，例如在课堂中通过阅读资料，思考分析发现了哪些信息种类时，学生结合探究活动主动思考活动中的发现与体验，结合教材知识做出回答，答案有待完善时，教师首先予以肯定，进而请其他学生补充思考结果，在此过程中充分调动学生积极性，极大增强了劳动教育课程紧密联系教材的课堂效果。课堂设计中，教师设置了构建含有东方白鹳的食物链（网）和以小组为单位构建黄河口湿地的氮循环过程示意图活动，使得学生将劳动教育反馈结果与教材知识相联系，架构知识闭环，在活跃的课堂气氛中完成双边活动训练，教学效率得到大幅提升。

第五节　科学教学有机渗透劳动教育

近年来，随着劳动教育的不断深化，劳动课程的开发与实施备受学校及教师的关注。如何针对学生的身心发展规律，系统的规划劳动教育实施方案，落实好劳动教育成为亟待解决的问题。劳动教育的整体建构需要社会、学校和家庭的参与，同时，除了一般意义上的劳动技能课程以外，还应关注新型劳动和创新思维相关联的劳动和体验型实践活动。科学作为一门探究实践型课程，重在培养学生的科学观念、科学思维、探究实践、科学态度与社会责任感。这与劳动教育的目标有天然联系。本课例依托二者在学习形式多样化、学习场所复杂性、学习内容综合性和学习活动创造性等共同特点，在科学课程中选择贴近学生现实生活、有技术支撑、具有创造性的劳动素材。在科学课程中渗透劳动教育，让学生亲近自然，体验劳动，促进价值观的形成。在教学过程中，本课例注重“知与行”“学与思”的融合，以生活为核心，注重培养学生生活适应能力。在教学内容选择上，本课例立足于学生生活实际，将个人生活、家庭生活、学校生活、社区生活等内容进行有机整合。在教学形式上，科学学科教学中让学生参加一定的劳动，掌握一些基本的劳动技能，逐步形成正确的劳动价值观。总之，本课例在科学学习中融合劳动教育进行了积极的探索，在科学课程中开展多元化的劳动实践活动，使学生在学习科学知识的基础上，将理论与生活实践结合起来，增加学生的认知水平，同时增强学生对于劳动的意义和价值的理解。结合小学科学教学对学生进行劳动教育，提升学生的劳动素养、涵养学生劳动情怀，通过课程的融合使得学生在参与科学实践活动过程中实现劳动的个性化体验，树立良好的劳动意识，实现学生全方位的发展。

|小学科学教科版五年级下册|

“垃圾的分类”课堂实录与评析

一、课堂实录

（一）教材解读

“垃圾的分类”是教科版科学五年级下册第三单元“环境与我们”中的第四课。本课主要让学生知道垃圾分类可以提高资源利用率、避免有害垃圾危害环境。通过对垃圾情况的调查、统计，知道垃圾分可回收物、有害垃圾、厨余垃圾、其他垃圾四类，能根据所学垃圾分类的知识对垃圾进行分类，愿意对家庭或学校的垃圾进行分类，树立垃圾分类的意识。本课例将科学学科与劳动教育进行融合，将学到的科学知识运用到日常生活中，通过自己的劳动对垃圾进行分拣，重新利用，从而培养学生节约资源、减少污染、变废为宝的意识，帮助学生形成正确的劳动价值观。课堂教学内容由三个活动组成：

第一个活动是“垃圾大调查”。首先让学生课前对自己家庭一周产生的垃圾进行调查统计，记录生活中产生垃圾的名称、数量及组成材料，难以统计的剩菜剩饭等垃圾可以估算重量。课上，通过让学生对垃圾种类的统计展示、垃圾组成材料的分析讨论，引导学生发现生活垃圾中有很多是可循环利用的资源，随意丢弃会导致资源浪费。但是，还有些垃圾中含有有毒成分，如果随意丢弃会危害生命、污染环境。从而使学生发现垃圾分类的意义，激发垃圾分类回收的动机和欲望。为后续怎样分类处理做好铺垫。在本环节，对学生的劳动教育不局限于课堂，而是拓展到家庭、社区、社会实践活动中，学生在深入的调查统计中，不仅增加了探究技能，更在这些校外的教育场所中潜移默化的树立了劳动价值观和劳动意识，是劳动教育的天然渠道，也是劳动教育最佳发生地。

第二个活动是“垃圾的分类”。首先按照自己的分类标准对家庭垃圾进行分类。教师梳理，我们将垃圾分为可回收垃圾和不可回收垃圾，继续对不可回收垃圾进行分类，将不可回收垃圾又分为厨余垃圾、有害垃圾和其他垃圾。讨论交流每类垃圾特点，认识其标志符号。最后，教师出示更多垃圾种类卡片，让学生再次分类并投放在相应的垃圾桶中。三次分类活动让学生知道了为什么分、怎么分。通过层层递进的方式，帮助学生熟知垃圾分类的方法，树立垃圾分类的意识，养成垃圾分类的习惯。本环节的设计让学生亲身体验，在体验式学习中锤炼劳动技能。不仅让学生了解垃圾处理的知识，更让新时态劳动教育与现代科技紧密联系，在科技教育中培养学生对高科技劳动的尊重、对高科技劳动的热爱、培养学生高科技劳动知识、锻炼学生高科技劳动技能。符合人工智能时代，对高端的体力劳动和脑力劳动人才的培养要求。

第三个活动是“垃圾的处理”。首先请学生汇报关于垃圾处理的调查结果，接下来教师通过视频和图片分别向学生展示不同种类垃圾回收后的处理方式。如废纸张、废金属、废玻璃、废塑料等可回收物可经过加工成为再生资源，其中玻璃瓶熔掉吹成新玻璃瓶，易拉罐可以直接变回金属，废纸变成新纸，塑料重新变回塑料制品，或变成我们身上的衣服等。厨余垃圾可以通过堆肥法处理，不仅杀死垃圾中一些病原微生物、寄生虫、虫卵，而且降解后的有机物可以被植物吸收利用，成为高效的有机肥料。而对于有害垃圾，回收后会有专门的工作人员进行分拣，最后送往特殊部门处理。对于其他垃圾，人们一般使用卫生填埋、焚烧等方式处理。介绍古人处理垃圾的方式，得出启示：我国自古就非常重视垃圾的分类处理，古人已经懂得很多垃圾处理的方法，并沿用至今。这体现了我国劳动人民的智慧。我们要为改善生活环境继续做努力，为绿色发展、可持续发展作贡献。

（二）教学目标

1. 知道生活垃圾分可回收物、有害垃圾、厨余垃圾、其他垃圾四类；认识四类垃圾的标志符号；了解不同种类垃圾的处理方法。

2. 调查统计家庭一周产生垃圾的名称、数量及组成材料；能根据所学知识对生活中常见垃圾进行分类。

3. 愿意对家庭或学校的垃圾进行分类；养成垃圾分类的劳动习惯。

4. 树立垃圾分类的劳动意识，培养资源意识和环保意识。

（三）教学过程

1. 创设情境，导入新课

①创设情境：同学们，废弃的破铜烂铁可以重获新生，还能出演好莱坞电影，你相信吗？播放“机器人之家”视频。看似毫无利用价值的废旧金属在工匠们手中重获新生，成为一件件别致的艺术作品，看来用辛勤的双手可以创造生活，劳动可以创造价值！

②聚焦问题：我们丢弃的垃圾里有没有像金属这样可以循环再利用的，在生活中，我们能不能像工匠们一样用劳动创造价值呢？今天我们就对生活中的垃圾展开大调查。

【设计意图】通过“机器人之家”工坊将废旧金属回收再利用，让破铜烂铁重获新生的情景，营造了和谐而神秘的气氛，引发了学生的好奇心，吸引了学生的注意力，充分调动起了学生对生活垃圾研究的兴趣，激发学生劳动的热情。

2. 设计方案，展开探究

（1）活动 1：垃圾大调查。

①请学生展示课前自己家一周的垃圾统计表。

师：我们日常生活中产生的垃圾都有些什么？具体有哪些种类？属于哪类材料？请展示你的统计表。

②交流发现。

师：谈一谈在垃圾的调查统计中，有什么发现？

生：我们生活中产生的垃圾，有很多是可循环使用的资源，如玻璃、纸、金属等。

师：除了这些可循环使用的资源外，垃圾中还有什么？

（学生回答。）

（教师可以实物出示一些废弃的医疗器械、废电池、废灯管、水银温度计、废油漆、过期药品等有害垃圾，并以一节一号电池烂在地里，能使 1 平方米的土壤永久失去利用价值；一粒纽扣电池可使 600 吨水受到污染，相当于一个人一生的饮水量为例，讲解有害垃圾的危害。）

师：这些垃圾能不能随意丢弃？

生：不能。

师：为什么？

生 1：随意丢弃的话会造成资源浪费。

生 2：会占用大量的土地。

生 3：有毒的垃圾随意丢弃会污染环境，使人感染生病。

师：是的，那我们应该怎么做呢？

生：我们要对垃圾进行分类回收处理。

师生总结：通过统计我们发现垃圾的种类很多，其中有很多是可循环利用的资源，有些则是有毒有害的材料，必须要对垃圾进行分类。

（2）活动 2：垃圾的分类。

①先请学生根据自己的分类标准对家庭垃圾进行分类。

师：那怎么对垃圾进行分类呢？

（请学生根据自己的分类标准试着对垃圾进行分类，并以小组为单位根据不同的标准对垃圾进行分类并记录。如表 1。）

表 1

我的分类标准	分类结果

②教师梳理。

师：我们通常把生活垃圾分为可回收垃圾和不可回收垃圾，为了更有效地回收处理，我们将不可回收垃圾又分为厨余垃圾、有害垃圾和其他垃圾。

（教师播放垃圾分类视频巩固新知。）

③讨论交流每类垃圾特点，认识其标志符号。

师：每类垃圾有什么特点呢？

生：厨余垃圾的特点是含有极高水分和有机物，容易腐烂变质，处理后可作为肥料，因此也叫有机垃圾、湿垃圾。

师：不同类别的垃圾我们要分装，投放在不同的垃圾箱内。那么，每一类垃圾应该投放在什么样的垃圾箱里？

（生回答。）

（教师重点强调最容易混淆的几种垃圾，如外卖餐盒、硬贝壳类、大棒骨、纸杯等。引导学生认识垃圾桶上的标志符号，帮助学生熟知投放垃圾的方法。）

④对学校垃圾进行分类。

师：我们已经了解了垃圾分类及投放的方法，学会了自己家庭垃圾进行分类，那我们就对我们学校教室里产生的垃圾进行分类，你能用学到的知识来帮大家分一分吗？请以小组为单位，将垃圾分类并投放在相应的垃圾桶中，把分类结果记录在表格中。

（学生进行小组分类投放活动并将相应的结果填写在下表格中，小组汇报分类活动中遇到的困难和问题，最后归纳总结。）

表 2

垃圾分类投放记录表			
可回收垃圾	厨余垃圾	有害垃圾	其他垃圾

⑤走进社区，了解智能垃圾分类工具。

师：随着科技的进步，我们的科学家们发明了很多智能垃圾分类工具，现在就让我们一起进入安泰社区，了解一下新型的垃圾分类工具。

（师现场展示智能垃圾分类回收柜的使用方法。教师向学生讲解垃圾分类机器人、垃圾分类手机 APP。）

（学生现场体验智能垃圾分类工具实现身份识别、扫码投放、自动称重返现等功能，从大数据分析到系统化解决，利用智能回收云管理功能，使垃圾分类更便利。）

（3）活动 3：垃圾的处理。

①现代垃圾处理的方法。

师：根据你们的调查结果，垃圾回收后怎样进行处理呢？

生 1：废纸张、废金属、废玻璃、废塑料等可回收物可经过加工成为再生资源。

生 2：我查阅资料发现厨余垃圾可以通过堆肥等方法处理。

生 3：有害垃圾回收后会有专门的工作人员进行分拣，最后送往特殊部门处理。

（教师用视频或图片的形式展示如金属回收再变回金属、卫生填埋、高温堆肥等处理垃圾的方式。）

②古人是怎样处理垃圾的。

师：早在 4000 年前就有了排水管道；商朝时期农业生产已使用粪肥；先秦时期多以填埋、焚烧等处理垃圾；汉代变废为宝的“生态厕所”称为“圂”（hùn）。

③古人处理垃圾的方法对我们的启示。

师：我国自古就重视垃圾的分类处理，古人已经懂得很多垃圾处理的方法，并沿用至今。这体现了我国劳动人民的智慧。我们要为改善生活环境继续做努力，为绿色发展、可持续发展作贡献。

【设计意图】本环节先让学生对垃圾进行分类，了解到按照垃圾的不同成分、属性、利用价值以及对环境的影响，可根据不同处置方式的要求，分成属性不同的若干种类。最后通过体验活动进行实践巩固。帮助学生养成垃圾分类的习惯，树立垃圾分类的意识。让学生亲身体验，在体验式学习中锤炼劳动技能。最后，通过智能垃圾分类回收柜等智能工具的认识，让学生感受到科技改变我们的生活。让新时态劳动教育与现代科技紧密联系，在科技教育中培养学生对高科技劳动的尊重、对高科技劳动的热爱、培养学生高科技劳动知识、锻炼学生高科技劳动技能。符合人工智能时代，对高端的体力劳动和脑力劳动人才的培养要求。另外，本环节增加了传统文化的教育，让学生感受到热爱劳动是中华民族的传统美德，体现了劳动价值观的渗透和教育的可持续性。

3. 交流评价

（1）这些垃圾处理的方法有哪些优缺点？

（2）解决垃圾问题，你还可以从哪些方面努力？

【设计意图】用填埋的方式处理垃圾，会浪费土地；焚烧垃圾会消耗电能，仍有残留物，无论哪种处理方式都有可能造成二次污染。倡导学生在日常生活中减少垃圾的数量，从源头上解决垃圾问题。做到多一点节约，少一点浪费；减少或不使用一次性用品、重复使用；变废为宝、低碳环保、绿色生活，树立保护环境的意识。

4. 拓展应用

本节课，我们了解了生活中垃圾的分类及处理，在以后的生活中，你准备怎样做，帮助更多的人参与到垃圾分类中来呢？

【设计意图】引导学生课后多多参与家庭、社区、学校志愿服务活动中，帮助更多的人了解垃圾分类，养成垃圾分类的劳动意识和习惯。将本节课的垃圾分类活动拓展到了课外。

课例提供：吴珊珊

二、课堂评析

在小学科学探究中渗透劳动教育

劳动教育是新时期党对教育的新要求，是中国特色社会主义教育制度的重要内容。《关于全面加强新时代大中小学劳动教育的意见》，提出了从新时代培养社会主义建设者和接班人的高度对加强劳动教育和全面构建体现时代特征劳动教育体系的新要求；倡导“适应科技发展和产业变革”和“注重信息新兴技术支持和社会服务新变化”的劳动。而当前许多学校开展劳动教育仍局限于传统的农耕和手工业劳动，劳动体验远离学生的日常生活。本案例尝试突破现存的劳动教育窄化做法，改变当前延续和回归以往学工、学农、劳技课等劳动形态，选择贴近学生现实生活、有技术支撑、具有创造性的劳动素材，探索小学劳动教育新形式，推动小学劳动教育新发展。

（一）根据学科特点，在融合要素上进行了很好的探索

学校劳动教育应当更多地依托各学科教学去开展。本课例将科学教育与劳动教育进行有效融合，依托二者在学习形式多样化、学习场所复杂性、学习内容综合性和学习活动创造性等共同特点，找到“体验式学习”“场所多样化”“创造性”“时代性”为二者融合的着力点。让学生对生活中的垃圾展开调查、亲身体验垃圾分类活动，通过实践认识周围事物，直接经验的学习成为劳动教育的有效手段。让学生制作垃圾分类垃圾桶是科学创造活动，而劳动本质上也是一种创造性的活动，两者在创造性上进行融合。让学生对生活垃圾进行调查、走进社区、社会实践基地，校外的教育场所成为科学教育和劳动教育最佳发生地。向学生介绍智能垃圾分类回收柜和垃圾分类机器人，在科技教育中培育学生的科技创新能力和高科技劳动技能，让时代发展成为二者融合的良好契机。

（二）注重“知与行”“学与思”的融合

在学习形式对任何主题的探究都必须体现个人、社会、自然的内在整合，体现科学、技术、道德的内在整合。劳动教育课程的展开要以各种活动为载体，在本课例中，让学生课前调查、采访、统计家庭和学校每天产生的垃圾数量和种类，搜集垃圾的危害，课中小组汇报，垃圾分类体验、制作设计环保垃圾桶、社区实践与宣传等活动，把“知与行”“动手与动脑”结合统一起来，这是一节真正具有“育人”价值的劳动教育融合课例，让学生在活动结束时真正做到了“有所知”“有所得”“有所悟”。

（三）以生活为核心，注重培养学生生活适应能力

本课程立足于学生生活实际，将个人生活、家庭生活、学校生活、社区生活等内容进行有机整合。课标中指出，教学内容的选择要源于学生的生活实际，关注他们在学习、成长和生活过程中遇到的实际问题。“垃圾的分类”这节课内容的选择立足于学生的生活实际，让学生学习区分可回收垃圾、厨余垃圾、有害垃圾和其他垃圾，让学生能准确处理生活中的垃圾。最后用自己的巧手把生活中的一些废旧物品变为手工艺品，培养了学生环保、健康、节能的生活理念，把热爱生活、创造美发现美的生活情趣根植在心灵深处。

（四）注重课程资源的开发和利用

本课例在知识、技能、能力等方面通过问卷调查的形式对学生进行了深入的调查研究，学情的准确把握对教学策略的选择和教学活动的设计找到准确的落脚点。教学活动的设计循序渐进，课前，让学生查阅资料；课堂上，利用大量视频和图片介绍垃圾变废为宝的例子，让每个学生见证了化腐朽为神奇的能力。将课堂产生的各类垃圾分类投放，让学生养成“变废为宝”“废物利用”的习惯；课

后，让学生走进社区，走进生活中继续践行垃圾分类，把课堂内容延伸到课外，让全体同学学会垃圾分类，帮助他们逐步养成良好的习惯。课例的设计遵循学生的认知规律，实践过程中积累了课程纲要、教学设计、教学课件、学生作品等大量的素材性课程资源。

课堂教学永远是遗憾的艺术，这节课也存在诸多不足。评价方式比较单一。课标坚持多元、开放、整体的评价观，本节课例多侧重对学生进行课堂表现评价，但围绕目标评价的方式较少，开放性不够。

Chapter 3

第三章

劳动教育融入艺体综合类课程

第一节 综合实践活动教学有机渗透劳动教育

综合实践活动立足学生的真实生活和发展需要，从生活情境中发现问题并在此基础上转化为活动主题，通过探究、服务、制作、体验等方式，提升学生跨学科实践的综合素质。劳动教育课程培养学生的劳动观念、劳动能力、劳动精神以及劳动习惯和品质四个方面的核心素养。在综合实践活动课程中渗透劳动教育对实现两者的培养目标是很好的途径和手段。实现两者渗透教学，设计融合课例需要执教老师结合学校及其周围教育教学资源用心地挖掘探究。

在综合实践活动课程中渗透劳动教育，对于整合教育资源、提升教育效能有重要意义。综合实践活动课程通过主题教育活动培养学生的核心素养，促使其理解和践行社会主义核心价值观；劳动教育要求学生在日常劳动中体会劳动对自身、家庭及社会的价值和意义，从而形成尊重劳动、热爱劳动的正确价值观。两者培育目标都指向落实立德树人的根本任务，促使学生成为能够堪当民族复兴重任的时代新人。综合实践活动课程强调从具体真实的生活情境出发，建立学生生活与学习间的有机联系；劳动教育强调学生在生活化的劳动活动中增长劳动技能、培养劳动感情、提升劳动自觉性。两者的教育资源均紧密联系学生的家庭生活、校园生活和社会生活。综合实践活动课程要求学生进行“价值体认”“实践体验”，以现实中的“行”促进意识中的“知”，劳动教育要求学生在真实的劳动活动中“动手实践”“出力流汗”“磨炼意志”。两者都是在真实的实践活动、劳动活动过程中塑造学生的优秀品质，与实现培育目标的途径非常契合。

开发实践基地对开展融合教学极有帮助。相较于学校较为局限的课堂教学，专业化的实践基地对综合实践活动和劳动教育的融合教学有天然的资源优势。学校如果能够依据本地的社会经济发展水平开发实践基地，形成符合自身办学理念和育人目标的特色实践项目，并依据项目形态构建综合实践活动和劳动教育的融合课程体系，无疑是实现融合教学的最佳途径。

结合课程性质深挖教材中的学习主题是最为简便可行的开展融合教学方式。在各学段综合实践活动教材所呈现的学习主题中，有许多能结合劳动教育的课程性质与培育目标进行深入挖掘的地方。例如，在本章的第三篇课例中，教师就结合教学实际，对中国石油大学出版社出版的《综合实践活动》（四年级上册第二单元）中的传统工艺类活动“花样布艺”内容进行了深入钻研，结合对学生的学习需求进行的深入分析，在教材的基础主题上拓展延伸出“探究创意装饰、美化布垫”这一融合教学内容。在这个课例的开发中，教师做到了准确把握课程资源的主旨方向，将所学内容与学生生活实际相联系，结合两个课程的性质挖掘学习内容，自然地呈现出拓展与整合的教学内容。

|小学综合实践活动鲁科版三年级上册|

"一般衣物的洗涤"课堂实录与评析

一、课堂实录

（一）教材解读

本课是鲁科版综合实践活动三年级上册第五单元"家务劳动我能行"第一课的内容。本单元的主题是让孩子学习做力所能及的家务，了解家庭生活的技能和技巧，并学习与家人沟通交流、感受亲情的温馨。2022年《义务教育课程方案》将劳动从综合实践活动课程中完全独立出来。虽然劳动已成为一门独立的国家课程，但是劳动教育与综合实践活动课程并没有分离，在生活性、实践性与育人性等方面都高度契合。综合实践活动面向学生的日常学习生活、社会生活，从真实的生活情景中寻找有价值的教育主题。而劳动教育也要求紧密结合学生的家庭生活、校园生活，在生活化的劳动活动中培养劳动技能、劳动情感以及劳动的自觉性。家庭生活能力是一个人最基本的生存能力，通过分析本课教学内容，发现本课"一般衣物的洗涤"不仅可以培养学生的综合素养，而且对于培养学生的劳动观念、劳动习惯以及热爱劳动的情感都有比较重要的价值。设计本融合课例，教师抓住辨别衣物的洗涤标识、选取恰当的洗涤剂和洗衣方式等教学内容，通过引导学生观看教学短片和图示，培养学生的获取处理信息、分析判断等综合素养能力，并在动手实践洗衣的过程中引导学生养成热爱劳动的观念，提升其劳动的自觉性，培养良好的劳动习惯。

（二）教学目标

1. 能够认识衣物的洗涤标识，了解常用洗涤剂的使用范围和限制条件，积累洗涤衣物的劳动常识。

2. 可以按照衣物的洗涤标识，选取恰当的洗涤剂、正确手洗或机洗衣物，培养独立洗涤一般衣物的能力。

3. 通过自评与他评洗衣成果，畅谈洗衣收获和感受，提高主动参与洗涤劳动的意识，端正劳动态度，养成良好的劳动习惯。

（三）教学过程

1. 创设情境，激发兴趣

师：同学们，大家好呀！今天大家穿的衣服都好干净整洁呀，可是我们的朋友小猴子昨天遇到了点儿小麻烦，让我们看看是怎么回事，一起来帮帮他吧！

（播放动画短片，学生观看。短片中的小动物们穿着各式各样的干净衣服正在一起开心地玩耍，这时一只衣服脏兮兮的小猴子跑来希望和大家一起玩耍，大家纷纷表示：小猴子，你的衣服需要清洗啦，快回家换上干净的衣服再来玩吧。）

师：同学们思考一下，大家平时有没有像小猴子一样衣服变脏的情况呢？都是怎么造成的呢？

生 1：有变脏的情况，我和小伙伴出去玩，回家衣服就变脏了。

生 2：我吃完饭后衣服经常变脏，上面会有很多食物的油渍。

生 3：有时候在学校活动出汗很多，回家衣服就又脏又臭了。

师：看来同学们在生活中经常会遇到这种问题，平时大家换下来的脏衣服都是谁来清洗的呢？

生 1：都是妈妈给我洗。

生 2：放在洗衣机里。

生 3：有时候小袜子什么的，我会自己洗。

师：这位同学已经具备了一项洗衣的技能呢！同学们，你们会洗衣服吗？你知道怎么洗衣服吗？小组讨论一下，等会请各小组的代表来说一说。（学生分小组讨论洗衣服的步骤，教师引导。）

师：刚才同学们讨论得热火朝天，可见有不少同学参与到家里的洗衣劳动中呢，你们真是爸爸妈妈的好帮手。哪个小组的同学来交流如何洗衣服呢？

1 组代表：把脏衣服放在水里，加洗衣液，用力搓一搓就好了。

2 组代表：也可以放进洗衣机，倒入洗涤剂，洗衣并且直接甩干。

3 组代表：我见过我妈妈洗衣服，她总是先把衣服放在兑了洗衣液的水里泡一会儿再搓洗，并且她还经常借助搓板洗衣服，说那样比较省力。

师：看来大家知道的方法还不少呢，我们可以手洗，还可以用洗衣机洗。（板书：手洗、机洗。）不过我从刚刚大家的回答里发现，同学们对洗衣服的具体步骤都不是很清楚，其实看似平常的洗衣服，需要我们注意的地方很多。那我来问大家，今天大家穿的衣服如果变脏了，老师想要进行清洗，是否可以将所有的衣服一起放在洗衣机里呢？

生 1：不可以，因为有些同学的衣服是白色，有些是黑色，一起清洗会造成染色现象。

师：说得真不错，不同色系的衣服不能一起洗。

生 2：我的衣服里放了糖果和零钱，不能一起洗。

生 3：老师，我知道内衣和臭袜子不能放在一起洗。

师：看来大家已经注意到一些洗衣服的小陷阱了。那大家继续思考，除了以上这些，还有什么情况也需要把衣服分开洗呢？

师：提示一下，你的衣服和同学的衣服有什么不同，可以互相看一看，摸一摸，讨论一下。

生 1：老师，我的衣服摸起来是软软的，同桌的衣服是滑滑的。

生 2：我的上衣和裤子也是不同的布料做的。

师：大家找到这个不同啦，在洗衣服的时候，不同材质的衣服清洗时要求也是不一样的，小组讨论一下生活中你最常见的衣服都是什么材质。（生讨论，交流。）

生 1：妈妈说我的上衣是蚕丝的，裤子是棉麻的。

生 2：我的上衣是棉花做的，我的裤子好像是化纤材料的。

师：你们很善于获取知识。看，老师这里有几种不同材质的衣服。（展示不同材质衣服，学生摸一摸。）这里有化纤的，有棉的，有丝质的。这些衣服在洗的时候，洗涤要求是不一样的。

【设计意图】通过动画引入问题，激发学生探究如何洗衣的好奇心，提升学生学习如何正确洗衣的兴趣，从而引导学生对不同类衣服不可混洗的问题进行思考。选择生活化问题，利用学生熟知的事物创设情景，引导学生思考日常生活中的常见问题，从而有意识地以劳动视角看待生活。

2. 观察领悟，学习探究

师：看来大家已经意识到不同的衣物需要不同的洗涤方法，那具体的方法是什么呢？我们来看一看，老师帮你们找到了小秘密。

（多媒体图片展示衣物内侧的洗涤标识。）

师：这个就是帮助我们正确洗衣服的法宝啦，在每件衣服上面都有洗涤标志，大家知道在哪里吗？你自己的衣服上也有哦，看谁的火眼金睛发现了。（学生找找自己衣服上的洗涤标志。）

生 1：老师，我找到了，在上衣里面的左下角，有个小牌子。

生 2：老师，我的裤子后腰缝里也有！

师：你们真是有一双善于发现的眼睛。这些不同的图形、文字说明代表着不同的意思，你们知道吗？

生 1：画有水的表示可以洗，在上面打了叉号的表示不可以洗。

生 2：写着 40 的就是要用 40℃的水来洗。在太阳上画叉号的表示不宜暴晒。

生 3：我觉得他说的不对，写了 40℃的应该是用不超过 40℃的水来洗衣服。

师：大家有的说得对，有的不对，下面老师公布正确答案，大家可要认真记住哦，这样才能帮助我们在生活中好好清洁衣物。

（图片为学生展示的几种常见的洗涤标识，教师解释含义。）

师：老师这里有一件裙子，在外出游玩时因为风大上面落满了灰尘，还有一件毛衣，做饭的时候不小心在袖口处溅上了油渍，这两件衣服的洗涤标识如下。（图片展示这两件衣服的洗涤标志。）同学们帮老师想一想，该怎么解决这两件衣服的洗涤问题呢？小组合作讨论，帮老师解决一下这个难题。

生 1：裙子用清水洗，毛衣用洗涤剂清洗。

生 2：裙子不可拧干，所以洗完直接挂晒。

生 3：还有，裙子不能熨烫，这里有不可熨烫的字，可能是熨烫就会缩水或者变形了。

生 4：这件毛衣洗完后不能甩干，不能暴晒，得放在阴凉里阴干。

师：看来大家都在很认真地帮助老师解决问题。但是老师还有个疑问，毛衣用什么洗涤剂才能更好地清洗油渍呢？

生 1：老师，你可以用洗衣液或者洗衣粉。

生 2：肥皂洗得很干净。

师：大家给老师想了好办法。但是老师不知道应该用肥皂、洗衣粉，还是洗衣液清洗呢？而且需要使用多少呢？（为学生展示三种常见洗涤剂使用条件以及注意事项。）看，老师通过查资料，找到了这些，咱们一起来学学。（指一名学生来读一读。）

【设计意图】引导学生找找自己衣服上的洗涤标志，培养学生观察思考的能力，通过认识洗涤标志，了解不同衣物的洗涤要求。以生活中洗衣服遇到的问题为例进行引导，逐步探索洗涤剂的使用限制条件，积累洗衣的常识和经验，提高辨别能力，促进劳动技能的提升。

3. 掌握洗衣技能，实践与体验

师：好了，现在我们已经知道需要使用什么洗涤剂了，下面我们就要开始洗衣服啦，小猴子也给老师发来了视频，让我们来看看手洗一般衣物的基本步骤吧。

（播放手洗一般衣物教学短片。）

师：看完短片，大家来说一说你都知道了洗衣服的哪些新鲜事儿。

生 1：我知道了洗衣服之前要摸一摸衣服兜，看里面有没有东西，不能一股脑儿把衣服泡水里。

生 2：我知道了手洗衣服前还要先用温水泡一泡。

生 3：我知道了不是所有地方都要用力搓洗，袖口处、领口处以及裤腿处很容易变脏，这些地方可以重点洗。

师：看来大家都有不少收获呢。手洗衣物时，我们一般要先把衣物里的物品拿出来，将衣物放在温水中浸湿、揉搓、漂去浮尘，这叫作预洗。（板书：预洗。）

然后倒入适量的洗涤剂，加入温水搅拌，把衣服放进去泡 10~15 分钟，这叫作浸泡（板书：浸泡）。先使劲搓洗领口、袖口等易脏的部位，再洗衣服的前襟、后襟，洗完拧干水分，这叫作搓洗。（板书：搓洗。）这样还没有完成呢，衣服上还有很多洗涤剂和灰尘，需要用清水反复冲洗几次再拧干晾晒，这叫作漂洗。（板书：漂洗。）看，老师把自己在家里洗衣服的步骤拍下来啦。（多媒体出示手洗衣物的各个步骤的图片。）根据老师的示范，同桌之间互相演示洗衣服的流程吧！（同桌两人对照讲解与图示，演示洗衣过程。）

师：老师看到大家都跃跃欲试啦！看到我们桌上的衣服和洗涤用品了吗？请大家小组合作，来完成一次洗衣大赛吧。组长是总指挥，将小组成员分好工，有的倒水，有的洗衣，有的整理桌面，等等。咱们来比试比试，看看哪组的同学分工明确，洗得又快又干净，注意保持桌面、地面无水渍，洗涤用品摆放整齐。开始行动吧。（播放歌曲《劳动最光荣》，小组合作洗衣服，教师指导。）

【设计意图】通过看短片，让学生了解洗衣服的基本步骤，掌握洗衣注意事项，提高洗衣这项劳动的动手操作能力，并通过自己模拟，熟悉洗衣服的场景，增强亲身实践的欲望，培养劳动愉悦感。通过创设洗衣情境，亲手操作，经历完整的洗衣劳动实践过程，体验洗衣劳动带来的乐趣和价值，从而更加热爱劳动。

4. 评价反馈

师：刚才大家忙得热火朝天，真是一群能干的好帮手。经过同学们的共同努力，每个小组都洗完了衣服。下面请各小组展示自己的劳动成果，大家来一起欣赏评价吧。（指一组）看这一组同学的成果，谁想来评价一下？

生 1：衣服洗得很干净，并且拧干了水分，抚平了褶皱，真不错。

生 2：桌面水渍擦得干干净净，盆和桶摆放整齐。

师：老师还注意到他们把洗涤剂的盖子拧紧，小组合作分工明确，棒极了。老师想从以下方面来对刚才的活动进行评价。如果每一项满分五颗星的话，老师想这样给他们评分。（出示小组评价表，在教师评价一栏打分。）

表 1

评价标准	自我评价	小组评价	教师评价
领口袖口是否干净			
衣物是否平整无褶皱			
水中是否无泡沫			
桌面是否干净整洁			

师：下面各小组根据评价表先来进行自我评价，然后相邻的两个小组交换评价表，互相评价。（教师巡视，并在每个小组的评价表上打分。）

师：看这两位同学额头上都渗出了汗水，老师想采访你们，现在有什么感受？

生 1：洗衣服很累，我只洗了一件就出汗了。平时妈妈在家里要洗一家人的衣服，真是太辛苦了。以后我要帮帮她。

生 2：刚才我们组的同学都非常忙碌，每个人都在很努力完成任务，虽然很累，但是我觉得很快乐。

师：感谢两位同学的分享，老师相信大家都能感同身受。爸爸妈妈一直无微不至地照顾我们，辅导我们学习，他们还有自己的工作，特别辛苦。今天老师想提议大家也来做一次小家长，就让我们回家后寻找需要清洗的脏衣服进行清洗吧，同学们将清洗前和清洗后的衣服进行拍照，我们在下节课让大家展示自己的劳动成果，并挑选出色完成任务的同学进行表扬。

【设计意图】制定统一的评价标准，让学生在自我评价和小组评价中积累更多的洗衣经验，更好地解决洗衣过程中出现的问题，同时在洗衣活动中学会自我管理和团队合作。教师的总结性评价可以对学生的洗衣过程和结果进行肯定，促进学生洗衣技能的提升。让学生参与到家庭洗衣劳动中去，有助于培养孩子家庭参与的意识，尊重劳动，热爱劳动。

5. 拓展与创新

师：其实洗衣服还有很多不同的方法，随着科技的发展，咱们已经拥有了帮助我们洗衣服的洗衣机。洗衣机可以帮助我们方便快捷地洗涤衣物，你会使用洗衣机吗？用洗衣机洗涤衣物有什么要注意的地方呢？相信爸爸妈妈一定会乐于教给爱劳动的你。请周末回家在爸爸妈妈的指导下，使用洗衣机，帮爸爸妈妈洗洗家里的床单吧！

师：在生活中，我们的衣物难免会沾上墨汁、颜料、油渍等污物，连续阴雨的天气，若衣物保存不当，还会出现霉点或霉斑，该怎样巧妙地处理这些污渍呢？让我们课下查阅资料或询问家长想办法来解决这些问题吧！下次上课，咱们一起来分享大家的小妙招。

【设计意图】学生学习使用洗衣机这项新的劳动工具，体验洗衣服的不同方式，拓宽洗衣技能。课内课外结合，学校学习与实际体验相结合，让学生运用课上所学解决洗衣服过程中各种问题的知识和方法，在家庭洗衣过程中发现问题，解决问题，培养劳动改变生活的意识。

课例提供：李娟娟

二、课堂评析

在小学综合实践活动课中渗透劳动教育

综合实践课程与普通的文化课程有所不同，其表现出来的实践性、自主性和开放性，是现代教育的基础。教师要充分调动学生的参与热情，鼓励学生动手操作，建议以小组的模式开展活动，提高学生的合作探究能力，同时也要融入各种学科知识。在“一般衣物的洗涤”这一课中，教师旨在利用综合实践活动实践性与生活性相结合的特点，以提高学生分析处理信息的能力为目标，提高洗衣劳动技能，养成热爱劳动的品质。通过组织多样性的实践活动，使学生形成健康的劳动观念和良好的劳动习惯，最大限度地利用现有的校内外资源，扩展劳动教育的内涵和外延。本文以“一般衣物的洗涤”这一课为例，通过教学设计、教师指导地位、教学实践主题、评价方式四个方面，分别探讨在小学综合实践活动课上渗透劳动教育的可行性。

（一）教学设计流程紧凑，渗透劳动教育目标

融合劳动教育的小学综合实践活动，是将劳动教育的各要素融入综合实践活动课的各环节，这要求教师制定可操作性强的活动方案，精准把握课堂，不仅让

学生明确学习目标，更能让学生了解劳动的意义，体会劳动精神并热爱劳动，而不是对他们进行必需的劳动培训，所以需要点到为止，避免过犹不及。

本节课例，教师按照课标的要求，紧扣单元教学目标和本课教学目标，并结合劳动教育的目标要求，设计教学流程，引导学生观察认识常见的衣物洗涤标志，了解不同衣物的洗涤方法，适用的洗涤剂及洗涤时的注意事项等，引导学生学以致用，在家人指导下正确手洗或机洗衣物，体会劳动的快乐，通过参与衣物的洗涤活动，明确洗衣要领，并且虚心听取他人意见，对自己的劳动过程做客观评价，及时改进，以达到最好的劳动效果。劳动观念的培养离不开切实可行的劳动实践，学生只有在劳动中手脑并用、出力流汗，才能真正培养健康的价值观，树立劳动创造价值、养成习惯地意识。高度的实践性让综合实践活动成为推动劳动教育发展的重要基石。

（二）明确教师指导地位，激发学生劳动动机

小学阶段是培养学生劳动意识、端正劳动态度的关键阶段，这一阶段通过合理的引导和教育可以帮助学生有效形成主动劳动的意识，热爱劳动的习惯，并掌握必要的劳动技能。综合实践活动旨在建立一种新型的师生关系：导师制。教师在学生的汇报过程中起着引领、导向的作用。在活动中做到扶放结合，既给了学生充分的活动空间和时间，又给了学生适时指导，教师创设了多个问题情境，旨在激发学生的内在动机，提高学生参与劳动的兴趣。不仅如此，还拓展小学生的劳动知识，将体验与探究活动引向深处。教师虽然在这堂课中的话语不多，但寥寥数语却起到适时引导、画龙点睛的作用，既给了学生明确的任务导向，又激发学生内在参与劳动的动机。

（三）深化教学实践主题，注重劳动成果生成

劳动创造美，也创造了人们美好的生活。要使学生接受有效的劳动教育，单单靠说教难以产生有效的说服力，学生也无法直观感受到劳动带来的快乐体验和价值。在综合实践活动的课堂中，教师更加注重学生动手探究操作，在学生亲身体验的过程中，教师由浅入深，由抽象到实际，来引导学生对洗衣这项劳动的深入的认识，了解解决问题的新方法，获得自己的感悟和体验。学生的探究和实践成果切实与生活、社会现实联系起来，学生的劳动有了意义，实现了价值，同时也为下一次活动提供了动力，课堂的生成便是劳动成果的生成。

（四）评价方式科学合理，体现劳动可操作性

小学综合实践活动课中渗透劳动教育是一项重要内容，并且评价方法也不同于其他单单以成绩评级的学科，教师应以劳动教育的目标和内容作为评价的标准，以多种形式将评价内容化、具体化，并且可以对学生劳动素养评价做群体性的长期记录分析，融入学生的日常生活，用科学合理的评价体系去判断教学效果和学习收获。

作为综合实践活动课程渗透劳动教育的探索，在教学时，应关注学生对劳动教育目标的完成情况，因此除了课堂上的成果评价，还应关注学生在学习探究过程中发现问题和解决问题的能力是否有所提高，对学生的劳动观念、劳动能力进行长期有效的评价，激发他们的劳动热情。

综上所述，组织多种多样的综合实践活动，使学生参与其中，并接受劳动教育，是一种有效且必要的教育方式，体现了学科融合的要求。通过该综合实践活动与劳动教育的融合课例，学生体验到了劳动的乐趣，掌握了劳动技能，感悟了劳动的辛苦也享受了劳动的快乐，扎实走在成长为社会发展所需的复合型人才的路上。

|小学综合实践活动鲁科版三年级上册|

“种植西红柿”课堂实录与评析

一、课堂实录

（一）教材解读

“种植西红柿”是鲁科版综合实践活动三年级上册第六单元“蔬菜的种植”第三课。本单元内容将技术、实践和实用三结合，注重对具体操作的指导，增强动手操作、技术应用和物化能力，使学生形成在实践中学习的意识。

本课例的教学设计从四个方面渗透劳动教育：“问题与思考”栏目引导学生关注西红柿种植并查阅资料，通过“小资料”了解蔬菜移栽的方法，形成劳动意识；“实践与体验”栏目注重对移栽具体步骤的指导，引导学生在劳动过程中体验种植的乐趣，是本课的学习重点；“交流与评价”栏目指导学生记录西红柿的成长过程，着重锻炼长期观察、认真负责的劳动品质；“拓展与创新”栏目结合西红柿习性，针对西红柿的管理提出疑问，做到规范劳动、有始有终，学生在主动参与管理的过程中收获劳动经验和成长。

“种植西红柿”一课学习蔬菜种植中的移栽技术，属于农业生产劳动，具有较强的技术性和实践性。学生不仅亲身体验劳动，更能够提升劳动技能，以技术指导实践，用实践淬炼技术。在教学中以学生动手操作为主，教师的技术指导为辅，在不断探究中获得丰富的劳动体验。花盆种植也能够高效利用学校有限的场地资源，开展简单的种植生产劳动项目，亲身体验蔬菜种植管理的劳动过程。

（二）教学目标

1. 认识并学会使用简单的种植工具，掌握西红柿移栽的基本方法，提升劳动技能，小组合作完成移栽，培养团结协作的劳动能力。

2. 对西红柿生长进行后期管理，培养发现问题、解决问题的探究能力，养成有始有终、认真负责的良好劳动品质。

3. 观察自己的劳动成果，体验劳动的艰辛，懂得“一分耕耘，一分收获”的道理，珍惜劳动成果，增强对劳动人民的热爱之情。

（三）教学过程

1. 课前交流，导入课题

（1）课前交流。

师：这节课，我们开展一节别开生面的种植课。课前，我们约法三章：第一，认真听老师要求，积极动脑；第二，这节课的任务需要小组分工合作完成；第三，小组长分派好任务，其他同学要服从小组长的安排。我们来比一比哪一个小组学得最快，种得最好。

（2）新课导入。

师：西红柿是餐桌上的常客，你们知道西红柿是怎样种出来的吗？

生 1：我在采摘园的大棚里见过用绳子吊起来的西红柿。

生 2：我见我爷爷在家里的菜园里种过。

（在课前已让学生向家人了解西红柿的种植方法。）

师：真是留心观察的好孩子。西红柿不仅可以在大棚、菜园里种植，也可以在阳台上种植。这节课我们来学习在阳台上种植西红柿。（板书课题：种植西红柿。）

【设计意图】小组合作是提升学生合作劳动能力的有效途径，课前强调加深学生对“小组合作”的重视。通过交流，向学生说明课堂规则，有利于管理课堂。通过谈话导入，点明种植地点，激发学生的学习兴趣，顺利过渡到新课的学习。

2. 了解移栽

（1）交流经验。

师：种植西红柿有很多学问，想想应该怎么种，用什么方式种呢？

生：用种子种。

师：看来你有种植经验，这是一种常见的种植方式。还可以怎么种？

生：我爷爷种的时候用的西红柿苗。

（2）讲解移栽。

师：老师为你的细心观察点赞。在西红柿的种植中，播种和栽苗都可以。现在，我们常用的是栽苗这种方式，这种方法叫作“移栽”。（板书“移栽”。）什么样的幼苗能够达到移栽的标准呢？我们一起来看。（播放视频：西红柿种子生长过程）

师：此时，幼苗长到了 25 厘米左右，苗龄达到 60 天，就像你们面前的幼苗大小，就可以进行移栽。这节课我们就是把育苗器里的幼苗移栽到你们小组的花盆里。

【设计意图】学生已有的劳动经验能够更好地辅助新课的学习。通过谈话，引导学生说出常见的种植方法，将新课与经验相结合，为后面的种植实践、动手劳动做铺垫。

3. 讨论探究，说种植

（1）认识工具。

师：怎么移栽呢？需要哪些工具呢？来看看你们面前的这些材料和工具，有什么？

生 1：有花盆、水壶、小铲子、土、蔬菜苗。

生 2：我还发现有小瓦片和有机肥。

（2）讨论移栽步骤。

教师提出如何使用这些工具进行移栽的问题，并让学生小组内交流移栽的基本步骤。小组交流，学生汇报，教师适时引导总结。（通过师生交流探讨出移栽的四个步骤：装土—挖坑—栽苗—浇水。教师相机板书。）

师：在这几个步骤中，有机肥没有提到，什么时候用合适？

生 1：我觉得应该在浇水之前使用。

生 2：可以在浇水后撒肥。

师：同学们真善于思考。到底什么时候用，老师先保密，一会儿你就知道了。

（给学生留下疑问，提高学生的探究欲望。）

师：你们的材料中还有几个碎瓦片，想想它是用来干什么的？

生 1：盖在小苗周围，防止小苗歪倒。

生 2：压在花盆土壤的四周，不让水流出来。

师：能够主动思考大胆回答，非常棒。其实这些瓦片是垫在花盆底部的，请你观察一下花盆的底部，你发现了什么？

生：有四个洞，我还知道它是用来排水的。

师：你懂得真多。这叫排水孔。将碎瓦片垫在排水孔上，既能防止在浇水时将土壤冲走，又能让多余的水分快速排出。

【设计意图】学生主动探究过程是综合运用知识和经验的过程，结合已有的劳动经验，通过合理的猜测探讨出移栽的基本步骤。将劳动意识逐渐渗透其中。针对有机肥和碎瓦片，进一步激发学生的探究欲望和种植兴趣，顺利过渡到种植环节。

4. 教师示范，学种植

师：移栽的步骤我们已经了解了。如何做呢？现在，我和我们班级星星农场的管理员一起操作，1—4 组观看老师示范，5—8 组观看管理员示范，请大家围过来仔细看，认真听。（提前找一至两位有种植经验的同学，课堂上跟随教师的讲解共同展示，学生围成圈进行观看。教师演示并讲解。）

（1）步骤一：放入营养土，均匀掺入有机肥，将土块捏碎并用手轻轻压实。

师：第一步是放土。这个时候就需要用到有机肥（教师展示有机肥），先在底部铺上一层营养土，然后将有机肥均匀地撒在土壤中，这叫施底肥。你知道施底肥的好处吗？

生：我知道肥料能够为作物的生长提供养分。

师：你一定参与过种植。底肥能够为作物后期生长提供养分。（教师继续放土）放土时，我们会经常性的遇到这样的情况（教师手举较大土块和杂物），应该怎么做呢？

生：将土块捏碎，把杂物挑出来，不然不容易插根。

师：看来你有种植经验。（教师继续放土。）营养土比较疏松，放土时要用手轻轻压实。（装土容器较重，教师寻求其他同学帮助，给小组合作做示范。）土壤放到离盆沿约 3 厘米即可。

（2）步骤二：使用小铲子进行挖坑，将拳头放在坑中测量坑的大小，并测量好两坑距离，确定株距。

师：接下来是挖坑，坑的大小比西红柿的培育基要略大，大约能放进你的一个拳头就可以了。（教师举拳示范。）按照西红柿的最佳种植密度，在我们这个大花盆里，可以种植两株西红柿。你觉得怎么安排合适呢？

生 1：我觉得放在中间比较好。

生 2：不能挨太近，不然不好管理，种在两边更好。

师：不能太近，也不能太靠边。离花盆边 5 厘米左右，株距保持在 20 厘米左右。在挖坑时，注意幼苗间的距离。这样能够保证两棵西红柿有足够的生长空间。（教师用手进行丈量。）

师：同学们，越是感到好奇的事情，越要认真学，才能有所收获。（控制课堂纪律。）

（3）步骤三：轻拿幼苗根部取出，将幼苗放在坑中，用手扶直并埋土。

师：栽苗是移栽中非常重要的一步，首先我们要出苗，捏住幼苗的根部从培育器中取出。（教师举起幼苗进行示范。）你知道这么做的原因吗？

生：是为了保护幼苗的叶片和根茎。

师：幼苗的叶片和根茎对于作物的生长非常重要，也是保证小苗成活的关键，尽量做到一次性成功。取出后将幼苗放置在坑中，一手扶直，一手埋土，土埋过根部 1 厘米左右，用手将土压实，防止幼苗歪倒。（教师捏住幼苗根部展示后，放入坑中。）如果埋深了怎么办？

生：可以拔出来，重新种植。

师：拔出来重新种植容易损伤幼苗。如果发现坑比较深，在埋土时可轻轻向上提一提。（教师轻提幼苗。）

（4）步骤四：沿着小苗的四周进行浇水。

师：栽苗后需要浇水，第一次浇水为定根水，浇好定根水能够让幼苗更好地度过缓苗期，对后期的生长十分有利。此时小苗刚刚移栽好，应该怎么给小苗浇水？

生 1：不能冲着小苗浇。

生 2：慢点浇，尽量浇在土壤上。

师：是的，浇水时需要沿着幼苗的四周慢慢浇水，防止将幼苗冲歪。（教师示范浇水。）定根水要浇足浇透，需要浇到什么程度呢？

生 1：用手摸一摸，土都湿了。

生 2：浇到水都流出来了。

师：当有水从排水孔流出时，说明浇足了。同学们在浇水的时候注意观察花盆的底部。（教师示范观察花盆底部。）

【设计意图】在劳动的过程中，技术的提升和淬炼需要规范的指引。此环节以“教师演示，学生观摩”的方式进行，弥补学生自主探究“移栽”成果较差的不足，让学生近距离感受移栽的过程，视听结合，更扎实地掌握移栽技巧。

5. 动手实践，种幼苗

师：像这样西红柿幼苗就移栽完成了。同学们看起来已经跃跃欲试了。请看老师给出的温馨提示。（出示课件，提示：小组合作，分工明确，小声交流；注意安全，保持好桌面卫生；工具使用完后放入工具箱内；移栽完成后，评选最佳种植小组。）

（小组合作移栽，教师巡视指导，引导学生发现问题、解决问题，必要时给予帮助。）

（1）一组指导——

师：你们小组为什么还没有开始？

生：他们都想栽苗，不想装土。

师：组长做好分工，分配要公平；组员要服从安排，完成自己的任务。

（2）三组指导——

师：你们小组的有机肥为什么还有这么多？怎么解决呢？（生答。）

师：种好幼苗后，可以在离幼苗的根部较远的位置，挖坑埋进去。

（3）六组指导——

师：在埋土的时候，可以用小铲子吗？

生：我们小组意见不统一，他们觉得用小铲子不容易弄脏手。

师：劳动最光荣。虽然不会弄脏手，但这样很容易伤到幼苗，埋土时尽量用手。

（4）八组指导——

师：你们组的小苗为什么歪了？（生答。）这个问题如何解决呢？

师：在埋土时要将根部的土压实。此时可以慢慢扶正，用土压实。

（教师巡视过程中对比较典型的问题拍照，上传电脑展示。）

师：现在，大部分小组已经栽种完成。在你们移栽的时候，老师拍了几张照片，我们一起来看一下。你们发现了什么？可以怎么解决？

（出示问题图片，学生汇报，教师引导学生说出产生问题的原因及解决方法。）

生 1：他们小组的幼苗根部露在外面，应该将土壤埋过根部 1 厘米，并压实。

生 2：这个小组的托盘中没有水，说明没有浇足水，需要继续浇水并观察底部。

生 3：桌面工具很乱，还有垃圾。他们小组没有合理分工，要及时清理桌面。

生 4：这个土壤太少了，只放了花盆的一半，需要继续填土。

师：每一株小苗都是一个小生命，我们在移栽的过程中尽量做到一次成功，减少对小苗的伤害。现在给大家 3 分钟的整理时间。（学生进行整理。）

【设计意图】学生亲身参与劳动是培养劳动核心素养的关键。本环节以小组合作的形式完成移栽，增强学生分工合作的劳动意识。同时，教师引导学生发现问题、解决问题，形成关爱生命、遵循植物生长规律的科学劳动观念，淬炼学生的劳动能力。

6. 评选“种植之星”

师：接下来我们要选出两组种植能手。来，看我们的评选标准。（出示课件，评选标准：土壤量足，离盆沿约 3 厘米，表面平整；幼苗株距 15—20 厘米，苗正；幼苗无损伤，土壤没过根部约 1 厘米；幼苗四周土压实，水浇足。）

师：小组长为评委，每人两票。请小组长开始评选。（八位小组长依次观察。）小组长将星星贴在相应小组的后面。

师：你为什么投给他们小组？

生 1：二组的小苗不仅种的正，而且水浇得很足。

生 2：我们小组分工明确，西红柿种得也不错。

生 3：四组不仅桌面干净，而且幼苗的叶片没有损伤。

师：这几组完成的都非常好，想要做好一件事，合作分工很重要，认真学习才能有收获。恭喜这几组的同学，通过自己的劳动，获得“种植之星”，收获自己的劳动成果，我们向他们表示祝贺。（颁发种植之星奖章。）

【设计意图】评价环节采用生生互评的方式，学生参照评选标准（课件内容）进行评选，既是对种植成果的展示，也是对移栽技巧的巩固。

7. 总结拓展

（1）了解缓苗期。

师：幼苗经过移栽，环境改变之后，需要有一段时间去重新适应恢复，这个过程叫作缓苗。一般放在阴凉、通风处进行缓苗，缓苗期注意水分保持。两周后，我们看哪一个小组的西红柿苗成活了，而且长势最好。

（2）布置作业。

师：我们的小苗已经种好了，要想让它开花结果，还需要细心管理。课下请同学们了解西红柿习性，精心管理，完成观察管理记录表。（出示观察记录表。）

（3）提示整理卫生。

【设计意图】劳动不仅存在课堂，更要延伸到日常生活。将西红柿的管理工作放在日常学习中，引导学生主动了解西红柿的习性，制定管理计划，养成有始有终的劳动习惯。

8. 板书设计

三、种植西红柿

	装土
移	挖坑
栽	栽苗
	浇水

课例提供：张海宁　张琪

一、课堂评析

润劳于行增能培质

“种植西红柿”属于操作类实践活动，探究西红柿的移栽种植，润劳于行，着重劳动技能的提升和劳动品质的培养。课堂的构建以劳动实践为主线，创设生活化的劳动情境，将课堂与生活实际相勾连，在链接学生已有劳动经验的基础上，引导学生经历体验种植过程。本文着重从素养融合、内容契合点、多点化融合、创设劳动情景、提升专业融合素质等五个方面来概述。

（一）素养融合，以劳育人

农业生产劳动作为社会发展的基础性产业，为人类的生活提供了必不可少的物质。新时期的劳动教育要求学生掌握基本的劳动技能，形成良好的劳动习惯和品质，树立正确的劳动价值观，成为懂劳动、会劳动、爱劳动的时代新人。本课例以常见的蔬菜种植为切入点，引导学生掌握基本的种植方式，主动学习科学的管理方式，形成珍惜劳动成果、尊重劳动者的观念，养成吃苦耐劳、认真负责、团结合作的劳动品质。

（二）立足课堂，探寻劳动契合点

本课例通过教学目标和教学内容的契合点进行教学设计。结合《义务教育劳动课程标准（2022 年版）》所述“劳动课程强调学生直接体验和亲身参与，注重动手实践、手脑并用”，在课堂上学生不是被动参与的，而是成为学习中的必要活动，成为一种学习方式。

在教学目标方面，“种植西红柿”侧重种植技术的学习和实践，真正贯彻了“学中做，做中学”的劳动要求。课堂上，无论是技术的学习，还是能力的培养，都体现了劳动育人的性质。

在教学内容方面，西红柿的种植与劳动任务群中的“农业生产劳动”相契合，将“移栽”种植方式作为教学重点，并设置探究性问题引导学生主动思考、规范劳动。

（三）“劳”“行”结合，多点化融合

本课例在教学中主要采用了教师演示讲解、学生观摩体验的直观式教学方法，以及小组合作探究的学习方式，学生在动手劳动过程中掌握西红柿移栽的基本方法。在这样的课堂教学中，学生动手实践的机会越多，对知识的理解与领悟就更深刻，能够在劳动实践中正确把握自身能力，形成正确的劳动价值，从而形成热爱劳动、坚持劳动的意志和品质。

综合实践课作为活动类的实践课程，以学生的生活经验为核心，注重学生的亲身实践和主动探究，使学生形成在实践操作中学习的意识，这为劳动教育的渗入提供了很好的切入点。在课堂教学中，以学生探究为主，教师适时点拨和启发，课堂上形成浓厚的劳动氛围。

教师在巡视学生移栽的过程中，引导学生发现问题，并尝试自主解决。对于“露根”“歪苗”“浇水不足”等共性问题进行班级讨论，学生不仅要发现问题，更要探究问题形成的原因，最终形成解决方案，为课后学生动手实践做准备，这有利于学生形成精益求精的劳动精神。

学生在完成种植的过程中，体会到小组分工合作的重要性。小组合作学习是小学课堂教学中常用的教学手段，对提升学生实践能力具有极其重要的作用和意义。另外，合作劳动使学生具备完成一定劳动任务所需要的团队合作能力。为了让更多的学生能够看清移栽的步骤和技巧，在课前，从班级中选了有种植经验的同学和教师一起完成示范。

（四）创设劳动情境，深入探究

本课例通过创设劳动化情境，立足学生真实生活经历和体验，面向现实生活，激发劳动兴趣。以“学习阳台种植西红柿”为点创设课堂情境，问题源于情境，学生在问题情境中，通过科学化的探讨，经历对学习材料的亲身体验和发展过程，获得实践经验和知识技能。

学生有着一定的种植经验，但对于“移栽”了解甚少，在讨论移栽步骤这一环节中，让学生通过工具和材料猜测移栽的步骤。过程中，学生通过纠错、改正，将知识逐渐内化、吸收，并进一步提升自身的探究能力。讨论种植步骤时，学生容易忽视瓦片和有机肥，这两种材料在移栽过程起到了关键的作用，一旦忽视很难纠正。教学时通过质疑和教师讲解，加深学生的印象。

综合实践活动和劳动活动都具有较强的课外延伸性，课堂上的教学只是点拨和启发，将课堂延伸到校外或家庭，让学生主动参与生活，乐于实践。在“布置作业”环节，将种植实践过渡到家庭，引导学生主动探究西红柿的生长习性，遵循西红柿生长规律进行科学管理，养成细心观察、有责任心的好品质。

（五）反思课堂，提升专业融合素质

技术性实践课程对于教师的专业水平有着较高的要求，融合型课堂要想课程能够达到更好地育人目的，教师要做到：

1. 教师自身的专业技能知识要充足，通过不断地学习、研修，使自身在开展活动的过程中给予学生更多的指导。

2. 实践性课堂教师要善于抓住课堂生成，特别是劳动技术类要有针对性的进行示范讲解，将劳动贯穿其中。

3. 重视对学生进行过程性评价，提高劳动积极性。增加多样化的教学评价语言，更能激发学生的探究欲望，增强学生动手劳动的自信心。

本课例属于实践性较强的劳动项目，课堂教学成功将劳动和综合实践相融合，以“行”构建课程内容，重视学生的动手劳动，培养探究和创新意识，学习科学研究的方法，在劳动的过程中综合运用已有的知识和能力。综合实践活动课与劳动的融合，要以学生的实践和活动为线路，构建学校、社会、家庭三维的活动网络，引领学生走出学校，走进社会，养成观察生活，感受生活，研究生活的劳动品质。

|小学综合实践活动石大版四年级上册|

“花样布艺（创意布垫）”课堂实录与评析

一、课堂实录

（一）教材解读

“花样布艺”是中国石油大学出版社教材《综合实践活动》四年级上册第二单元劳动技术专题中的传统工艺类活动内容。在日常教学中，本主题活动要求学生了解布艺在生活中的应用，学习使用基本针法，学会利用废旧布头设计并制作布艺制品。布艺是以布为材料，集民间剪纸、刺绣等制作工艺于一体的综合艺术，是古时中国民间工艺中的一朵瑰丽的奇葩，在现代生活中的应用也十分广泛。而布垫是一种适用范围非常广泛、制作较为容易的布艺制品，作为这一主题内容的延伸，也是日常教学中学生能够通过教师的引导完成的活动任务。通过前期的活动，学生已经掌握了用平针缝法进行简易缝制，例如缝制平角沙包和六面体沙包，并且已能根据要缝制物品的不同用途选择不同材质、不同大小的布料进行剪裁和缝制。通过对布垫本身教育内涵的深入挖掘，教师发现布垫的外饰可以衍生出多种搭配。引导学生对布垫的外饰进行创意设计以及把自己的创意通过动手装饰、缝制物化成可见可触的独特布垫的过程，正是培养学生观察、对比、分析和思考的综合素养的过程，正是有效培养学生热爱创意设计、热爱劳动的过程，也是培养学生的团结合作能力、增强学生的劳动实践能力的过程。

在开发这个“花样布艺（创意布垫）”综合实践活动与劳动教育渗透型的课例前，我首先从两门课程的课程性质进行分析。综合实践活动从学生的真实生活和发展需要出发，从生活情境中发现问题转化为活动主题，并通过探究、服务、制作、体验等方式，培养学生跨学科实践性的综合素质。劳动教育是发挥劳动的育人功能，对学生进行热爱劳动、热爱劳动人民的教育活动。劳动教育课程培养学生的劳动观念、劳动能力、劳动习惯和品质、劳动精神四个方面的核心素养。学生在创意设计并缝制布垫这个活动中，从真实生活情境中发现问题并解决问题，亲身体验这个劳动实践活动，真实感受劳动的辛苦与快乐、劳动成果的来之不易。因此在布艺主题中设计“创意布垫”这个教学活动切实提升了学生的综合素养和劳动素养。

（二）教学目标

1. 在探究实践中，用镶接、拼接、拼贴等缝制方法缝制布垫，体验缝制布垫的劳动过程。

2. 利用自己手上的材料设计制作，培养创新思维、创造能力，懂得动手、动脑能创造美好，树立正确的劳动价值观。

3. 能规范的使用针、线、剪刀等劳动工具，进一步熟练平针法的使用。

4. 懂得在劳动中遵规守约，初步学会与他人合作劳动。养成有始有终、专心致志的劳动习惯。

（三）教学过程

1. 回顾导入

（1）情景回顾。

师：还记得我们上一次活动的内容吗？

生 1：我们用平针法缝制了布垫。

生 2：用平针法缝制布垫，平整又快速。

（2）观察讨论。

师：孩子们，看！这是上一次活动时我们缝制的布垫。你们满意吗？（边说边把上一节课中几个学生的作品展示在黑板上。）

生 1：有点一般，觉得太简单了。

师：这是你的想法，还有其他想法吗？

生 2：觉得不好看，没有花边之类的其他的东西。

师：看来还不是很满意。那如何让这比较一般的布垫变得更漂亮呢？今天一起来学习“创意布垫”。（板贴“创意布垫”。）

【设计意图】复习、巩固，引出课题，为学生自主探究起到了自然过渡作用。另外培养学生观察力、思考力，激发学生的探究欲望，为接下来进行实践操作做准备。

2. 探究设计装饰布垫的方法

（1）初试身手。

师：看！老师从废旧衣物上剪下来一些布料，现在想请几位小设计师上来帮帮忙，把我们之前做的布垫装饰得更漂亮。（边说边把小熊、花边、不同颜色布块等布料展示在展台上。）

师：请你选择其中一样材料装饰其中一个布垫。为了方便展示、便于改进，我们先用双面胶固定。

师：够不着也可以站在凳子上贴上去。

（几名学生分别给黑板上不同形状的布垫做了装饰：贴上花边、装饰了小熊、拼贴了不同颜色的布块。）

生 1：有些没贴好。

生 2：那我帮你贴好。

师：好，谢谢小设计师们，请回。（学生回位置。）

（2）探究研讨明确方法。

师：孩子们，经过小设计师们装饰后的布垫，你们觉得怎么样？

生 1：很漂亮。

师：还能不能说得具体点？漂亮在哪里呀？

生 1：有了装饰物，用了花边，显得可爱漂亮。

师：这个装饰物，我们就叫——

生（齐声）：拼贴。

师：其实，这是装饰、美化布垫的方法，他们有不同的名称呢。请你们打开资料，仔细看看你们知道了什么？

（生读资料内容。）

师：请你来说，你还知道了什么装饰、美化布垫的方法。

生：用花边缝制在布垫周围的叫镶接。

师：哪一幅图是镶接？你有什么感受？

生：（手指屏幕上对资料图的展示。）这幅，有了花边的镶接，布垫充满了温馨的格调。

师：说得好。（板贴“镶接”。）还有什么装饰、美化布垫的方法？

生 1：有把可爱、有趣的小饰物贴在上面的方法叫拼贴，拼贴让布垫变得缤纷多彩。（板贴“拼贴”。）

生 2：不同颜色布块的拼在一起就是拼接，我觉得这样把它们拼接在一起，效果很和谐。

师：是啊，你真是有设计师的天赋，拼接让布垫的形状和图案更具艺术特色。（板贴“拼接”。）

师：孩子们，那我们能不能把这三种方法同时运用在一个作品的制作上？可不可以？

生（齐声）：可以。

师：当然可以，而且还能做出各种各样更漂亮的布垫，不信你来瞧。（PPT 展示眼镜布、杯垫、笔筒垫、电话机垫。）

生（齐声）：哇，好美啊！

师：你喜欢哪个设计？这位男生。

生：我喜欢那个小熊的杯垫。

师：为什么？

生：因为他显得很可爱。

师：是挺可爱的，看来你喜欢可爱的造型。

生：我还喜欢那个眼镜布，因为它不会让镜片磨损。

师：你是在功能上面下功夫了，你还喜欢实用的。真不错，期待你的作品。还有没有？好，那边的女生。

生：我喜欢电话机垫，因为它用了镶接的方法。

师：你瞧这叫学以致用，这是创造的开始。你真棒，还有没有？

生：我喜欢眼镜布，因为看起来好温馨。

师：看来你是喜欢温馨的格调的，也期待你温馨的作品。这位同学你来说说你的想法。

生：我喜欢笔筒垫，因为他用了植物的图样。

师：你喜欢他的这种创意是吗？设计了一个植物的形状，而且这个笔筒垫的料子是用了耐磨的牛仔料。牛仔裤上剪下来的料子设计了一个笔筒。

（3）创意设计，交流反馈。

师：孩子们，看来创意布垫不怕你们做不到，就怕你们想不到，现在你们可以动动大脑，发挥你们超强的想象力。想不想现在就动手试试看，也当个设计师？

生（齐声）：想！

师：我们首先把自己的材料拿出来摆一摆，用双面胶固定。等你在桌上摆好，设计好之后，和组里面的人交流。听一听他们对你的意见评价。（PPT 出示“摆一摆”及提示。）

（生动手操作、组内交流。）

师：孩子们，我们先停下来。我们都说优秀的设计是一笔财富，老师走动的时候，看到了同学们精彩的设计。现在来看看这几位同学的设计好吗？来吧，看看这一位同学的，你先站起来说一说你设计的是什么布垫？（随机选取三位同学的作品放到展示台上。）

生 1：电话垫。

师：针对她的设计，其他同学有没有想说的，可以是建议，也可以是夸夸她。

师：你先来。

生：你的垫子太小了，电话机不够垫的。

师：这是对她的建议——电话机垫可以设计得大一些。

生：我觉得她把两只小熊放在一起，好温馨的感觉。

师：你是在夸她，两只小熊放在一起很温馨的感觉。

生：我觉得她可以把衣服和小熊的靠近一点。

师：这位同学提的建议也很棒，我们可以把细节处理得更好。

师：你听了同学对你的评价，对布垫原来的设计有没有新想法？要不要调整？怎么调整？

生 1：把那个衣服靠近一点。

师：嗯，贴得紧密一点。然后呢？

生 1：再贴上花边。

师：用花边贴在旁边，让它变大一些的，是不是？谢谢。再看下一位同学，我们来看这位同学的设计。你来跟大家介绍这个是什么布垫。

生 2：我这个是笔筒垫。

师：笔筒垫，大家给他提意见或者是夸夸他吧。好，你来。

生：这个为什么眼睛不像眼睛，眉毛不像眉毛？还有这个大大小小的布块是什么？

生 2：我这个是树叶，小的是叶脉。

师：哈哈，所以没有眼睛也没有鼻子。

生：你设计的树叶的树脉可不可以细一点？

师：你接受吗？那等一下改进的时候怎么改？

生 2：把叶脉弄的细一点。

生：你可以在树叶上再贴一些小虫子，就比如七星瓢虫。

师：这个有创意，你接受他的意见吗？

生 2：有点难，因为材料不够呀。

师：那回家去做可不可以？

生 2：回家如果有找到适合的材料可以补充进去。

师：谢谢，请坐好。再来看最后一个设计。好，这位同学站起来也跟大家介绍一下。

生 3：大家好，我设计的是手机垫。

师：大家给他提提意见，夸夸这位男生。

生：他可以在手机垫的上面再加一些兔耳朵或者是小眼睛。

师：你想让他的作品变得更生动。（转向生 3。）这位同学你可以听一听，待会想下怎么改，或者是保持自己原有的意见。

生：上面那个蝴蝶结可能会把手机给凸上来。

师：导致手机放不平是吗？那你的建议是把蝴蝶结给摘掉？

生：移到另一个不会碰到手机的地方。

师：如果要装饰的话，不要影响到手机的摆放。你接受吗？

生 3：接受。

师：好，听了同学的评价，你有没有想改变自己原来的设计啊？

生 3：把蝴蝶挪下位置，往上点放。

师：好的。看来我们的同学都很有想法，现在可以根据同学的意见和建议来把自己作品的改一改，组里面再交流一下，改进一下。

【设计意图】首先通过初步的操作让学生对设计装饰布垫建立感性认识。在交流探讨中培养学生有意观察和会观察的能力，进一步建立学生认知，引导学生学会学习，自主建构新知，避免下一步设计制作中的盲目性。在真实劳动过程中体验镶接、拼接、拼贴手工制作技巧，学生能在尝试中发现、在发现中提升认识并培养劳动能力。这个过程也引导了学生要善于与他人合作劳动、合作总结。

3. 精心缝制

师：现在开始缝制，缝制的时候老师想要提醒同学们注意针脚要细腻均匀平整，注意安全使用剪刀和用针线。（PPT 出示要求：针脚细密，均匀平整。播放轻柔的音乐。）

（生开始缝制。音乐响起即开始，音乐停止即结束。）

【设计意图】亲历缝制的过程，体验劳动的艰辛和快乐。形成劳动效率意识，劳动质量意识。养成有始有终、专心致志的劳动习惯。

4. 欣赏评议

（1）自我评价与评价同学。

师：设计师们，展示的时间到了。请大家将作品送上来，贴在黑板上。

（学生将缝制好的作品送至讲台，老师将作品用双面胶固定排列展示在黑板上。）

师：好，孩子们，先坐下来。真的是小小的布垫，大大的创意。

师：来，先把我们手上的活停下来。同学们的作品，你们有没有什么想说的？可以说你自己的，也可以说同学的。（PPT 出示自我评价及评价同学的参考句式。）

师：你来说说，上来指一下，哪一个？

生：我喜欢这个，因为它让我感觉很喜庆。

师：很贴切的话，喜庆，有点中国年的味道。这是从它的设计上来夸他的。来，其他同学？

生：这个，因为它上面有花，中间围着小熊。

师：他用拼贴的方法贴上小熊，而且还拼贴上了一些颜色鲜艳的花。只用了拼贴的方法，就把布垫设计得这么精美，这么缤纷，很有创意。

生：我喜欢这个，很精致，有西瓜皮甚至有西瓜瓤。

师：颜色搭配的非常协调和逼真。好，请回来。

生：我喜欢这个爱心的，因为那风铃花边很漂亮。

师：特别温馨，然后它那个大花边就围成了一个爱心的形状，颜色搭非常漂亮，而且形状很有设计感。还有谁想说的吗？好，你来。

生：我喜欢这个感觉，这里面的小姑娘好可爱，感觉很开心的样子。

师：而且这个背景是有设计的感觉，那下面是一块绿草地，那个小姑娘在那里开心地笑，在草地上跑，是吧！好，请回来。

生：这个花边缝制得很整齐，也很好看。

师：它不单单是花边设计得很好，而且它的花边和下面的那个小布垫颜色相差大，细瞧来，感觉是春天来了，这样的创意布垫放在茶几上也是赏心悦目。好，请你继续说。

生：这个垫子，树上的这根脉络不协调。（指着布垫中较粗的布料。）

师：有点太粗了。好，这位同学，细一点就好。现在另一位同学还给你提了一点不足，是不是把中间这一部分再变细一点，你接受他的意见吗？

生：接受。

师：好，这个我们可以课下等一下再来改进。还有这么多想说的同学。

生：我觉得……这个是什么东西呢？

师：好，请这个设计师看一下这是什么东西，你能跟他介绍一下吗？

生：是这样贴的。

师：哈哈，老师没帮你贴好，是我的失误，这个贴好了又是什么东西呢？你跟大家介绍一下。

生：这是个茶壶垫，我怕太烫。中间加上的布料是用来隔热的。

师：他设计的是茶壶垫，因为茶壶是烫的，所以它要用到隔热的布垫。首先这一块黄色的它是不隔热的，太薄了，他就选择一块隔热性好的厚的毛巾料加上去。但是这位同学给你的建议非常好，你能不能把这个垫子再设计一下，有个形状，这样是不是更好？好，那我们课下再来改进好不好？他是有想法的，为了隔热才加了一块。

生：这个能不能再加点图案呢？

师：这个小设计师看一下老师。好，他给你的建议你听到了吗？那你回去怎么改？

生：我准备再添加点花边。

师：你认为还可以适当加点花边。好的，期待你下一次有更好的作品。

师：孩子们。时间关系，我们就先说到这。其实这几个作品你们都没有细看，可能因为你们离得远了。你瞧这小姑娘缝的这个针脚均匀、整齐，了不得！老师要为她的缝制态度和缝制的基本功点赞，把掌声送给她。

（2）总结拓展。

师：这堂课我们用废旧衣物上剪下来的材料，设计和缝制了一个又一个实用又美观的小布垫。其实，从古到今，布垫在人们的生活中发挥着重要的作用。（播放 PPT 图片，解说。）

师：孩子们，说说吧，你有什么感悟。

生 1：原来布垫还有这么多使用场景。

生 2：美化装饰不一定全是布料，也可以用上其他的材料。

【设计意图】让学生进行自我评价，避免评价过程中只重结果、不重过程。通过多角度评价让学生及时获得关于创意设计过程的反馈，学会取长补短，帮助改进后续活动，并在这个过程中渗透提升劳动品质的教育。通过展示不同场景中布垫的应用拓展学生眼界、提高认识，激发进一步探索的愿望。

5. 情感升华

师：今天我们设计、缝制了各种小布垫。布垫只是多种布艺形式的一种。从古至今，人们用布垫装点生活，美化生活，你们看“非创意，不生活”。（出示PPT。）设计师们，回家后可以发挥自己的想象，设计更精美的小布垫，也可以继续将它缝完。

这节课就上到这里，下课!

【设计意图】劳动不只是课堂上的训练，而应该落实到生活中，从课堂走向生活，一步一步让学生在各种生活场景中养成好的劳动意识和劳动习惯。

课例提供：刘玉芬

二、课堂评析

在小学综合实践活动传统工艺主题教学中渗透劳动教育

在综合实践活动课程中渗透劳动教育有助于全方面提高学生的劳动技能，并使学生在实践活动中懂得劳动的意义，逐步形成正确的劳动观念，这对于提高小学劳动教育的实效性具有重要作用。综合实践活动与劳动教育的有机融合对于两者的实现都是很好的途径和手段。本文以“花样布艺（创意布垫）”一课为例，探讨在小学综合实践活动传统工艺主题教学中渗透劳动教育的方法、意义以及课堂评价方式。

（一）分析课程性质挖掘教学内容

本课是对中国石油大学出版社的教材《综合实践活动》四年级上册第二单元“花样布艺”主题活动的拓展与延伸。设计这一融合教学前，教师首先从两门课程的课程性质进行分析：劳动教育是“五育并举”中必不可少的一项，注重培养学生的劳动技能，帮助学生形成正确的劳动观念，培养学生尊重劳动、热爱劳动的优秀品质，进而为学生的全面发展奠定深厚基础。在综合实践活动课程中老师可以引导学生把真实生活情境中发现的问题通过探究、服务、制作、体验等方式来解决，培养其实践性的综合素质。结合实际，教师深入钻研了创意装饰、美化布垫的方法并对学生的学习需求进行分析，设计进行了对教材中基础主题的拓展与延伸。在这个课例的开发中教师做到了深入挖掘课程资源的主旨方向，将所学内容与学生生活实际相联系，结合两个课程性质挖掘学习内容，自然呈现出拓展、整合的教学内容。

（二）激发创意想象奠定劳动基调

创意布垫是对简易布垫的装饰与美化，在视觉上更能给人以美的感受。在这次活动之前，学生们已经学习过多种基本的针法，缝制过简单的布垫，初步具备了创意装饰、美化布垫的基础能力。教师根据学生们的年龄特点和希望通过自己动手操作创造美好事物的心理特点，提出了本节课的探究问题——怎么样让这比较一般的布垫变得更漂亮呢？非常容易就激发了学生们的创意想象。学生们联想到生活中其他美的事物初步有了创意想法，接下来就是把创意物化的过程，但是对实现装饰、美化的方法却一知半解，因此探究装饰、美化布垫方法的过程是培养学生观察、对比、分析、思考、提高综合素质的良好载体。把创意变成实际可感的物品的动力奠定了学生们培养劳动素养的基调。

《关于全面加强新时代大中小学劳动教育的意见》的颁布将劳动教育纳入到了国家课程中，学校落实劳动教育应形成综合性、实践性、开放性、针对性的劳动教育课程体系。本课例的设计主要采用了探究式的教学方法，学生在每个探究环节中，基本都经历了观察、思考、对比、分析、猜想、实践操作的过程，而这个过程正是培养学生跨学科实践性的综合素质，培养学生的劳动观念、劳动能力、劳动习惯和品质、劳动精神的过程。

（三）满足探究需求提升劳动素养

这节课教师组织了两次探究活动。从活动开始的创意初试身手到后来创意设计交流反馈，整个过程由易到难，由浅入深。教师始终在引导着学生探究，随着探究过程的深入，学生们在愉悦的活动氛围中掌握了三种装饰、美化布垫的方法，而且自主综合运用这些方法实践操作，更加难能可贵的是，学生们在小组内的交流的过程中提升了与他人合作劳动、合作总结的意识。这不仅满足了学生们“学会”这一需求，同时为学生日后的“会学”奠定了基础。

这节课临近结束时，教师展示了布垫在人们的生活中发挥着重要的作用的其他场景，引导学生们观察，开阔学生们的视野，发现更多装饰、美化的方法。进一步激发了学生们继续探索的愿望。劳动不只是课堂上的训练，而应该落实到生活中，从课堂走向生活。一步一步让学生在各种生活场景中养成好的劳动意识和劳动习惯。

（四）注重多元评价树立劳动信心

在本课例中，教师引导学生进行自我评价和他人评价，有效避免了评价过程中只重结果、不重过程。通过多角度评价让学生及时获得关于创意设计过程的反馈,学会取长补短,帮助改进后续活动,并在这个过程中渗透提升劳动品质的教育。

综合实践活动和劳动教育的融合课上，学生是一个个鲜活的个体，教师对学生的评价既要关注学生在探究中取得的劳动成果，也要关注他们在探究中实践劳动的过程；既要关注学生在实践中学到的劳动技能，也要关注他们在探究劳动学习中，表现出来的情感态度、自我认识、信心树立，以及是否真正体验到了自己的成功与进步。

本综合实践活动与劳动教育渗透课例比较成功，教师在教学中尊重学生的独立性，以平等的态度与学生探讨、研究，学生的自主探究性活动、劳动实践操作贯穿了整个教学过程，活动达到了预期的效果。学生不仅掌握了创意装饰和美化布垫的基本方法，学会了真诚与人沟通，锻炼了动手操作能力，增强了小组合作的精神，还学会了总结、实践、研究问题的学习方法，更重要的是培养了创新思维、创造能力和有始有终、专心致志的劳动习惯，以及懂得了动手、动脑能创造美好，树立了正确的劳动价值观念。

| 初中综合实践活动鲁科版八年级上册 |

“发面蒸包”课堂实录与评析

一、课堂实录

（一）教材解读

“发面蒸包”选自鲁科版初中综合实践活动八年级上册第二单元“传统美食”。该单元主要概述了我国的饮食文化源远流长，从选料、加工、烹制，到食品的色、香、味、形，无不匠心独具。随着社会的发展和对绿色饮食理念的倡导，人们对饮食的追求渐渐回归自然与淳朴，传统手工食品越来越受到人们的青睐。从综合实践活动的角度出发，本节教学可以设计让学生在课堂上了解并掌握发面蒸包的制作方法，通过观察学习、小组合作探究了解和面的步骤及包包子的方法，培养动手操作能力和团队合作意识；学生们通过自己亲自动手制作，让学生在体会成功的同时，也感受中国传统面食文化，体会父母的艰辛与不易，从而懂得感恩。考虑融入劳动教育的教学目标，教师设计教学环节时紧贴学生生活实际，从真实的情境出发，让学生在解决真问题的过程中学会动手实践、合作探究，接受锻炼、磨炼意志，追求卓越的工匠精神，引导学生树立正确的劳动价值观。

（二）教学目标

1. 了解包子的来历以及制作发面蒸包的相关知识，掌握做发面包子的基本方法。

2. 通过小组合作和探究学会使用工具，并掌握制作发面蒸包的技能，能完整制作一个发面蒸包。

3. 在“小组合作”活动过程中培养观察、思维、想象的能力和创造精神，感受劳动的乐趣。

4. 培养不怕困难、耐心细致的劳动态度以及珍惜劳动成果、爱惜粮食的优秀品质，同时能树立正确的劳动观念。

（三）教学过程

1. 创设情境导入课题

师：同学们，今天老师想请大家品尝流传千年的中华美食——包子。但是老师今天带来的只是包包子需要用到的食材和工具，要想顺利尝到美味，还需要大家的共同努力！

师：大家会包包子吗？

生 1：会。

生 2：不会。

师：有的同学说会，有的同学说不会，那这节课我们就共同学习制作发面蒸包。

师：大家知道吗，我们现在吃的包子啊，是诸葛亮发明的，这里还有一段有趣的故事呢，在这个故事当中，诸葛亮用他的仁慈和机智发明了包子，后人经过模仿制作、创新、改进，流传至今，包子也成了中国饮食文化中不可缺少的一部分，下面请同学们欣赏微课。（出示老师录制的微课视频《三国故事》。）

【设计意图】创新情景，通过看短视频微课，让学生了解包子的由来，知晓包子的前世今生，提高他们对“蒸包子”这项传统饮食的认知程度，增强学生对传统饮食文化热爱，培养劳动的愉悦感。

2. 共同学习实践操作

师：同学们，包子可以分为死面包子（烫面包子）和发面包子。死面包子口感偏硬很有嚼劲，但吃完不好消化；而发面包子呢，口感松软，易于消化；我们平时吃到了大都是发面包子。今天，我们大家就一起动手，自己做包子吃。（教师出示 PPT 图片，并亲自示范。）

（1）活动一：和面和发面。

师：同学们，跟着老师的提示，我们一起来学习和面——

①开圈（也叫开窝），中间放入酵母和白糖；

②中间少量多次倒水，用手搅拌，将白糖和酵母融化，最后搅拌成这样的絮状；

③揉面，关键动作是用手掌根部将面团往前擦，揉成光滑的面团。（教师温馨提示：面团放保鲜袋里醒 10 分钟，会更松软。）

（2）活动二：学习自主擀皮。

师：由于时间关系，老师提前把面醒好了，也给大家准备好了包子馅，接下来就自主学习如何擀面皮？（PPT 出示擀面皮的要求和方法。）

师：组内会的同学先做示范，不会的同学认真观察，然后再做，每人至少练习两个。限时 5 分钟。（学生活动：学生根据 PPT 图片上展示的擀皮方法，把大面团平均分成多份，一份核桃大小。然后取小面团，用手压扁，撒少量面粉。接下来一只手拿着擀面杖，另一只手拿着面皮，一边擀一边转动面皮，逐渐擀成圆片。）

（3）活动三：观察模仿。

师：同学们，皮已经擀好了，那我们如何包起来呢？（PPT 出示包包子方法步骤和图片。）

师：同学们，请跟着老师一起做——

①手托着面皮，把馅放在面皮中央；

②大拇指和食指捏合面皮边缘略向上提起，完成第一个褶皱；

③保持姿势，另一只手食指推动面皮边缘往右手食指的方向汇合，左右手的食指配合完成第二个褶皱；

④第一只手大拇指保持不动，另一只手食指移动到第二个褶皱的外围，食指和大拇指把两个褶皱的边缘捏合在一起；

⑤重复以上步骤，直至把面皮圆周捏合完成。

生：老师，我在制作过程中出现了包不起来的问题，请问是什么原因呢？

师：哪位同学能替老师解答一下他提出的问题呢？

生：老师，我知道，我觉得有两种原因，一是皮擀得还不够大，二是包子馅放得太多了。

师：这位同学回答得非常正确，观察能力真强！同学们，大家在包的过程中一定要注意以下几点：放馅不能过多，也不能过少；美观起见，每个褶子要均匀；左手和右手要做好配合。

【设计意图】在观察教师示范动作过程中，了解包子的制作方法及制作发面蒸包的相关知识；学习并能基本掌握做发面包子的基本方法；培养学生观察和模仿能力。

（4）活动四：才艺大比拼。

师：同学们，大家通过包第一个包子，已经基本掌握了方法，也总结出了小窍门，下面我们将要进行的是小组才艺大比拼。

（PPT 出示评比标准和温馨提示：包子的外形；包包子的速度。）

师：各小组的组长请注意，要根据组员特长，做好统筹，安排分工协作；在包的过程中要注意安全，爱惜粮食；限时 5 分钟，开始！

（学生根据老师的要求，在 5 分钟后停止活动。）

【设计意图】通过小组合作的形式，组内制定统一的评价标准，让学生在自我评价和小组评价中积累更多的合作经验以及创新意识。同时在制作包子的过程中学会自我管理和团队合作。在很大程度上培养学生的竞争意识和合作能力。

（5）活动五：想象创新。

师：同学们，我们刚刚学的是制作发面包子的一般方法，现在经过伟大劳动人民的不断创新和改进，现在的包子已经是各具特色了，让我们一起来欣赏。（出示老师制作的微课视频《中国名包》。）

师：只要我们善于观察、勤于思考、大胆想象，我们同样也能够创作出属于自己的“创意包子”。接下来以小组为单位，制作各组的“创意包子”，同时一并阐述你们的创意。（限时 5 分钟。）

师：时间到！请各小组的组长选出 4 个你们认为完美的包子放在盘子里来到讲台展示。

生 1：尊敬的老师，亲爱的同学们，大家好。这是我们组包的“铁三角”包子，我们的创意是根据三角形在几何图形中最稳定。

师：很好，在包包子过程中还运用了数学思维，老师给你们组点赞！

生 2：尊敬的老师，亲爱的同学们，大家好。这是我们组包的“饺子”包子，我们的创意是用饺子的造型象征万家团圆、平平安安。

师：很棒，你们这个小组还运用了象征的手法，寄予了美好的寓意在里面，老师也要向你们学习！

生 3：尊敬的老师，亲爱的同学们，大家好。这是我们组包的“麦穗”形状的创意包子，麦穗代表着粮食，它的寓意是“五谷丰登”“百姓安居乐业”。

师：这个小组的创意也非常棒啊！他们也是运用了象征的手法，而且包子的创意外形还非常的逼真，同学们说他们做得好不好？

生（齐声）：好！

师：那包子的展示环节就告一段落了，请各小组把我们包好的包子均匀放在蒸扇内，我们开始蒸包子。

【设计意图】教师的总结性评价可以对学生的制作包子过程和最后的结果进行肯定，促进学生面点制作技能的提升。让学生参与到家庭面点制作劳动中去，有助于培养孩子家庭参与的意识，尊重劳动，热爱劳动。从而培养学生的想象力、动手能力、创新精神。

（6）活动六：交流收获。

师：5 分钟时间到！同学们请看，我们的包子已经蒸熟了，接下来我们就开始品尝自己的劳动成果吧。

3. 课堂总结，情感升华

师：同学们，你学会包包子了吗？具体可以分为哪几步？

生 1：会了！

生 2：分五步，和面、发面、调馅、包包子、蒸包子。

师：同学们，到这里，我们的课就要接近尾声了，请大家谈一谈学习这个课的感受吧，可以是制作过程中的感受，也可以是品尝到自己亲手包的包子的感受。

生 1：通过学这个课，我了解了制作包子的流程和方法技巧，以后在家我也可以包包子了！

生 2;通过学习本课，我知道了发面的流程，这样我就可以回家做发面馒头了，那个更简单!

生 3：学习本课，我了解到了一枚小小的包子制作流程竟然这么复杂，我终于知道了爸妈平时在家做饭多么辛苦了，今天回家我也要给爸妈做包子吃!

师：这节课，大家收获了劳动的快乐和成功的喜悦，老师也感受着同学们洋溢着的快乐，如果大家能用自己的双手多帮父母做一些力所能及的事情，你们会更快乐的!

4. 作业设计

师：由于课堂上准备的材料有限，同学们回家后还可以根据家里所具备的条件进行进一步创意包子的制作，比如可以从面的颜色、馅料的选择等。然后把其他的包子带到家里自己蒸熟后和家人一同品尝，让家人也来分享我们的劳动成果。

课例提供：李鹏飞

二、课堂评析

在初中综合实践活动课程中渗透劳动教育

本课例基于劳动教育与综合实践活动课程进行学科融合。学科融合不是简单的混搭，而是基于活动任务的真实需要而融合，是为了便于学生形成知识体系，增强对知识点的理解。在这个过程中学生能通过自己的真实体验感受到亲自劳动带来知识的快乐，教学活动中的学科融合服务于学生的认知和发展特点，最终促进学生的核心素养的整体提升。综合实践课是面向学生生活而设计的一门课程，就是为了给学生一个开放的空间，让他们自己去发现问题，自己去做，教师在设计课程中创设一种全新的具有一定吸引力的学习情境，使学生通过自身的实践、观察、体验与思考，从发现中提出问题，然后积极主动地去尝试解决问题的方法和途径。

(一) 给学生提供自由学习的空间

对教师来说，课上最好不用“上课”或“教”这样的字眼，而是用“做”“实施”或“开展”更合适。因为综合实践活动课不是“上出来”的，也不是“教出来”的，而是“做出来的”。

在这个空间里，教师要让学生尽情地观赏一切，分析一切，这一切原本对他们来说，确实是陌生的，但正因为陌生，恰恰给了他们以新奇的感觉，学生透过疑难问题看本质，积极主动地进行探索活动，开展广泛的交流，并对获得的种种信息和现象进行充分的、毫无拘束的争辩，在争论中认识，在争辩中深化。这对于我们老师也提出了一个严峻的挑战，因为通过活动可体现学生学习的主体性、主动性和探究性，学生带着问题来研究，带着准备来探索，一切也都是新的，这样一来，学生解决问题的综合能力可得到提高，也有利于拓展文化结构和自身素质。在活动中，一些学习并不是很好的学生，表现出非同一般的激情和能力，让人欣喜而欣慰。他们那种敏锐的洞察力，高超的探究能力，解决问题的综合运用能力都充分展示出来了，活动给了他们欣然求知的乐趣，活动教会了他们做人的道理。

（二）给学生搭建主动学习的舞台

本课具体的实施分为了三个主要阶段，即前期准备阶段、中期实施阶段、总结交流阶段。对于本节课设计的主题，一节课就完成是很不现实的，一周围绕一个主题展开，让学生有足够时间、空间，深度参与实践过程，获得丰富体验。

在活动的前期准备阶段，教师要充分结合学生经验，为学生提供活动主题选择以及提出问题的机会，引导学生们构思选题，鼓励大家提出感兴趣的问题，并及时捕捉活动中学生们的动态生成，组织学生就问题展开讨论，进而确立活动的目标内容。让学生们积极参与活动方案的制定过程中，通过合理的时间安排、明确的责任分工、精细的实施方法和过硬的路径选择，对活动可利用的资源以及活动的可行性进行整体评估等，不仅能够增强活动的计划性，同时也能提高学生们的活动规划能力。

在活动中期实施阶段，教师要着重地创设真实的情境，为学生们提供亲身实践与现场体验的机会，让大家经历多样化的活动方式，以此来促进学生积极参与整个活动过程，在现场的观察、设计与制作、交流和分享以及社会实践等各个环节中发现并解决问题，体验并感受学习与生活之间的联系。

在活动总结阶段，教师要指导学生们选择合适的结果呈现方式，鼓励多种形式结果的呈现。学生可以自由地组织活动实施小组，确定好研究的主题及内容，确定好研究的目标体系。根据学生们目前的整体认知情况，提前做到精心设计过程，对学生们的学习活动和学习过程进行严格的调控。如此一来，在综合实践活动过程中，学习小组的组成、研究方式的选择、活动过程的计划以及活动成果的构想，都完全掌握在学生自己手上。

（三）改善课堂中的“收与放”

综合实践活动虽不能执着于“教”,但综合实践活动课却离不开有必要的“教”。后一个“教”就是教师指导。经过实践的摸索，教师要提前制定好主题，综合实践活动离不开教师的具体指导，制订计划，学会合作，均需要教师的点拨，甚至是训练。要“放”就必须做到先“扶”，否则学生会无所适从。但总是“扶”而不敢“放”，学生就永远学不会自己走路。实践下来，现在的八年级学生的能力还是比较强的，应在该放手的时候就放手。

总之，劳动教育活动既是一种自主探索的过程、动手实践的过程，也是一种开拓思维的过程。在劳动教育活动中，坚持做到以实践锻炼为主，切实保证所有学生都能获得必要的劳动实践经历。通过活动的引导，学生能够做到自愿自觉、安全规范、认真负责、持之以恒地参与劳动，形成互帮互助、能吃苦的品质，从而树立正确劳动观念。

第二节 艺术教学有机渗透劳动教育

紧扣艺术新课标，融合课堂新模式。新课标指出，要改变过去艺术类教师单向灌输，学生被动接受艺术知识的教学模式。目前，许多艺术课堂上的鉴赏学习活动与现实生活脱节。艺术来源于生活并应用于生活，而生活往往通过劳动来体现。当代教育提倡融合教育教学模式，创新教学模式，即在艺术教学中尽力提倡体验、模仿、探索及合作的教学过程和方法，强调学生的主体地位。而要想让艺术融入生活、融入劳动，就要加深学生的劳动探索与体验，启发学生在亲身劳动体验的过程中，怀着探究的兴趣去积极学习艺术。

艺术与劳动融合教学是比较特殊的一种教学模式，既立足于艺术教学特点，紧扣艺术这一基础，还要把相关劳动的教育融合在艺术教学的艺术活动中，这确实是每一位艺术教师需要思考并认真钻研的问题。难度大，任务新，可借鉴之处也比较少。但是并非无据可循，因为所有课堂都是为了培养学生的综合素质，劳动教育目标也可借助于艺术教学形式得以落实。通过学唱劳动歌曲、学做手工等与劳动有关的艺术活动，教育学生热爱劳动和劳动人民，养成劳动习惯的教育，更是学生德智体美劳全面发展的主要内容之一。

在艺术课堂和劳动教育相结合方面，本章课例执教的艺术教师均起到了示范作用。比如，小学二年级音乐课上册“劳动最光荣”既是一节生动有趣的音乐课，也是一节新颖的劳动教育课堂。把音乐教学和劳动教育相融合，在学唱歌曲的同时可以让学生体验真实的劳动，让艺术与生活不脱节。课堂学唱，提炼音乐的魅力，让学生通过歌曲初步感受劳动的意义；劳动感知，教师别出心裁地引领学生在校内实践基地进行劳动社会实践，培养学生热爱劳动的品质，在音乐的氛围中，引导学生对劳动的热爱之情；开放式结尾，劳动中伴随音乐，音乐的陪伴让劳动更幸福。

相比音乐学科，美术学科与劳动教育相融合的地方更多。比如在《制作驱蚊香囊》这一课中，完美融合了美术欣赏和动手劳作。结合美术理论来指导劳动操作，激发了学生的动手能力，培养了学生的劳动意识，这是美育和劳育相结合的典型例子。

如果说手工课是以学生深入体验劳动为目的，那么高中的美术鉴赏课，则更多的起到对学生进行热爱劳动的思想教育目的。美术鉴赏提倡渗透劳动教育的融合类课程始终要有一个主心骨且两者始终要相辅相成，教学方式也要多样化。美术鉴赏课在美育的基础上兼顾劳动教育，体现了学科融合渗透的关联性、自然性、科学性和有效性，通过鉴赏学习，能让学生端正劳动态度，形成正确的人生观、价值观，培养高尚的情操，真正做到以美育人、立德树人。

| 小学音乐鲁教版二年级上册 |

《劳动最光荣》课堂实录与评析

一、课堂实录

（一）教材解读

《劳动最光荣》是电影美术片《小猫钓鱼》的主题曲，曾在 1954 年“第一次全国儿童文艺创作评奖”中获奖。在音乐学科方面，这首歌曲生动活泼，形象鲜明，旋律线条起伏明显、节奏欢快轻巧，深受学生的喜爱。歌曲为五声宫调式，是带变化的两段体结构，歌词用对比的手法批评了贪玩的蝴蝶，告诉学生要向辛勤劳动的喜鹊和蜜蜂学习。在劳动教育方面，这首歌曲富有深刻的教育哲理。这首歌曲在歌词里体现出了懒惰与勤劳的对比，并通过这种对比启发学生去认真劳动、热爱劳动，培养学生勤劳的优秀品质，在这首歌曲的感染下，学生真正地体验到劳动带来的快乐和美好。本节课将整合为两个课时进行，分为课堂学唱和劳动实践感知，把理论与实践相结合，真正做到学科与劳动实践教育的融合。

（二）教学目标

1. 在欣赏中激发学生热爱劳动，热爱生活的思想情感，感知劳动的光荣，懂得劳动使生活幸福的道理，组织学生去到校内劳动实践基地，亲自体验劳动的乐趣，体会收获的喜悦。

2. 通过不同的形式来欣赏歌曲《劳动最光荣》，了解歌曲的内容，熟悉歌曲的旋律；能够一边劳动一边用清脆、明亮的声音演唱歌曲给自己加油打气。

3. 通过聆听、模仿、哼唱、表演、劳动实践等方式综合感受歌曲情绪，发展学生艺术能力的同时培养学生热爱劳动的良好品质。

（三）教学过程

1. 创设情境，激趣导入

师：同学们，你们听说过《小猫钓鱼》的故事吗？

生：听说过。

师：谁能用简短的几句话讲给大家听一听呢？

生：有一只小花猫在钓鱼，但是它经常偷懒，所以没有钓到一条鱼，它看到小蜜蜂和小喜鹊在忙碌有了收获，它也要向它们学习，专心致志，最后钓到了大鱼。

（教师在这里可适当帮学生做故事补充。）

师：这个故事告诉了我们哪些道理呢？

生：小蝴蝶贪玩我们不能学它，小蜜蜂和小喜鹊很勤劳，值得我们学习。

（教师结合 PPT 图片总结：做事要有耐心，不能三心二意，要热爱劳动！并出示题目并提示要欣赏的歌就跟劳动有关系，劳动最光荣。）

【设计意图】用故事导入，吸引学生注意力，让学生听完故事后自己说出故事里的道理，先以故事做铺垫，让学生有一个劳动最光荣的情感认知，然后引出课题。

2. 感知旋律，了解背景

（教师介绍歌曲背景并播放美术片《小猫钓鱼》主题曲片段，提醒学生聆听美术片里的歌曲。）

师：《小猫钓鱼》的故事在 1952 年被拍成了一部美术片，其中这部美术片的主题曲就是今天我们要欣赏的歌曲——《劳动最光荣》，现在就请同学们跟随老师的指引回到 1952 年，一起去听听吧。（播放动画音频。）

师：同学们，这首歌曲的情绪是怎样的？你的感受如何？

生 1：歌曲欢快活泼，听了让人心情愉悦。

生 2：情绪很快乐，我感受到了劳动的喜悦，劳动最光荣。

（教师针对学生的回答进行及时点评并补充。）

【设计意图】初步感受音乐，了解歌曲背景，有助于学习歌曲的旋律，为深入了解歌曲内容，发动劳动教育做铺垫。

3. 探索发现、学习新知

（1）再次聆听歌曲，听出歌词内容。

师：接下来啊，我们再听一遍歌曲，不过这次老师要布置任务了，歌曲中都出现了什么？（播放音频。）

生：太阳、花儿、小鸟、喜鹊……

（教师在学生回答完后总结并运用多媒体进行演示，补充还有雄鸡、蜜蜂和蝴蝶等。）

师：同学们仔细听，喜鹊、蜜蜂和蝴蝶它们都在做什么？（教师边做动作边范唱。）

学生齐答，教师出示板书："喜鹊——造新房""蜜蜂——采蜜糖""蝴蝶——贪玩耍"。

师：那么，你们是愿意做勤劳的小蜜蜂呢，还是贪玩小蝴蝶呢？我们应该向谁学习呢？

生：我们想做小蜜蜂，像小蜜蜂学习！

师：没错，小蝴蝶虽然有美丽的外表，但是它懒惰不爱劳动，我们不喜欢它。

（2）完整聆听（播放视频），学生随录音轻声用"la"哼唱歌曲。

（3）在教师的指导下有节奏地朗读歌词并解决重难点。

（歌曲中"幸福的生活从哪里来，要靠劳动来创造"是这首歌的重点，也是本节课的难点。在处理重难点时，教师通过准确生动的范读和学生大量的练习突破重难点。）

（4）完整演唱歌曲。

【设计意图】这一环节，以让孩子们学会歌曲为主，并且学会歌曲中教会我们的道理，明白劳动的意义，为后面参加劳动实践打好思想基础。

4. 劳动体验、实践感受

（1）发起劳动倡议。

师：亲爱的同学们，这首歌赞颂了"劳动最光荣"，那你们体验过劳动吗？

你们想跟着老师一起体验一下劳动的快乐吗？

生 1：体验过做家务。

生 2：体验过制作蛋糕、甜品。

生 3：没有体验过。

师：那今天，歌曲当中的小动物们想邀请同学们一起体验一下劳动的快乐！它们给我们发出了邀请函，邀请我们一起体验劳作种植的乐趣！让我们一起前往我们的劳动实践基地去看看吧，它们已经在等待我们了！（组织学生去实践基地体验种植。）

（2）学习简单的种植知识。

师：今天，歌曲当中的小动物帮我们邀请了一位非常有种植经验的农民伯伯给我们讲解一些种植小知识，请同学们竖起你的小耳朵认真聆听哦！让我们用热烈的掌声欢迎李爷爷！

（学生热烈的掌声。）

（李爷爷给同学们讲解如何种植胡萝卜、菠菜、小葱、茄子、辣椒等农作物，包括如何翻土、栽苗、浇水等。）

（3）开始种植体验。

师：同学们，大家听明白了吗？那让我们一起行动起来吧！大家劳动的时候一定要注意安全！（强调劳作安全注意事项。）

（学生种植体验开始。）

（老师和农民爷爷及现场有种植经验的家长给予巡视帮助，指导学生们亲手体验耕耘、搬运、播种、灌溉。）

【设计意图】这一部分是这节音乐劳动教育的中心环节，也是最有趣的一部分，这一部分脱离了传统的课堂和课本，把孩子们带到真正的实践劳动中，让他们真实地去体验劳动，即增长了劳动技能也更深刻的体会了“劳动最光荣”的意义。

5. 拓展延伸

（1）在劳动中歌唱。

师：同学们，劳动辛苦吗？

生：辛苦。

师：但是看到我们耕种的田地、种植的作物，你们开心吗？

生：开心！

师：没错，劳动虽然是艰辛的，但是在劳动中我们依然体验到了快乐，因为热爱劳动的人永远是最光荣的！那让我们在劳动中一起唱起我们学习的《劳动最光荣》这首歌曲，在歌声中抒发自己对于劳动的愉快心情吧！（用户外音响播放歌曲《劳动最光荣》。）

（生一边继续劳动一边齐唱歌曲《劳动最光荣》。）

（2）分享学习体会。

师：同学们，这节音乐劳动课，你学到了什么呢？

生 1：我会唱《劳动最光荣》，也体会了劳动的快乐。

生 2：我在歌声中体会到了劳动的乐趣。

生 3：我们要辛勤劳动，不能懒惰，勤劳的人最光荣。

（教师在每个学生回答完后及时进行点评。）

【设计意图】这一环节是前面音乐课堂与劳动实践的结合，前后呼应，最后又回归到了歌曲，有了切身的实践体验，同学们对于这首歌曲的感受更加深刻，唱出来的情绪是最自然真实的。通过学生的课堂反馈，得知学生对于这堂课的感受。

6. 课堂小结

师：同学们，这堂音乐劳动课我们收获了很多，不仅学会了唱《劳动最光荣》，还亲自体验了劳动，学到了劳动技能、劳动本领，更重要的是，我们切身体会到了劳动的快乐。希望大家学习歌曲中的小猫、小喜鹊，做一个热爱劳动、勤劳的孩子，因为热爱劳动的人最光荣！这节音乐劳动课到这里就结束了，最后让我们伴着劳动的歌声结束今天愉快的课堂吧！

【设计意图】课堂小结是整堂课的最后总结阶段，能够帮助学生回顾整堂课，通过教师富有艺术性的语言带领学生一起整理思路，对本堂课所学知识和技能进行总结和升华，既能提升学生的思维品质，也能使整堂课的教学有一个完美的结局，圆满地完成教学任务。

7. 板书设计

《劳动最光荣》

喜鹊——造新房

蜜蜂——采蜜糖

蝴蝶——贪玩耍

课例提供：丁晓嘉　孙洪艳

二、课堂评析

在小学音乐歌曲中渗透劳动教育

《劳动最光荣》是鲁教版二年级音乐上册的一首歌曲，是美术片《小猫钓鱼》的主题曲，曾在1954年“全国文艺创作评奖”中获奖。在音乐学科方面，这首歌曲生动活泼，形象鲜明，旋律线条起伏明显、节奏欢快轻巧，深受学生的喜爱。歌曲为五声宫调式，带变化的两段体结构，歌词用对比的手法批评了贪玩的蝴蝶，告诉学生要向辛勤劳动的喜鹊和蜜蜂学习。这首歌曲，本身就非常具有教育意义，教育学生热爱劳动，勤奋学习，但只作为传统课堂中的音乐课来学习劳动主题的歌曲还是有局限性的，所以可以把这首歌曲与劳动实践教育结合。

（一）劳动歌曲引发劳动教育

这首歌曲在劳动教育方面富有深刻的教育哲理，这首歌曲在歌词里体现出了懒惰与勤劳的对比，用小动物的形象拉近与学生的距离，让学生对比歌曲中小动物们的做法，让他们自己判断什么是应该学习的，什么是不该学习的，并通过这种对比启发学生去认真劳动、热爱劳动，培养学生勤劳的优秀品质，在这首歌曲的感染下，组织学生去到校内实践教育基地，让学生真正地去体验劳动带来的快乐和美好。

（二）音乐课与劳动教育课合二为一

考虑到小学课堂时间的限制，教师可以计划将本节课整合为两个课时进行，室内室外相结合，分为室内课堂学唱和户外劳动实践感知，把理论与实践相结合，真正做到学科与劳动实践教育的融合。

在课堂的前 30 分钟，教师可以开展“兴趣导入——感知背景、了解歌曲——探索发现、学习新知”三个环节，这三个环节重点是在学科上，把歌曲的学唱作为重点进行，让孩子们初步对歌曲要表达的思想感情有一个了解，并通过系统的学唱学会整首歌曲，为后续劳动实践的铺垫打好基础。比如，在探索发现、学习新知方面，教师可以让学生去比较歌曲中出现的三个小动物，喜鹊、蜜蜂、蝴蝶它们分别在做什么，让学生们通过对比体会歌词中表达的寓意，明白辛勤劳动的意义。

（三）亲自动手体验歌曲中劳动的乐趣

在课堂的后半段，大约 50 分钟的时间是学生的户外实践基地劳作体验时间，这部分要留给学生非常充分的劳动时间，能让学生尽情地体验劳动的快乐，并通过实践操作获得劳动体验感。有条件的学校可以充分利用校内外的各种劳动资源，比如有校园种植试验田的可以充分利用试验田的种植资源，利用现有的种植劳动资源，开发相关劳动课程，也可家校联动，或者寻求社会的爱心人士和家长的帮助，充分利用家校社的协同力量，帮助孩子们体验劳动种植。在这一课上，教师可以邀请具有丰富种植经验的一位老师过来指导孩子们的种植，与此同时，安全问题不可忽略，教师要考虑到孩子们户外实践的安全问题，在劳作前务必要强调安全方面的知识，在实践劳动这一环节也可以征集热心家长进行看护指导，确保学生活动中的安全。

（四）在劳动中歌唱

本节课的第四部分劳动体验环节是这节音乐劳动教育的中心环节，也是最有趣的一部分，这一部分脱离了传统的课堂模式和课本，把孩子们带到真正的实践劳动中，让他们真实地去体验劳动，即增长了劳动技能也更深刻的体会歌曲中劳动的意义。让学生走出教室、走出课本，但并不走出课堂，劳动实践基地也属于课堂的一部分，只是这个课堂的界限不仅仅局限于几十平方米的教室，学生在学科与劳动教育相结合的教学模式下，能极大地激起学习兴趣，调动学习积极性。学科教育与劳动教育相辅相成，学生既能在学科中获得理论知识并应用于实践劳动，也能在劳动教育中体验到学科所教授的知识或道理。比如拓展延伸环节，让学生在劳作中唱起歌，在歌声中体验劳动是前面音乐课堂与劳动实践的结合，前后呼应，最后又回归到了歌曲。有了切身的实践体验，学生对于这首歌曲的感受更加深刻，唱出来的情绪是最自然真实的。整堂课还增加了评价机制，通过学生的课堂反馈，得知学生对于这堂课的感受，并能及时整理改进。

目前，劳动教育是一个大趋势，孩子们不仅要学习课本的知识还要会运用到实践，不能与社会脱轨。学科与劳动教育的结合也会在大形势下逐步应用到课堂，所以作为学科老师，要有意识地往这方面靠拢并潜心钻研，让孩子不仅会学还要会用，这是每一位教师都应思考的事情。

| 小学美术四年级下册 |

“制作驱蚊香囊”课堂实录与评析

一、课堂实录

（一）教材解读

本课例属于美术学科与劳动教育渗透型课例，体现了劳动教育与美术学科融合的理念。课例设计是为了解决学生外出游学被蚊虫叮咬的问题，因此在选课之初就紧贴学生生活实际，从真实的情境出发，按照《大中小学劳动教育指导纲要（试行）》中提及的关键环节“讲解说明、淬炼操作、项目实践、反思交流、榜样激励”安排教学。让学生在解决真问题的过程中学会动手实践、合作探究，接受锻炼、磨炼意志，追求卓越的工匠精神，引导学生树立正确的劳动价值观。本节课教学重难点将运用一定的操作技能解决生活中的问题，将一定的想法或创意付诸实践，鼓励学生手脑并用，灵活掌握、融会贯通各类知识和技巧，提高学生的技术操作水平、知识迁移水平，体验工匠精神等。教学重点：掌握制作驱蚊香囊的方法。教学难点：在实际操作中使用环保材料、运用平针法制作驱蚊香囊，了解草药的功效。材料准备：剪刀、笔、直尺、针、线、提拉绳、碎布、流苏、中草药（艾草、薄荷、丁香、白芷）。

（二）教学目标

1. 美术学科育人目标

（1）了解驱蚊香囊的功效及造型特点，能欣赏驱蚊香囊的造型美。（审美感知。）

（2）通过小组合作和探究掌握制作方法，理解中草药的功效。缝制出美观、完整的驱蚊香囊。（创意实践、文化理解。）

2. 劳动育人目标

（1）了解驱蚊香囊的功效及组成，能用掌握的平针法和藏针法进行缝制。（劳动观念。）

（2）通过小组合作和探究学会使用工具，并掌握制作驱蚊香囊的技能，能完整制作一个驱蚊香囊。（劳动能力。）

（3）能够爱惜劳动成果，感知劳动的价值，分享劳动收获，体验劳动的快乐，树立正确的劳动观念。（劳动习惯和品质、劳动精神。）

（三）教学过程

1. 创设情境，导入课题

师：如何解决生活中被蚊虫叮咬的现象？

师：同学们，去年出游活动中咱们同学出现了这种情况（出示被蚊虫叮咬的照片），为了今年同学们能安全出游，在出发前我们一起来制作一个驱蚊香囊。

（板书课题：制作驱蚊香囊。）

【设计意图】通过结合学生真实的生活经历，引导学生从现实生活中发现驱蚊香囊的真实需求，从而选择和确定劳动项目。采用问题导入的方法，引导学生通过用自己动手制作驱蚊香囊，来解决生活中的实际问题。

2. 共同学习，讲解说明

师：驱蚊香囊的组成有哪些？所需材料是否齐全？

师：同学们，我们来观察一个驱蚊香囊有哪几部分组成？

（学生根据自己的观察说出名称。）

师：一个完整的香囊有四部分组成。（出示图片，结合学生说出的名称进行统一命名。）

师：制作香囊都需要哪些工具呢？请同学们对照图片中的材料，检查自己的工具是否齐全？用到哪些缝制方法？

（学生对课前师生共同准备的工具进行自查和小组内检查。在缝制中可以用平针法和藏针法。）

【设计意图】通过启发思考的方式，让学生了解香囊的构成和材料。活动中让学生自己观察、检查所需工具，锻炼学生细心观察的能力，为下一步劳动制作做好铺垫。

3. 问题导向，淬炼操作

（1）模块一：制作驱蚊香囊布袋。

师：如何缝制驱蚊香囊的布袋（提拉绳、流苏的放置）呢？请大家带着问题，观看制作视频。（师提前录制的微课视频。）看完后请同学起来演示。

（学生上台说自己学习到的制作过程。）

（教师结合学生的演示，进行及时引导，针对难点提出疑问，让学生回答。关注提拉绳和流苏的放置位置，需要多缝几针，确保更加牢固。）

师：总结梳理流程——

①准备工作，将线穿好打结，提拉绳、流苏在开口处打结。

②将长方形的布块进行对折（背面图案在外），中间放入提拉绳。

③在正方形布块上画上辅助线（缝制时更整齐），散口边标注数字 1、2、3。

④从 1 号边的左侧沿着辅助线用平针法开始缝制（在缝制提拉绳处可多缝制几针），缝制到第 2 条边的中间位置时放入流苏（流苏裹在里面、多缝制几针），沿着缝制完第 3 条边后打结。

⑤将缝制好的布袋翻过来后进行整理，放平。

（2）模块二：驱蚊香囊中放入中草药后缝制封口。

师：驱蚊香囊中放置哪些中草药？你如何辨别它们？同学们，制作好了布袋。我们来看一下布袋里装的中草药有哪些？你认识哪种中草药呢？

（学生观察桌面上的 4 种中草药，说出自己知道的中草药名称。）

师：大部分同学都知道艾草。中国是中草药的发源地，目前我国大约有 12000 多种药用植物，中医药是中华民族传承五千年的瑰宝，一直为我们中国人保驾护航。常见的辨别方法有眼看、手摸、鼻闻、口尝、水试、火试等。今天我们就用看、闻、摸的方法来认识一下中草药。

师：大家看我手里的这盆中草药，请一位同学来闻一闻，看能不能判断出它的名字。

学生：根据气味，能判断出是中草药薄荷。

师：大家试着判断一下剩下的两种中草药。（白芷、丁香。）

（学生看颜色、闻气味都能快速进行判断。）

师：小组结合学习单看这些中草药都有哪些功效？并试着说一说。

（小组进行讨论学习。）

师：布袋中放进多少中草药合适，又如何封口呢？请大家带着问题，观看香囊制作的视频。（师提前录制的微课。）看完后请同学起来演示。

（学生上台说自己学习到的制作过程。）

教师结合学生的演示，进行及时引导和总结。

师：总结梳理流程——

①将不同的中草药放入布袋中，使边角各处填充饱满。

②向里折几毫米，边折边观察是否成正三角形（封口与下面的边垂直）。

③用平针法或藏针法进行缝制、打结。

④缝制完后，整理驱蚊香囊的形状。

【设计意图】通过问题引领，让学生带着问题观看制作视频，目标更明确。看完后让学生进行自主展示，及时观察学生的学习情况，做到以学定教。引导学生在劳动中要有细心和耐心的品质。

4. 小组合作，项目实践

（1）模块一：缝制出牢固、美观的驱蚊香囊的布袋，将提拉绳和流苏放入正确位置。

①师活动：在创作前出示评价标准（如下表1），在学生实践中及时关注每个小组的缝制情况，及时进行鼓励和帮助。同时，倡导组内进行互助学习。

表1

序号	评价标准	评价分数
1	缝制完整、牢固	+2个劳动徽章
2	提拉绳、流苏放置正确位置	+1个劳动徽章
3	安全、快速	+1个劳动徽章

②学生活动：结合标准小组合作进行实践，同时结合自主学习单及时查看制作步骤和要领。

（2）模块二：放入适量的中草药，缝制出三角形的驱蚊香囊。

①师活动：在创作前出示评价标准（如下表2），在学生实践中及时关注每个小组的缝制情况，及时进行鼓励和帮助。同时，倡导组内进行互助学习。

表2

序号	评价标准	评价分数
1	缝制完整、牢固	+2个劳动徽章
2	中草药放置适量	+1个劳动徽章
3	安全、整理有序	+1个劳动徽章

②学生活动：结合标准小组合作进行实践，同时结合自主学习单及时查看制作步骤和要领。

【设计意图】在制作前出示评价标准，让学生确定制作目标。采用小组积分制培养学生竞争意识和合作能力。在项目实践中充分发挥学生的主动性、积极性、创造性。引导学生对制作香囊的实践进行整体构思，敢于在困难与挑战中完成行动任务。

5. 作品展评，反思交流

活动目标：结合评价标准能进行自评和互评。

师：今天我们每个人都缝制出了驱蚊香囊，谁能说一说自己的收获？或者结合评价标准进行作品点评？

学生1畅所欲言说收获（技能和情感方面）。

学生2对照评价标准点评自己的作品，能获得几颗劳动奖章。

学生3对照评价标准点评别人的作品，能获得几颗劳动奖章。

师进行引领评价。

【设计意图】此环节重在引导学生总结、交流在制作香囊中的技能和情感体验，促进学生形成反思交流习惯。将反思交流与改进结合起来，使学生在劳动中获得成长。

6. 榜样激励，情感升华

师：同学们，今天我们一起学习了制作驱蚊香囊，你最大的收获是什么？（学生总结回答，检查当堂知识的掌握能力。）看哪个小组获得优秀劳动组？

师：这节课，同学们收获了劳动的快乐，成功的喜悦，老师也分享着你们的快乐。

师：今天获得劳动奖章最多的小组是3组，希望大家能学习从他们的合作中学习到他们高效、细致、认真、互助的优良品质。

师：今天学到的缝制香囊的知识还可以应用到生活的哪些地方？除了自己使用，还想送给谁呢？

师：缝制扣子、钱包、做布艺玩具等。如果你们用自己的双手多帮父母做一些力所能及的事情，你们会更快乐的！

【设计意图】通过学生的思考回答，实现情感态度和价值观的教育。学生从身边榜样的具体事迹中领悟他们的高尚精神和优良品质。

7. 板书设计

针法	平针法 藏针法	组成	提拉绳 香囊袋 放流苏	步骤

【设计意图】本课例板书内容以体现本节课学习目标的内容、重点和层次为主线，便于学生记忆。因此本课半数内容采用了提纲法，力争做到“少书”“精书”。同时，结合学科特点加入图形示意法，图片与文字相结合增加审美情趣。

课例提供：李嫄嫄

二、课堂评析

小学美术与劳动教育的融合实施

（一）学科融合，综合渗透劳动理念

学科融合不是简单的混搭，而是基于活动任务的真实需要而融合，是为了便于学生形成知识体系，增强对知识点的理解，促进学生核心素养的提升而融合。本课例基于劳动教育与美术学科进行学科融合。驱蚊香囊的制作中必须有中草药进行配制，让学生了解中国的中医药文化，是本节课的一个小知识点。在制作完香囊布袋后，通过让学生说一说自己知道的中草药，再通过常用的辨别方法看、闻、摸，通过小组合作来判断出其他中草药，并了解其功能。在这个过程中学生通过自己的真实体验闻一闻薄荷等中草药，才能判断出中草药的名称。感受亲自劳动能带来学习知识的快乐。教学活动中让学生主动地学习，首先将知识传递给学生，然后在小组内进行讨论，整合知识，根据自己的理解，展示自己所学的知识，输出知识，最后完成讨论，将知识点内化。在整个学习过程中，小组成员需要相互协作，积极探讨，最终找到问题的答案，从而达到学生“学会学习”的目的，同时激发学生去发现新旧知识之间的相容性，将新知识融入自己的知识体系中，成为自己的知识。

（二）真实情境，激发学生劳动潜能

本课例结合学生游学中出现被蚊虫叮咬的现象，展开讨论和学习。为了能为今年的外出保驾护航，倡议学生一起来制作驱蚊香囊。学生看到学习任务后，每个人都兴高采烈，源于这个驱蚊香囊制作完成后，能用到外出游学中，甚至可以用到自己和家人的生活中。因此能积极地参与到制作中，为项目实践创设了一个良好的情感基础。教师根据学习目标创设真实的情境，让学生获得动手制作的体验。这些是学生思维活动的基础，也是学生进入研究和独立思考的前奏。恰当的真实情境能使学生在课堂中的情感体验更有调节性、动力性、感染性和强化性等方面的辅助认知功能。引发学生从真实的视角去思考，从而培养学生发现和解决问题的能力，最终激发学生劳动潜能。

（三）自主实践，培养学生劳动意识

学生项目实践是劳动教育课程中让学生完成真实、综合任务，经历完整劳动过程。本课例结合学生的实际情况，将活动实践分为两个阶段，第一阶段是制作布袋放置提拉绳和流苏，第二阶段是装中草药和封口。两个阶段活动中，为学生提供亲身经历与现场体验的机会，让学生经历多样化的活动方式，促进学生积极参与活动过程，在合作探究、自主实践等活动中发现和解决问题，体验和感受学习与劳动之间的联系。在课堂实施的过程中，加强对学生活动方式与方法的指导，帮助学生找到适合自己的学习方式和实践方式。教师的指导重在激励、启迪、点拨、引导，不能对学生的活动过程包办代替，还要指导学生做好活动过程的记录和活动资料的整理。鼓励学生在学习和借鉴他人丰富经验、技艺的基础上，尝试选择适合自己的方法进行实践，最终培养学生的劳动意识。教学中注重学生的体验感和获得感，使学生在实践中形成良好的劳动技能。要真正落实劳动教育，除了开展劳动实践活动外，还注重对劳动教育意识的本源的探索，加强学生的劳动意识，使学生能够独立地开展劳动活动。

（四）榜样激励，树立正确劳动观念

习近平总书记指出："劳动是财富的源泉，也是幸福的源泉。人世间的美好梦想，只有通过诚实劳动才能实现。"牢固树立崇尚劳动、尊重劳动和劳动最美的观念。本课例在教学过程中及时发现学生的优良品质，进行榜样激励。在淬炼操作活动环节中，让学生带着问题观看香囊制作的视频，看完后让学生进行总结、提炼、展示。在项目实践活动环节中，选出小组合作最高效的小组。教师及时对表现突出的学生和小组进行表扬和激励，让其他同学在榜样的具体事迹中领悟他们的合作互助精神和优良品质。牢固树立劳动最光荣、劳动最崇高、劳动最伟大、劳动最美丽的思想观念，从而树立正确的劳动观念。使学生真正认识到"劳动最光荣，劳动最幸福，劳动最自豪"的价值观念，从而内化于心，外化于行。

| 高中美术山美版必修 |

“鉴赏美术作品中的劳动之美”课堂实录与评析

一、课堂实录

（一）教材解读

本课例出自于山东美术出版社出版的普通高中教科书，美术必修“美术鉴赏”中的教材内容。教师在教材内容中选取了与劳动主题相关的美术作品进行汇总设计，整理成一节劳动主题课程。习主席在全国教育工作会议上说：“要在学生中弘扬劳动精神，教育引导学生崇尚劳动、尊重劳动，懂得劳动最光荣。”劳动不仅创造了人，也创造了艺术，艺术是劳动智慧的结晶，它能激励人的精神、陶冶人的情操，也能以美育人，增强学生社会责任感，促进学生全面发展，达到立德树人的根本任务。

高一学生有了一段时间的美术鉴赏学习，已经掌握了基本的美术鉴赏方法，本课可以检验学生的美术鉴赏能力提升情况，也引导学生在中外名作中通过图像识读与审美判断等学习过程和自主探究的学习方式接受劳动思想教育。高中美术鉴赏课会学习到很多古今中外的传世名作。在这些作品中有很多表现劳动主题的作品，通过鉴赏学习，能让学生端正劳动态度，形成正确的人生观、价值观，培养高尚的情操，真正做到以美育人、立德树人。

（二）教学目标

学习鉴赏古今中外以劳动者为题材的美术作品（学科本位核心素养中的图像识读）；提高学生审美水平，能够发现美术作品中蕴含的劳动美，理解作品通过美术语言表达的个人情感（审美判断）。学生能树立正确的劳动价值观和劳动态度，传承中华民族的传统美德（文化理解）；学生能懂得通过积极地劳动才能创造美好生活的道理，形成用美术素养解决问题的能力，养成“处处以美的规律来塑造”的实践意识和审美观念。

达成目标：

1. 学生能知道劳动题材美术作品及其作者。

2. 学生能理解美术作品使用的艺术语言特点。

3. 理解劳动主题美术作品蕴含的思想内涵。

4. 学生能端正劳动态度形成正确的劳动观，传承中华民族传统美德。

（三）教学过程

1. 课程导入

（观看视频《献给所有的劳动者》宣传片，创设教学情境导入。）

【设计意图】情境创设，引导学生明确本课主要的学习内容。

师：我们将来也会变成光荣的劳动者，变成他们中的一员。社会的发展与进步都离不开千千万万平凡而伟大的劳动者，歌颂劳动者也成了文艺作品中最经常出现的题材。今天我们学习的主题就是鉴赏美术作品中的劳动之美。

2. 讲授新课

（板书课题——“劳动之美”。）

师：都说妇女能顶半边天，那我们先来看看表现妇女劳动场面的美术作品《捣练图》《夯歌》。（教师解释“捣练”“打夯”。）

（1）欣赏《捣练图》。

《捣练图》分捣练、织修、熨烫三个场景。欣赏唐代张萱《捣练图》（播放视频 1 分钟。）

【设计意图】局部放大的观察更容易让学生有直观感受。

（学生在问题引领下进行图像识读。）

师：通过观察，判断唐代仕女画的造型特点。

学生：体态丰满，衣着华丽。

师：仕女形象造型以丰腴为美，后称作“丰肥体”，但是并不显臃肿。学生观察分析仕女服装特点，并判断人物身份——宫廷贵妇。

师：画中仕女身材丰腴，但是劳动中却并不笨拙，从哪里能看出她们动作灵巧？

学生：动作熟练，劳动内容繁而不乱有条不紊，尤其是人物双手的刻画纤细灵活。

审美判断：观察人物劳动状态，体会人物劳动时的精神气质。

师生交流总结：气定神闲、雍容华贵、淡定从容之美。

总结：雍容华贵、淡定从容之美。（板书。）

（2）欣赏《夯歌》。

油画《夯歌》，作者是王文彬，于 1962 年创作。

①《夯歌》与《捣练图》观察比较。

师：《夯歌》中五位劳动女性用怎样的心情投入劳动？人物的形象与劳动状态有何不同？你从哪里判断出来？（问题引领。）

学生：天空晴朗、色调明亮，人物在笑，形象健壮、衣着朴素。

学生语言表述个人感受。

【设计意图】让学生学会用比较的方法进行审美判断，掌握鉴赏方法，解决问题形成核心素养。

师：作者用哪种艺术手法来表现对劳动者的赞美？

学生：仰视的视角。

【设计意图】引导学生了解美术语言的构图法则，提高审美能力。

师：劳动状态是怎样的？（引导启发学生观察构图特点，学生思考。）

学生：虽然从事重体力活，但是人物情绪饱满、干劲十足、豪迈欢快。

总结：豪放美（板书。）

②学生完成学习任务单。

	朝代	作者	画种	描绘主题	人物造型	服饰打扮	劳动状态	艺术感受
《捣练图》								

	朝代	作者	画种	描绘主题	人物造型	服饰打扮	劳动状态	艺术感受
《夯歌》								

【设计意图】让学生把已经获得的知识进行条理化、系统化，便于巩固掌握知识。

（3）欣赏罗中立《父亲》。

师介绍艺术流派特点——照相写实主义。

①真相往往隐藏在细节中，放大画面细节部分，学生进行图像识读。

师问题引领：分析画中老人的生存环境、性格特征。

学生观察画面细节并阐述个人观点。

学生观察内容：黝黑苍老的脸、有污垢的指甲、破旧的碗、脸上的汗珠、受伤的手、背景的庄家丰收、粗大的指关节等。

根据细节学生得出：人物生活艰辛，繁重的劳动，家境贫穷。

②学生完成选择题：你认为画中老农具有什么样的性格？（　　）

A. 倔强　B. 顺从　C. 抱怨　D. 坚毅　E. 满怀希望　F. 颓废绝望

【设计意图】图像是无声的语言，引导学生在观察细节的过程中探寻真相，用习题的方式进行审美判断主人公的性格特征，在学习过程中穿插学习评价。

③师提问：题目寓意——是否真的是作者的父亲？

【设计意图】由浅入深，通过对表象的分析进行深入探讨，加深文化理解。

师生交流，学生回答是或不是并阐述自己的理由。

师总结：把画中老农深情地称为“父亲”，表达了作者对劳动人民的感恩之情和崇高的敬意。

总结：崇高美（板书。）

（4）欣赏法国名画《拾穗者》。

①师介绍米勒，被称为“乡巴佬中的但丁、土包子中的米开朗琪罗”的农民画家，上午田间劳作，下午绘画创作，是法国现实主义代表画家。

师问题引领：米勒笔下的农民什么样的生存状态？

学生欣赏米勒作品，图像识读。

学生：繁重的体力劳动，疲惫不堪。

【设计意图】任务驱动、问题引领、引起学生的自主探究学习行为，体会作品中表达的思想感情。

②师：除了表现田间劳动，米勒还有大量表现农民日常生活的作品。（学生欣赏作品。）

师：作者想要表达什么思想感情？对劳动者的态度？

学生：同情、肯定、赞美等。

师生交流，学生谈自己的感受并尝试评价作品。

③完成学习任务——审美判断。

米勒对于底层农民感同身受，他笔下的农民给你什么样的感受？（　　）

A. 勤劳　B. 抗争　C. 抱怨　D. 凄惨　E. 朴实　F. 虔诚　G. 沉默

【设计意图】引导学生在鉴赏作品中学会思考，探寻作品的深刻含义，用选择题的方式便于引导学生的正确判断，在学习过程中穿插学习评价。

米勒的作品不同于前面的画面感受，在诗情画意中充满了深沉与静穆。

总结：深沉庄严美（板书。）

（5）欣赏《纺织女》。

西班牙委拉斯开兹的《纺织女》创作于 1657 年。在欧洲绘画史上，这是第一幅直接描绘劳动生活的油画。画上是西班牙皇后壁毯织造厂一个车间内女工生产时的场景。

师：仔细观察画面，你会被画中哪个人物形象吸引？

学生讨论并回答：画中白衣女子的形象最惹人注目。

师：为什么？

师生探究画面焦点人物的神秘朦胧。心理学家研究：适度减少面部信息能激发吸引力，达到“犹抱琵琶半遮面”的美学效果。与一览无余的整张脸相比，半张脸更能激发人们展开想象的翅膀。

学生描述少女的意犹未尽之美。

总结：生命活力之美。

3. 课堂小结

师：在我们眼里，每一个艺术作品都有他自己的风格特点，或慷慨激昂，或低郁深沉，或格调高雅，或朴实无华。不管怎样，劳动者身上散发出来的不同的美，感动着我们每一个人。

①师：你记住哪些世界名画？学生回顾本课鉴赏内容。

【设计意图】检验目标达成情况，把本课学习主要内容做一个简单梳理，巩固学生的知识掌握。

②根据教师提供的评价标准，学生进行自评。

分值	评价标准	形式
0—5	学生能知道劳动题材美术作品及其作者	提问
6—10	学生能理解美术作品使用的艺术语言特点	提问
11—15	理解劳动主题美术作品蕴含的思想内涵	自评
16—20	学生能端正劳动态度形成正确的劳动观	自评

③师：说说你对劳动的态度？

学生谈自己对劳动的态度，请班级的劳动委员评价同学们的劳动态度，批评与劝勉相结合对学生进行思想教育。

【设计意图】检验目标达成情况，对学生在劳动的态度与观念上进行正确引导和教育。

教师评价总结。

④观看习主席寄语劳动者的视频。把本节课教学主题进行思想升华，形成正确价值观。

⑤教师评价并总结：今天你们是学生，明天就是社会的劳动者，是社会主义事业的接班人。同学们要掌握各种能力，端正劳动态度，将来就能够更好地融入社会、适应社会，学会劳动、热爱劳动。课程结束。

课后反思：

这是一节以劳动为主题的专题课，要求劳动教育与美育课程融合开发。在设计这节课的时候，教师考虑到既要关注学生通过对中外美术作品的鉴赏学习，产生对劳动的正确态度与价值观，又不能偏离了学科本位，毕竟这归根结底是一节美术鉴赏课，而不是一节思政课，因此，在鉴赏过程中，教师兼顾美术课标的要求，把审美与教育两者结合，学生在对世界名画的鉴赏过程中，通过观察、思考、讨论、感悟等学习活动，既能体会到艺术作品带来的视觉审美体验，又能端正了对劳动者和劳动本身的态度。

总之，这节课让学生对美术作品进行了鉴赏体会，在思想教育方面是一种润物细无声的潜移默化的影响。一幅幅世界名画都在表现劳动者，歌颂劳动者，赞美劳动者，师生又怎么能不被这种鲜明的情绪感染呢？寓教于乐，寓教于美，千教万教教人求真，千学万学学做真人。美术作品是一种无声的语言，只要教师精心设计课程，耐心引导学生，在这些人类艺术精华面前，每一个人都会受到一场彻底的精神洗礼。教师在教育教学过程中，时刻不能忘了学科本位，切不可因为要兼顾对学生的思想教育而把课程弄得喧宾夺主，不伦不类而忘了初心。

课例提供：王小妹

二、课堂评析

在高中美术鉴赏课中渗透劳动教育

习主席在全国教育工作会议上说：“要在学生中弘扬劳动精神，教育引导学生崇尚劳动、尊重劳动，懂得劳动最光荣。”劳动不仅创造了人，也创造了艺术，艺术是劳动智慧的结晶，它能激励人的精神，陶冶人的情操，也能以美育人，增强学生社会责任感，促进学生全面发展，达到立德树人的根本任务。《鉴赏美术作品中的劳动之美》这节课符合时代要求与新课程标准，执教者借助这一节美术鉴赏课，对学生进行了一场热爱劳动的思想教育，美育课程的根本任务是以美育人、立德树人，不但能培养学生健康的审美观念，陶冶高尚的情操，而且美术又有认识、审美、教育三大功能，美术课让学生在发现美、享受美的过程中，在思想上形成对劳动的正确态度，传承了中华民族传统美德，既陶冶了情操又培养了学生高尚的品质，真正完成了立德树人的教学任务。

（一）美术鉴赏渗透劳动教育的融合类课程始终要有一个主心骨

学科融合类课程要避免教学目标的模糊和不确定，通常有的教师在注重思想教育的同时，往往会忽略了美术学科本位，执教者在《鉴赏美术作品中的劳动之美》课堂教学中坚持美术学科本位，并没有产生本末倒置的现象，这也是教师备课充分的表现，例如其中一个教学环节设计师生赏析油画《夯歌》这幅作品的时候，教师除了和学生一起分析人物的劳动状态，带给观者一种豪放之美，从心里油然而生的对劳动者的赞美之情的感受之外，还强调了绘画构图的重要性，人物动态放射状的构图产生的视觉感受，晴朗的天空，明亮的色调都对主题思想的表达起到了烘托辅助作用。这是审美、教育与专业学科知识的相互结合。假如只是关注画面内容而忽视了美术鉴赏的基本常识，就会感觉有点脱离了美术学科本位。

（二）美术鉴赏渗透劳动教育的学科融合类课程始终要两者相辅相成

教师在教育教学中兼顾美术课标的要求，把审美与教育两者结合，学生在对世界名画的鉴赏过程中，通过观察、思考、讨论、感悟等学习活动，既能体会到艺术作品带来的视觉审美体验，又能端正了对劳动者和劳动本身的态度。在鉴赏西班牙画家委拉斯开兹的作品《纺织女》这幅世界名画的时候，学生知道了这可是欧洲绘画史上第一幅直接描绘底层劳动人民劳作场面的绘画作品，在这幅画里，一直作为画面主角的贵族富人竟然成了站在远处的配角。通过对艺术家的了解，知道了虽然作者是一名宫廷画师，为国王和贵族阶级服务，但是他的画笔并没有一味地讨好上流社会，迎合贵族阶层的审美追求，而是把目光投向了底层劳动人民，并对于普通平凡的劳动者报以深刻的同情，对她们辛勤的劳动进行了赞美与肯定，这是作者委拉斯开兹身上最伟大的高光之处。画家不仅仅有高超的画技，还有一个高贵的灵魂。这也是暗示学生除了画作，画家本身值得他们学习的可贵之处。另外，前面学习的劳动者形象一般都是粗鄙与朴实无华的人物形象设计，而《纺织女》与她们区别之处就在于这个年轻的劳动女性形象塑造上，充满了阳光、青春、美丽、健康、遐想……

在教学中，教学目标始终明确，整节课都是在统一的大概念下完成教学内容，没有偏离教学主题。这节课课堂教学气氛活跃，学生参与度高，师生在一问一答的探讨交流中达成预期目标，有时候教师的提问范围过于广泛，学生回答的时候会摸不着头脑，不知从哪里下手，所以教师设定的问题引领一定要针对性强。例如在鉴赏罗中立的作品《父亲》时，假如没有问题引领，学生会不知道从哪里下手，如何进入鉴赏，当教师提出了问题："仔细观察画面人物的细节刻画，分析人物的生存状态。"这样一来，学生就会有目的地对画面进行观察、分析、联想、判断，最后得出结论。情境的创设与问题引领可以有效地指导学生积极准确地参与到知识探究中去。

（三）美术鉴赏渗透劳动教育的学科融合类课程教学方式要多样化

课堂教学为了完成教学目标，需要机智的教学手段，在教学过程中，执教者没有反复的套用问题引领的教学模式，而是兼顾使用选择题和课堂检测的学习方式，开发了学生的发散性思维，给学生提供了若干个答案进行选择，让学生进行自主性的思考，最后得出结论，这样的教学环节设计更加有利于教学评价，考查学生对美的正确感知能力。再比如在对罗中立的油画《父亲》进行赏析的时候，有一个学习任务的设计是这样的，让学生观察感受画面中的人物形象，学生完成选择题：你认为画中老农具有什么样的性格？（　　）

A. 倔强　B. 顺从　C. 抱怨　D. 坚毅　E. 满怀希望　F. 颓废绝望

这个教学环节给了学生观察与思考的时间，提供了自主探究的学习舞台，图像是无声的语言，教师引导学生在观察细节的过程中探寻真相，用选择题的方式进行审美判断主人公的性格特征，是师生对话交流式和学生讨论式教学的有力补充。

教学方法多样化，可以使整个课堂教学的过程，师生的共同探索，除了问题引领还有任务驱动，填空、选择、判断、思考等多措并举来推动学习的进程，提高教学效率。

古今中外美术作品中大量的表现劳动者的作品，无一不说明了劳动在人类社会中的重要性，也表现出了不同时代不同地域的艺术家对劳动者的无限赞美之情，这种鲜明的态度只要认真解读作品，学生都能有深刻的感知。执教者的这节课是在对美的体验中培养学生高尚的品德与情操。在美育的基础上兼顾劳动教育，体现了学科融合渗透的关联性、自然性、科学性和有效性，相信这节美术鉴赏课能为劳动教育课程资源的开发、学科融合类课程资源的开发提供一个优秀的案例。

第三节 体育教学有机渗透劳动教育

陶铸曾说过："劳动是一切知识的源泉。"学生们都学过《锄禾》这首诗，仅从字面意思入手去理解是不够充分，真正从实践中去体会一下劳动的辛苦，会加深对课文的理解，会真正体验到农民伯伯在烈日下辛勤工作，也体会到粒粒皆辛苦的真正含义。锻炼孩子的动手能力，提升孩子的劳动意识是当代教育的趋势。如何让体育教育与劳动教育相结合，不仅是体育教育工作者当下的任务，也是家校共同合作的重点。

教师要重视劳动，强调体育教育与劳动相结合。应当通过劳动教育，让学生真正喜欢劳动，热爱劳动，尊重大家的劳动成果，分享每个人的劳动果实。劳动来源于生活，生活中不缺乏教育，重视教育与劳动的结合，是重中之重。劳动是集体奋斗出来的，也是实现理想和目标的重要途径。成功没有捷径，劳动是成功的开门钥匙。在大力发展教育同时，发扬学生劳动精神也是重点之一。让学生树立依靠辛勤劳动、团结劳动，以教育带动劳动，发扬不怕吃苦的精神，以及良好道德习惯的养成。

劳动教育不只是去实地情景教学才可以实现，在普通的体育教学中也可以实现。教师可以对学生进行分组，实行小组轮流制。在每次体育课开课之前，小组要对体育课堂的准备活动——体育场地的布置、体育器材的借取登记、体育器材的搬运还送等展开亲自动手操作。学生通过对体育准备活动的亲自动手操作，不仅能够增强学生的劳动观念，还能够引导学生树立正确的体育运动观。在学生对体育活动展开实践布置时，还能够用自己的细微行动来为班级体育教育服务，增强学生的劳动光荣感。教师可以通过劳动生活情景的有效创设，来激发学生的体育参与积极性和体育参与兴趣。劳动生活情景的创设能够增强学生的体育理解能力，引导学生快速学习相关的体育技能，增强学生的体育核心素养。体育活动包括课内体育以及户外体育活动。户外体育活动由于其使用场地的公共性，经常会产生一些无法避免的体育垃圾。在户外体育活动展开时，体育教师可以对垃圾的消极影响进行深度讲解，然后带领学生清理户外垃圾，并且做到垃圾分类，以此来培养学生良好的劳动习惯。

|高中体育与健康人教版全一册|

“篮球课程联结劳动教育”课堂实录与评析

一、课堂实录

（一）教材解读

篮球运动是由美国马萨诸塞州斯普林菲尔德市（春田市），基督教青年会干部训练学校，在加拿大出生的体育教师詹姆士·奈·史密斯1891年发明的。他受启发于当地青年摘桃扔入桃筐的活动性游戏，即在一块场地的两端设置两个竹制桃筐，展开投篮比赛，这是篮球运动的雏形。篮球运动的本质是一种娱乐、健身的体育游戏，也是一项国际性的竞技体育运动，又是一门学科课程，还是新兴的一种体育产业，总体上说这是一种人类进步的社会文化现象。篮球运动自1895年传入中国后，于1914年1月举行的第一届全国运动会才被列为比赛项目。

作为一名高中体育教师，经常听到外界对于体育课这门学科的疑问：“有那么多打球时间，为何不好好学习呢？”为了有力地推动体育教育事业发展，为了更多孩子的习惯的不断养成，以及培养良好道德品质的形成，我们要重新认识体育。目前我国对体育的重视程度逐年增加，人们对体育教育的认识不断提升，我们要从娃娃抓起，中小学生体质越来越受重视，“足球联赛”“小篮球大梦想联赛”各大赛事的举行也是为孩子提供了平台，为体育健康计划提供了基础。从小老师就教育学生，要德智体美劳全面发展，做一个五好青年。教师要重视劳动，强调教育与劳动相结合。应当通过劳动教育，让学生真正喜欢劳动，热爱劳动，尊重大家的劳动成果，分享每个人的劳动果实。劳动来源于生活，生活中不缺乏教育，重视教育与劳动的结合，是重中之重。劳动是集体奋斗出来的，也是实现理想和目标的重要途径。成功没有捷径，劳动是成功的开门钥匙。在大力发展教育同时，发扬学生劳动精神也是重点之一。让学生树立依靠辛勤劳动、团结劳动，以教育带动劳动，发扬不怕吃苦的精神，以及良好道德习惯的养成。

（二）教学目标

1. 认知目标：学生能说出体前变向换手运球技术的动作方法，能在以后篮球运动中运用。

2. 技能目标：80% 的学生能初步做出体前变向换手运球的基本动作，初步掌握耐久跑的动作技术和正确的呼吸方法。

3. 情感目标：积极主动地参与练习，体验运用所学技术成功过标志物的快乐。激发学生的耐久跑兴趣，培养学生顽强的意志品质及团结协助的精神，培养学生热爱劳动的品质。

（三）教学过程

本节课进行篮球球性练习，练习完成以后通过课后检查器材对学生进行劳动教育。

师：同学们在电视上看过 NBA 的比赛吗？

生 1：看过。

生 2：没看过。

师：有喜欢的球星吗？

生 1：麦迪。

生 2：科比。

生 3：库里。

师：大家喜欢的球星不同，每个人的技术特点不一样，但是呢，他们基本功都很扎实，大家想不想跟他们一样拥有良好的技术。

生：想。

【设计意图】用 NBA 球星导入，吸引学生注意力，让学生自己说出喜欢的球星，先以运球做铺垫，让学生有一个劳动最光荣的情感认知，然后引出课题。

1. 开始部分

（1）热身活动

（2）绕场慢跑

（3）有球练习

①手指弹拨球练习。

②“8”字滚球练习。

③身体绕球练习。

④“8”字绕球练习。

⑤原地高低运球练习。

⑥运球突破过人练习。

⑦体前换手运球。

⑧三威胁动作加体前换手运球。

2. 基本部分

动作方法：

运球队员欲从左侧突破，先用右手运球，吸引对手向右移动，这时运球队员突然用右手按拍球的右侧上方向左侧变向运球，同时右脚向左前方跨出，用肩、腿护球，接着迅速换左手按拍球的后上方，加速运球超越对手。

动作要领：

变向时重心降低，转体探肩，蹬跨突然，超越快速有力。

练习步骤：

①练习跨步、侧身护球动作。

②原地拍球做体前变向换手运球。

③行进间做体前变向换手运球。

④连续过标志物练习。

⑤分层练习。

师生交流。新授课开始采用了提问的方式。

师：同学们在电视上看过 NBA 的比赛吗？看过他们眼花缭乱的传球和行云流水的配合吗？

生 1：看过。

生 2：没看过。

师：篮球运动是一个集体项目，进攻是通过五个人相互配合来完成的，要达到默契的配合，比赛的胜利，就要掌握好传球这项基本功，今天，我们就来学习篮球的知识。

师：突破过程中，以右手运球为例，迅速换到左手，应拍打球的什么部位？

生：后上方。

师：好，现在大家一起做原地的前推后拉练习，体前换手变向，向左右拨球的运球练习。掌握换手运球、推球、拉球、拨球的基础动作。

易犯错误：运球变向时蹬跨、转体探肩慢，护球不力。

纠正方法：原地做运球转向和蹬跨、转体探肩动作。

游戏环节。游戏：贪食蛇。

方法：全班分成人数相等的两组，每组选出一人为“蛇头”，其余同学为“食物”按要求在教师指定的篮球场上等待区等待，练习开始后，“蛇头”依照一定的路线吞食“食物”

规则：①“贪食蛇”不能脱节即队伍保持一致。②在每个食物点只能吃一个“食物”，所有“食物”吃完以后再依次将“食物”放回食物点。

劳动光荣。在练球过程中，学生细心发现球有漏气的情况，并挨个检查漏气原因。为了锻炼学生的动手能力，所有学生帮助老师收拾了器材，将所有篮球送回了器材室，并逐一检查了球类。也懂了如何判断篮球、排球、足球各种损坏的原因，并对损坏的逐一归类、处理。针对球类气不足现象，并挨个检查并打气。

3. 结束部分

（1）放松练习

（2）总结评价

（3）宣布下节课内容

（4）布置课后作业

课例提供：孙龙泉

二、课堂评析

篮球课程联结劳动教育

（一）学科教育

本课授课对象为高二学生，本节课为新授课。学生普遍喜爱和了解篮球运动，大多数都有一定的篮球基础。高中生比较活跃，具有较强的模仿能力，又具有很强的学习欲望。本次课结合明星图片来激发学生学习兴趣，通过教师的讲解示范，提高学生感性认识。采用启发、模仿、自学、展示、自主、探究等教学方法，结合各种有效的辅助教学手段，从易到难，循序渐进。充分挖掘每个学生的潜在能力，更好地促进学生发展能力，努力达到教学目标。在体育课程教学中，促进劳动教育的深度渗透，需要从体育课程的课前准备活动做起。体育教育工作者可以有效利用体育准备工作活动，促进学生劳动教育的发展，培养学生良好的体育劳动习惯。例如，体育教育工作者可以对学生进行分组，实行小组轮流制。在每次体育课开课之前，小组要对体育课堂的准备活动——体育场地的布置、体育器材的借取登记、体育器材的搬运还送等展开亲自动手操作。学生通过对体育准备活动的亲自动手操作，不仅能够增强学生的劳动观念，还能够引导学生树立正确的体育运动观。在学生对体育活动展开实践布置时，还能够用自己的细微行动来为班级体育教育服务，增强学生的劳动光荣感。

新课程标准提出，学生要学会自主学习、合作学习和探究学习，以提高学生的学习能力，培养学生创新意识和实践能力，充分调动学生的积极性和主动性。本节课围绕着“自主探究、合作学习”的思想理念，引导学生通过提问、观察、分析、思考、自练、讨论的学习过程中应用观察法、合作学习法和探究学习法，在自主学习和合作学习中不断改进和提高动作质量。体育教育工作者可以通过劳动生活情景的有效创设，来激发学生的体育参与积极性和体育参与兴趣。劳动生活情景的创设能够增强学生的体育理解能力，引导学生快速学习相关的体育技能，增强学生的体育核心素养。体育活动包括课内体育以及户外体育活动。户外体育活动由于其使用场地的公共性，经常会产生一些无法避免的体育垃圾。在户外体育活动展开时，体育教师可以对垃圾的消极影响进行深度讲解，然后带领学生清理户外垃圾，并且做到垃圾分类，以此来培养学生良好的劳动习惯。

（二）劳动教育

通过本次课的教学，教师发现通过球性练习，学生的练习积极性明显的提高了，而且在教学中小组合作学习中学生之间相互加油打气，互帮互助的来完成持球运球，教师觉得达到了很好的教学目标和教学的目的，在体育课中能培养学生放开、大胆、积极的练习和尝试是非常好的，在这一个过程中学生之间还相互帮助团结协作，也是作为一个教育工作者非常想要看到的，这样今后的工作和生活中都会对其帮助非常的大，另外一方面从学生的心理角度来说高中阶段的学生注意力容易分散，这样通过游戏的教学让孩子们的注意力更加的集中，从而也达到了更好的教学效果，球性练习的教学本身非常的枯燥，通过游戏的教学可以较好地来克服。在那些体育游戏展开过程中，体育教育工作者可以引导学生亲手制作体育游戏工具和器材——沙包、毽子、跳绳等。这些体育器材制作简单，但是具备较强的趣味性。学生通过亲手的劳动制作，能够对体育器材进行深度了解，并且还会珍惜和爱护这些器材的使用。

陶铸曾说过："劳动是一切知识的源泉。"课堂所学知识如何运用到实践中。小时候学过《锄禾》这首诗，学生光从字面意思理解还不够，要真能从实践中去体会劳动的辛苦，加深对课文理解，真正体验到农民伯伯在烈日下辛勤工作，也体会到粒粒皆辛苦的真正含义。现在学生沉迷于打游戏，上网青少年被网络毒害，锻炼孩子的动手能力，提升劳动意识是当代教育的趋势，如何让体育与劳动教育相结合，不仅仅是教育工作者当下的任务，也是家校共同合作的重点。在进行了球性练习以后，学生对体育的热爱又加深了一层，为了锻炼学生的动手能力，所有学生帮助老师收拾了器材，将所有篮球送回了器材室，并逐一检查了球类。也懂了如何判断篮球，排球，足球各种损坏的原因，并对损坏的逐一归类，处理。针对球类气不足现象，并挨个检查并打气。

（三）体育与劳动结合

劳动平等教育目的是什么？记得马克思曾经说过："未来教育对所有已满一

定年龄的儿童来说，就是生产劳动通智育和体育相结合，它不仅是提高社会生产的一种方法，而且是早就全面发展的人的唯一方法。”“教育与生产劳动相互的结合”这既是我国马克思主义的重要教学原则，也是党和国家一直坚持的重要教书育人基本原则之一。加强学生劳动道德教育既是必要的，也是必然的。

1. 从小事做起，利用体育课上的场地布置，按时收拾器材等对学生进行劳动教育，树立止确的劳动观。

“上体育课喽！”学生们从教室里一窝蜂出来，从课业的压力中释放出来，欢呼雀跃，情绪高涨。当他们看到运动场地上笔直的线条，多样的图形，合理布置的器材的时候，新奇感强烈的不得了。此时教师可以把握住这个兴奋点，借助学生的兴趣与积极性，锻炼他们的动手能力。看着学生跑来跑去忙碌的样子，教师能感受到学生的快乐，借由这件小事，学生也可以满足劳动的体验，收获满足。借还体育器材是一件小事，但是学生很多时候都很积极，利用这件小事，教育的效果会很好。教师应让学生知道虽是小事，既服务了大家，也让学生明白劳动是光荣的。对表现积极的同学给予适当表扬和鼓励，激发其余同学的劳动欲望，积极参与到为大家劳动的行列中来。通过小事情，目的是能让学生认识到劳动的意义，热爱劳动，尊重劳动成果，积极体验其中的乐趣，让更多学生参与进来。

2. 体育课自制器材，锻炼独立动手能力。

体育器材室各种器材应有尽有，但好多都是学校配置，有些小的可以通过学生手工制作。比如自己制作的小风车、自制球拍等。它们的制作简单，使用方便，趣味性很强，很受学生欢迎。制作小器材其实是一种手工小劳动，能锻炼学生的动手能力。而且在制作过程中学生会不断更新与完善，增强了合作精神。在完成以后，学生还会相互对比，互相学习，更加完善自制器材，增加了学生积极性同时，锻炼了学生的动手能力，劳动精神随之形成。在日常教学中我曾多次借助教学杂志上所教授的方法，让学生制作小器材，每次学生都制作的很高兴，练习技能时能全心投入，促进技能掌握速度的加快。

开设劳动教育课程、培养劳动情怀，学校将把劳动教育列入人才培养方案，纳入教学内容统一管理。聘请劳动模范、能工巧匠、企业管理人员或科技人员开设劳动教育讲座，组织学生观看“大国工匠”“劳模风采”等有关专题宣传片，将劳动教育与专业人才培养计划中的认知实习、专业实习及企业工程实践紧密结合，将劳动教育内容有机地融入各实践性教学环节，形成具有综合性、实践性、开放性的学校特色劳动教育课程体系。培养学生热爱劳动、尊重劳动的情怀，掌握基本的劳动技能。将学生劳动实践纳入人才培养要求，学生在校期间均须完成16小时的校内劳动实践。除组织学生开展公益劳动，参加学校大扫除、教室卫生、校园环境整治等劳动活动外，充分利用学校实验室、创客空间、工作坊及各类教学设施开展校内劳动实践活动。校团委要积极引导学生成立学校公益劳动社团组织，配备指导老师，指导学生定期开展劳动教育和劳动实践活动。

通过本节课的教学，不仅使学生丰富了知识，也锻炼了学生的动手能力，更让他们懂得劳动最光荣。希望学生在生活中热爱劳动，从生活中点点滴滴做起，有正确劳动态度，积极地态度。在接下来的体育课以及体育训练中希望再接再厉，把体育精神发扬光大，把劳动精神也发扬光大。

第四节　地方课程教学有机渗透劳动教育

地方课程又称地方本位课程，在国家课程标准的指导下，以地方课程资源为依托而开发、设计、实施的课程。以解决地方面临的具体问题，为当地发展培养特殊需要的人才为目标。因此，地方课程具有其独特的灵活性、地域性、开放性、探究性等特征。

劳动教育与地方课程相融合，充分发挥地方课程优势，打破劳动教育过程中存在的问题。以地方课程资源为依托，以探究性课题为主要学习活动方式，兼容并蓄，既充分发挥了地方资源的主体性，同时也打破劳动教育“片面化”“理论化”问题。

劳动教育与地方课程相融合，实现地方教育资源的整合与提升。劳动教育是一门以劳动实践为主要学习方式的课程。劳动教育课程的实施，需要与学生生活紧密相结合的具体情境为依托。劳动教育与地方课程相渗透，充分利用地方课程资源，取材本地、服务本地，更贴合学生的现实生活，为劳动教育的落地生根提供极大帮助。加之，地方课程不同于国家课程需要有严密的理论体系，其独具特色的开放性，为劳动教育的实施提供了优渥的条件，能更好地吸纳劳动教育的精髓。

本章节课例以二年级中华优秀传统文化第 13 课“晨洒扫保整洁”课堂教学为例，力破传统文化与生活脱节的问题，与劳动教育相结合，以“勤劳”美德的传承为目的，结合实际生活，将勤劳落脚到生活中去，鼓励学生自己动手试一试，尝试学习新的劳动技能等，让美德在实践中发酵，促生劳动教育的“有理有据”。

劳动教育与地方课程融合，学科渗透中，提升学生综合素养。21 世纪是以创造为特征的时代，创造性和运用知识的创造力愈发重要。随着各学科各学段新课标的颁布施行，学生素养问题愈发突出，单独的一门学科教学已无法全面满足学生多方位发展。学科融合承认学科差异的基础上不断打破学科边界，促进学科间相互渗透、交叉的活动。学科融合既是学科发展的趋势，也是产生创新性成果的重要途径。劳动教育与地方课程相融合，以劳动教育的理论适时指导，地方特色发挥主要作用，以学生探究性学习为主要学习方式，实现理论与实践相结合，地域特色与大纲文化的碰撞。在学科渗透与融合中，提升学生的综合素养。

地方课程与劳动教育相融合，理论与实践相交融，学生在探究性学习活动中，既传承了优秀地域文化，发挥了地域文化的价值，又促生劳动教育理论在现实生活中的落地生根。

| 小学中华优秀传统文化齐鲁书社版二年级下册 |

“晨洒扫保整洁”课堂实录与评析

一、课堂实录

（一）教材解读

“晨洒扫保整洁”一课选自小学中华优秀传统文化齐鲁书社版二年级第13课，由读典明理、绘本启智、知行合一、拓展阅读四大模块组成。

从中华优秀传统文化教育教学角度解读教材“读典明理”引用《诗经·大雅·抑》中的章句，告诉学生勤劳是众人所追求的美德，勤劳的人是民众的表率。“绘本启智”《拜师学艺》以故事为引读，进一步解说“勤劳”这一美德的重要价值，促使学生对勤劳的认识再次提升。“知行合一”从反思自身的角度出发，以图片的形式给学生启发，帮助学生在生活中践行勤劳的美德。“拓展阅读”既是学生劳动技能的展示，也是再次帮助学生建立爱劳动、勤劳动的美德认知。几个模块的相互融合让学生对“勤劳”这一美德有全面的认识，懂得勤劳是一个人立足于社会的基础，是一种美德，通过知行合一，使“勤劳”这种美德得以传承。

从劳动教育教学角度解读教材：本课通过四大模块的引领，引导学生逐步认识“勤劳”这一概念，通过理论认知指导劳动实践，鼓励学生积极参与到劳动中来，学会做一些基本的家务，掌握基本的劳动技能，能做一些力所能及的家务劳动，养成爱劳动的好习惯。

（二）教学目标

1. 能流利地背诵《诗经·大雅·抑》中“夙兴夜寐，洒扫庭内，维民之章”这一章句，了解其含义。

2. 让学生懂得勤劳是一个人立足于社会的基础，是一种美德。

3. 鼓励学生积极参与到活动中来，学会做一些基本的家务，掌握基本的劳动技能，能做一些力所能及的家务劳动。

4. 能主动帮助家人和同学做一些事情。

5. 能知道别人劳动的不易，尊重别人的劳动成果。

（三）教学过程

1. 谈话引领，初识“劳动”

师：今天的教室可真干净，是谁打扫的呢？

生 1：是李同学。

生 2：还有张同学，他们早上一到教室就开始打扫卫生。

（学生争先恐后表达自己观察到的。）

师：表扬李同学和张同学，你们为大家创造了一个干净、整洁的学习环境。我们其他同学也要一起努力，保持好教室卫生。怎么保持好卫生呢？

生 1：不乱扔垃圾。

生 2：看到垃圾要及时收拾。

（学生开始扫视周边，及时捡起掉落的碎纸片。）

（教师给出短暂停留，促成学生实践。）

师：你们不仅爱劳动还懂得珍惜别人的劳动成果，了不起！今天我们一起来学习第 13 课“晨洒扫保整洁”。（教师板书课题。）

【设计意图】*以谈话方式轻松愉快地启发学生发现教室环境干净整洁是因为有爱劳动的同学的劳动成果，爱劳动的人得到大家的喜欢，为进入本课学习做好心理铺垫。*

2. 诵读经典，整体感知“勤劳”

师：我们身边有很多爱劳动的同学。

（1）教师活动一：PPT 出示学生参与劳动的照片，看看他们在做什么？

图 1：韩福平主动摆书包。

图 2：李姝润主动扶起倒地的扫帚。

图 3：张同学帮助妈妈洗碗。

（学生看到图片上都是身边的同学，非常惊喜。）

师：无论是在家里还是学校里，这些同学，能主动地参加力所能及的劳动，他们可真是我们学习的榜样。老师想用一句古文夸夸他们。

（2）教师活动二：PPT 出示章句——“夙兴夜寐，洒扫庭内，维民之章”。

①诵读任务一：读正确，读流利。

师：谁能借助拼音读一读这句话？

生：夙兴夜寐，洒扫庭内，维民之章。

（读得有些磕绊，夙、寐两个字不敢读。）

师：“夙”这个字怎么读？拼一拼。

生：sù。

师：“夙”是早的意思。“寐”这个字呢？

生：mèi，入睡的意思。

师：对，谁来准确地读读这句话？

（请两名同学分别读。）

②诵读任务二：关注句中停顿，读出抑扬顿挫之感。

师：“维民之章”这半句话读的不好，断句读错了。老师请出魔法棒帮帮你吧。

（教师活动：PPT 出示断句。）

（教师示范诵读，适当夸大停顿，引导学生模仿“声断气连”的古文诵读法。）

（学生模仿读，教师及时表扬进步。）

（3）诵读任务三：明理。

师：“维民之章”就是成为大家的榜样、表率的意思。读一读古语今说，结合你的生活经历，怎么做才能成为大家的表率呢？

生：主动摆书包，主动捡垃圾。

师：在家里呢？

生：帮妈妈打扫卫生，洗碗……

师：是的，打扫卫生，做家务，这都能帮助我们养成勤劳的美德，也就是大家的榜样了。现在你理解章句的意思了吗？让我们一起再来读一读这句话吧。

生（齐读）：夙兴夜寐，洒扫庭内，维 / 民之章。

（学生声音明显响亮。）

（4）诵读任务四：背一背。

（教师活动一：PPT 出示章句，引导学生以填空的形式进行章句记忆。如下。）

（　　）兴（　　）寐，（　　），维民之章

师：请大家根据提示，尝试填空。

生：小声自由尝试填空。

师：谁有勇气挑战一下？

生（有些磕绊）：（夙）兴（夜）寐，（洒扫庭内），维民之章。

师：了不起！你是第一个能把章句背下来的孩子。谁还可以？

生：（夙）兴（夜）寐，（洒扫庭内），维民之章。

师：大家一起来背一背。

生（齐）：（夙）兴（夜）寐，（洒扫庭内），维民之章。

（教师活动二：出示同学参加劳动的照片，鼓励大家用本课章句夸夸他们，巩固对章句的理解与记忆。）

师：看看我们班这些爱劳动的同学，谁能用这句话来夸夸他？

生：（夙）兴（夜）寐，（洒扫庭内），维民之章。

（学生未能融入情境中，有些刻板。）

师：我们尝试着自然一些表达这句话好不好？像老师这样说，张同学，你做到了“夙兴夜寐，洒扫庭内，维民之章”，真了不起！

生（面对想要夸奖的王同学）：王同学，你做到了“夙兴夜寐，洒扫庭内，维民之章。”真了不起！

……

（学生积极发现班级其他爱劳动的同学，并送出表扬。）

师：相信以后我们班会涌现出更多勤劳的孩子。我们一起把这句话送给自己吧！

生：夙兴夜寐，洒扫庭内，维民之章。

【设计意图】以生活图片撞击学生内心深处，触发他们的直观思维，让学生直观感受到勤劳就在身边，是生活中不可缺少的优秀品质。同时，潜移默化中引领学生反思自身行为有哪些爱劳动的表现，认识到“勤劳”这一美德的重要性，以到达读典明理的教学目的。

3. 绘本启智，深挖“勤劳”意义

（过渡语：“勤劳”是一种美德，做任何事情，勤劳都是必不可少的。去读一读这个小孩儿学武功的经历吧。）

（1）活动一：听《拜师学艺》的故事。

思考：刚开始学艺的时候，师父让小孩儿做什么？师父为什么让小孩儿做这些事情？

（2）活动二：交流与研讨：

师：刚开始学艺的时候，师父让小孩儿做什么？

生：砍柴、挑水。

师：小孩儿要学武功的，师父为什么让小孩儿做这些粗活、累活？

生：学武功很辛苦，师父先让他学会勤劳吃苦，才能学好武功。

师：一起来读一读师父这句话——要想学武功，首先要学会勤劳吃苦，做任何事情都是如此。只有勤劳刻苦，我们才能学有所成。老师随机采访了几位高年级的同学，听听他们是怎么说的？他们是否做到了勤劳刻苦呢？（视频播放。）

【视频简介】

第一位同学：我学乒乓球 5 年了，刚开始学乒乓球的时候，又跑又跳的，非常辛苦，好几次脚腕扭伤，但我仍坚持了下来，每天勤加练习，现在我已经拿到好几次市级冠军了。

第二位同学：我今天 10 岁，但是我学跳舞已经有 7 年了。学跳舞很辛苦，扭伤脚，磕破膝盖，甚至扭伤腰，但我仍然坚持了下来，每次舞蹈课我都是第一个到教室。我最高兴的是去年我参加了山东省的少儿春晚。】

师：孩子们，听了大哥哥大姐姐的讲述，你有什么启发？

生：要刻苦训练，不怕困难。

生：学习要勤奋努力。

师：只要学会勤劳吃苦，就能学有所成。让我们再一起读一读故事中师父的那句话吧。

生（齐）：要想学武功，首先要学会勤劳吃苦，做任何事情都是如此。

【设计意图】“绘本启智”是对“勤劳”这一美德的进一步提升，通过讲别人的故事，看身边的视频，帮助学生认识到，“勤劳”在生活中的重要性，任何事情的成功都不是轻松的，需要我们有勤劳的美德，还要有吃苦的精神，促生学生践行“勤劳”。

4. 知行合一，躬身实践

（过渡语：孩子们，“勤劳”如此重要，生活中你是不是做到了勤劳呢？）

（1）活动一：劳动小调查，推选劳动小达人。

师：请大家拿出手里的调查表（如下表），上面列举了很多家务活儿，看看你会做哪些？你每天坚持做的家务活儿又有哪些？符合情况的打上√。如果你还会做其他家务，也可以写下来。

劳动小调查

家务活儿	洗碗	擦桌子	扫地	拖地	浇花	叠衣服	叠被子	洗衣服	倒垃圾	整理书桌	整理书包	其他
会做（√）												
每天做（√）												

续表

学校劳动	扫地	拖地	擦黑板	摆桌椅	擦桌椅	摆书包	捡垃圾	倒垃圾	整理桌洞	整理书包		其他
会做（√）												
每天做（√）												

小组合作交流：数数哪位同学每天参加的劳动多？推选出组内劳动小达人，并把他的调查表贴在“劳动小达人”展示台上。

（2）活动二：知行合一，躬身实践。

（过渡语：大家会做的劳动可真不少，但是每天坚持做的却很少。我们会劳动，还要坚持经常劳动，每天劳动，这样才能帮助我们养成勤劳的美德。一起看看图片中的同学是怎么做的吧。）

教师活动：PPT 出示课本“知行合一”环节的图片。

图一：房间地面勤打扫

图二：饭后碗筷主动刷

图三：小件衣服自己洗

图四：学校桌椅擦干净

学生齐读图片下面的四句话。

师：除了图片上的事儿，你还可以做什么？

生 1：穿过的袜子自己洗。

生 2：自己的书橱勤整理。

……

（学生积极踊跃地表达自己想要做的事情，侧重点凸显出了“自己”“勤”这几个关键词上。）

师：我们要把勤劳的美德记心里，勤劳的行动付诸在生活实践中。

【设计意图】本环节意在引领学生知道具体怎么做才是勤劳的表现。从小调查入手，逐步引导学生发现虽然自己会做很多家务活儿，但是并没有坚持做。反思之余，教师利用课本“知行合一”图片给予学生正确引导，把应该怎么做直观地告诉学生，让学生真正地会动手去劳动，养成爱劳动的好习惯。

5. 行为演练，拓展运用

（过渡语：人生在勤，不索何获？那就让我们从身边的小事做起动手做起来吧！）

劳动大比拼——整理书包

参与对象：全班同学

活动规则：老师计时，2 分钟之内，能把书包整理好的同学获胜。

【设计意图】行为演练是对勤劳这一美德的践行。让学生实实在在的学会整理书包这一项劳动，学会从小事做起，做个勤劳的好学生。

6. 星星点灯，夯实认知

（过渡语：孩子们，星星点灯，你点亮了几盏灯呢？相信通过这节课的学习，大家对勤劳有了新的认识。在“星星点灯”中鼓励大家去学习一项新的劳动技能，就此，我们做一次社会实践活动——争当劳动小模范。）

（1）活动目的：通过学习一项新的劳动技能，做一些力所能及的家务，养成爱劳动的好习惯，传承“勤劳”的美德。

（2）活动规则：

①学习一项劳动技能，用照片记录学习过程。

②坚持新的劳动技能，请家长做好监督，每天记录并评价，时间为 21 天。能坚持下来并得到家长肯定的同学被评为劳动小模范（如下表）。

执行人：　　　　监督人：　　　　劳动技能：

日期	是否坚持做	评价

【设计意图】通过学习一项新的劳动技能并坚持打卡，让学生在劳动中感受到乐趣，从而爱上劳动，养成勤劳的美德。

7. 板书设计，重难点凸显

晨洒扫	保整洁	劳动小达人
房间地面勤打扫	饭后碗筷主动刷	
小件衣服自己洗	学校桌椅擦干净	

【设计意图】板书设计在于呈现本课最核心的内容，板书分成两部分，“劳动小达人”的设计是副板书，对学生对“勤劳”认知的直接反馈，而“知行合一”的四句话作为主板书是为了彰显实践的重要性。我们不仅要认识“勤劳”这一美德，还要躬身实践。

课例提供：李倩

二、课堂评析

在小学中华优秀传统文化课程中渗透劳动教育

这是一堂优秀的传统文化与劳动体验相交融的课堂，整堂课既有传统文化的底蕴，又不失现代生活中劳动体验的多姿多彩。教师拈着学生的劳动实践讲传统，成功搭建起传统文化与劳动教育的桥梁。

（一）“今天的教室卫生是谁打扫的呢？”

劳动体验随处可见，优秀传统文化却居之庙堂，以劳动成果的反馈导课，快速把学生带入传统文化的课堂，引发学生兴趣。本节课，教师开门见山式的导课，符合小学低年级学情，从教室的卫生谈起，身边的小事情，无形中传达给学生一种传统文化也是与生活密切相关的印象，更能引发学生兴趣。同时，教师借助学生的眼睛发现身边爱劳动的榜样，于上课之前，已然是传达给学生“爱劳动”这是一种值得表扬的行为，消除了传统文化课本身给学生和教师带来的紧张感，更容易帮助学生进入本节课“勤劳”的话题。

(二)直观式劳动体验图片,轻松读懂古文章句

古文章句一直是传统文化学习的一大难题,尤其对于小学低年级的学生来说,更是读数遍却不知其所云。本课教学设计中,教师打破传统的直接进入古文章句学习的模式,而是寻找身边的爱劳动的同学的图片,让学生直观认识到,他们在做什么,这是身边的榜样,也就是古文章句里所讲到的表率,再结合古语今说,学生便轻松理解古文章句的意义。而且,身边同学的图片产生一系列连锁反应,触及学生自己的生活经历,让学生发现其实自己也做过这些事情,也爱劳动。这就帮助教师顺利地把什么是"勤劳"潜移默化中传递给了学生。加之,学生自我肯定后内心得到满足,进而学习的主动性也就更凸显出来,更积极踊跃地去表达自己的认知。一组图片所产生的连锁反应,轻松搭建起文化传承与现实生活中劳动体验的桥梁。

(三)层层递进,层层推动,传统文化在现实生活落地生根

教材是教师授课的依据,但不是框架,需要根据授课思路进行补充甚至调整。本课教学设计最大特点是每个模块并不是相互独立的,模块与模块之间层层递进,实现交融。这需要教师有较强的逻辑思维能力和课堂驾驭能力。本节课在整体设计上,遵循了什么是"勤劳","勤劳"的美德很重要,应该怎样践行"勤劳"的设计思路。借助"读典明理"和"绘本启智"不断认识"勤劳"行为,丰富其意义,"知行合一"和"行为演练"学生即反思了自己生活中的行为,又为以后指明了方向,让"勤劳"这一美德在学生现实生活中落地生根。教学目标的达成不仅在于教学内容是否全面,还在于教师本身的教学思路,本节课层层递进的教学思路,潜移默化中让"勤劳"融入学生的内心。学生轻轻松松学到知识,文化传承也得以继续。

(四)摒弃高谈阔论,让传统文化的课堂"接地气"

传统文化与现实生活的距离感是制约学生去践行的根本原因。本次课堂设计中,教师充分考虑学情,以活泼、亲切的语言,与学生进行对话,每一模块的传统对话必然有一次与现实的链接。"读典明理"在理解章句基础上,反思生活中的"勤劳"行为,"知行合一"和"行为演练"更是直接指导现实生活中应该怎样做。“绘本启智”与学生采访视频相结合，不仅古人知道勤劳刻苦，身边也有不少勤劳刻苦的事例，更能引发学生的情感共鸣。这相较于一味地说教，更利于获得学生的心理认同。

（五）传统文化与劳动教育的学科融合，令彼此生花

传统文化告诉我们“勤劳”的美德是从古至今的传承，而学一项劳动技能则是对劳动教育的延伸。“勤劳”这一词本身就是极富有劳动教育价值的词语。木课例设计中，教师不惜花费大量时间用于学生的劳动调查、劳动体验，比如课堂上的“劳动小达人”评选，整理书包比赛，课后的“争当劳动小模范”，既是对“勤劳”这一美德的践行，更是对学生的一次次劳动训练。学生带着对“勤劳”这一美德的心理认知，去主动学习劳动技能，参与劳动，使简单枯燥的劳动也变了味道。带上“美德”这顶帽子的劳动行为更能持久，辅以劳动实践的“勤劳”这一美德更能被学生认知。而这也就是学科融合的意义所在吧。

本课例从教学设计理念，到教学方法的选择，都有其自身的独特性。正是这种独特性，巧妙地打破了传统文化课堂固有的模式，成功搭建起传统文化与现实生活的桥梁。这对文化的传承无疑起到了巨大的推动作用。

第五节 校本课程教学有机渗透劳动教育

校本课程作为国家课程和地方课程的补充，其最大的优势是因地制宜，各具特色，内容丰富，形式多样，组织灵活，这为渗透劳动教育提供了广阔的舞台。

校本课程渗透劳动教育有其独特的优势：其一，劳动教育与校本课程都具有综合性强的特征，《义务教育劳动课程标准（2022年版）》中明确指出“注重挖掘劳动在树德、增智、强体、育美等方面的育人价值”，其综合性不言而喻；纵观当前中小学的校本课程，无一不是融入多门学科知识，呈现多元育人价值，许多校本课程内容，本身也属于劳动课程的一部分，其综合性与劳动课程的综合性高度一致。其二，校本课程的灵活性便于因地制宜开展劳动教育，校本课程在内容选择、教师配备、场地资源等方面的灵活多变为有效实施劳动教育提供了便利，各地各校，可以结合节气时令和区域产业特色，选择合适的工农业生产劳动内容，有利于形成学校劳动教育特色。

校本课程渗透劳动教育应充分利用学校特有的资源。学校的每一个空间都可以承载育人功能，有些农村学校充分利用得天独厚的土地资源，开发实施种植、养殖等校本课程，课例“土豆种植”中教师带领学生种植绿色有机蔬菜，在劳动过程中引导学生观察蔬菜生长，发现蔬菜种植中的问题；有些校舍紧张的城市学校利用走廊、房顶，实行无土栽培，让学生既体会劳动的快乐，又感受科技的力量，课例“探秘植物工厂之水培生菜”就是其中之一。学校还可以利用周边特色资源开展劳动教育，激发学生热爱家乡的情感，为传承区域文化作贡献。例如，“花官大蒜”是山东省广饶县的特色农产品，很多中小学开发蒜乡课程，让学生走进田间地头，种蒜、提蒜薹、收蒜及大蒜深加工，体会劳动带来的无穷快乐，课例“腊八蒜”将腌蒜和种蒜苗两项劳动活动与乡土文化很好地结合到一起，发挥了劳动育人的功能。“茵陈的移栽与田间管理”选自校本课程“盐文化”，学校利用地处盐碱地的地域优势，开发实施简易盐制品的加工、盐碱地植物移栽、盐碱地改良等课程，激发学生热爱盐区、建设家园的热情。

校本课程渗透劳动教育应突出学生的主体地位。不同年龄段学生的体能和心理不同，学生个体之间也存在发展的差异，渗透劳动教育的校本课程在开发与实施过程中，要充分考虑这些因素，尽量满足不同类型的学生发展的需要。我们的案例均选择具体的、活泼的，真正能给学生体验实践的活动，活动设计体现“教育的意义性，实施的可行性，活动的趣味性”。以手工社团活动“扎纸花”一课为例，该课程以学生兴趣为基础，创设真实环境，真实场景，让学生在实践中学习技能，给学生留下充分的活动时间，在实践中运用所学的知识，让知识、经验、体验融为一体，鼓励学生通过劳动创造美，实现“以劳育美”的教育价值。

| 小学校本课程“手工社团活动”三年级上册 |

“扎纸花”课堂实录与评析

课堂实录

（一）教材解读

“扎纸花”是小学校本课程“手工社团活动”系列的第一课。“手工社团活动”课程在长期的实施过程中初步形成了基本的授课模式（见下图）。

联系生活 导入新课	学生探究 分步指导	小组合作 动手实践	主题升华 回归生活

教材以“扎纸花”为专题进行编排，先总体介绍扎纸花基本方法，把扎纸花的步骤分解为“折→捆→剪→拉→整理”五个动作，并在授课中不断引导学生探究思考、总结经验。在学会扎纸花的步骤之后，探究纸花的不同的剪法，设计出新的花型，创造出自己喜欢的纸花。基本设计思路如下：

联系生活 导入新课	学生探究 分步指导	小组合作 动手实践	主题升华 回归生活
通过日常生活引发共鸣，在思考问题中激发学习兴趣。	分步讲解“折→捆→剪→拉→整理”五个动作，引导学生总结经验，形成结论。	通过小组合作完成自己的创意作品，鼓励学生全身心参与劳动实践。	认识扎纸花的历史，发现中国劳动人民的智慧。

在教育部印发的《大中小学劳动教育指导纲要（试行）》一文中，对小学中高年级学段要求“初步体验种植、养殖、手工制作等简单的生产劳动，初步学会

与他人合作劳动，懂得生活用品、食品来之不易，珍惜劳动成果”。“扎纸花”这节课是基于此要求进行设计的。不同于其他知识类课程，劳动教育课程实践性强，劳动知识、劳动操作、劳动意识的形成都离不开学生的亲身劳动体验，“扎纸花”一课在课程设计中，要求学生用皱纹纸、细铁丝等材料，用剪刀等工具制作纸花，通过动手操作，了解劳动的一些基本要素和核心理念，在动手操作中提升劳动技能，激发创新能力和合作意识。

（二）教学目标

1. 学生学会扎纸花的方法步骤，尝试动手扎纸花。在制作过程中，探究纸花的不同的剪法，设计出新的花型。

2. 在制作纸花活动中，提升学生的动手能力、创造力及团队合作能力。

3. 树立正确的劳动观念，懂得劳动创造人、劳动创造价值、创造财富、创造美好生活的道理。

4. 培育积极的劳动精神，养成良好的劳动习惯和品质。

（三）教学过程

1. 联系生活，导入新课

师：同学们，现在是春天，是鲜花盛开的季节，公园里各种各样的花争奇斗艳，你们喜欢花吗？

生：喜欢！

师：瞧！今天老师带来了一些鲜花，我们一起来欣赏。（播放校园内各种鲜花盛开时的视频。）

师：同学们，欣赏了这些美丽的鲜花，你们想说些什么？

生 1：这些鲜花真漂亮，有红色的、白色的、黄色的……

生 2：我发现这些鲜花就盛开在我们的校园里，在鲜花的点缀下我们的校园更美丽了。

生 3：我还知道鲜花在春天盛开，但很快就凋谢了。

生 4：不同的鲜花有不同的寓意、花语。

师：大家回答得非常棒，老师发现同学们都有一双善于发现美的眼睛。我们知道，鲜花总有凋落的时候，你们有没有想过让这些美丽的鲜花永不凋落？

生：想。

师：这节课我们要用自己的双手将这些美丽的鲜花留住。

【设计意图】通过观看校园内美丽的花朵的视频，引发学生共鸣，发现鲜花让校园更加美丽，同时结合鲜花凋零的现象，引导学生思考如何制作永不凋零的花朵，培养学生解决问题的能力，激发学生劳动的兴趣。

2. 学生探究，分步指导

（给每个小组准备一朵纸花，学生观察。）

师：你们想知道纸花是怎样做成的吗？

生：想。

师：让我们一起动手拆开看看吧！

（学生动手拆纸花，观察探究纸花的制作方法。）

师：谁来说一说，你发现了什么？

生 1：我发现这朵花是由四层纸折叠在一起制作的。

生 2：一条细铁丝从中间把纸捆住，长的细铁丝就是这朵花的花茎。

生 3：折叠的纸很均匀，纸的两端用剪刀剪过。

生 4：……

师：同学们观察得很仔细，介绍也很准确。下面我们来看看视频中是怎么做的。（教师播放视频，展示纸花的制作步骤。）

师：大家看得可真认真，谁来说一说扎纸花需要哪些步骤？

生：第一步折纸，第二步捆起来，第三步用剪刀剪，第四步将纸一层一层拉开。

（教师板书：折纸、捆扎、剪型、拉伸。）

师：你真是一个会学习，善于总结的孩子，制作纸花就是这几个步骤，最后还应该加一步：整理。通过整理，这朵花就更漂亮了。让我们一起动手做一做吧！

（1）折纸。

师：根据刚才的视频，谁来说一说第一步怎么折？

生：第一步先把准备好的纸折起来。

师：非常好，那应该怎么折呢？

生：把四张纸来回对折，就像折扇子一样。

师：对！就像折扇子一样，我们把四张相同大小的纸上下对齐，从纸的一端开始来回等宽对折，把这四张纸折好。

师：大家跟着老师一起动手，把第一步折纸完成。

师：老师发现很多同学折得又快又好，这一步需要注意什么呢？

生1：折纸的时候纸很容易宽窄不均匀。

师：那要怎么解决这个问题？

生1：可以用直尺先画线，沿着线折就不会出现这样的问题了。

生2：不用画线，将长方形的纸沿着长边对折，对折，再对折，然后展开，沿着折痕折就一致了。

师：老师太佩服你了，你是怎么想到的？

生2：我折纸扇就是这样折的。

师：同学们，我们可以借助以往的劳动经验来进一步创作。那我们抓紧来进行第二步，你觉得第二步我们要做什么？

（2）捆扎。

生1：我们要把折好的纸用铁丝捆起来。

生2：用铁丝把折好的纸从中间捆扎起来。

师：你们观察的真仔细，把折好后的纸两端对齐，折棱朝上，拿出一根细铁丝在中间部分进行捆扎，把细铁丝交叉拧紧。第二步捆扎就完成了。

师：在捆扎的时候大家一定要注意安全，尤其是在拧铁丝的时候，别伤了手，扎着脸，先看老师示范，再完成第二步。

（3）剪型。

师：接下来就到了最考验大家动手能力的一步了，这里我们要拿出剪刀，像老师这样把纸的两端剪成圆弧形或剪掉两端的一角，也可以把两端的两角都剪掉。

（教师示范剪的动作和方法。）

师：你发现了什么？

生：我发现我们剪出的形状不一样。

师：剪的方法不一样，花的形状也会不一样，大家开动脑筋，选择自己喜欢的方法剪一下吧。

（4）拉伸。

师：下面就是纸花盛开的时候了，我们从最上面一层开始，轻轻地拉开，注意不要用力过大。

生：我发现拉开的角度不同，纸花的形状也不一样。

师：对呀，我们应该还有最后一个环节，那就是整理。

（教师板书：整理。）

师：我们根据花朵的形状进行整理，这样，一朵漂亮的纸花就做好了。

【设计意图】把扎纸花的步骤分解为“折→捆→剪→拉→整理”五个动作，并在授课中不断引导学生探究思考、总结经验，让学生体会劳动的智慧，激发劳动兴趣，强化劳动观念。

3. 小组合作，动手实践

师：我们回顾一下扎纸花的步骤，一共分五步，分别是“折—捆—剪—拉—整理”这五个步骤，让我们以小组为单位，动手实践一下吧。（学生动手实践，教师巡视指导。）

师：老师邀请几位同学来展示一下你们的作品，并说一说你们是如何扎纸花的。哪位同学想上台展示？

生 1：我先折纸，然后捆好，用剪刀剪出一个弧形，最后轻轻地把花拉开，最后整理成这个样子。

生 2：我们是小组分工合作的，我负责折纸，其他三位同学分别负责捆扎、剪型、拉开、整理几个步骤，最后我们把做好的花朵捆成一束美丽的花束。

生 3：我也是通过五步来扎纸花的，不过我还加了一步，在最后拉开纸花之前，我们小组用水彩笔、蜡笔在花上画下了很多图案，这样剪出来的花更漂亮了。

生 4：……

师：你们真让老师刮目相看！我们可以通过小组合作的方式进行制作纸花，也可以在制作中有自己的创新，你们真是一群爱学习、爱观察、爱动脑的好孩子。

【设计意图】通过进一步的分析、理解，加深学生对每一步的认识，同时引导学生自主总结在劳动实践活动中的劳动方法、劳动技能，向学生展现小组合作的重要性。同时，鼓励学生在活动中自主创新，大胆想象，全身心参与劳动实践，体验在劳动中既动手又动脑，既合作又创新的劳动乐趣。

4. 主题升华，回归生活

师：同学们都制作出了漂亮的纸花，你们想把这些纸花送给谁？

生 1：我想送给我的爸爸妈妈，感谢他们每天辛苦工作，还要无微不至的照顾我。

生 2：我想送给我最好的朋友，我们要当一辈子的好兄弟。

生 3：我想送给我的老师们，感谢他们的辛勤付出，我一定努力学习，不辜负老师的期望与汗水。

生 4：我想把我做的花送给祖国母亲，祝愿她永远繁荣富强。

生 5：……

师：大家的想法都非常棒，我们通过自己的劳动，制作出许许多多美丽的花朵，并赋予它们更深刻的寓意，有祝福、有感谢、有期许……其实扎纸花在我国有非常悠久的历史，勤劳智慧的中国人也赋予了纸花深厚的内涵，大家请看大屏幕。（教师播放视频，讲述扎纸花在中国的历史。）

师：现在大家思考一下，我们是如何扎出这么美丽的花朵的？

生 1：我们通过自己的双手，用细铁丝、剪刀将皱纹纸做成一朵朵漂亮的纸花。

生 2：我们根据学到的五个步骤来分步制作。

师：同学们回答得非常好，其实，我们这种动手实践操作、合作的活动正是劳动的一种。劳动创造人、劳动创造价值、创造财富、创造美好生活，希望大家在今后的学习生活中，积极参与劳动，养成良好的劳动习惯与品质，用自己的双手把生活装饰的绚丽多彩。

【设计意图】深化主题，通过讲述扎纸花的历史，让学生认识到我国悠久的历史和丰富多彩的传统文化，发现中国劳动人民的智慧，认识到劳动创造人、劳动创造价值、创造财富、创造美好生活。

5. 板书设计

扎纸花

折纸：纸张来回对折

捆扎：用细铁丝在中间捆扎

剪型：修剪纸的两端

拉伸：从最上面一层轻轻拉开

整理：根据花朵形状进行整理

课例提供：来庆平　叶建成

二、课堂评析

发挥校本课程的劳美共育功能

劳动教育不只是让学生“动动手、出出力、流流汗”，劳动教育应与德育、智育、美育相结合，体现劳动教育的综合性。“手工社团活动”具有综合性的特征，不仅包括技艺练习，而且包括计算、画图等数学、物理学科知识，“扎纸花”一课中花型的设计涉及美学、物理学知识，其综合性与劳动教育的综合性相一致，值得老师深入挖掘“手工社团活动”的综合育人价值，实现以劳育人的深层教育目的。

（一）以生为本，营造和谐愉悦的课堂氛围

“扎纸花”是校本教材“手工社团活动”中的第一课，通过课堂教学，培养学生观察能力、动手能力和创造能力，发现生活中的美，在动手制作的过程中，创作出更多的新花型，体验劳动快乐的同时树立正确的劳动观念，认识劳动创造人、劳动创造价值、创造财富、创造美好生活的道理，培育积极的劳动精神，养成良好的劳动习惯和品质。

课堂上，教师以活动为手段，营造了民主、和谐、愉悦的课堂教学气氛，真正做到了以生为本。课程起始，教师通过出示校园内鲜花盛开的照片，有效地把学生的注意力集中到课堂中来，并通过不断地提问、回答让学生各抒己见，课堂充满活力。与此同时，在后续的课堂教学中，教师也充分体现了“生本教学”，把课堂还给学生，教师作为引导者不断引导学生合作探究、总结整理。整节课，学生都兴致高昂，以饱满的热情投入学习，感受到了劳动的快乐。

（二）精讲多练，在劳动中培养动手能力和创新能力

常言道“授人以鱼不如授人以渔”，课例中学生从好奇感知—乐中体验—观察探究—大胆尝试，都是通过自我的观察、体验、探索完成最后作品，劳动是通过操作来完成的，而且在操作中形成劳动态度、积累劳动的经验。这节课老师把大部分时间都让给学生进行实践操作，在指导扎纸花的扎法之初，先让学生在小组内动手操作、观察探究，引导学生自主动手思考，然后老师一步一步演示扎纸花的过程，学生同时跟做，掌握扎纸花的方法步骤，再让学生自己动手扎纸花，熟练掌握这项技能，提高了学生的动手能力和团队合作能力。整堂课，学生是课堂活动的主体，让学生在练习中领悟知识，主体作用得以体现，高效从此产生。

课堂教学中老师注重培养学生的创新意识，注意保护学生的“奇思妙想”，并给予其自由发挥的环境和空间，引导学生培养一双善于观察的眼睛，让学生充分发挥自己的想象，从而使他们的作品体现出个性，以培养学生发现美、鉴赏美、创造美的能力。学生掌握扎纸花的技能后，通过欣赏美丽的作品，激发创作纸花的欲望，让学生自己动手，运用剪刀剪出不同的形状，创作出自己喜欢的纸花，学生的想象力得到了淋漓尽致的展现。

（三）多元评价，引导学生运用知识解决问题

评价在教育中具有导向意义，它指引着教学的方向。目前的劳动素养评价缺少小学生在真实或模拟的生活情境中，运用先前所学知识解决问题或创造产品，以考查学生知识与技能掌握程度为主的表现性评价方法的应用。课堂上，教师对学生的参与程度、活跃度、作品情况进行评价的同时，在授课过程中通过多种方式引导、启发学生运用所学的知识创造性地解决问题，创造不一样的花型、花色，既考查学生在劳动活动过程中的表现，也注重对劳动活动成果的评价。

（四）注重总结，培育学生良好的劳动习惯和品质

劳动教育的目的是培养学生自觉自愿、认真负责、安全规范、坚持不懈地参与劳动的习惯，形成诚实守信、吃苦耐劳的品质。这节课，教师提问不断穿插在劳动实践的过程中，通过“你发现了什么”“你能总结出什么”等问题引导学生自主总结思考，培育学生主动思考、主动总结归纳的良好习惯。同时，老师鼓励学生通过小组合作、分工等方式更好地完成劳动实践，培育学生的合作意识和团队精神。

（五）主题升华，培育积极的劳动精神

《大中小学劳动教育指导纲要（试行）》中指出，劳动教育要树立正确的劳动观念，培育积极的劳动精神。课堂上，教师在学生掌握扎纸花基本制作步骤的基础上，与学生分享扎纸花的历史，认识中国古代劳动人民的智慧，体会中华民族优秀的传统文化。同时，把劳动实践进行升华，引导学生感知劳动改变生活、幸福是奋斗出来的内涵与意义，初步懂得劳动创造人、劳动创造价值、创造财富、创造美好生活的道理。

| 小学校本课程“传统节日里的劳动之旅”高年级阶段上册 |

“腊八蒜”课堂实录与评析

一、课堂实录

（一）教材解读

“腊八蒜”是小学校本课程“传统节日里的劳动之旅”高年级阶段上册第六单元“香浓腊八”的第三课。

“传统节日里的劳动之旅”是以春节、清明、端午、中秋、重阳等中华民族传统节日为载体，在传统节日将劳动教育和传统文化教育及学科教学紧密结合，开展与节日有关的整理、种植、养殖、制作、祭扫等劳动活动，借助现代科技手段，实现跨学科学习，拓宽学生的学习领域，让学生情绪上受到感染，情感上产生共鸣，在劳动中体验中华文化的博大精深，培育文化自信和劳动意识，掌握基本的劳动知识和技能，形成正确的劳动价值观与良好的劳动品质和习惯。

“香浓腊八”这一单元是“传统节日里的劳动之旅”课程十七个单元之一，它由“走进腊八节”“腊八粥”“腊八蒜”三个课时组成。腊八节也是第一学期能在学校度过的最后一个传统节日，它是在学生经历了“寻味中秋”“喜庆丰收”“敬老重阳”“追念寒衣”“情暖冬至”等传统节日劳动教育活动的基础上进行的，学生已经积累了一些劳动教育与学科教学融合的活动经验，会自己搜集有关传统节日习俗、故事、诗歌、谚语等资料，掌握一些简单的手工制作、美食烹饪等劳动技能，为学生学习“甜蜜祭灶”“辞旧除夕”和“欢度春节”进一步积累活动经验，也为寒假学生在家巩固劳动技能，养成良好劳动习惯打下基础。

“腊八蒜”是在学生搜集资料、了解腊八节的来历和习俗，背诵有关腊八节的诗歌，学习并熬制腊八粥的基础上开展教学，并在两周后通过实物、日记、摄影、统计图表等多种形式交流展示其劳动成果，评选劳动小能手。

（二）教学目标

1. 学会腌制腊八蒜，了解大蒜对人体的好处。

2. 能独立完成种蒜的工作，学会蒜苗日常养护常识，了解家乡种蒜的农耕知识。

3. 尝试用日记、作文、图表等方式记录和表达自己的劳动过程与感受。

4. 感受劳动的艰辛，体会劳动与科学知识的联系，初步感知科学技术带来劳动效率的提高。

5. 学会感恩，初步形成热爱劳动、尊重普通劳动者的观念。

（三）教学过程

1. 谈话导入

师：上一节课，我们一起走进了腊八节，知道腊八节有很多传统的习俗，还搜集了很多关于腊八的古诗和故事，谁能给大家背诵一首关于腊八节的古诗？

生：

腊八危家饷粥有感

[宋]赵万年

襄阳城外涨胡尘，矢石丛中未死身。

不为主人供粥饷，争知腊八是今辰。

师：腊八节有喝腊八粥的习俗，上节课我们一起熬制了香甜浓郁的腊八粥，还分享给一二年级的小朋友喝。

（课件出示班级活动图片。）

师：中国北方一到腊月初八，过年的气氛一天赛过一天，大部分地区在腊月初八这天有用醋泡蒜的习俗，因多在腊月初八进行腌制，故称“腊八蒜”。

（板书课题：腊八蒜。）

【设计意图】通过背诵有关腊八节的古诗，复习巩固关于腊八节由来、习俗等传统文化知识；活动图片的播放可以帮学生回忆参与熬粥的快乐经历，激发对本课学习的兴趣。

2. 活动一：泡制腊八蒜

师：我们这里就属于我国的北方地区，传承着泡腊八蒜的习俗，你见过爸爸妈妈泡腊八蒜吗？知道怎么做吗？

生：首先把蒜的皮剥掉，然后再把蒜洗干净，晾干后，放进罐子里，放上醋就行了。

师：你说得很清晰，其实泡制腊八蒜材料非常简单，就是醋和大蒜瓣儿。将蒜瓣去老皮，浸入米醋中，装入小坛封严，至除夕启封，那蒜瓣湛青翠绿，蒜辣醋酸香溶在一起，扑鼻而来，是吃饺子的最佳佐料，拌凉菜也可以用，味道独特。

师：我们一起来看看怎样泡制腊八蒜。

（课件出示腊八蒜制作步骤。）

师：我请几个同学说一说泡制腊八蒜分别需要哪几步。

生 1：一泡制腊八蒜最好选用紫皮蒜；二把蒜去皮、清洗、晾干。

生 2：把蒜头用小刀切去，方便入味；把蒜放进可以密闭的容器内，撒上一些白糖。

生 3：倒入米醋，拧紧瓶盖，放到阴凉处保存。

（师适时板书：选—剥洗切—装—泡—封。）

（泡制腊八蒜：学生在小组内分工合作完成剥蒜、洗蒜、装蒜、泡蒜的劳动任务。）

（1）剥蒜。

师：你在剥蒜皮的过程中遇到什么困难了吗？有什么感受？

生 1：太难剥了！有时候蒜的汁水还会辣到眼睛。

生 2：如果剥多了，手指甲里面辣辣的，不舒服。

师：是啊，看似很简单的劳动，里面包含了多少劳动者的辛劳与不易，当爸爸妈妈递给我们一盘精致的腊八蒜时，你有没有想过他们为此付出的劳动？

生 3：剥蒜时最好指甲不要太长，否则就像这样（举着自己手中的蒜瓣），都划伤了。

师：你真是一个爱琢磨的劳动者，一边劳动一边总结经验教训。看来，我们在劳动时不光要不惜力气、肯干，还要学着思考、学着用巧劲。

师：老师还发现有很多同学习惯特别好，剥下的蒜皮及时放进垃圾袋里。试想，如果我们在平时劳动中没有这样的好习惯会怎样？

生：爸爸妈妈再帮我们收拾一遍。

师：我们虽然参与了劳动，但因为自己的不良习惯，需要别人再次劳动，无形中给家人或朋友增添了麻烦。

（2）洗蒜。

师：有了剥大蒜的劳动经验和教训，你们打算怎样完成第二步洗蒜呢？

生 1：把一个小组的蒜合起来一起洗能节省时间，还能节省水。

生 2：洗蒜的时候动作不要太猛，以免把水溅的到处都是，给别人增添麻烦。

生 3：洗完以后如果水太多，干得太慢，可以拿吸水纸吸一下，洗完的脏水及时倒掉。

师：同学们想得真周到，都是智慧的劳动者，那就开始动手吧！

（洗完蒜后补充腊八蒜的功效与作用小资料。）

师：趁着蒜瓣晾干水分的时间，请你阅读一下手中的小资料，了解一下腊八蒜的功效与作用。（学生阅读资料。）

师：为什么大家都喜欢吃腊八蒜？

生 1：对抗感冒，可以防癌抗癌。

生 2：口感好，可以延缓衰老。

生 3：可以预防心脏病。

师：腊八蒜的好处真多，有兴趣的同学也可以课后到网上搜一搜更多关于腊八蒜的有关知识。

（3）切蒜、装蒜、泡蒜。

（学生在小组内独立完成。）

师：醋放多少合适？

生：没过大蒜就可以。

（4）展示泡制的腊八蒜。

（学生在小组内互相欣赏劳动作品，并互提建议。）

【设计意图】每个孩子在课堂上都不是一张白纸，他们是有一定的生活经验和劳动经历的，在劳动开始前让学生说一说他对泡制腊八蒜的了解，不仅能唤醒学生的生活经验，还能激发学生学习劳动技能兴趣。在学生知道腊八蒜的制作步骤后，放手让学生独立完成剥蒜皮、洗蒜、切蒜、泡蒜等简单的劳动活动。充分利用晾干水分的时间补充腊八蒜的功效与作用小资料，并引导学生课后进行网上相关知识的查询。

3. 活动二：种蒜

（1）交流谈话。

师：我们北方地区的人们到了冬季还喜欢在温暖的室内种蒜，绿油油的蒜苗不仅可以美化我们的室内环境，还能给我们的餐桌上增添一道美味的菜肴，你知道是哪道菜吗？

生：蒜苗炒鸡蛋。

师：在室内种蒜谁有经验？

生 1：我见过奶奶在花盆里种蒜，把蒜放进土里就好了。

生 2：放进土里的时候蒜的尖头要朝上。

生 3：种好蒜之后要放到温暖的地方，这样蒜长得快。

师：还有补充吗？

生 4：把蒜放到一个装满水的瓶子里，尖头朝上，根部朝下，放到温暖的地方，它就能自己生根发芽了。

师：她种蒜的方法与刚才的方法有什么不同？

生：她用的是水。

师：用水培育大蒜在科学上我们称之为无土栽培。你看，劳动不仅锻炼我们体力和毅力，还能让我们增长知识。

（2）土壤培育的步骤。

师：下面我们一起跟着视频去看看怎么在室内种蒜。（播放视频。）

师：通过观看视频，你知道种蒜分几步？

（教师出示幻灯片土壤栽培大蒜的步骤，学生看着幻灯片说土壤培育大蒜的步骤。教师适时板书“选种—准备盆和土—种蒜—浇水—养护”。）

师：想吃蒜黄应该怎样做？想吃蒜苗呢？你能解释一下其中的科学道理吗？

生：想吃蒜苗就把种好的大蒜放到阳光充足的室内，想吃蒜黄就用黑色塑料袋将种好的大蒜照起来放到黑暗的地方，因为叶子不见光就不能进行光合作用，叶片就不会发绿了。

师：是啊，蒜苗不见光，不能进行光合作用，就不能合成叶绿素，蒜苗就呈现黄色，看来我们学习的科学知识还能解释劳动中遇到的一些现象。

（3）水培大蒜的步骤。

师：其实室内种蒜还可以无土栽培，咱们一起看看水培大蒜需要怎样做？（课件出示水培大蒜的步骤后指名学生读注意事项。）

（4）种蒜

师：说了这么多，想不想亲手种一盆蒜？种前想一想自己打算无土栽培还是土壤培育，再按相应的要求操作。

（学生在小组内独立完成种蒜任务，遇到问题跟伙伴商讨，并与小组的同学交流分享劳动成果与感受。）

师：哪个同学愿意把你种的蒜苗展示给大家看？请你们带着你的劳动成果到台上来展示。你们觉得哪个同学的成果好？好在哪里？

生 1：我觉得张浩泽（化名）同学那个整头蒜的会长一束绿油油的蒜苗。

生 2：赵玉玺（化名）的微型花盆里种了一个蒜瓣也很有创意，朱明秀（化名）同学的花盆擦得很干净！

生 3：高艺轩（化名）的花盆是用饮料瓶做的，废物利用，节约又环保。

师：那你们觉得哪个小组表现最好呢？

生：我们 2 组，我们所有人都上台展示了。

师：真是能干的小组，我们给他们组起个什么名字呢？

生 1：劳动优胜组！

生 2：劳动能手组！

（5）农耕知识拓展。

①介绍“蒜乡”——花官镇。

师：我县花官镇是全国闻名的蒜乡，花官镇特定的生态气候、富硒盐碱的土质等自然环境，以及长期的人为定向培育，形成了花官大蒜、蒜薹的独特品质。而且，花官大蒜鲜蒜薹和鲜蒜头中硒含量分别高达 0.077 毫克 / 千克和 0.085 毫克 / 千克，是其他地区同类产品的 6—8 倍。花官蒜薹被评为“东营市十大特优农产品”之一，在业内被誉为中国质量最好的蒜薹；花官大蒜被检验为无公害产品，被评为“中国国际农业博览会”优质产品。

②观看花官蒜农大面积种蒜的过程。（出示幻灯片。）

③说一说你有什么体会？

④情景模拟——

师：我们用花盆种蒜，因为数量少，很快就能完成，花官镇的蒜农一次要种好几亩蒜，想不想体验一下？请跟着老师的口令做——

起立—站到走廊上—左手提着装蒜种的袋子—弯腰—右手拿蒜瓣种蒜——一颗、两颗、三颗……别着急直腰，继续，还早着呢……

师：怎么样？有什么感觉？

生 1：太累了！

生 2：哎哟，我的老腰哦！（其余学生哄堂大笑。）

生 3：蒜农太不容易了！

师：是啊，人工种蒜太累了，现在播种大蒜已经实现了机械化，请看大屏幕。（幻灯片播放。）这样不仅省力，还大大提高了播种效率。

（6）指导后期养护。

师：我们种上蒜以后有什么要怎样做？

生 1：及时管理，定期浇水，换水，还要做好观察和记录。

师：你打算用什么方法记录你的观察发现？

生 1：日记。（结合学生回答出示幻灯片。）

生 2：可以在蒜苗的旁边插入一把直尺，每天记录蒜苗生长的高度，做成折线统计图。

师：用数学课上学到的知识记录蒜苗的生长过程，学以致用，想法不错！

生 3：科学探究单。

生 4：拍照。

师：希望同学们经常交流，2 周后我们开一次劳动成果展示会，展示我们种的大蒜，展示我们的记录单，怎么样？

【设计意图】唤醒学生对种蒜这一劳动活动后，适时进行无土栽培的科学普及，然后给学生充足的时间进行劳动实践与体验，并给学生展示劳动成果的舞台，让学生发现身边的榜样，激励全体同学积极参与，乐于动手，勤于思考，勇于创造。通过对“蒜乡”的介绍及观看花官蒜农大面积种蒜的过程，知道花官镇是全国闻名的蒜乡，培养热爱家乡的情感，能感受蒜农的辛苦，感受科技提高劳动效率，省时省力。最后，引导学生用语文、数学、科学实验等学科知识帮助记录劳动过程与感受，乐于尝试用不同的方式表达和记录劳动过程，感受学科知识与劳动活动的密切联系。

4. 回顾总结

师：这节课你有什么收获和感想？还有什么疑问？

生：学会了腌腊八蒜和种蒜苗。

师：学会了两项劳动技能。

生 1：知道了要想种出蒜黄一定要将种好的蒜放到阴暗的地方。

生 2：我有个问题，如果一段时间在阴暗的地方，一段时间有阳光照射，那蒜苗会不会一节黄色，一节绿色？

师：你们觉得呢？（有些同学摇头，有些同学点头。）

师：我们可以做一个实验，看看蒜苗到底长成什么样？你看劳动和科学只有完美的结合，我们才可以在劳动中进行科学探索，用探索的结果更好地指导劳动，人类就是这样在劳动与探索中一步一步向文明迈进。

生：种好蒜，我很期待；会种蒜了，我也很高兴！

师：享受劳动带来的快乐！

师：看似很简单的劳动包含了多少辛劳，隐藏着多少智慧，当我们在家享受父母给我们带来的一盘精致的腊八蒜时，当我们吃一口香喷喷的蒜黄炒鸡蛋时，我们是不是应该佩服他们的劳动智慧，感谢他们的辛勤付出？

生：是。

师：以后请同学们不仅学习劳动技能，还要养成劳动的习惯，在日常生活中帮爸爸妈妈做力所能及的事。

【设计意图】引导学生从劳动技能的掌握、劳动活动与学科知识的联系、劳动实践的体验与感受等方面交流，适时提升学生的总结发言，引导孩子体会父母劳动的不易，倡议大家养成爱劳动的良好习惯。

5. 板书设计

腊八蒜

泡制腊八蒜：
- ①选
- ②剥洗切
- ③装
- ④泡
- ⑤封

种蒜：
- ①选
- ②工具
- ③种
- ④浇
- ⑤养护

课例提供：王玉津　吴爱香

二、课堂评析

在校本课程中实现以劳为先与五育并举

陶行知先生曾说过“生活即教育”，现代教育理念让课堂回归生活，生活中又处处有课堂，在传统节日将传统文化教育和劳动教育紧密结合，让学生在情绪上受到感染，情感上产生共鸣，在劳动中体验中华文化的博大精深，培育文化自信和劳动意识。“腊八蒜”一课成功地将劳动教育与传统文化教育、语文、数学、科学等学科教学结合，努力达成在劳动技能学习中进行文化传承、树立正确劳动观念的教学目标。

（一）广寓思想教育于劳动实践

在劳动课教学中，劳动实践是进行劳动教育的基础，这节课依托“泡制腊八蒜”和“种蒜苗”两个劳动实践活动，充分发挥劳动育人的功能，将劳动思想教育贯穿课的始终，把思想教育、劳动知识技能以及培养良好的行为习惯有机地结合起来。

1. 教师引导学生背诵有关腊八节的古诗词，回忆熬粥送粥活动导入新课，渗透劳动成果的分享能带给自己快乐和劳动创造价值的思想；学习泡蒜、种蒜的过程中适时引导学生感受劳动的不易，体验劳动的艰辛，引导学生及时清理垃圾，培养良好的劳动习惯和为他人着想的品质；课末小节引导学生在生活中积极参与劳动，做力所能及的家务。整节课努力做到实践性、教育性相统一。

2. 引导学生通过多种方式记录醋泡蒜的变化及蒜苗的生长变化，在观察与种植过程中，不仅培养学生的耐心与责任意识，感受植物生长过程的魅力，还在劳动的过程中创造了美，进而培养劳动意识、塑造劳动品格。

（二）巧用信息技术于劳动实践

“腊八蒜”选取日常生活中常见的简单易操作的两项劳动，充分运用现代化教学手段进行操作示范。泡腊八蒜学习过程中，用图片形式展示操作步骤，学生一目了然，便于学习和记忆；种蒜的任务指导则采用播放视频的方式完成，再利用图片的形式边提问边总结，帮助学生学会种蒜的两种方法及蒜苗日常养护的注意事项。

（三）深融学科知识于劳动实践

“腊八蒜”一课在教学中，以学习泡制腊八蒜和种蒜苗两项技能为基础，围绕“蒜”的主线自然地与传统文化、语文、数学、科学、乡土文化等相关学科知识有机联系融会贯通，让学生在学习劳动技能的同时，开阔视野，强健体魄，增长智慧，培养爱家乡的思想感情。

1. 与传统文化融合

泡腊八蒜是中国传统节日腊八节的习俗之一，学习劳动技能的过程就是重温传统文化生活的过程，是对传统文化的继承和创新，让学生在精神上的得到熏陶，了解文化生活的典礼和仪式，让学生作为劳动的主体之一参与其中，亲身体验传统教育的过程，能对劳动教育有更多的体验与深入的思考，形成感受、感知、感悟形态，让劳动教育成为激发孩子学习传统文化，树立民族自豪感的重要渠道。

2. 与学科知识融合

马克思在资本论中说道："从工厂制度中萌发了未来教育的幼芽。未来教育对所有已满一定年龄的儿童来说，就是生产劳动同智育和体育相结合。它不仅是提高社会生产的一种方法，而且是造就全面发展的人的唯一方法。"

"腊八蒜"一课，教师在引导学生经历泡腊八蒜和种蒜苗劳动过程中，背诵有关腊八节的古诗，感受中华传统文化的博大精深，引导用观察日记、统计图的形式记录蒜苗成长的过程，感受语文、数学学科学习在劳动活动中发挥的作用；引导学生用科学知识解释蒜苗、蒜黄形成的原因，并因势利导提出让学生回家做一下实验，潜移默化地让学生感受科学与劳动的紧密联系；蒜乡——花官镇机械化大面积种植大蒜的知识拓展告诉学生科技改变生活，推动生产劳动向现代化迈进。一系列学科知识巧妙又自然地与种蒜和泡蒜劳动任务融合，达到水乳交融，互为一体的效果。

3. 与乡土文化融合

充分利用我县花官乡是全国闻名的"蒜乡"这一乡土资源优势，挖掘与这节课相关的劳动素材，通过模拟活动，体会劳动的艰辛，感受劳动为农民增收，为社会增益，感受科技进步能提高劳动效率，省时省力。

总之，通过这节课，学生掌握了简单的劳动技能，学习了一些基本的劳动常识，增强了良好劳动习惯的意识，初步建立正确的劳动观念，以及热爱家乡，感恩父母的思想感情。这节课还把劳动任务延伸到家庭日常生活中，让学生带着养护蒜苗和享受腊八蒜的任务回归家庭，鼓励学生积极参与家务劳动，加强了课堂与课外、学校与家庭的联系。

| 小学校本课程“盐文化”第四板块 |

“茵陈的移栽与田间管理”课堂实录与评析

一、课堂实录

（一）教材解读

“茵陈的移栽与田间管理”出自校本课程“盐文化”第四板块盐种植篇。“盐文化”是一本很好的爱国主义教育乡土教材，它旨在让学生了解盐区、关注盐区，激发学生热爱盐区、建设家园的热情。第四板块的“盐种植”篇，能够让学生亲近农事，培养学生的劳动观念及劳动能力，激发学生的劳动欲望及培养优秀的劳动品质和习惯，体现了劳动课程的育人价值。其中“茵陈的移栽与田间管理”这一课时介绍了盐生植物“茵陈”的相关知识。

（二）教学目标

1. 劳动观念达成目标：通过茵陈的移栽，培养学生尊重劳动，尊重普通劳动者（农民、清洁工等）的品质。了解体力劳动者的辛苦付出与收获时的快乐。懂得劳动创造财富的道理，从而树立正确的劳动观念。

2. 劳动能力达成目标：了解茵陈的生长栽培习性和食用、药用价值。在教师引领和指导下，学会移栽茵陈，学会茵陈生长过程中的田间管理技能，学会用铲挖苗、用锨挖坑、栽苗护苗等劳动技能。

3. 劳动精神达成目标：培养学生精益求精，艰苦奋斗的劳动精神，以及在学习和生活中明白“一分耕耘，一分收获”的道理。

4. 劳动习惯与品质达成目标：在茵陈移栽过程中，提高劳动安全意识，规范劳动习惯。培养学生吃苦耐劳，团结协作的优秀劳动品质。

（三）教学过程

1. 激趣导入

师：我们盐区的春天和城市、内地的春天有着很大的不同。请同学们讲一讲盐区春天的样子。

（蒲公英、苦菜开花了，小草绿了，柳树发芽了，可以放风筝了，各种野菜出来了，又可以到海滩上采挖各种蛤喇、嘟噜子了……激发同学们说话的欲望。）

师：同学们观察得很仔细，但是还有很多你们熟悉或不熟悉的小植物在不知不觉变绿、默默无闻的生长着，今天我们就一起见识一种我们盐区随处可见的一种植物。（屏幕展示茵陈照片。）

【设计意图】师生之间通过谈话的形式，激发学生探究乐趣，引出本课主人公——茵陈，从而导入新课。

2. 激励探究

师：同学们见过这种植物吗？（呈现提前拍好的照片。）

师：我们当地称为白蒿、猫爪蒿，它还有一个学名叫茵陈。请同学们描述一下你所了解的茵陈。

生 1：它的叶子虽然是绿色，但是还有一层白色的绒毛。

生 2：以前我们这里到处都是，但这几年少了。

生 3：以前妈妈曾经用它做馅包饺子，可好吃了。

师：同学们说的都不错，大家知道的真多。老师先给大家讲一个故事。

（讲述我国古代著名的医学家华佗发现白蒿治愈黄疸病的故事。华佗发现了白蒿治愈黄疸病，并在行医过程中发现只有农历三月前的幼嫩的茎叶可以入药治黄疸病。民间流传一首歌谣：“三月茵陈四月蒿，传与后人要记牢，三月茵陈能治病，四月青蒿当柴烧。”）

师：现在让我们进一步了解茵陈。茵陈最喜欢温暖湿润的环境，它的药用及食用价值可是不得了，在古代经典中医著作《伤寒杂病论》《神农本草经》等书中都有记载，茵陈具有很多药效，除了能治黄疸病，还能养肝护肝、降低血脂、清热祛湿等，我国现代的中医药研究，也证实了茵陈是一种非常不错的中药材，有药食两用的作用。

师：春季到来时，人们就会采摘幼嫩叶芽食用，它可以煮着吃，也可以加面蒸着吃，可以包成饺子，也可以做菜汤，根据每个人的口味不同，可以有各种不同的吃法。

生：老师，这么好的东西我们也去采点吃吧！

师：当然可以啊！这节课我们就去移栽茵陈。（板书：茵陈的移栽。）

【设计意图】通过讲故事，激发学生的探究兴趣，进一步了解茵陈的药用价值，为后续茵陈的移栽活动做铺垫。

3. 学生探究实践

（教师带领学生到室外活动。到达指定位置后，指导学生观察环境，认识茵陈实物，进一步讲解劳动要求和注意事项。）

师：现在我们就把它们移栽到我们的班级试验田中，在同学们的精心照料下观察它们的生长过程，好不好？

（教师挖出一棵蒿草根，讲解茵陈的繁殖方式。）

师：把从田野里挖来的大的茵陈种根掰成带有主茎和根茎的若干块小的种根，要小心保护其根系。再按照一定的行距和株距挖出大小适宜的坑，进行移栽种植。移栽后要记得及时浇水，防止萎蔫。（老师首先做出示范，然后同学们按照老师的要求小心地开始挖苗。）

（学生四人一组，组长负责挖苗，成员负责运，移栽、浇水。）

【设计意图】让同学们看到真实的茵陈，利用实物教学，讲解茵陈的繁殖方式，直观易懂。注意在来的过程中要提高劳动安全意识，规范劳动习惯。同时通过实践操作，让同学们在劳动中掌握用铲挖苗、用锨挖坑、栽苗护苗等劳动技能。体会劳动的快乐，感受劳动的艰辛。培养学生的吃苦耐劳，团结协作的优秀劳动品质。

4. 师生共评

师：同学们这节课认识了茵陈这种沿海地带特有的植物，并进行了移栽劳动。哪位同学来说一说你通过这节课有什么收获？

生 1：这节课最大的收获就是感觉心里很高兴，虽然很累，但累并快乐着。真的是劳动创造美。

生 2：了解了茵陈的药用和食用价值。

生 3：学会了怎样移栽植物。

【设计意图】通过亲身体会，培养学生尊重劳动，尊重普通劳动者（农民、清洁工等）的品质。了解体力劳动者的辛苦付出与收获时的快乐。懂得劳动创造财富的道理。让同学们真正理解“劳动”的含义及价值。

5. 小结

师：同学们在一种轻松的氛围中学会了茵陈的移栽，了解了茵陈的习性及药用、食用价值。根据同学们的本节课的表现我们评选出每组的“勤劳小蜜蜂”。

【设计意图】除了上课期间的口头表扬与鼓励，本节课还通过多种形式的评价方式，激励学生参与劳动的热情，同时体会劳动后的喜悦与幸福之情。

6. 板书设计

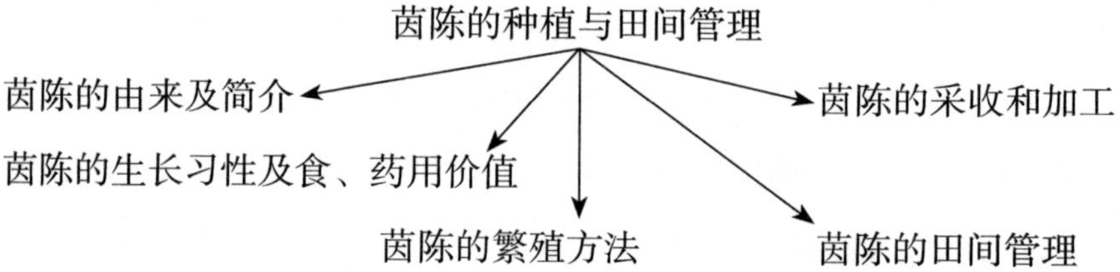

课例提供：宋小敏

二、课堂评析

四方盐田谱写劳动之美

盐碱地里长出了绿叶，是那么的美！盐碱地里长大的孩子能够看到绿叶，心里是那么的甜！为了心里的那一丝“甜”，孩子们亲自动手创造了现实生活中的那一片“美”。“茵陈的移栽与田间管理”是校本课程“盐文化”第四板块的“盐种植”中的一节课，这节课介绍了盐生植物“茵陈”是如何移栽与管理的，以培养学生的劳动素养为导向，旨在让学生感念家乡，亲近农事，培养学生尊重劳动的观念，优秀劳动品质和良好的劳动习惯，激发了学生的劳动欲望，体现了劳动课程的育人价值。

（一）突出学生的主体地位

从案例可以看出，这次劳动教育课给了学生充分的参与机会与劳动时间，充分体现了学生在劳动教育中的主体地位。并让每一个学生真正投入进去，无论取得了多少成果，参与的过程最为重要。这样的种植过程在较长的时间内，保证了每个孩子都能参与，从收集种苗到整畦挖坑，从浇水到观察研究，每个学生的眼光都能被吸引，从不同角度获取知识，增强能力，甚至感悟做人的道理。

从学生的劳动成果方面还能看到他们对劳动的认识能力的提升，对生活的关注，对自我认识的加深。这些都不是靠说教，靠坐在教室里完成的，而是在亲身劳动体验中获取的。他们在热情主动的参与中不知不觉地懂得了：原来生活不只是依赖书本知识，还要自己学会去发现、去探索。他们发现大自然的神奇，是通过自己的劳动体验来实现的。在这样的劳动情境中，学生首先获得的是劳动知识的增加，兴趣的增强，从而习得劳动技能，培养劳动精神，提升劳动素养。

（二）发挥教师的示范引领作用

这节课通过“春天是什么样子的？”这一话题展开，通过师生谈话的形式激发学生课堂的兴趣，利用图片展示的形式引出这节课的教学资源——茵陈，从而导入新课。在教师的引领下，激发学生的追忆及思考，加深对茵陈的印象，并了解其能治黄疸病的故事，进一步了解茵陈的药用价值，激发学生探究的兴趣。

在茵陈的移栽过程中，教师带领学生到达指定位置后，利用实物茵陈，讲解茵陈的繁殖方式，教学形式直观易懂。并在劳动过程中强调安全注意事项，增强了学生的劳动安全意识。在学生劳动前进行示范操作，整个课堂中同学们在教师的示范引领下，按照劳动要求对茵陈进行移栽，小组分工明确，组织有序，达到了预期的效果。培养了学生的组织协调与团结协作能力。

（三）利用本土教育资源的特有优势

所有的劳动教育都不仅仅局限于课堂，校园及家庭处处都是劳动教育的场所。“茵陈的移栽与田间管理”本课例课堂主体在校园，其开放性还表现在各方面资源的综合运用，将学生的学习置身于大自然的课堂中，帮助学生不断拓展对大自然的体验，丰富自身经历。由于充分调动了学生的积极性和主动性，学生对这种具有开放性、探索性、实践性的学习方式表现出高涨的学习热情，使学生不仅拓展了知识，而且在整个劳动过程中综合能力得到了有效发展，并成功地把本地的自然资源转化为课程资源。课程内容选择因地制宜，这种资源就在学生身边，与学生的生活密切相关，能够激起学生探究的兴趣，而兴趣是学生活动的起点，兴趣孕育活动主题，就能有效地引导学生投入到劳动中，有利于点燃学生思维的火花，培养学生对现实问题的关注，对社会现象、自然现象的关心。以这节课为启发，可以继续挖掘这方面的劳动教育资源，如苦菜、蒲公英等，继续培养学生的移栽与田间管理能力。并开展丰富多彩的亲子劳动活动，创造家庭成员共同劳动的机会，让学生有机会向家长学习，体会父母劳动的艰辛，达到“亲子共成长”的目的，进一步提升学生的劳动素养，培养了“感恩父母”的深厚情感。

这节劳动教育课已经达到《义务教育劳动课程标准（2022年版）》学段目标中第三学段的要求。通过真实的劳动实践，达到了让孩子们在“劳中学”“学中劳”的目的；激发了学生参与劳动的主动性、积极性和创造性；养成了团结协作，责任担当品质；培养了学生尊重劳动的优秀品质及安全规范，有始有终的良好劳动习惯；体会劳动成果的来之不易，从而养成珍惜劳动成果的习惯。现在的孩子都是父母的“掌上明珠”，做点简单的家务都懒得动手。这次劳动孩子们都努力地去做，虽然累得满头大汗，但没有一个喊苦喊累的。看到整齐的试验田，个个脸上洋溢着幸福的微笑，体会到了体力劳动者的辛苦付出与收获时的快乐。更深层次地认识到了“一分耕耘，一分收获”的含义。

| 小学校本课程“探秘植物工厂”五年级上册 |

“探秘植物工厂之水培生菜”课堂实录与评析

一、课堂实录

（一）教材解读

“探秘植物工厂之水培生菜”是校本课程“探秘植物工厂”中第四单元第三课。

农业作为我国的第一产业，其传统的“脸朝黄土背朝天”的劳动模式正在被机械化、自动化、物联网智慧型农业劳动模式所取代。植物工厂可以大幅度提升劳动效率、增加复种指数、增加土地利用率、降低农业生产对重体力劳动的依赖、提升蔬菜品质，是目前国际公认的蔬果生产的高级形态。而现实生活中，学生对人工智能下的智慧农业了解微乎其微。因此，本着“了解过去、学在当下、感知未来”的课程设计理念，将植物工厂这一未来智慧农业的重要形式带入校园，努力将孩子们未来将要面对的劳动场景带入身边生活，让“劳动教育”在真实地教育环境中自然发生。

“探秘植物工厂之水培生菜”共有两个主题：一是结合实际种植难题，分析梳理影响植物生长的必要条件；二是小组探究学习了解植物工厂运作原理及现代水培种植技术，将传统土培和现代水培相对比，从而使学生更好地了解现代农业种植的发展方向。本节课为单元教学第三课时，目的在于使同学们不仅了解生菜生长的必备条件、现代水培的种植方法，更要明白在自主探究活动中如何发现问题、如何利用已有种植经验解决新的问题、如何分工合作、如何科学种植……培养学生的深度思维，不仅可以在技能上训练学生记忆、观察、类比探究，更重要的是可以在情感上启发学生了解现代种植技术，感悟科技改变生活，劳动创造美好的真谛，激发学生们的探究兴趣。

（二）教学目标

1. 探究植物生长必备的条件，了解现代农业植物工厂的概念。

2. 联系土培种植经验，温故选种、浸种标准，类比推理水培生菜种植步骤。

3. 学习水培播种、定植技巧，在动手劳动实践中提出疑问并尝试解决。

4. 观看视频资料，感悟智慧农业的发展进步，体会科技创新对国家未来发展的重要影响，激发学生创新劳动实践的兴趣。

（三）教学过程

1. 突破难题，走近“工厂”

（1）借助关键信息，猜测种植对象。

师：同学们，老师今天带来了一种蔬菜，它被人们喻为“蔬菜皇后”。借助这些信息，你猜猜是哪种蔬菜？

（学生自主猜测。通过闻一闻、摸一摸、尝一尝多感官了解种植对象——生菜。）

（2）联系生活，了解植物生长必备条件。

师：生菜的种类有很多。看，这里面还有没有你吃过或见过的？

（学生交流生活常见吃法，并结合生活经验分析偏远地区不能种植蔬菜的原因。）

师：偏远地区受温度、空气、阳光、水分、养分的限制，导致蔬菜难以种植成功。

（3）发现种植难题，认识水培技术。

师：有没有一种植方法能突破这些自然条件的限制呢？谁来说一说？

（学生自主交流。）

师：其实，面对这些种植难题，科学家已经有了新的探索与实践。（教师播放植物工厂介绍视频，引导学生交流植物工厂是如何满足植物生长需要。）

（学生对比植物光合作用图，推理植物工厂所需条件。）

师：植物工厂就是将植物根系直接浸泡于营养液中进行培育，通过计算机控制生长条件，这种技术也称现代水培技术。其实我们学校也有一个小型植物工厂，今天我们就来学习如何进行水培生菜，给植物工厂再培育下一批幼苗！

【设计意图】通过偏远地区不能种植蔬菜的实际问题，梳理植物生长所必需的生长条件，结合植物光合作用，在对比探究中了解植物工厂运作原理。以为“校园植物工厂”播种育苗这一真实活动情境，激发学生学习探究兴趣。

2. 回顾土培，推理水培

（1）回顾土培生菜。

师：四年级的时候我们学习过土培生菜。那么水培生菜和土培有哪些相似之处呢？

（请认真聆听同学写的种植日记，并回忆土培生菜的种植步骤。学生交流。）

（2）推理土培生菜的种植步骤。

师：如果进行水培，在播种前后哪些步骤可以删减，又要增加什么操作呢？

（学生大胆猜测：借助经验迁移，类比土培的种植方法，推理出水培的种植步骤。）

（教师板书：选种—浸种—播种—备液—定植—采收。）

【设计意图】这一环节，学生借助经验迁移，类比土培的种植方法，推理在植物工厂种植条件下的水培种植步骤，温故选种、浸种的作用及标准。

3. 动手实践，学习水培

（1）选种。

师：无论是土培还是水培，首先离不开选种、浸种。这一步很关键，直接影响蔬菜后期的生长。（出示课前浸种图片及种子实物。）

（学生交流发现，回顾选种标准，浸种要求。）

师：对，只有细心观察，才能挑选饱满的种子，浸泡合适的时间。

（教师板书：种子饱满浸出芽。）

（2）浸种。

师：当种子发芽后就要开始种植，该把它种在哪里呢？谁来大胆猜一猜？

（学生大胆猜测后教师播放育苗盘介绍视频。）

师：听得真仔细！没想到“海绵＋托盘”竟然是小种子的成长摇篮。

（3）播种。

师：该如何在海绵里播种呢？想不想大胆尝试一番？（图片出示工具及活动要求。）

（每位同学自选工具尝试种一粒种子，种完后与小组同学交流种植方法和困惑。）

师：谁来说说，你与小伙伴的种植方法一样吗？有没有困惑？

（学生操作演示，共同梳理疑惑并尝试解决。）

师：看来水培是有一定技术的，要想播种成功可不容易，那到底如何正确播种呢？我们带着问题一起去问问张老师吧！（播放教学视频，学生交流收获，总结种植技巧。）

（教师板书：深度适中芽朝下、巧用工具细心种。）

（4）备液。

师：掌握了播种技术，接下来我们小组合作，为植物工厂种下第一批幼苗。

（出示活动要求及评价标准。）

活动要求：

①小组分工合作，正确有序的完成海绵块的播种。

②选一个代表在播种后将海绵块送到台前。

③再派选一名同学根据评价标准到相邻小组进行观察评价。

水培播种评价标准			
分数	正确播种	分工配合	整理收纳
0	没有浸水、水分过量或不足；徒丢播种；种子芽尖朝上或倾斜；深度过浅或过深。	没有分工，有人无任务；组内成员闲聊、配合混乱。	桌面杂乱，工具没有归位整理。
1	充分浸湿海绵，利用镊子将种子播入海绵块4mm处，芽尖方向朝下。	组内浸水、播种、整理分工明确；工具使用配合有序。	桌面干净无水，随时把工具整齐摆放在操作箱中。

评价员交流观察，教师总结点评各小组操作情况并对各组播种情况进行指导。鼓励学生课下到植物工厂随时观察记录种子的生长情况。（出示观察表。）

水培播种观察记录					
观察时间	观察人	观察对象	简图	我的发现	我的质疑

（5）定植。

师：小苗长大以后多久需要定植？

（学生交流。）

师：当叶片拥挤时需要将幼苗移栽到定植板中，并加入适当比例的营养液，以我们工厂的产量，以 1:200 的比例调配营养液，就可以满足生长需要。

师：（出示定植板。）猜猜看，我们先定植到那块板上？为什么？

（学生交流。）

师：对，小苗越长越大，株间距也将变大，植物所需营养也会发生变化。因此比例行距要满足（板书）是我们水培护养的基本要求。

（6）采收。

（教师出示育苗区幼苗及定植板，学生交流定植注意事项。教师演示，学生空手尝试动作，发现新的问题：方形的海绵块如何播种到圆形的定植孔？学生交流，教师总结：适度捏紧一侧入的定植技巧。）

（各小组选派一名"小老师"到台前演示完成定植操作，教师点评，各组"小老师"带回本组定植板，并指导本组成员完成定植。）

师：猜猜看，在我们学校的植物工厂，一般在定植区再培育多久生菜就可以成熟采收了呢？学生大胆猜测。

教师总结采收要领：留根保鲜时效长。（板书。）

【设计意图】学生通过观察、访问、类比的方法探究了解水培生菜的基本步骤，学习水培播种的种植技术。通过聆听种植日记、实物参观帮助学生回忆旧知，由土培迁移到水培种植。在动手实践过程中解决种植、定植的技术难题。

4. 对比优势，感悟科技

（学生齐诵水培种植技巧，交流水培技术与传统土培相比的优势。）

师：对，不受自然条件限制、最大空间利用、较短生长周期……这些优势解决了很多地区吃不上新鲜蔬菜的问题。（教师播放现代农业视频，学生交流观看感受。）

师：是啊，为了更好地解决民生问题，我国大力发展智慧农业，数字化农业种植已成为现实，也许在不久的将来“月球种菜”的梦想也会实现。感兴趣的同学，课下利用本节课学习的探究方法，尝试了解更多高科技的农业种植技术。

【设计意图】对比分析，更好地把握现代农业技术方向，感受科技创新的力量。通过视频了解国家智慧农业的发展与进步，提升民族自豪感，激发进一步了解、探究兴趣。

5. 板书设计

水培生菜

选种：种子饱满浸出芽

浸种：深度适中芽朝下

播种：行距比例要满足

备液：留根保鲜时效长

定植：巧用工具细心种

采收：适度捏紧一侧入

课例提供：孟岩

二、课堂评析

校本课程中渗透劳动教育的有效方式

劳动是学校育人的重要组成部分，但是在现实中普遍存在学生不珍惜劳动成果、不想劳动、不会劳动的现状。如何通过改进劳动教育来改变这种现状，是当前学校和教师探索的重要课题。纵观现实的劳动教育状况，学生缺乏劳动实践机会，究其原因，那就是劳动教育方法单一，教学主要采用讲授法，而且也没有相关的评价方式，学校也没有为学生提供大量的劳动实践机会。鉴于以上原因，为进一步把劳动教育做细、做实，“探秘植物工厂”的校本特色课程，在教学过程中，学生可以实地考察、亲历耕作、土培对比、角色体验……全方位了解现代种植技术的发展，学习最先进的种植技术，优化教师劳动教学课程，提高学生劳动意识，从而达到课程育人，劳动育人的目的。

（一）重视劳动教育理念的转化

“探秘植物工厂之水培生菜”是面向学生劳动实践而设计的一门室内室外结合劳动课程，室内问题串联，知识储备，室外种植园实践劳动，创设开放的空间，使学生通过自身的实践、观察、体验与思考，将理论与实践相结合，从发现中提出问题，积极主动地去尝试寻找最优的解决问题的方法和途径，感悟劳动的快乐与体验。构建劳动教育模式应当重视劳动教育理念的转化，以教学实践为本位，注重新劳动教育理念的落实，设计劳动教育内容，不仅关注学生的劳动过程，更重视劳动教育的多元教育意义。在课程教育活动中，教师不仅关注了学生的劳动过程，还关注劳动过程实现的生成性教育，以劳动教育为载体，将素质教育理念以及德育教育思想融合其中，拓展劳动教育价值。

（二）进行合理的教学设计

合理的教学设计是实现教学目标的关键，教师构建劳动教育模式要重视教学活动设计的合理性，为教学活动的有序进行奠定基础。“探秘植物工厂之水培生菜”的教学活动的导入环节，首先用多感官猜谜的形式，触摸学生已有的生活体验，然后通过交流食用方法使学生尽快地进入角色，以轻松、愉悦的心态了解本节种植课的主题，为后续学习打下基础。在自主探究环节，学生通过猜一猜、试一试、看一看、做一做，了解了水培生菜的一般种植步骤，掌握水培播种、定植的方法。通过类比土培的种植经验，自主探究梳理出水培的种植方法。在尝试播种中发现问题、小组分工合作中完成播种训练、小组互评中找到改进方向。在这个过程中学生的观察能力和动手能力得到培养，主动去求知、去探索、去实践的欲望得到激发，创造思考能力得以增进，并且透过自主尝试播种到集体种植，给予真实的学习情境，学生的课堂参与度极高。

（三）形成劳动教育常态化

劳动是人类社会生活必不可少的组成部分，小学阶段是小学生思维意识发展的重要阶段，此阶段形成常态化的劳动教育，有助于学生形成常态化的劳动观念。在校本课程框架下构建劳动教育模式，需要重视形成劳动教育的常态化，将劳动教育贯穿小学校本课程中。这节课劳动课模式内外结合，并寓思想教育于劳动实践之中，鼓励学生大胆参与劳动，体验劳动带来的乐趣，劳动中整合知识，感悟劳动最伟大。课前鼓励学生搜集和整理蔬菜种植知识，深入生活认识劳动工具，课中先回顾土培生菜的种植步骤，然后动手实践，学习水培生菜的种植，通过探究水培生菜的方法技能，体验劳动的快乐，是对学生生活能力的最有效的培养。这样的劳动实践过程，学生了解的不仅仅是事物的本身，更重要的是在劳动实践中增长了本领，激发学生的劳动热情，体验劳动带来的喜悦感、成就感，形成劳动教育常态化。

劳动创造美好生活，劳动创造幸福未来。在校本课程中渗透劳动教育，通过整合资源创设劳动教育的机会，有系统、有序列地开展活动，在真实的实践体验中引导学生明白劳动的意义，懂得劳动的价值，树立劳动的意识。这样的校本课程，学生了解的不仅仅是事物的本身，更重要的是在劳动实践中增长了本领，激发学生的劳动热情，体验劳动带来的喜悦感、成就感，让劳动真正撬动孩子的成长。

| 初中校本课程“蔬菜种植”六年级上册 |

“土豆种植”课堂实录与评析

一、课堂实录

（一）教材解读

“土豆种植”是初中校本课程六年级上册“蔬菜种植”第三单元“根茎类蔬菜室内种植”的第一课。

“蔬菜种植”以介绍常见的叶菜类、瓜果类、根茎类等蔬菜种植的方法为主，有效地将劳动教育和实践活动相融合，通过引导学生在学习理论知识的基础上，掌握各类蔬菜室内和室外种植方法，从而让学生养成良好的劳动品质和习惯。蔬菜种植不仅能增进学生知识培育，培养学生动手实践的能力，还能让学生体验劳动的艰辛与收获的喜悦，从而激发他们对生活的热爱。

“根茎类蔬菜室内种植”这一单元是“蔬菜种植”的七个单元之一，它由“土豆种植”“白萝卜种植”“莴苣种植”三个与根茎种植有关的课时组成。

通过前面对叶菜类、瓜果类蔬菜种植方法的学习，学生已经掌握白菜、黄瓜、菠菜、香菜等蔬菜的种植要领和方法，为这节课学习土豆的种植奠定了基础。课前教师让学生准备泡沫箱、铲子、土豆、菜刀、泥土、喷壶、地膜等工具和材料，并了解它们在种植过程中所发挥的作用，也为这节课的学习做好了充分准备。

（二）教学目标

1. 掌握土豆种子处理和种植的方法，体验劳动的艰辛，享受成功的喜悦。

2. 培养学生积极主动、安全规范、坚持不懈地参与劳动的习惯。

3. 培养学生的合作精神和勇于承担的责任意识。

（三）教学过程

1. 创设情景，导入新课

师：同学们，经过大家前段时间的积极探索与实践，我们班的小菜园已经有模有样，各种蔬菜长势喜人（展示同学们种植的白菜、黄瓜、菠菜、香菜等图片），今天我们再给小菜园增添一位新成员——土豆。土豆学名马铃薯，它是饭桌上非常受欢迎的蔬菜之一，它营养丰富，种植方便，味道可口。同学们想不想亲手种植土豆呢?

生：想。

师：下面我们一起来学习怎样种植土豆。

【设计意图】通过用多媒体展示幻灯片、播放视频，回顾分享前期劳动实践成果，激发学生对种植土豆的浓厚兴趣。

2. 合作探究，动手实践

（1）出示目标，明确任务。（出示幻灯片。）

①掌握土豆种植要点，学会土豆种子的处理方法，能够独立完成土豆种植。

②了解土豆后期生长的管理知识，通过小组合作，养成共同解决问题的能力。

③热爱劳动，掌握种植蔬菜的方法，用自己的双手点缀美化生活。

（2）讨论交流，明确学习内容。

师：同学们，你们知道怎样种植土豆吗？下面各小组进行讨论交流，看能不能找到问题的答案。（讨论三分钟，从不同小组内找几名同学回答。）

生 1：挖坑、播种。

生 2：起垄、浇水。

师：翻土、挖坑、播种、起垄、施肥、浇水……这些都是种植土豆不可缺少的环节。

生 3：要有土豆种子。

师：回答得非常好。可是种植土豆和其他蔬菜不一样，种植土豆是用土豆的块茎。种植土豆包括选种、切块、种植和后期管理等步骤，我们先来学习怎样挑选土豆。

（3）合作探究，挑选优良的土豆。

师：如何选择土豆呢？是否随便取一个土豆就能种植吗？不是的。种植土豆挑选优良的土豆非常关键，怎样的土豆才算优良呢？请同学们来鉴别一下。（把土豆分给每个小组，同学们仔细观察。）

师：观察结束后各小组进行讨论，究竟什么样的土豆块茎可以用来种植，请同学们阐明自己的观点。

生 1：有伤痕或者有腐烂点的不能用。

生 2：饱满的土豆适合繁殖。

生 3：发芽的土豆最合适。

师：同学们回答得很好，这说明你们观察得很细致，挑选种子要从土豆的形状、大小、种芽、有无伤痕等方面来评判（有的有芽，有的没有，大小不一样），土豆种子一般具备怎样的特征呢？（用幻灯片出示三类土豆。）

师：土豆饱满，大小均匀的；土豆有芽，且芽眼里的芽长势茁壮的；没有破损、没有畸形、无病斑的。

师：下面请同学们选出最理想的土豆。（提问不同小组的学生回答。）

（通过提问学生得出结论：土豆有芽，且芽眼里的芽长势茁壮的土豆是最理想的土豆。）

（4）学习准备土豆块茎的方法。

师：现在我们选好了土豆，是不是把它埋进土壤就种植完成了呢？

生：不是。

师：种土豆之前要先处理土豆，究竟应该怎样处理土豆呢？（请同学们观看视频。）

（视频中播放了处理土豆的过程，教师提醒学生留意切割土豆时每块土豆上要带有芽眼，刀切面要蘸草木灰，这样可以防止腐烂和避免水分的流失。）

师：通过视频内容的学习，现在大家知道怎样对土豆处理了吗？请同学们交流讨论。（小组展开讨论，总结发言。）

生 1：把土豆切割成多个小块，每块必须有芽或者芽眼。

生 2：要把土豆块茎的刀切面蘸一蘸草木灰。

师（教师总结、示范、操作处理土豆的过程）：首先观察土豆状况，根据土豆大小和芽眼情况一般分成 2—4 块，将切割后的小块土豆上不饱满的芽掰下来，留下最为饱满的芽，将切面蘸一蘸草木灰，放在干燥的地方晾着，做好下种准备。这个过程要求切割的刀具必须洗净，不能让土豆接触水分，避免土豆种到土壤里后腐烂。土豆切成块种植，能促进块茎内外氧气交换，破除休眠，提前出苗。切成块还可以减少种子的数量，节约土豆。同学们尽量用茁壮的芽做种芽，这样能使土豆长势茂盛，结出丰硕的果实。（请两名同学回答处理土豆种子的过程。）

师：（出示投影。）根据土豆芽眼的位置将土豆纵切、横切成 2—4 块，切块要大小均匀；根据土豆块的芽的情况只留一个壮芽，其余的芽全部掰下来；将切割面蘸一蘸草木灰；把蘸好的土豆块茎放在干燥的地方晾好，切勿接触水分。

师：同学们想不想亲自动手准备土豆块茎？下面请同学们分小组亲身体验怎样处理土豆，在切割的时候要注意安全，小心使用刀具。（教师轮流查看每个小组动手操作的过程，及时纠正不规范动作。）

（5）学会如何种植土豆。

①观看视频，讨论交流。

师：土豆块茎准备好了，怎样来种呢？请同学们观看视频，仔细观察，回答以下问题。

（视频上播放了种植土豆的详细过程，先在泡沫箱底部扎上小洞，把土壤装进泡沫箱，挖坑，种子的芽朝上放入坑中，盖土，用喷水壶浇水，盖地膜。教师提醒学生留意种植土豆的要领。观看完视频后，教师提出问题，小组讨论，学生回答。）

师：泡沫箱底部为什么留小洞？

生：泡沫箱底部留洞利于土豆根系呼吸。

师：种植土豆芽眼面向哪个方向？

生：播种时土豆芽眼向上。

师：为什么要覆盖地膜？

生：地膜覆盖有保温保湿作用。

师：怎么来浇水？浇水量多少？

生：用喷壶浇水，渗透土壤后约再浇大约 2 厘米深度的水。

②总结巩固。

师：同学们回答得很好，下面我们归纳一下种植步骤。（投影出示。）

第一步：在泡沫箱的底部穿几个小洞（利于根系呼吸）。

第二步：装入营养土并整平地面，然后挖坑（深度在 5 厘米左右）。

第三步：播种，将种子的切割面朝下，种芽向上，轻轻放入坑的底部，同时注意株距 15—20 厘米左右。

第四步：浇水，保证种子处在湿润的环境，用喷壶洒水渗透土壤后约再浇 2 厘米深度的水。

第五步：种植完成后箱口用地膜覆盖，放置在有阳光的地方。

师：同学们清楚了土豆种植的步骤和注意事项，请同学们以小组为单位，自己动手种植土豆吧。

③学生体验种植土豆的过程，老师投影出示温馨提示。

温馨提示
◆种植过程中注意正确使用工具，保证安全。
◆组内交流轻声细语，保持教室安静。
◆节约劳动材料，保证桌面整洁干净。
◆选择你喜欢的种植步骤，保证组内分工合理。

（教师观察每个小组种植土豆的过程，及时肯定正确的做法，同时对发现的问题给予指导。）

（6）讨论交流，学习管理。

师：土豆种好了，想让土豆有好的长势，还需要同学们精心养护和管理，我们后期应该怎样去做呢？

生：施肥、浇水、除草。

师：保持适当的温度和光照，种植后，大家把它放在阳台等温暖的环境中，有充足的阳光，温度控制在16~25℃；根据土壤的干湿情况确定浇水的多少，保持土壤湿润；我们准备的土壤包含有机肥，是否施肥要看土豆生长的情况而定；注意防治病虫害，土豆生长期要随时关注是否有枯叶病和根腐病。

【设计意图】采用小组合作的方式指导学生动手实践、亲身体验，引导学生熟知土豆种植的方法和步骤，提升学生的观察能力、动手能力和合作能力。在处理和种植土豆的过程中，教师有意培养学生团结协作的精神，让学生在种植土豆的过程中掌握知识和技能，树立正确的劳动价值观，提升他们的劳动品质。

3. 小组交流，畅谈收获

师：这节课学习了种植土豆，通过学习大家有哪些收获？

生1：我学会了种植土豆的方法，回家后我要在自家的田地里种植一些土豆。

生2：我们小组任务完成得最快，这是全体组员共同协作的结果，这说明合作很重要。

生3：食材来之不易，要尊重他人的劳动成果，杜绝浪费。

师：通过这节课的学习，同学们掌握了土豆的种植方法，希望课后同学们能把自己的小菜园管理好，播下劳动的种子，播下希望的种子，用自己的劳动成果装扮、美化、点亮我们的生活，期待我们小菜园里的蔬菜结出累累硕果，期待同学们都成为一名热爱劳动的好少年。

【设计意图】深挖乡村学校的地域特色，讲授种植土豆的方法，让学生参与实践活动，掌握种植的步骤与要领，亲身体验劳动的快乐与艰辛，了解舌尖上的餐桌文化，认识到劳动的重要性，养成热爱劳动的好习惯。

4. 板书设计

土豆种植

1. 选种：饱满、芽眼
2. 处理：切块、晾晒
3. 种植：挖坑、播种、浇水、覆盖
4. 管理：施肥、除草、除虫

课例提供：张景福

二、课堂评析

深挖地域资源，做实劳动教育

这节课有效地将讲授与实践活动融合在一起，利用多媒体教学，在学生观看土豆块茎处理和土豆种植两个视频的基础上，通过小组交流与教师点拨引导，掌握土豆种植的方法，让学生养成热爱劳动的习惯。课堂上学生在实践中学习，在学习中实践。学习、互动、操作等教学形式相互切换，教学过程流畅自然，教学目标顺利完成。学生掌握了土豆种植的要领与方法，提高了自主做家务的能力，培养了学生良好的劳动观念。

（一）深耕实践过程，重视课堂细节

实践是劳动教育课的核心要素，缺乏动手操作的劳动教育课是不完整的。劳动教育课必须让学生大胆动手、自由发挥，这节课设计了三个实践过程（选种、处理、种植），学生身临其境，参与其中，亲身体验了劳动的过程和成功的忻悦。

1. 注重实践操作，实用性强。土豆是每个家庭经常食用的蔬菜，深为学生熟知，它可以焖炖，亦可清炒，做法多样，味美可口，且取材方便、老少皆宜。教师在材料选取上采用了家庭购物后闲置的泡沫箱，既节省种植成本，也是废品利用，教学中渗入节约环保与垃圾分类的理念。

劳动教育旨在培养学生的动手实践能力，把所学知识运用到劳动实践中。教学过程贯穿了用所学知识解决实际问题的思想，在解决问题的过程中做到举一反三、触类旁通。为建立竞争机制，教师指导学生分小组开展实践活动，鼓励学生主动参与实践活动，课堂活动规范有序，气氛活跃，教学效果显著。

2. 教师重视教学细节的截取，将知识学习与综合实践紧密融合。注意观察学生动手实践方面的表现，对学生的行为及时评判。例如：第三小组的同学处理完土豆块茎后，把剩余的草木灰搅拌到了土壤中，既节省了原材料成本又增加了土壤微量元素的含量，还有利于后期的土豆生长。教师发现这个细节后，对第三小组给予表扬；也益于提升学生实际操作的准确性。

随着人们生活水平的不断提高，当前个别孩子在家娇生惯养，过惯了“饭来张口，衣来伸手”的生活，对父母的依赖较强，缺乏劳动能力。课堂进入实践操作环节时，个别同学担心土壤弄脏衣服，参与意愿不强。教师抓住这一细节，当即对这一现象进行点评，调动了学生参与的积极性。

（二）找准闪光点，渗透全面发展教育理念

在学生实践操作的过程中，教师注意捕捉学生动手实践的精彩镜头，找准学生的闪光点并及时给予肯定和鼓励。在师生互动提问环节中，教师多次肯定表扬学生，鼓励学生发现问题、解决问题。这不仅大大提高了同学们参与劳动的积极性，还加深了学生对已获取知识的印象。例如：第一小组在覆盖地膜时，仔细查看是否漏气和地膜是否有破裂现象，针对这一情况，教师对第一小组的细致观察，给予鼓励和赞扬，随后其他小组争相学习效仿。

教师在教学中渗透学生全面发展的理念，通过土豆选种、处理、种植等教学环节，将多学科知识穿插到教学活动中，让学生动脑和动手相结合，促进多元化发展，增强勇于克服困难的信心。

（三）注重培养学生的劳动安全意识

培养学生的劳动安全意识，是劳动教育课不可忽视的要素。在学习种植土豆的方法之前，教师提醒学生留意工具的正确使用方法；在用铁铲挖土、盖土和用刀具切土豆时，提醒学生动作幅度不宜太大，同学之间间隔一定距离，在旁边观看的同学，要远离铁质工具，以免不小心受到伤害。教师在教学中时刻灌输安全教育思想，学生的劳动安全意识得到增强。

（四）劳动教育课同样离不开“备学生”

从这节课的教学过程来看，学生看似熟知土豆种植的方法，但个别操作能力差的学生未必掌握种植土豆的要领。美国教育家杜威曾说过：“教学必须从学习者已有的经验开始。”学生的学识与实践水平参差不齐，不可能处在同一水平线。教师如果忽视学生之间的差异，脱离分层次教学的原则，对学情了解不够，就有可能出现“有的学生吃不了，有的学生吃不饱”的尴尬现状。如此看来，“备学生”环节显得尤为重要。在课前准备过程中，教师应该做到细致全面，对学生的操作能力、知识差异等学情，充分调查研判，切实做到因材施教，有的放矢。教师不仅要注重知识和技能的传授，还要让学生树立劳动观念，体验劳动过程，珍惜劳动成果，学习致用，总结凝练，以便更好地完成既定的教学目标。这些都是劳动教育课教学中不容忽视的问题。

简言之，只有把理论学习与实践操作融为一体，让学生亲身体验教学的每一个环节，劳动教育课才能取得效果。这节课设计合理，过程完整，学生参与课堂的主动性强，有利于养成良好的劳动习惯，认识到劳动锻炼了人，劳动创造了美，也会让同学们品尝到收获的甜蜜。